westermann

ANNO

Geschichte Gymnasium

Herausgegeben von
Prof. Dr. Ulrich Baumgärtner
Dr. Frank Skorsetz

Erarbeitet von
Prof. Dr. Ulrich Baumgärtner
Dr. Matthias Bode
Dr. Linda Brüggemann
Dr. Verena Espach
Klaus Fieberg
Klaus-Michael Guse
Dr. Johanna Kant
Dr. Susanne Krauß
Jochen Pahl
Dr. Jelko Peters
Dr. Frank Schweppenstette
Dr. Frank Skorsetz
Kai Erich Wahle

Mit Beiträgen von
Rainer Brieske
Hans-Martin Kühl
Gregor Meilchen
Gregor Mundt
Dr. Gregor Pelger
Dr. Wolfgang Piereth
Dr. Herbert Rogger
Ina Schenk
Sabine Steinig
Dr. Wolf Weigand
Dr. Wolfgang Woelk

Dies ist das Zeichen für einen Webcode. Webcodes enthalten zusätzliche Unterrichtsmaterialien, die der Verlag in eigener Verantwortung zur Verfügung stellt. Um Webcodes zu nutzen, muss im Internet auf der Seite des Verlages (www.westermann.de/webcode) der entsprechende Mediencode in das Suchfenster eingegeben werden, z. B. WES-115640-301. Auf diese Weise gelangt man zu interessanten Angeboten wie Filmclips oder Hörszenen.

Druck A[2] / Jahr 2023
Alle Drucke der Serie A sind im Unterricht parallel verwendbar.

Redaktion: Christoph Meyer
Druck und Bindung: Westermann Druck GmbH, Georg-Westermann-Allee 66, 38104 Braunschweig

ISBN 978-3-14-**115640**-9

04 FRÜHE NEUZEIT – AUFBRUCH IN EINE „NEUE“ ZEIT 112

05 FRANZÖSISCHE REVOLUTION UND NAPOLEON 178

06 DEUTSCHLAND ZWISCHEN RESTAURATION UND REVOLUTION 212

01

KÖNIG UND REICH – HERRSCHAFT IM MITTELALTER

- M 1 **Aachen mit Dom und Rathaus,** Foto, 2015
- M 2 **Plastikfigur Karls des Großen in Aachen,** Foto, 2014
- M 3 **König Otto I. und seine Frau Editha,** Skulpturen im Magdeburger Dom, 13. Jh.
- M 4 **Die Reichsinsignien,** aktuelle Fotografie
- M 5 **Übergabe eines Lehens,** Buchmalerei aus dem Sachsenspiegel, 14. Jh.
- M 6 **Goldene Bulle,** Urkunde mit Siegel, 1356
- M 7 **Christus übergibt Schlüssel und Schwert,** Buchmalerei, 13. Jh.

Das Frankenreich entsteht

Wie entsteht ein großes Reich? Auf diese Frage gibt es keine allgemeingültige Antwort, jedoch stellt die Entstehung des Frankenreichs ein lehrreiches Beispiel dar. Wie kam es dazu, dass das Frankenreich die Nachfolge des römischen Imperiums antreten konnte?

M 1 Das Frankenreich der Merowinger

Aufgaben

1. Die Entstehung des Frankenreichs – Eine Geschichtskarte auswerten

a) Beschreibe anhand der Karte M1 die Ausdehnung des Frankenreichs.

b) Nenne die heutigen Staaten, die auf dem Gebiet des ehemaligen Frankenreichs liegen.

M1

2. Die Entstehung des Frankenreichs – Einen Text auswerten

a) Im Text auf Seite 9 werden verschiedene Gründe für die Entstehung des Frankenreichs aufgezählt. Finde für die einzelnen Punkte geeignete Überschriften.

b) Schreibe diese Überschriften auf Zettel und ergänze sie jeweils um einige inhaltliche Stichworte.

c) Gestalte mithilfe deiner Notizen ein Schaubild zum Thema: „Der Aufstieg des Frankenreichs“.

Text auf Seite 9

Chlodwig und die Merowinger

Nach dem Untergang des Weströmischen Reiches war die Situation im Norden zunächst unübersichtlich. Die Volksgruppen der Völkerwanderungszeit errichteten viele kleine Herrschaften, aus denen sich aber bald ein großes Reich entwickelte: das Frankenreich, in dessen Tradition sich auch das heutige Frankreich sieht.

M 2 Ein merowingischer König

Das Siegel zeigt einen Herrscher mit langen Haaren – dem Zeichen für das Königsheil. An der Verwendung von Siegeln kann man zugleich erkennen, dass der Einsatz von Schrift bei der Verwaltung des Reiches immer wichtiger wurde.

Ein neues Großreich

Die Grundlagen für das Frankenreich legte um 500 der zu dieser Zeit regierende Chlodwig. Er stammte aus dem Geschlecht der Merowinger, deren Stammvater der König Merowech war. Innerhalb von etwa 50 Jahren konnten Chlodwig und seine Söhne ihr Gebiet um ein Vielfaches vergrößern. Dies hatte mehrere Gründe.

- Die fränkischen Stammesführer bzw. Kleinkönige verbündeten sich zwar häufig gegen die Römer, führten aber auch untereinander Kriege. Chlodwig war ein außerordentlich erfolgreicher Feldherr und ein machtbewusster Stammesführer. Bei der Durchsetzung seiner Herrschaft schreckte er auch vor Intrigen nicht zurück. So gelang es ihm, andere Könige zu entmachten.
- Als Herrscher über ein großes Gebiet musste Chlodwig besondere militärische Fähigkeiten und politisches Geschick besitzen. Die Germanen glaubten daran, dass ihre Anführer ein sogenanntes „Königsheil“ verkörperten, das neben Klugheit und Kraft auch übernatürliche Eigenschaften wie Unverwundbarkeit umfasste. Sichtbarer Ausdruck dieser besonderen Stellung waren lange Haare. Die Macht eines Königs beruhte auf seinem Grundbesitz, den er durch Eroberungen erwarb und den Untergebene bewirtschafteten, die seiner Schutzherrschaft unterstanden.
- Da Chlodwig das Frankenreich bald nicht mehr allein regieren konnte, war er auf Berater und Gefolgsleute angewiesen, die ihn unterstützten.
- Aufgrund der Nähe zum Römischen Reich bestanden zwischen Römern und Franken trotz aller Konflikte immer auch friedliche Kontakte – Chlodwigs Vater Childerich stand sogar in römischen Militärdiensten. Die Vermischung der fränkischen Oberschicht mit der Oberschicht der ehemaligen römischen Provinz Gallien ließ eine neue Adelsschicht entstehen.
- Der enge Kontakt mit den Römern führte auch dazu, dass sich die Franken an der römischen Verwaltung orientierten und dass der Einsatz von Schrift beim Regieren eine zunehmende Bedeutung gewann. Chlodwig befahl sogar, das Recht der Franken nach römischem Vorbild auf Latein in einem Rechtsbuch niederzuschreiben.
- Wichtig für die Reichsbildung der Franken war schließlich auch, dass sich Chlodwig unter dem Einfluss seiner Frau taufen ließ. Seinem Beispiel folgten viele seiner Gefolgsleute und Schutzbefohlenen, wodurch sich das Christentum im Frankenreich immer stärker verbreitete. Die gemeinsame Religion führte zu einem Zusammengehörigkeitsgefühl als Volk, wobei sich römische Bewohner der ehemaligen Provinz Gallien und die Mitglieder der fränkischen Stämme immer mehr aneinander anglichen. Der Herrscher an ihrer Spitze wurde nicht „König des Frankenreiches“, sondern „König der Franken“ („rex francorum“) genannt.

Die Ausdehnung des Frankenreiches war die Voraussetzung dafür, dass im Westen wieder ein Kaiserreich entstehen konnte, jedoch wurde dieses nicht unter den Merowingern, sondern erst unter deren Nachfolgern, den Karolingern, errichtet.

Chlodwig und die Entstehung des Frankenreichs – Schriftliche Quellen erschließen

M 3 Die Taufe Chlodwigs

a) Der Bischof Gregor von Tours schrieb um 575 „Zehn Bücher Geschichte", eine Geschichte der Franken, in der er, beginnend mit der Entstehung der Welt, v.a. die Zeit des frühen Frankenreiches ausführlich beschrieb. Er wurde um 540 geboren und entstammte dem römischen Adel in Gallien. Gregor berichtet über die Schlacht Chlodwigs gegen den Stamm der Alemannen 496/97:

Als die beiden Heere zusammenstießen, kam es zu einem gewaltigen Blutbad, und Chlodwigs Heer war nahe daran, völlig vernichtet zu werden. Als er das sah, erhob er seine Augen zum Himmel, sein Herz wurde gerührt, seine Augen füllten sich mit Tränen und er sprach: „Jesus Christus, Chrodechilde [Chlodwigs Frau] verkündet, du seiest der Sohn des lebendigen Gottes. Man sagt, du gebest Hilfe den Bedrängten und Sieg den auf dich Hoffenden. Dich flehe ich demütig an um deinen mächtigen Beistand. Gewährst du mir jetzt den Sieg über diese meine Feinde und erfahre ich so jene Macht, die das Volk, das deinem Namen sich weiht, an dir erprobt zu haben rühmt, so will ich an dich glauben und mich taufen lassen auf deinen Namen [...]."
Und da er solches gesprochen hatte, wandten die Alemannen sich und fingen an zu fliehen.

b) Über die Taufe Chlodwigs berichtet Gregor:

Zuerst verlangte der König vom Bischof getauft zu werden. Er ging [...] zum Taufbade hin, sich reinzuwaschen von dem alten Aussatz und sich von den schmutzigen Flecken, die er von alters her gehabt, in frischem Wasser zu reinigen. Als er aber zur Taufe hintrat, redete ihn der Heilige Geist mit beredtem Munde so an: „Beuge still deinen Nacken, Sicamber [Franke], verehre, was du verfolgtest, verfolge, was du verehrtest." [...] Also bekannte der König den allmächtigen Gott als den dreieinigen, und ließ sich taufen im Namen des Vaters, des Sohnes und des Heiligen Geistes, und wurde gesalbt mit dem heiligen Öl unter dem Zeichen des Kreuzes Christi. Von seinem Heer aber wurden mehr als dreitausend getauft.

Zit. nach: Lutz E. v. Padberg, Die Christianisierung Europas im Mittelalter, Stuttgart: Reclam 1998, S. 230 f.

Training

Eine schriftliche Quelle erschließen

Schriftliche Quellen wie Briefe, Reden und Berichte geben uns Auskunft über frühere Geschehnisse und Zusammenhänge. Beim Umgang mit diesen Quellen kommt es darauf an, ihren Inhalt genau zu erschließen. Denn nur wenn man den Inhalt einer Quelle und die Entstehungszusammenhänge kennt, kann man auch die Aussagen der Quelle deuten.

Gehe in folgenden Arbeitsschritten vor:

1. Die Quelle lesen und in Abschnitte einteilen

a) Lies die Quelle genau durch und kläre dir unbekannte Wörter.
b) Teile die Quelle in Abschnitte ein.
c) Fasse den Inhalt eines Abschnitts dann jeweils in einem Satz zusammen.

2. Die Quelle vorstellen und den Inhalt wiedergeben

a) Ermittle den Autor der Quelle.
b) Nenne den Entstehungszeitpunkt.
c) Benenne die Textart.
d) Ermittle den Adressaten.
e) Gib den Inhalt der Quelle mit eigenen Worten wieder.

3. Die Quelle bewerten

a) Erkläre die Haltung des Autors.
b) Untersuche die Absicht, die der Verfasser mit seinem Text verfolgt.
c) Erläutere den Standpunkt des Autors gegenüber dem Thema oder dem Geschehen.

Zusatzmaterial: Eine Darstellung von Clodwigs Taufe untersuchen

M 4 „Bischof Remigius von Reims tauft Chlodwig"
Ausschnitt aus einem Bildteppich, flämisch, um 1523/31. Aus einer Serie von sechs Bildteppichen zur „Historie de Saint Remi", Standort: Musée Saint-Rémi, Reims (Frankreich).

Aufgaben

1. **Die Taufe Chlodwigs**
   a) Erschließe die Quelle M3. Verwende dafür den Trainingskasten auf Seite 10.
   b) Erläutere die Gründe, die zur Bekehrung Chlodwigs führten, und beurteile Chlodwigs Verhalten (M3).
   c) Erkläre die Bedeutung der Taufe Chlodwigs für die Reichsbildung der Franken. Ziehe dazu auch den Lehrbuchtext heran.
   → M3, Text auf Seite 9, Trainingskasten auf Seite 10

2. **Grundlagen der Herrschaft**
   Nenne die germanischen, christlichen und römischen Elemente, die im Frankenreich zusammenwirkten.
   → M1, Text auf Seite 9, M3

3. **Darstellung von Clodwigs Taufe – Zusatzaufgabe**
   Untersuche, ob die Abbildung M4 als Quelle für die Taufe Chlodwigs gelten kann.
   → M4

Die Ausbreitung des Christentums

Der Bischofshut und das von einem Schwert durchbohrte Buch sind die Kennzeichen vieler Darstellungen von Bonifatius. Er gilt als „Apostel der Deutschen", der um 700 n. Chr. den christlichen Glauben verbreitet hat.
Ein besonders wichtiges Ereignis bei der Verbreitung des Christentums war die Fällung einer Eiche bei Fritzlar in der Nähe von Fulda. Diese galt für die dort lebenden Menschen als Heiligtum des germanischen Gottes Donar. Weil auch Donar die Macht über Blitz und Donner zugesprochen wurde, ist er mit dem römischen Gott Jupiter vergleichbar. Was ist damals passiert?

M 1 Bonifatius als Heiliger
Skulptur auf dem Mainzer Domplatz, 18. Jahrhundert.

M 2 Die Fällung der Donar-Eiche

Der Mönch Willibald verfasste in den Jahren nach dem Tod des Bonifatius (754 n. Chr) dessen Lebensbeschreibung. Über die Fällung der Donar-Eiche berichtet Willibald Folgendes:

Damals aber empfingen viele Hessen, die den katholischen Glauben angenommen [hatten ...] die Handauflegung; andere aber, deren Geist noch nicht erstarkt [war], verweigerten, des reinen Glaubens unverletzbare Wahrheiten zu empfangen; einige auch opferten heimlich Bäumen und Quellen, andere taten dies ganz offen; einige wiederum betrieben teils offen, teils im Geheimen Seherei und Wahrsagerei, Losdeuten und Zauberwahn; andere dagegen befassten sich mit Amuletten und Zeichendeuterei und pflegten die verschiedensten Opferbräuche.
[...] Mit deren Rat und Hilfe unternahm er [Bonifatius] es, eine ungeheure Eiche, die mit ihrem alten heidnischen Namen die Jupitereiche genannt wurde, in einem Orte, der Geismar hieß, im Beisein der ihn umgebenden Knechte Gottes zu fällen. Als er nun in der Zuversicht seines standhaften Geistes den Baum zu fällen begonnen hatte, verwünschte ihn die große Menge der anwesenden Heiden als einen Feind ihrer Götter lebhaft in ihrem Inneren. Als er jedoch nur ein wenig den Baum angehauen hatte, wurde sofort die gewaltige Masse der Eiche von höherem göttlichen Wehen geschüttelt und stürzte mit gebrochener Krone zur Erde, und wie durch höheren Winkes Kraft barst sie sofort in vier Teile, und vier ungeheuer große Strünke [Holzteile] von gleicher Länge stellten sich, ohne dass die umstehenden Brüder etwas durch ihre Mitarbeit getan, dem Auge dar.
Als dies die vorher fluchenden Heiden [Ungläubigen] gesehen, wurden sie umgewandelt, ließen von ihrem früheren Lästern ab, priesen Gott und glaubten an ihn. Darauf aber erbaute der hochheilige Bischof, nachdem er sich mit den Brüdern beraten, aus dem Holzwerk dieses Baumes ein Bethaus und weihte es zu Ehren des heiligen Apostels Petrus.

Willibalds Leben des Bonifatius, Vorrede, zit. n.: Lutz E. v. Padberg, Die Christianisierung Europas im Mittelalter, Stuttgart: Reclam 1998, S. 244 f.

Aufgaben

1. Das Fällen der Donar-Eiche

a) Fasse die Erzählung Willibalds über die Fällung der Donar-Eiche (M2) zusammen. Berücksichtige dabei den Ort, die Zeit, die Akteure und die Handlung.
b) Gib den Abschnitt der Quelle wieder, der die Bekehrung der Nichtchristen thematisiert.
c) Belege die Einstellung von Bonifatius mit Zitaten aus der Quelle.
d) Erläutere die Sichtweise/Perspektive, aus der dieser Text verfasst wurde.
e) Schätze die Glaubwürdigkeit dieser Quelle ein und begründe deine Antwort.

→ M2

M 3 Bonifatius
In dieser Buchmalerei von 975 sind eine von Bonifatius durchgeführte Taufe und sein Tod dargestellt.

Christentum und germanischer Götterglaube

Das Christentum löste in weiten Teilen Mittel- und Nordeuropas die Religion der Germanen ab. Um etwas über deren Glaubenswelt zu erfahren, ist man auf gegenständliche Quellen und auf Erzählungen von Christen angewiesen, da bei den Germanen die Schrift keine wichtige Rolle spielte.

Der germanische Götterglaube lässt sich in mancher Hinsicht mit der Religion der Griechen und Römer vergleichen. Die Menschen stellten sich eine Familie von Göttern vor. Diese waren für bestimmte Lebensbereiche von Bedeutung und ihre Hilfe wurde mit Opfern erbeten. Wotan und Donar galten bei den Germanen als große Krieger und zählten zu den wichtigsten Gottheiten.

Dieser Glaube verschwand im Zuge der Christianisierung, hat jedoch Spuren in den Bezeichnungen der Wochentage hinterlassen. Im englischen Wednesday lebt zum Beispiel Wotan fort, Donnerstag leitet sich von Donar ab und Freitag verweist auf die Liebesgöttin Frigg.

Missionare verbreiten das Christentum

Die Verbreitung des Christentums zog sich über Jahrhunderte hin. Es dauerte mindestens bis zum 11. Jahrhundert, bis große Teile auch des nördlichen Europas christlich waren. Seit der Zeit Jesu vergingen also über 1000 Jahre! Eine wichtige Phase in dieser Entwicklung war die Zeit um 700. In dieser Zeit wirkte unter anderem Bonifatius als Missionar. Sein Wirken ist ein Beispiel für die Verbreitung des Christentums in Mitteleuropa.

Der Apostel Bonifatius

Über Bonifatius ist aus Briefen von ihm und an ihn relativ viel überliefert. Aber auch aus Beschreibungen seines Lebens, die Anhänger von ihm nach seinem Tod verfasst haben und in denen er als Heiliger dargestellt wird, erfahren wir etwas über ihn.

Bonifatius hieß ursprünglich Winfried und kam aus England. Er wurde um 675 n. Chr. geboren und schon als Kind in ein Kloster gegeben. Als Erwachsener verließ er es, um das Christentum im heutigen Nord- und Mitteldeutschland zu verbreiten, scheiterte aber zunächst. Die folgenden Versuche waren erfolgreicher: Er missionierte nun im Auftrag des Papstes, und der weltliche Herrscher schützte ihn. Diese Unterstützung war ein wichtiger Grund für seinen Erfolg.

Es ist bekannt, dass Bonifatius eine kleine Bibliothek mit sich führte und dass er, wenn er umherzog, regelmäßig Briefe schrieb, um die verstreut lebenden Menschen vom Christentum zu überzeugen.

Kirchen und Klostergründungen

Nach der Zerstörung der sogenannten Donar-Eiche, die in der Lebensbeschreibung des Bonifatius vom Mönch Willibald geschildert wird, errichtete Bonifatius an dieser Stelle eine Kirche. Die Umwandlung solcher heiliger Stätten in christliche Andachtsorte war ein wichtiges Mittel bei der Verbreitung des Christentums.

Bonifatius gründete aber auch Klöster und sorgte dafür, dass die Kirche eine dauerhafte und wirkungsvolle Bistumsorganisation erhielt.

Der Tod des Bonifatius

Schließlich versuchte Bonifatius noch einmal, in Friesland das Christentum zu verbreiten, wurde aber dabei im Jahre 754 n. Chr. getötet. Bonifatius wurde – so wie er es sich 751 ausdrücklich vom Papst gewünscht hatte – in Fulda begraben.

Hinweis

Das Christentum wird – neben dem Islam und dem Judentum – auch im Teilkapitel „Judentum, Christentum und Islam im Mittelalter" in diesem Lehrbuch auf den Seiten 92–95 behandelt.

Christianisierung – Ein langer und schwieriger Prozess

Weshalb dauerte es so lange, bis sich das Christentum durchsetzte? Ein Grund dafür war, dass Missionare die verstreut lebenden Menschen erst nach und nach erreichten. Außerdem gab es nur wenige Kirchen, Klöster und Geistliche, sodass für viele Menschen der Besuch eines Gottesdienstes beschwerlich war. Die Taufe bedeutete im Übrigen noch nicht, dass die Getauften wirklich Christen wurden. Manche Menschen ließen sich taufen, weil ihre Anführer dies ebenfalls taten, oder sie bekannten sich zu Christus, weil sie ihn schlicht für einen stärkeren Gott als Donar hielten. Viele behielten trotzdem heidnische Bräuche bei und übten diese neben Gottesdienstbesuch und Gebeten aus.

Die Unterstützung durch den jeweiligen Herrscher, die schlagkräftige Organisation der Kirche und die Überzeugungskraft der Missionare waren wichtige Gründe für den Erfolg des Christentums. Oft knüpften die Missionare auch ganz bewusst an bestehende heilige Stätten und Feste an, etwa indem aus dem heidnischen Sonnenwendfest das christliche Weihnachten wurde. Konnten die Missionare die örtlichen Fürsten nicht gleich für das Christentum gewinnen, so versuchten sie zunächst erst einmal, deren Duldung für die Errichtung von Kirchen und Klöstern zu erlangen. Für eine Weile bestanden so christliche Kirchen und heidnische Heiligtümer nebeneinander.

Religiöse Symbole – Mit Gegenstandsquellen arbeiten

M 4 Donar-Hammer

Der Hammer war die Waffe und das Kennzeichen des Gottes Donar, Anhänger wikingischer Herkunft aus England.

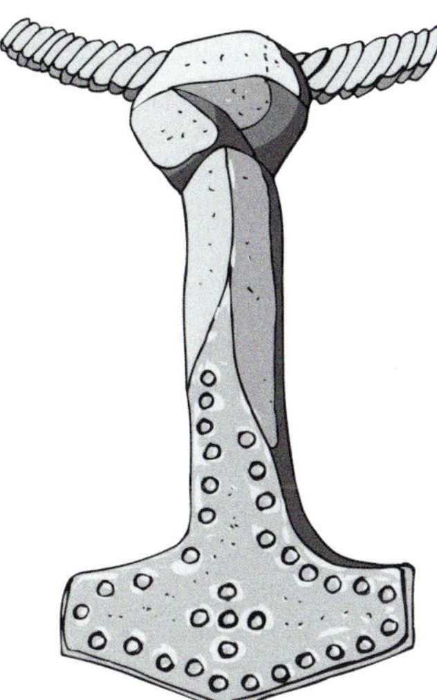

M 5 Donar-Hammer

Auf solchen Anhängern finden sich manchmal Kreuzzeichen, Anhänger aus Schweden, ca. 4 cm, 10./11. Jahrhundert, Nachzeichnung.

M 6 Gussform aus Stein

Damit wurden Kreuze und Donar-Hämmer hergestellt, Speckstein aus Dänemark, 10. Jahrhundert.

Aufgaben

1. **Religiöse Symbole – Mit Gegenstandsquellen arbeiten**
   a) Ordne jeweils einen Begriff aus den Begriffspaaren den drei Gegenstandsquellen M4 – M6 zu:
   mobil (transportierbar) – immobil;
   Artefakt (künstlich hergestellt) – Relikt (übrig geblieben, nicht extra hergestellt);
   sakraler Gegenstand (für religiöse Zwecke) – profaner Gegenstand (für eine alltägliche Verwendung).
   b) Nenne Gemeinsamkeiten und Unterschiede, z. B. beim Material, der Form und der Verzierung.
   c) Lege dar, ob der Träger eines Donar-Hammers mit Kreuzzeichen als Christ bezeichnet werden kann. Begründe deinen Standpunkt.
   d) Mit der abgebildeten Gussform konnten Donar-Hämmer und Kreuze hergestellt werden. Beurteile, ob daraus Rückschlüsse auf die Verbreitung des Christentums gezogen werden können.

→ Text auf den Seiten 13 – 14, M4 – M6

Ein neues Kaiserreich

An Weihnachten im Jahr 800 wurde Karl der Große in Rom zum Kaiser gekrönt. Damit wurde das Römische Reich erneuert. Wie konnte es dazu kommen?

M 1 Das Reich Karls des Großen (768–814)

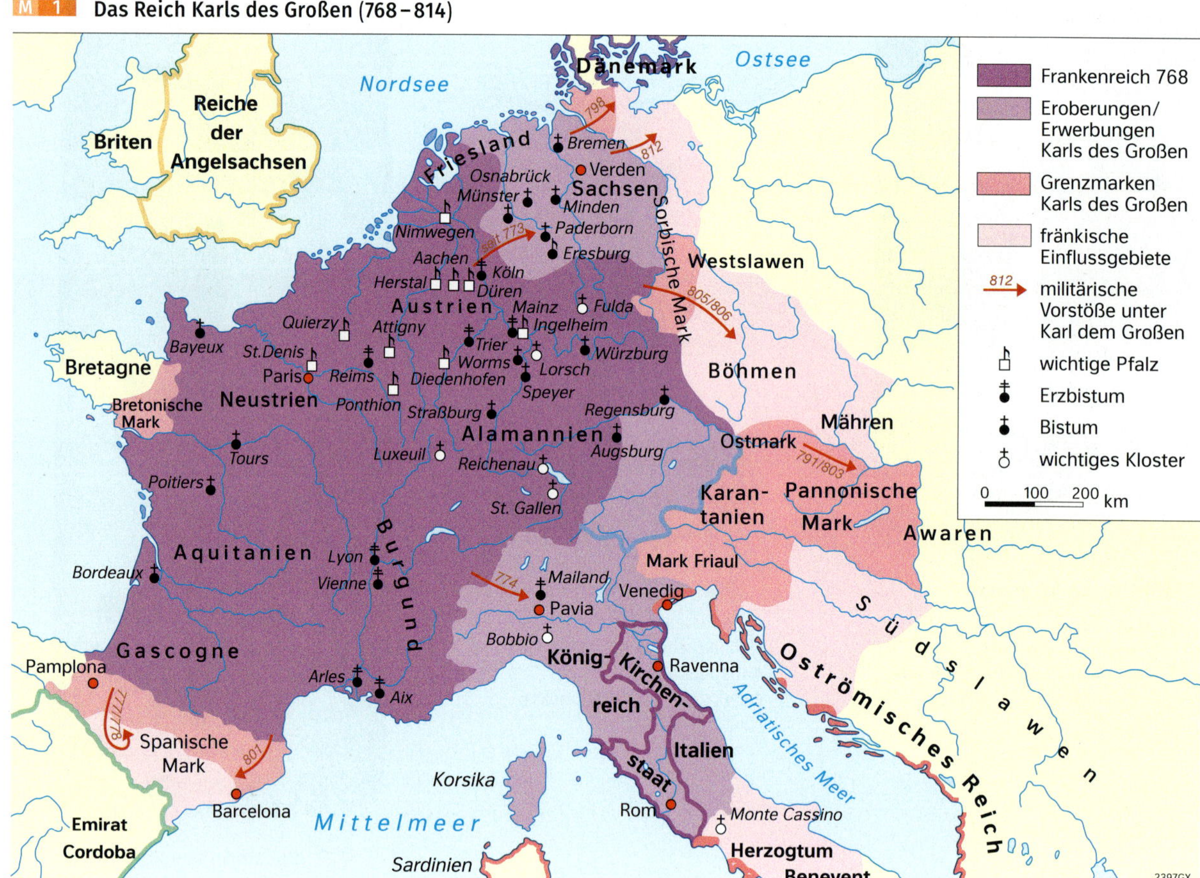

Aufgaben

1. Das Reich Karls des Großen – Mit einer Geschichtskarte arbeiten

a) Erschließe die Geschichtskarte M1 im Hinblick auf die Ausdehnung des Frankenreiches. Verwende dafür den Trainingskasten „Erschließung von Geschichtskarten" auf Seite 202.

b) Nenne die wichtigsten heutigen Länder, deren Regionen das Reich Karls des Großen umfasste.

M1 und Trainingskasten auf Seite 202

2. Die karolingische Herrschaft erklären

a) Erstelle mithilfe des Lehrbuchtextes ein Schaubild zur Regierungsweise Karls des Großen.

b) Diskutiert in kleinen Gruppen über eure Schaubilder und entwickelt ein gemeinsames Schaubild.

c) Erklärt euren Mitschülerinnen und Mitschülern das Schaubild.

Text auf den Seiten 17–18

Der Aufstieg der Karolinger

Karl gehörte zur Familie der Karolinger. Diese waren zunächst die „Hausmeier“ der Merowinger gewesen, also die Leiter der königlichen Verwaltung und die wichtigsten Berater der fränkischen Könige. Der Begriff „Hausmeier“ leitet sich vom lateinischen „maior domus“ („Vorsteher des Hauses“) ab. Mit der Zeit wurden die Karolinger aber immer einflussreicher, bis schließlich Karls Vater, der Karolinger Pippin, den letzten Merowingerkönig absetzte und sich selbst zum König der Franken machte.

Karls Regierungsweise

Als Karl König wurde, setzte er die Eroberungen fort. Um sein Reich nach außen zu schützen, richtete Karl Grenzmarken ein, die besonders befestigt waren und in denen sogenannte Markgrafen in seinem Namen regierten. Grafen waren aber auch im Inneren eine wichtige Hilfe für Karl: Sie handelten im Auftrag des Königs, sprachen Recht und sorgten für militärischen Schutz. Daneben gab es Königsboten, die im ganzen Reich unterwegs waren. Sie hatten dafür Sorge zu tragen, dass die königlichen Beschlüsse ausgeführt wurden. Auch Karl selbst war viel in seinem Reich unterwegs, da er sein Amt in der Form des sogenannten Reisekönigtums ausübte. Dabei zog er mit seinem Hofstaat von Ort zu Ort, um das Reich zu verwalten, Recht zu sprechen, die lokalen Herrscher zu kontrollieren und persönliche Verbindungen zu pflegen.

Karls bevorzugter Aufenthaltsort war Aachen. Hier ließ er einen prunkvollen Herrschaftssitz errichten. Diese Pfalz, abgeleitet vom lateinischen Wort „palatium“ („Palast“), gilt als Symbol für die Macht des Frankenreiches unter Karls Herrschaft. In Karls Regierungszeit von 768 bis 814 n. Chr. erreichte das Frankenreich seine größte Ausdehnung.

M 2 Medaille des Internationalen Karlspreises der Stadt Aachen

Vorderseite, aktuelles Foto

M 3 Außenansicht der Pfalzkapelle in Aachen

Der achteckige Grundriss der Pfalzkapelle ist trotz der späteren Anbauten noch deutlich erkennbar, aktuelles Foto.

M 4 Statue Karls des Großen

Die Statue hat eine Höhe von 13 cm und entstand um 870 n. Chr.; sie zeigt vermutlich Karl den Großen.

WES-115640-101
Film über Karl den Großen

M 5 Vorderseite einer Münze Karls des Großen

Darstellung Karls des Großen mit Kaisermantel, Lorbeerkranz und dem Titel „Imp[erator] Aug[ustus]", um 813/14

Karl wird Kaiser

Die Kaiserkrönung Karls des Großen wurde zu Weihnachten im Jahr 800 in Rom vollzogen. Dieses Ereignis hatte eine Vorgeschichte: Als die Karolinger das Königtum von den Merowingern übernahmen, hatten sie dafür auch die Unterstützung des Papstes gesucht, was sich auf das Selbstverständnis ihres Königtums auswirkte. Die Herrschaft wurde fortan mit einer „Einsetzung durch Gott" begründet, die Könige herrschten also „von Gottes Gnaden". Karl wurde schließlich so mächtig, dass er die Nachfolge der römischen Kaiser antreten konnte.

Sein Kaisertum stand einerseits in der Tradition des Römischen Reiches, wofür der Gedanke der Übertragung des Imperium Romanum auf den neuen Herrscher entwickelt wurde. Dieses Konzept wird lateinisch auch „translatio imperii" genannt. Andererseits galt der Kaiser als „von Gott eingesetzt", was durch die päpstliche Salbung und durch die Bezeichnung „Heiliges Römisches Reich" verdeutlicht wurde.

Neben den Papst, das geistliche Oberhaupt der Christenheit, trat nun der Kaiser als weltliches Oberhaupt. Das Verhältnis dieser beiden „Universalgewalten" zueinander bestimmte in den folgenden Jahrhunderten in wesentlicher Form die Geschichte des Mittelalters.

Antikes und mittelalterliches Kaisertum im Vergleich

Das Kaisertum Karls knüpfte bewusst an das römische Kaisertum an, aber es gab auch eine Reihe von Unterschieden. Beide Reiche erhoben einen universalen Anspruch, wollten also Weltreiche sein, auch wenn sie „nur" begrenzte Gebiete beherrschten. Das antike Römische Reich beherrschte den weiteren Mittelmeerraum, das Heilige Römische Reich hingegen Regionen Mittel- und Westeuropas. Während die antiken römischen Kaiser ihr Amt per Verkündigung übernahmen, vollzog im Mittelalter der Papst die Kaiserkrönung und brachte so auch die neue Rechtfertigung der Herrschaft zum Ausdruck: Mittelalterliche Kaiser herrschten „von Gottes Gnaden", wohingegen die antiken römischen Kaiser für sich selbst einen göttlichen Rang beanspruchten, bevor das Christentum zur Staatsreligion erhoben wurde. Schließlich existierte für die mittelalterlichen Kaiser neben dem Papst in Rom auch im fortbestehenden Oströmischen Reich eine christliche Machtkonkurrenz.

Biografie

Karl der Große (747–814 n. Chr.)

Als König erweiterte Karl das fränkische Reich. Karl stand in einem engen Schutz- und Vertrauensverhältnis zum Papst in Rom. Hieraus folgte die Erneuerung der Kaiseridee zu Weihnachten 800. Karl galt bereits im Mittelalter als bedeutender König und Kaiser.

Info

Kaiser

Nach Caesars Ermordung führte dessen Adoptivsohn Oktavian, mit dem das römische Kaisertum begann, den Beinamen „Caesar". Daraus entwickelte sich der Begriff „Kaiser". Seither führten alle Herrscher des Römischen Reichs die Kaisertitel Caesar, Augustus und Imperator. Im Mittelalter wurde dieser Titel weiterverwendet. Allerdings spielte dann das christliche Selbstverständnis der Herrscher eine Rolle. Die Kaiser beriefen sich darauf, von Gott eingesetzt worden zu sein.

Die Kaiserkrönung – Drei Sichtweisen

M6 Berichte von der Kaiserkrönung in Rom

a) Die Sicht des Papstes findet sich in der die Verdienste des Papstes lobenden Lebensbeschreibung Papst Leos III. Das entscheidende Kapitel entstand bereits 801:

Am Tag der Geburt unseres Herrn Jesu Christi waren alle in der schon genannten Basilika des heiligen Apostels Petrus wiederum versammelt. Und da krönte ihn der ehrwürdige und segenspendende Vorsteher [Papst] eigenhändig mit der kostbaren Krone. Darauf riefen alle gläubigen und getreuen Römer, die den Schutz und die Liebe sahen, die er der römischen Kirche und ihrem Vertreter gewährte, einmütig mit lauter Stimme auf Gottes Geheiß und des heiligen Petrus, des Himmelreiches Schlüsselträger, Eingebung aus: Dem heiligsten Augustus Karl, dem großen, von Gott gekrönten und Frieden bringenden Kaiser Leben und Sieg! Vor der heiligen Confessio des seligen Petrus ist das, unter Anrufung vieler Heiliger, dreimal ausgerufen worden, und von allen ist er als Kaiser eingesetzt worden. Auf der Stelle salbte der heilige Vorsteher und Oberpriester mit heiligem Öl Karl, seinen hervorragendsten Sohn, an demselben Tage der Geburt unseres Herrn Jesu Christi zum König.

Zit. nach: Wilfried Hartmann (Hg.), Deutsche Geschichte in Quellen und Darstellung. Band 1: Frühes und hohes Mittelalter 750–1250, Stuttgart: Reclam 1995, S. 53f.

b) Die Sicht des Hofes unmittelbar nach der Krönung zeigt sich im Bericht der die Herrschaft der Karolinger stützenden Reichsannalen:

Als der König gerade am heiligen Weihnachtstag sich vom Gebet vor dem Grab des seligen Apostels Petrus zur Messe erhob, setzte ihm Papst Leo eine Krone aufs Haupt und das ganze Römervolk rief dazu: dem erhabenen Karl, dem von Gott gekrönten großen und friedenbringenden Kaiser der Römer Leben und Sieg! Und nach den lobenden Zurufen wurde er vom Papst nach der Sitte der alten Kaiser durch Kniefall geehrt und fortan, unter Weglassung des Titels Patricius, Kaiser und Augustus genannt.

Zit. nach: Reinhold Rau (Hg.), Quellen zur karolingischen Reichsgeschichte. Teil 1 (übers. v. Otto Abel u. Julius von Jasmund), Darmstadt: Wissenschaftliche Buchgesellschaft 1962, S. 75.

c) Einhard, der am Hof lebende Biograf Karls des Großen, schildert die Ereignisse der Kaiserkrönung nach dem Tod Karls des Großen wie folgt:

Seine letzte Reise nach Rom hatte mehrere Gründe. Die Römer hatten Papst Leo schwer misshandelt, ihm die Augen ausgestochen und die Zunge ausgerissen, sodass er sich gezwungen sah, den König um Schutz zu bitten. Daher begab sich Karl nach Rom, um die verworrenen Zustände der Kirche zu ordnen, das dauerte den ganzen Winter. Bei dieser Gelegenheit erhielt er den Kaiser- und Augustustitel, der ihm anfangs so zuwider war, dass er erklärte, er würde die Kirche selbst an jenem hohen Feiertage nicht freiwillig betreten haben, wenn er die Absicht des Papstes geahnt hätte. Die Eifersucht der oströmischen Kaiser, die ihm die Annahme der Titel schwer verübelten, ertrug er dann allerdings mit erstaunlicher Gelassenheit.

Zit. nach: Wilfried Hartmann (Hg.), Deutsche Geschichte in Quellen und Darstellung. Band 1: Frühes und hohes Mittelalter 750–1250, Stuttgart: Reclam 1995, S. 56f.

Aufgaben

1. **Die Berichte über die Kaiserkrönung vergleichen**
   a) Vergleiche die Sichtweisen der drei Quellen auf die Kaiserkrönung (M6). Achte besonders auf die Rollen, die Karl der Große, Papst Leo III. und die Bewohner Roms dabei spielen.
   b) Prüfe, ob die Autoren der Quellen Partei ergreifen. Belege dies mit Zitaten aus den Quellen.
   c) Nenne mögliche Gründe für die unterschiedlichen Darstellungen der Krönung.
   → M6

2. **War Karl der Große wirklich groß? – Zusatzaufgabe**
   a) Sammelt Argumente für Karls Beinamen „der Große". Nutzt hierfür den Lehrbuchtext und die Quellen.
   b) Setze dich mit folgender Auffassung auseinander: „Karl hat sich durch seine Regierungsweise den Titel ‚der Große' verdient."
   → Text auf den Seiten 17–18, M1–M6

Herrschaft im Wandel – Einführung

Bedeutung von „Herrschaft"

Wenn man von einem Polizisten zu etwas aufgefordert wird, wird man der Anweisung in der Regel Folge leisten. Bei Aufforderungen anderer Personen ist dies hingegen nicht so selbstverständlich. Begründet sind diese unterschiedlichen Reaktionen in der Rolle des Polizisten als Vertreter des Staates: Staatlichen Vorschriften wird im Allgemeinen gehorcht, so hält man etwa die Verkehrsregeln ein, zahlt Steuern und akzeptiert grundlegende Verbote. Dies fällt umso leichter, wenn die Regeln nachvollziehbar und demokratisch zustande gekommen sind. Die in Deutschland herrschende Demokratie beruht auf der Mitbestimmung der Bürger, welche die Politiker, die den Staat regieren, wählen.

Herrschaft kann als Befehlsverhältnis verstanden werden. Wer in einer Gesellschaft die Macht ausübt und wer Gehorsam leistet, kann ganz unterschiedlich sein – im Verlauf der Geschichte gab es zahllose Formen von Herrschaftsverhältnissen. Damit Herrschaft funktioniert, ist es entscheidend, dass das Verhältnis von Befehl und Gehorsam von allen Beteiligten akzeptiert wird, wie das obige Beispiel vom Polizisten zeigt.

M 1 Innerer Sarg aus dem Grab des Pharaos Tutanchamun (Regierungszeit 1347–1337 v. Chr.)

Die zentralen Herrschaftszeichen eines Pharaos sind zu erkennen:

- Nemes – Kopftuch,
- Krummstab (Hirtenstab): Zeichen der Herrschaft,
- Geißel (Wedel): ursprünglich möglicherweise ein Fliegenwedel, ein Dreschflegel oder eine Hirtenpeitsche, Zeichen der Herrschaft,
- Uräus-Schlange (aufgebäumte Kobra; soll den Feinden Feuer und Gift entgegenspeien; auch Wappentier von Unterägypten),
- Geierkopf (Nechbet; Schutzgöttin von Oberägypten),
- künstlicher Bart (vorne eingerollt: Gott oder toter König = Gott; trapezförmiger Bart: lebender König).

Herrschaftsformen in der Antike

In der Antike, also im alten Griechenland und im alten Rom, bildeten sich vier grundlegende Herrschaftsformen heraus:

- **Monarchie** (wörtlich „Herrschaft eines Einzelnen"): Herrschaft eines Königs. Beispiele für die Monarchie sind schon im alten Ägypten zu finden; auch das späte Römische Reich war eine Monarchie.
- **Aristokratie** (wörtlich „Herrschaft der Besten"): Herrschaft des Adels. Viele griechische Stadtstaaten, die sogenannten Poleis, wurden aristokratisch regiert.
- **Demokratie:** Herrschaft des Volkes. Ein Beispiel der demokratischen Herrschaftsform war der Stadtstaat Athen, bei dem es sich allerdings in der damaligen Zeit um einen Sonderfall handelte.
- **Tyrannis:** (oft gewaltsame) Herrschaft eines Einzelnen. Beispiele dafür gab es sowohl in Athen als auch in anderen griechischen Stadtstaaten, tyrannische Herrscher konnten ihre Macht jedoch meist nicht lange behaupten.

Herrschaft im Römischen Reich

Im Römischen Reich existierte zur Zeit der Republik lange eine aus Demokratie und Aristokratie gemischte Herrschaftsform. Wichtige Beamte wie z. B. die Konsuln wurden in Volksversammlungen gewählt. Allerdings stammten die zu Wählenden immer aus einer einzigen kleinen, reichen und mächtigen Bevölkerungsgruppe, nämlich dem römischen Adel. Für diesen waren auch die Begriffe „Patrizier" und später „Nobilität" gebräuchlich.

In der Zeit von Caesar und Augustus vollzog sich dann ein grundsätzlicher Wandel: Es entstand eine monarchische Herrschaftsform, das römische Kaiser-

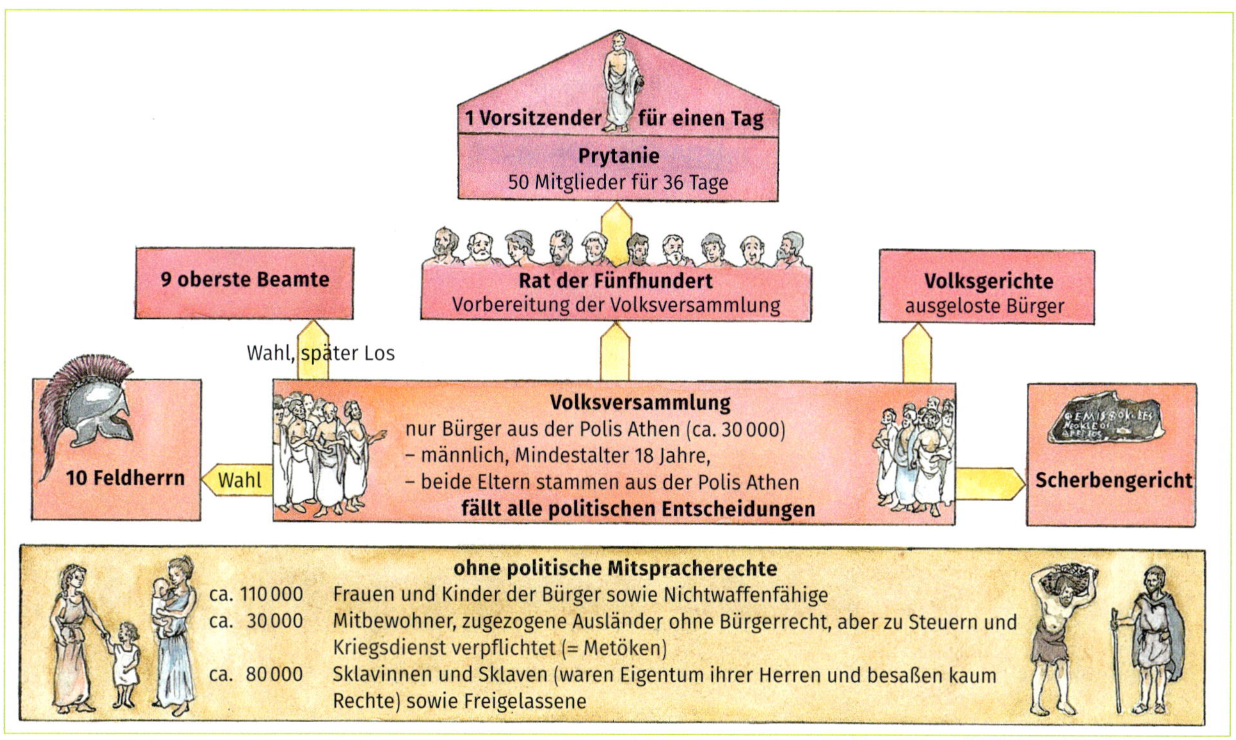

M 2 **Die attische Demokratie – Ein Schaubild**

tum. Ein einzelner Herrscher übte zunächst verdeckt, später offen die Macht aus. Dies blieb bis zum Untergang des Weströmischen Reiches so. Auch das Oströmische Reich, das bis 1453 bestand, blieb eine Monarchie.

Herrschaft in Mittelalter und Neuzeit

In der Zeit, die in diesem Lehrbuch dargestellt wird, war die Monarchie die entscheidende Herrschaftsform. Die mittelalterlichen Herrscher beriefen sich dabei auf die römischen Kaiser.

Im Laufe der hier behandelten Zeitspanne bildeten sich differenzierte Formen der Herrschaft aus. Auf den folgenden, gelb eingefärbten Seiten werden in diesem Lehrbuch erläutert:

- die Königsherrschaft im Mittelalter (Seite 22–27),
- das Heilige Römische Reich im Spätmittelalter (Seite 36–39),
- die Herrschaft Ludwigs XIV. (Seite 162–164).

Die Königsherrschaft blieb in vielen europäischen Ländern bis zum Beginn des 20. Jahrhunderts erhalten. Sogar heute sind einige Staaten noch Monarchien (z. B. Großbritannien), wobei die Könige bzw. Königinnen jedoch keine politische Macht mehr besitzen.

M 3 **Ludwig XIV.**
Gemälde von Hyacinthe Rigaud, um 1700

Königsherrschaft im Mittelalter

Im Zentrum von Magdeburg, der Hauptstadt des heutigen Bundeslandes Sachsen-Anhalt, befindet sich der sogenannte Magdeburger Reiter. Man vermutet, dass die Figur Otto I. darstellen soll. Weshalb ist Otto so bedeutsam?

M 1 Der Magdeburger Reiter
Um 1240 entstandenes Standbild, Foto, 2018

Training

Eine szenische Darstellung durchführen

Die szenische Darstellung eines historischen Ereignisses erfordert eine sorgfältige Planung. Vor allem das Verständnis der historischen Situation und der Handlungsabsichten der Akteure ist wichtig, um die szenische Darstellung so exakt wie möglich umsetzen zu können.

Geht in folgenden Arbeitsschritten vor:

1. Die szenische Darstellung planen

a) Informiert euch über das darzustellende historische Ereignis.
b) Besetzt die für die Szene notwendigen Rollen.
c) Verständigt euch über notwendige Requisiten und die Spielstätte der Szene.
d) Verfasst euren Rollentext.

2. Die szenische Darstellung durchführen

a) Spielt die Szene nach.
b) Achtet dabei darauf, dass kein Akteur aus seiner Rolle fällt.

3. Die szenische Darstellung auswerten

a) Erläutert die Bedeutung des dargestellten Ereignisses aus dem Blickwinkel eurer Rolle.
b) Beurteilt die Methode der szenischen Darstellung für das historische Verständnis des Ereignisses.

Aufgaben

1. Einen Krönungsbericht untersuchen

a) Beschreibe den genauen Ablauf der Königskrönung in Aachen. Schreibe alle Schritte und Handlungen aus dem Krönungsbericht (M3) heraus und stelle sie in einer Tabelle dar.
b) Suche die im Krönungsbericht genannten Herrschaftsinsignien. Erläutere deren jeweilige Bedeutung. Nutze dafür auch die Abbildungen und den Infokasten auf Seite 23.
c) Gestaltet in einem szenischen Spiel die Krönungszeremonie Ottos I. nach. Verwendet dafür den Trainingskasten auf dieser Seite.

→ M2, M3, Trainingskasten auf dieser Seite

Die Königskrönung Ottos I. – Ein Ritual nachvollziehen

M 2 Reichsinsignien

Die Reichsinsignien: Reichsszepter (14. Jh.); Kaiserkrone, vermutlich für die Kaiserkrönung Ottos I. (926) geschaffen; Reichsschwert (11. Jh.); Krönungsgewand der deutschen Kaiser und Könige; Reichskreuz; Reichsapfel (vermutlich aus dem Jahre 1191); „Heilige Lanze“, z. Zt. Heinrichs I. erworben.

Info

Herrschaftssymbole als Zeichen der Macht

Damit ein König als König zweifelsfrei von jedem zu identifizieren war, bedurfte es einer ganzen Reihe von Herrschaftszeichen, sogenannten „Insignien“. Ein König musste im Besitz dieser Erkennungszeichen sein, um in seiner Position sowohl erkannt als auch anerkannt zu werden. Das wohl berühmteste Herrschaftszeichen ist die Königs- bzw. Kaiserkrone, aber auch das Reichsschwert, der Reichsapfel oder der Krönungsmantel waren wichtige Symbole, die jeweils für bestimmte Aufgaben eines Königs bzw. Kaisers standen.

M 3 Ein „Krönungsbericht“

In seiner „Sachsengeschichte“ berichtet der Mönch Widukind aus dem Kloster Corvey an der Weser, der den Ottonen nahestand, über wichtige Ereignisse im 10. Jahrhundert. Da er die Krönung Ottos I. nicht persönlich miterlebte, beruht sein „Bericht“ vermutlich auf der Beobachtung einer späteren Königserhebung:

Nachdem also der Vater des Vaterlandes und der größte wie beste König Heinrich gestorben war, wählte sich das gesamte Volk der Franken und Sachsen seinen Sohn Otto, der bereits vorher vom Vater zum König designiert worden war, als Herrscher aus. Als Ort der allgemeinen Wahl nannte und bestimmte man die Pfalz Aachen. [...]
Und als man dorthin gekommen war, versammelten sich die Herzöge und obersten Grafen mit der übrigen Schar vornehmster Ritter in dem Säulenhof, der mit der Basilika Karls des Großen [Pfalzkapelle] verbunden ist, setzten den neuen Herrscher auf einen dort aufgestellten Thron, huldigten ihm, gelobten ihm Treue, versprachen ihm Unterstützung gegen alle seine Feinde und machten ihn nach ihrem Brauch zum König. Während dies die Herzöge und die übrige Beamtenschaft vollführten, erwartete der Erzbischof mit der gesamten Priesterschaft und dem ganzen Volk im Innern der Basilika den Auftritt des neuen Königs. Als dieser erschien, ging ihm der Erzbischof entgegen, berührte mit seiner Linken die Rechte des Königs, während er selbst in der Rechten den Krummstab trug, bekleidet mit der Albe [liturgisches Gewand], geschmückt mit Stola und Messgewand, schritt vor bis in die Mitte des Heiligtums und blieb stehen. Er wandte sich zum Volk um, das ringsumher stand – es waren nämlich in jener Basilika unten und oben

umlaufende Säulengänge –, sodass er vom ganzen Volk gesehen werden konnte, und sagte: „Seht, ich bringe euch den von Gott erwählten und von dem mächtigen Herrn Heinrich einst designierten, jetzt aber von allen Fürsten zum König gemachten Otto; wenn euch diese Wahl gefällt, zeigt dies an, indem ihr die rechte Hand zum Himmel emporhebt."

Da streckte das ganze Volk die Rechte in die Höhe und wünschte unter lautem Rufen dem neuen Herrscher viel Glück. Dann schritt der Erzbischof [Hildebert von Mainz] mit dem König, der nach fränkischer Sitte mit einem eng anliegenden Gewand bekleidet war, hinter den Altar, auf dem die königlichen Insignien lagen: das Schwert mit dem Wehrgehänge, der Mantel mit den Spangen, der Stab mit dem Zepter und das Diadem. [...]

Derselbe [Erzbischof von Mainz] aber ging zum Altar, nahm von dort das Schwert mit dem Wehrgehänge auf, wandte sich an den König und sprach: „Nimm dieses Schwert, auf dass du alle Feinde Christi verjagst, die Heiden und schlechten Christen, da durch Gottes Willen dir alle Macht im Frankenreich übertragen ist, zum unerschütterlichen Frieden für alle Christen."

Dann nahm er die Spangen, legte ihm den Mantel um und sagte: „Durch die bis auf den Boden herabreichenden Zipfel [deines Gewandes] seist du daran erinnert, mit welchem Eifer du im Glauben entbrennen und bis zum Tod für die Sicherung des Friedens eintreten sollst." Darauf nahm er Zepter und Stab und sprach: „Durch diese Abzeichen bist du aufgefordert, mit väterlicher Zucht deine Untertanen zu leiten und in erster Linie den Dienern Gottes, den Witwen und Waisen die Hand des Erbarmens zu reichen; und niemals möge dein Haupt ohne das Öl der Barmherzigkeit sein, auf dass du jetzt und in Zukunft mit ewigem Lohn gekrönt werdest." Auf der Stelle wurde er mit dem heiligen Öl gesalbt und mit dem goldenen Diadem gekrönt von eben den Bischöfen Hildebert und Wigfried [von Köln], und nachdem die rechtmäßige Weihe vollzogen war, wurde er von denselben Bischöfen zum Thron geführt, zu dem man über eine Wendeltreppe hinaufstieg, und er war zwischen zwei Marmorsäulen von wunderbarer Schönheit so aufgestellt, dass er von da aus alle sehen und selbst von allen gesehen werden konnte.

Nachdem man dann das Lob Gottes gesungen und das Messopfer feierlich begangen hatte, ging der König hinunter zur Pfalz, trat an die marmorne, mit königlicher Pracht geschmückte Tafel und nahm mit den Bischöfen und dem ganzen Adel Platz; die Herzöge aber taten Dienst. Der Herzog der Lothringer, Giselbert, zu dessen Machtbereich dieser Ort gehörte, organisierte alles; Eberhard kümmerte sich um den Tisch, der Franke Hermann um die Mundschenken; Arnulf [von Bayern] sorgte für die Ritterschaft sowie für die Wahl und Errichtung des Lagers [...].

Der König aber ehrte danach einen jeden Fürsten freigebig, wie es sich für einen König gehört, mit einem passenden Geschenk und verabschiedete die vielen Leute mit aller Fröhlichkeit.

Zit. nach: Ekkehart Rotter/Bernd Schneidmüller (Hg./Übers.), Widukind von Corvey: Res gestae Saxonicae / Die Sachsengeschichte (lat./dt.), Stuttgart: Reclam 1981, S.105–109.

M 4

Rekonstruktion der Pfalz in Aachen

① Pfalzkapelle, ② Kaiserpfalz, ③ Kaiserbad, ④ Gärten der Pfalz, ⑤ Wohnbezirk der Kaufleute, ⑥ Grenze des Pfalzbezirkes, ⑦ Säulenvorhalle

Der Herzog von Sachsen wird König des Ostfränkischen Reiches

Etwa drei Jahrhunderte nach dem Untergang des Weströmischen Reiches war es Karl dem Großen gelungen, erneut ein großes Reich zu errichten, das weite Teile Europas umfasste. Der Höhepunkt seiner Herrschaft war die Krönung zum Kaiser in Rom im Jahr 800. Das Reich Karls des Großen blieb nicht lange bestehen. Unter seinen Nachkommen wurde das Reich im 9. Jahrhundert mehrfach aufgeteilt. Dabei entstanden zunächst drei und in der Folge schließlich zwei Herrschaftsgebiete: das Westfränkische und das Ostfränkische Reich. Aus diesen Reichen entwickelten sich später Frankreich und Deutschland.

Als Begründer des mittelalterlichen deutschen Reiches gilt Heinrich I., Herzog von Sachsen, der im Jahr 919 im Ostfränkischen Reich König wurde. Wie kam es dazu? Als im Jahre 911 im ostfränkischem Teilreich der letzte Karolinger ohne Thronerben gestorben war, bestimmten die Herzöge der dortigen Stämme einen neuen König aus ihren eigenen Reihen. Zunächst verständigten sie sich untereinander auf den Frankenherzog Konrad. Nach dessen Tod wählten sie den mächtigen Sachsenherzog Heinrich zum neuen König. Dieser Heinrich I. einte die Herzöge unter seiner Führung und festigte das Reich. Zudem ließen seine Kriegserfolge über die einfallenden Ungarn das Ansehen seiner Familie stark anwachsen. Es war keineswegs selbstverständlich, dass Heinrichs Sohn Otto als

M 5 Kaiser Otto und Editha

Otto I. (der Große) und seine erste Gemahlin Editha, Sitzstatuen, Magdeburg, Dom, Mitte 13. Jahrhundert.

Die erste Frau Ottos des Großen gilt als eine der wichtigsten mittelalterlichen Mitherrscherinnen. Im Anschluss an Ottos Krönung 936 erhielt Editha in einer gesonderten Zeremonie eine Salbung und wurde die Erste Frau im Reich. In dieser Rolle gestaltete Editha bis zu ihrem frühen Tod – sie verstarb 946 unerwartet mit gerade einmal 36 Jahren in Magdeburg – Ottos Regentschaft aktiv mit.

M 6 Das Reich der Ottonen (919 – 1024)

Herrscher die Nachfolge antrat, da das Reich nicht als Erbmonarchie, sondern als Wahlkönigtum regiert wurde. Allerdings gelang es Heinrich I. noch zu Lebzeiten, seinem Sohn die Thronfolge zu sichern. So wurde Otto I. im Jahr 936 in Aachen von den Herzögen des Reiches zum König gewählt und feierlich gekrönt. Man kann davon ausgehen, dass die Krönungszeremonie, wie sie uns in einem Bericht des sächsischen Geschichtsschreibers Widukind überliefert ist, für die meisten Königskrönungen galt.

M 7 Siegel König Ottos I. (936 n. Chr.)
Umschrift:
OTTO D(E)I GR(ATI)A REX
(Otto von Gottes Gnaden König),
Durchmesser: 5,2 cm

Herrschaftsdurchsetzung nach der Königswahl Ottos I.

Der König war auf die Zusammenarbeit mit dem mächtigen Adel angewiesen, insbesondere auf die Herzöge. Um gemeinsame Entscheidungen zu treffen, fanden regelmäßig große Versammlungen statt, die sogenannten Hoftage. Otto war als König zwar oberster Lehnsherr im Reich, seine Lehnsleute versuchten aber, möglichst selbstständig zu herrschen, weshalb sich Otto nicht immer auf sie verlassen konnte. Gleich zu Beginn seiner Regentschaft musste er gegen mehrere Herzöge kämpfen, die ihm die Herrschaft streitig machten, darunter selbst enge Verwandte.

Rückhalt fand Otto bei der Kirche: Er übertrug Bischöfen und Äbten hohe weltliche Ämter bis hin zur Herzogswürde, vermehrte ihre Besitzungen und machte sie zu engen Beratern. Dies brachte mehrere Vorteile für den König: Da die Geistlichen ohne Nachkommen blieben, konnten sie – im Gegensatz zu den weltlichen Herzögen – weder Land noch Ämter vererben. Nach dem Tod eines Geistlichen fiel dessen Lehen an den König zurück, der es dann erneut an einen Mann seines Vertrauens vergeben konnte. Außerdem konnte der König über die Auswahl und Einsetzung von Bischöfen und Äbten die Angelegenheiten der Kirche mitbestimmen. Er rechtfertigte seine Einmischung in kirchliche Entscheidungen damit, dass er ein Herrscher „von Gottes Gnaden" sei. Viele Nachfolger Ottos übernahmen dieses Vorgehen.

M 8 Siegel Kaiser Ottos I. (um 965 n. Chr.)
Umschrift:
OTTO IMP(ERATOR) AUG(USTUS),
Durchmesser: 6,5 cm

König Otto I. wird Kaiser

Otto war nicht nur mit der Sicherung der Macht im Inneren seines Reiches beschäftigt, seine Herrschaft war auch von außen bedroht. Die Ungarn unternahmen immer wieder Vorstöße nach Mitteleuropa, überfielen Klöster, Burgen und Städte und zogen sich dann wieder zurück. Im Jahr 955 kam es zu einer großen Schlacht auf dem Lechfeld bei Augsburg, die Otto gewann. Nach den Erfolgen gegen seine Widersacher im Inneren und dem Sieg über die Ungarn fühlte sich Otto gefestigt genug, die Kaiserwürde zu beanspruchen.

Im Jahr 962 wurde er in Rom vom Papst zum Kaiser gekrönt. Damit erneuerte Otto das Kaisertum, das Karl der Große im Jahr 800 nach antikem Vorbild wieder errichtet hatte. Als König herrschte Otto I. über die Gebiete nördlich der Alpen. Als Kaiser war er zugleich Herrscher über Italien und Schutzherr der Kirche sowie – zumindest theoretisch – der gesamten christlichen Welt. Das von Otto begründete Kaisertum war von nun an mit dem deutschen Königtum verknüpft. Trotz aller Umbrüche und Veränderungen blieb das Kaisertum über fast 1000 Jahre erhalten. Erst 1806 endete die Kaiserherrschaft des Heiligen Römischen Reiches Deutscher Nation. Die Zeit der Ottonen aus dem Stamm der Sachsen – Otto dem Großen folgten noch Otto II., Otto III. und Heinrich II. nach – endete allerdings bereits 1024. Ihre Nachfolger im Reich wurden die Salier aus dem Stamm der Franken, denen die Dynastien der Staufer, Luxemburger, Wittelsbacher und – vom Ende des Mittelalters bis 1806 – das Herrschergeschlecht der Habsburger nachfolgten.

M 9 **Otto III., deutscher König und Kaiser (980–1002)**

Kaiser Otto III., der Enkel von Otto dem Großen, mit den Reichsinsignien thront zwischen Reichskirche und Reichsadel. Aus dem Reichenauer Evangeliar, das im Auftrag des Kaisers entstand, Ende des 10. Jahrhunderts.

Info

Politische „Spielregeln“ und Rituale als Zeichen der Macht

Zu den politischen „Spielregeln“ des Mittelalters gehörte es, die eigene Macht und den eigenen Herrschaftsanspruch immer wieder öffentlich zu präsentieren, wobei sich die Herrschenden wie in einem Theaterstück möglichst wirkungsvoll in Szene setzten. Das Überreichen und Empfangen kostbarer Geschenke, die Begrüßung mit Umarmung und Kuss oder das Ausrichten aufwendiger Feste bei Besuchen sind Beispiele für Gesten und Rituale (Bräuche), die dazu dienten, die Öffentlichkeit sowohl über die Macht als auch über die Beziehungen der Herrschenden untereinander zu informieren. Jeder Betrachter verstand damals, was dieses – oft von Beratern des Königs vorher genau geplante – „Schauspiel“ ausdrücken sollte.

Aufgaben

1. **Königtum und Kaisertum**
   a) Erläutere die Gründe Ottos I. für sein Ziel, Kaiser zu werden.
   b) Diskutiere die Unterschiede bei der Vergabe der Königswürde und der Vergabe der Kaiserwürde.
   c) Erkläre die Maßnahmen Ottos I. für seine Herrschaftssicherung.
   → Text auf den Seiten 25–26
2. **Rituale und Symbole**
   a) Erkläre den Einfluss und die Macht der Rituale für die mittelalterliche Königsherrschaft (Infokasten auf dieser Seite).
   b) Nenne mithilfe von M9 die Symbole der mittelalterlichen Königsherrschaft und erkläre ihre Bedeutung.
   c) Beschreibe und vergleiche die Größe, Haltung und Blickrichtung der in M9 abgebildeten Personen.
   d) Erkläre die Bedeutung der dargestellten Szene.
   → M9, Infokasten auf dieser Seite
3. **Bedeutung von Königssiegeln – Zusatzaufgabe**
   a) Beschreibe die beiden Siegel (M7 und M8) möglichst genau und erläutere deren Unterschiede in Inschrift, Größe und Bildinhalt.
   b) Das ottonische Kaisersiegel wurde auf Kaiserurkunden angebracht, die für die adeligen und kirchlichen Großen des Reiches bestimmt waren. Beschreibe und beurteile die Wirkung des kaiserlichen Siegels auf die Urkundenempfänger. Beachte die Blickrichtung der Kaiserfigur.
   → M7, M8

Das Lehnswesen

Jemandem „mit Rat und Tat" zur Seite stehen und jemandem „Schutz und Schirm" gewähren – diese Ausdrücke stammen aus dem Mittelalter. Damals gab es ein besonderes Verhältnis zwischen Adligen: das Lehnswesen. Was hatte es damit auf sich?

M 1 Ein Bilderbuch des Rechts

Anfang des 13. Jahrhunderts verfasste der Adlige Eike von Repgow ein Rechtsbuch, den sogenannten Sachsenspiegel. Es sollte alle wichtigen Rechtsregeln in der sächsischen Heimat des Autors zusammenfassen. Neben dem Text enthält die Handschrift auch Illustrationen für diejenigen, die nicht lesen konnten. Wichtige Elemente des Lehnswesens sind also bildlich dargestellt. Die hier abgedruckten Abbildungen sind einem Exemplar des Sachsenspiegels entnommen, das Anfang des 14. Jahrhunderts hergestellt wurde. Es befindet sich heute in der Bibliothek der Universität Heidelberg.

Info

Das Belehnungsritual

Lehnsherr und Lehnsmann schlossen den Vertrag durch eine Reihe von symbolischen Handlungen in der Öffentlichkeit.

- Der Lehnsmann legte seine zusammengelegten Hände in die Hände des Lehnsherrn und sagte, dass er das Lehen annehmen wolle. Ein Kuss konnte als Bestätigung hinzukommen.
- Der Lehnsmann gab das Treueversprechen und leistete den Treueeid auf die Bibel oder auf die Reliquien eines oder einer Heiligen.
- Der Lehnsherr überreichte als Symbol für das Lehen eine Fahne, ein Zepter, ein Büschel Ähren oder einen Ast.

Die Bilderhandschrift verwendet eine festgelegte Bildersprache:

- Lilienkrone: Lehnsherr;
- grüne Farbe: adlige Herkunft;
- Fahne, Ährenbüschel, Ast: Symbole für Lehen;
- erhobener Finger: Gelöbnisgebärde

Aufgaben

1. Der „Sachsenspiegel" – Eine mittelalterliche Bilderhandschrift verstehen

a) Beschreibe die drei Bilder. Verwende dafür den Trainingskasten „Umgang mit Bildern" auf Seite 201.

b) Die Figuren auf den Abbildungen sind manchmal mit drei Armen dargestellt. Formuliere Vermutungen über die Gründe dafür.

c) Nenne mithilfe der Abbildungen die drei symbolischen Handlungen, die für die Herstellung eines Lehnsverhältnisses notwendig waren (vgl. auch den Infokasten auf Seite 28).

d) Erläutere mithilfe der Abbildungen die Elemente der Unterordnung und der Gegenseitigkeit im Verhältnis zwischen Lehnsherr und Lehnsmann.

e) Nenne mögliche Ursachen dafür, dass in der Abbildung M1 ein Lehnsmann zwischen zwei Lehnsherrn abgebildet ist.

f) Stellt in einem szenischen Spiel eine Lehensübergabe nach. Verwendet dafür auch den Trainingskasten „Eine szenische Darstellung durchführen" auf Seite 22.

→ M1 – M3, Infokasten auf Seite 28

M 4 Zeichnung der Grabplatte von Konrad von Bickenbach

Erhaltene Grabplatten adliger Männer aus dem Mittelalter zeigen die Verstorbenen immer mit ihren Waffen, die ein Zeichen ihres Standes waren. Häufig tragen sie darauf auch Bestandteile ihrer Rüstung. Die Aufgabe der adligen Männer zu kämpfen und zu beschützen war im Mittelalter wichtig, da Konflikte häufig militärisch ausgetragen wurden. Vor allem mit ihren Waffen konnten sie gegebenenfalls einem Lehnsherrn wirksam Hilfe leisten. Die Grabplatte liegt in Homburg bei Würzburg (Bayern) und ist um 1390 angefertigt worden.

Das Lehnswesen

Wie organisierten Kaiser, Könige, Herzöge, Grafen und Grundherrn die Verteidigung, die Verwaltung und die Rechtsprechung in ihren Reichen, Herzogtümern, Grafschaften und Grundherrschaften?
Sie wendeten drei Strategien an:

- Sie reisten, um möglichst viel selbst vor Ort regeln und durchsetzen zu können.
- Sie trafen sich regelmäßig und handelten gemeinsame Lösungen aus.
- Sie setzten Vertreter ein, die vor Ort präsent blieben.

Solche Vertreter konnten enge Verwandte aus der eigenen Familie oder der Familie der Ehefrau sein – diese galten als besonders zuverlässig. Aber auch andere Personen konnten ausgewählt werden. Die gegenseitigen Rechte und Pflichten wurden in einer Zeremonie vertraglich vereinbart. Als „Bezahlung" für die Aufgaben, die der Vertreter übernahm, erhielt er ein Stück Land „geliehen" und konnte es bewirtschaften und verwalten, es wurde aber nicht sein Eigentum. Das Stück Land wird „Lehen" genannt, der Vertreter „Lehnsmann" oder „Vasall", der Verleihende „Lehnsherr".

Die Beziehung von Lehnsherr und Lehnsmann

Der Lehnsherr verpflichtete sich dazu, seinem Lehnsmann „Schutz und Schirm" zu gewähren, ihn insbesondere bei einem Angriff mit Waffen oder bei einer Anklage vor Gericht zu verteidigen. Der Lehnsmann verpflichtete sich, seinem Lehnsherrn mit „Rat und Tat" zur Seite zu stehen. Mit „Rat" war gemeint, dass er unterstützend an Beratungen und Versammlungen teilnahm und dort auch hinreiste; mit „Tat" war gemeint, dass er im Krieg und bei militärischen Auseinandersetzungen mitzog und mitkämpfte.

Für beide Seiten bot das Lehnsverhältnis Vorteile. Der Lehnsherr konnte die Teile seines Besitzes, deren Verwaltung ihn als Grundherrn möglicherweise überfordert hätte, zur Steigerung seiner eigenen Macht einsetzen und vergrößerte so seine Gefolgschaft. Der Lehnsmann gewann, wenngleich er sich seinem Herrn formell unterordnete, mit dem überlassenen Land Macht hinzu und hatte einen mächtigen Verbündeten. Außerdem konnte er hoffen, dass auch seine Nachkommen belehnt und das Lehen gewissermaßen vererbt werden konnte.

Ideal und Wirklichkeit

Eine der Abbildungen aus dem Sachsenspiegel zeigt, wie sich ein Lehnsmann zwischen zwei Lehnsherren entscheidet und das Fahnenlehen annimmt. Das Bilderbuch des Rechts zeigt hier, wie es sein sollte. Häufig haben Lehnsmänner allerdings mehrere Lehen von verschiedenen Lehnsherren angenommen, um ihr Vermögen und ihre Macht zu vergrößern. Wenn zwei Lehnsherrn eines Lehnsmannes dann in einen Konflikt gerieten, konnte der Lehnsmann nicht beide unterstützen, sondern musste sich für eine Seite entscheiden oder beide im Stich lassen. Er brach damit Treueversprechen und Treueeid und erfüllte auch seine Lehnsverpflichtungen nicht. Gleichzeitig versuchte er meist, das Land zu behalten.

Aufgaben

1. Das Lehnswesen – Einen Fachbegriff erklären

a) Erkläre mithilfe des Textes auf Seite 30 in eigenen Worten den Begriff „Lehnswesen".

b) Nenne Beispiele für Vereinbarungen, die auch heute symbolisch und nicht schriftlich getroffen werden.
→ Text auf Seite 30

Das Lehnsritual in Texten mittelalterlicher Geschichtsschreiber

M 5 Mittelalterliche Textquellen

a) Der Geschichtsschreiber Galbert von Brügge, ein Geistlicher, der als Schreiber für die Grafen von Flandern arbeitete, beschrieb, wie Wilhelm, der neue Graf von Flandern, im Jahr 1137 die Lehnsmänner seines Vorgängers empfing. Wilhelm von Flandern und die Lehnsmänner erneuerten auf diese Weise die Lehnsbeziehung:

Zuerst leisteten sie [die Lehnsmänner oder Vasallen] ihm [Graf Wilhelm] auf folgende Weise Mannschaft: Der Graf fragte den zukünftigen Vasallen, ob er ohne Vorbehalt sein [Lehns-]Mann werden wolle, und dieser antwortete: „Ich will es." Alsdann umschloss der Graf die zusammengelegten Hände des anderen mit seinen Händen, und sie besiegelten den Bund durch einen Kuss. Zweitens gab derjenige, der Mannschaft geleistet hatte, dem „Vorsprecher" des Grafen mit folgenden Worten sein Treueversprechen: „Ich verspreche bei meiner Treue, von nun an dem Grafen Wilhelm treu zu sein, und ihm gegen alle anderen meine Mannschaft unwandelbar zu erhalten, aufrichtig und ohne Trug". Drittens bekräftigte er sein Versprechen durch einen Eid, den er auf die Reliquien[1] der Heiligen leistete.

1 Reliquien sind Überreste von bereits gestorbenen Personen, die als religiöse Vorbilder – Heilige – verehrt werden oder wurden. Es kann sich um Teile des Körpers oder um Gegenstände aus dem Besitz der Person handeln.

Zit. n.: François Louis Ganshof, Was ist das Lehnswesen? (übers. v. Ruth u. Dieter Groh), Darmstadt: Wissenschaftliche Buchgesellschaft 1989 (7. Aufl.), S. 72 f.

b) Der Geschichtsschreiber und Bischof Otto von Freising, berichtete, wie ein Konflikt um das Herzogtum Bayern von Kaiser Friedrich I. in Absprache mit den Fürsten, den hohen Adligen, gelöst werden konnte. Für das Ritual war die öffentlich sichtbare Übergabe der Fahnen bedeutsam. Otto war außerdem mit dem Kaiser verwandt:

Mitte September [1156] kamen dann die Fürsten in Regensburg zusammen und warteten einige Tage auf die Ankunft des Kaisers. Als der Kaiser sich dann im Feldlager mit seinem Oheim [Onkel] getroffen hatte [...] und alle Vornehmen und Großen herbeigeeilt waren, wurde der Beschluss verkündet, der schon lange im geheimen bestanden hatte. Die wichtigsten Punkte dieser Einigung waren, wie ich mich erinnere, folgende: Heinrich der Ältere [ein Onkel des Kaisers] gab die Herzogsgewalt in Bayern durch sieben Fahnen zurück. Sie wurden dem jüngeren Heinrich [einem Cousin des Kaisers] übergeben, und dieser gab durch zwei Fahnen die Ostmark mit den seit alters dazugehörigen Grafschaften zurück. Dann bildete er [der Kaiser] aus dieser Mark und den Grafschaften [...] auf Grund eines Beschlusses der Fürsten ein Herzogtum und übertrug es mit zwei Fahnen nicht nur ihm [dem Onkel des Kaisers] persönlich, sondern auch seiner Gemahlin.

Zit. n.: Franz-Josef Schmale (Hg.), Die Taten Friedrichs oder richtiger Cronica. Otto von Freising und Rahewin (übers. v. Adolf Schmidt), Darmstadt: Wissenschaftliche Buchgesellschaft 1974, S. 389, 391.

Aufgaben

1. Schriftliche Quellen auswerten

a) Erschließe die beiden Quellen (M5). Verwende dafür den Trainingskasten „Eine schriftliche Quelle erschließen" auf Seite 10.

b) Vergleiche die beiden Quellen mit den Bildern aus dem Sachsenspiegel (M1–M3).

→ M5, M1–M3, Trainingskasten auf Seite 10

2. Die Stellung der Adligen im Lehnswesen

a) Formuliert Gründe dafür, dass Adlige im Mittelalter Lehen vergeben und angenommen haben. Nutzt verschiedene Quellen für eure Informationsbeschaffung.

b) Stellt eure Ergebnisse in Form eines Vortrags in der Klasse vor.

→ Text auf Seite 30, M1–M5

Weltliche und geistliche Macht im Konflikt

Das Bild zeigt ein historisches Ereignis aus dem Jahr 1077, das sich in der Burg von Canossa im heutigen Norditalien abgespielt hat. Papst Gregor VII. und König Heinrich IV. begegnen sich auf ungewöhnliche Weise. Heinrich ist in der Mitte zu sehen, fast unbekleidet und in tiefer Verbeugung vor dem Papst. Beide führen symbolische Gesten aus. Ganz im Vordergrund kniet ein Knappe, der den Bildbetrachter direkt anschaut. In den Händen hält er eine Krone und ein Zepter, die Insignien des römisch-deutschen Königs. Was bedeutet dies alles?

M 1 Papst Gregor VII. mit König Heinrich IV. in Canossa

Fresko (Wandmalerei) von Federico Zuccari (ca. 1540–1609 aus dem Jahr 1573. Vatikanstadt, Apostolischer Palast, Sala Regia („Königssaal"). Der Königssaal im Vatikan ist ein prunkvoller Ehrensaal, der Mitte des 16. Jahrhunderts erbaut wurde. Er diente ursprünglich als Thronsaal des Papstes. Dort wurden vom Papst Fürsten und Botschafter anderer Länder empfangen. Heute finden dort auch Konzerte und festliche Empfänge statt.

WES-115640-102 Hörszene zum Gang nach Canossa

WES-115640-103 Film über den Gang nach Canossa

Aufgaben

1. Canossa – Ein Bild interpretieren

a) Beschreibe das Bild M1. Erschließe die Bedeutung mithilfe deines Vorwissens über symbolische Handlungen im Mittelalter.

b) Beurteile die Darstellung der Beziehung zwischen Papst und König auf dem Bild M1.

c) Gib mögliche Gründe für die missliche Lage Heinrichs an.

 M1

Der „Gang nach Canossa" als Höhepunkt des Streits zwischen weltlicher und geistlicher Macht

Auch heute noch findet die Redewendung „den Gang nach Canossa machen" Anwendung, wenn man einen als Erniedrigung empfundenen Bittgang beschreiben möchte. Canossa liegt in Norditalien. Die Reise des deutschen Königs Heinrich IV. (1050–1106) im Januar 1077 über die verschneiten Alpen war äußerst beschwerlich. Noch unangenehmer war der Grund der Reise: Heinrich lag mit Papst Gregor VII. (um 1025–1085) im Streit darüber, wer von ihnen den Vorrang in der Führung der Christenheit haben sollte. Die deutschen Herzöge standen auf der Seite des Papstes. Gregor hatte Heinrich sogar exkommuniziert, also aus der Kirche ausgeschlossen, was dessen Königsherrschaft gefährdete.

Der Hintergrund: Kirche, Politik und Gesellschaft verändern sich

Ab der Mitte des 11. Jahrhunderts veränderte sich die kirchliche und politische Ordnung im christlichen Europa. Viele Mönche und kirchliche Amtsträger waren unzufrieden mit dem Einfluss, den Laien, also Nichtgeistliche, auf die Organisation der Kirche hatten. Bischöfe und Äbte wurden von weltlichen Herrschern in ihr Amt eingesetzt. Diese mit zahlreichen symbolischen Akten verbundenen Amtseinführungen werden „Investitur" (wörtlich „Einkleidung") genannt. Wichtige Bischöfe erhielten dabei vom König selbst einen Krummstab überreicht, der die Herrschaft über die Gemeinde veranschaulichte. Bischöfe und Äbte waren nicht nur für das Seelenheil der Menschen zuständig, sie verfügten auch über politische Macht. Mit dem Investiturrecht strebte der König an, nur ihm genehme Kandidaten in höhere Kirchenämter einzusetzen.

Die Kirchen- und Klosterreformer forderten hingegen die Freiheit der Kirche von weltlichen Einflüssen. Die Geistlichen sollten sich auf ihre priesterlichen Aufgaben konzentrieren, und die Bischöfe sollten der Kirche, nicht dem König dienen. Bei der Wahl des Papstes wurde ein königlicher Einfluss durch neue Regelungen ausgeschlossen: Seit dem Papstwahldekret von 1059 durften nur noch Kardinäle den Papst wählen.

Der Investiturstreit als Auslöser des Konflikts

Auslöser des Konflikts zwischen Heinrich IV. und Gregor VII. war die Einsetzung des Mailänder Erzbischofs im Jahr 1075. Heinrich beharrte auf seinem Investiturrecht und setzte seinen Kandidaten durch. Der neu gewählte Papst Gregor forderte jedoch als Anhänger der Kirchenreform die „kanonische Wahl", also die Wahl des Bischofs durch Vertreter des Klerus, und damit die Rücknahme der königlichen Entscheidung. Dies wies Heinrich empört zurück, sodass es zu einer Zuspitzung kam, die bisher ohne Beispiel war: Anfang 1076 forderte Heinrich IV. in Worms den Rücktritt von Papst Gregor VII., worauf dieser mit der Verhängung des Kirchenbanns über den König antwortete. Zugleich entband Gregor alle Untertanen von dem Eid, den diese auf den König geleistet hatten. Heinrich war der erste deutsche König, der vom Papst aus der Kirche ausgeschlossen wurde.

Canossa – Der Bußgang des Königs

Als Reaktion auf den Bann wechselten viele Fürsten die Seiten und der Einfluss des Königs drohte zu schwinden. Weil die Fürsten ihre Macht gegenüber dem König stärken wollten, stellten sie ihm im Herbst 1076 ein Ultimatum: Heinrich solle sich binnen eines Jahres durch den Papst vom Bann befreien lassen, andernfalls würde man einen neuen König wählen. Heinrichs Herrschaft stand infrage.

M 2 Papst Gregor VII. (1021–1085)
Miniatur, 1. Hälfte des 12. Jahrhunderts

M 3 Investitur eines Bischofs durch einen König
Der König überreicht dem zukünftigen Bischof den Krummstab als Zeichen der Herrschaft über das Gebiet des Bistums und seiner Bischofswürde. Buchmalerei 10. Jh.

M 4 **Canossa**

Gemälde von Eduard Schwoiser aus dem Jahre 1862 im Maximilianeum in München (Sitz des bayerischen Landtags). Im Vordergrund steht barfuß und arm gekleidet der König. Im Hintergrund ist im Inneren der Burg der Papst zu erkennen.

Als die Fürsten den Papst nach Deutschland einluden, beschloss Heinrich, diesem über die Alpen entgegenzuziehen, um einem Treffen des Papstes mit den abtrünnigen Fürsten zuvorzukommen. Im ungewöhnlich kalten Winter 1076/77 überquerte Heinrich mit seiner Familie und einem Gefolge die Alpen. Gregor verschanzte sich auf diese Nachricht hin in der Burg von Canossa, weil er davon ausging, dass Heinrich ihm mit einer Streitmacht entgegenziehe. Am 25. Januar 1077 stand Heinrich jedoch barfuß im Büßergewand vor der Burg Canossa. Trotz der Fürsprache hoher Würdenträger ließ Gregor den König drei Tage vor der Burg warten, bevor er am 28. Januar den Bann von ihm löste.

Ergebnisse des Investiturstreits – Sieg oder Niederlage?

Der Streit zwischen dem Papst und dem König war nach dem Bußgang von Canossa erst einmal beigelegt. Indem er – dem damaligen Brauch entsprechend – öffentlich Buße getan hatte, war es Heinrich gelungen, seine Herrschaft zu retten. Andererseits aber hatte er sich damit als erster König vor einem Papst gedemütigt. Da sich die Könige als durch Gottes Gnade eingesetzt betrachteten, hatte die königliche Würde mit diesem Ereignis Schaden genommen.

Der Papst hingegen war durch Heinrichs Vorgehen gezwungen gewesen, ihn als „reuigen Sünder“ zu begnadigen. Sein Plan, gemeinsam mit den deutschen Fürsten gegen den König vorzugehen, war gescheitert.

Das Wormser Konkordat von 1122

Hatte der Gang nach Canossa den Streit zwischen Heinrich und Gregor zunächst entschärft, so war der grundsätzliche Konflikt zwischen geistlicher und weltlicher Macht über die Frage der Investitur gleichwohl noch nicht gelöst. Erst im Wormser Konkordat von 1122 kam es zu einem Kompromiss zwischen Heinrich V. (1106–1125) und Papst Calixt II. (1119–1124). Der Akt der Investitur wurde dabei in einen weltlichen und einen geistlichen Teil aufgeteilt. Für den ersten Teil war der König, für den zweiten Teil der Papst zuständig. Konkret hieß das, dass ein Abt oder Bischof von den zuständigen Geistlichen gewählt wurde. Im Anschluss daran erfolgte die weltliche Investitur mit dem Zepter durch den König und schließlich die geistliche Investitur durch den Papst mit Ring und Stab. Der König behielt also einen maßgeblichen Einfluss auf die Bischofswahl und auf die Kirche, da ohne seine Zustimmung niemand geweiht werden konnte. Hauptgewinner des Kompromisses waren aber die Fürsten, deren Macht im deutschen Reich zunahm.

M 5 **Die Investitur im Mittelalter vor 1075 (links) und nach 1122 (rechts)**

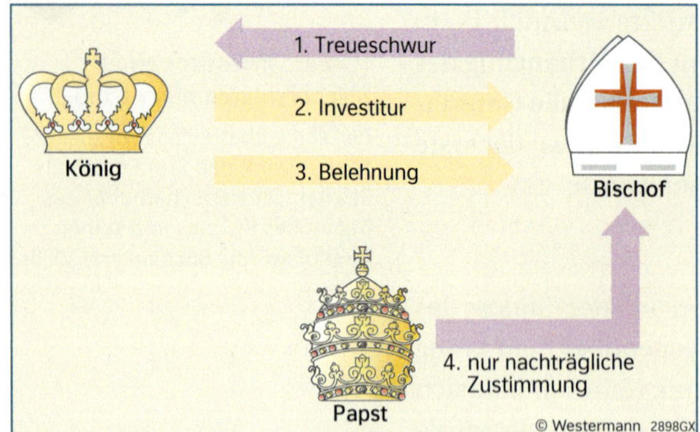

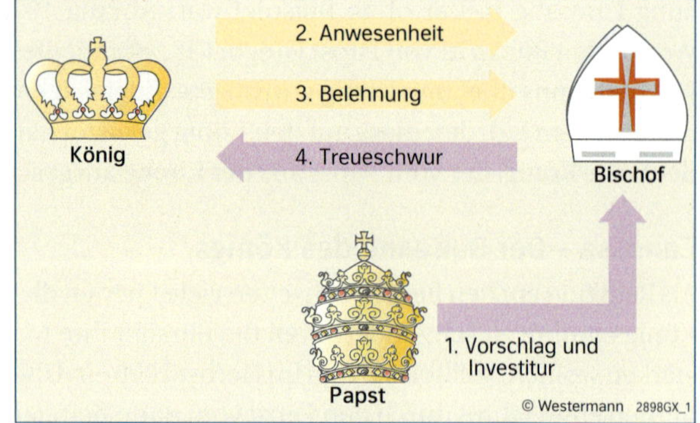

Weltliche und geistliche Macht im Konflikt – Perspektiven ermitteln

M 6 Perspektive 1

Aus einem Brief Papst Gregors VII. an die weltlichen und geistlichen Fürsten des Königreichs der Deutschen, Januar 1077. Er beschreibt die Ankunft Heinrichs in Canossa und dessen Bemühungen, vom Bann befreit zu werden:

Dort harrte er während dreier Tage vor dem Tor der Burg ohne jedes königliche Gepränge auf Mitleid erregende Weise aus, nämlich unbeschuht und in wollener Kleidung, und ließ nicht eher ab, unter Tränen Hilfe und Trost des apostolischen[1] Erbarmens zu erflehen, als bis er alle, die dort anwesend waren und zu denen diese Kunde gelangte, zu solcher Barmherzigkeit[2] und solchem barmherzigen Mitleid bewog, dass sich alle unter vielen Bitten und Tränen für ihn verwandten und sich fürwahr über die ungewohnte Härte unserer Gesinnung wunderten; einige aber klagten, in uns sei nicht die Festigkeit apostolischer Strenge, sondern gewissermaßen die Grausamkeit tyrannischer[3] Wildheit. Schließlich wurden wir durch seine ständige Zerknirschung und solches Bitten aller Anwesenden besiegt, lösten endlich die Fesseln des Anathems[4] und nahmen ihn wieder in die Gnade der Gemeinschaft und den Schoß der heiligen Mutter Kirche auf, nachdem wir von ihm die Sicherheiten erhalten hatten, die unten aufgeführt sind.

1 apostolisch: päpstlich, der (Lehr-)Meinung des Papstes entsprechend (wörtl. „nach Art der Apostel").
2 Barmherzigkeit: freiwillige Hilfsbereitschaft aus Mitmenschlichkeit, zu der man nicht durch Amt, Regeln, familiäre Bindungen etc. verpflichtet ist.
3 tyrannisch: gewalttätig (Tyrannis = unumschränkte Gewaltherrschaft ohne legitime Grundlage).
4 Anathem/Anathema: hier: Kirchenbann, d. h. durch den Papst verfügter Ausschluss aus der Gemeinschaft (gr.: „Verdammung, Verfluchung").

Rudolf Buchner (Hg.), Franz-Josef Schmale (Übers.), Ausgewählte Briefe Papst Gregors VII. Quellen zum Investiturstreit. Erster Teil, Darmstadt: Wissenschaftliche Buchgesellschaft 1978, S. 241 ff.

M 7 Perspektive 2

Auszug aus der Lebensbeschreibung (lateinisch „Vita") Heinrichs IV., kurz nach seinem Tod 1106 von einem unbekannten Autor verfasst, der ihm offenbar sehr nahe stand und seine Taten mit großer Sympathie schildert:

Als Heinrich erkannte, wie sehr er in Bedrängnis geraten war, fasste er in aller Heimlichkeit einen schlauen Plan; plötzlich und unerwartet reiste er dem Papst entgegen und erreichte mit einem Schalg zwei Dinge: er empfing die Lösung vom Bann und unterband durch sein persönliches Dazwischentreten die für ihn bedenkliche Zusammenkunft des Papstes mit seinen Widersachern. Auf das ihm zur Last gelegte Verbrechen ging er kaum ein, weil er, wie er betonte, auf Anschuldigungen seiner Gegner, selbst wenn sie auf Wahrheit beruhten, nicht antworten müsse.

Franz-Josef Schmale/Irene Schmale-Ott (Hg./Übers.), Quellen zur Geschichte Kaiser Heinrichs IV., Darmstadt: Wissenschaftliche Buchgesellschaft 2017 (5. Aufl.), S. 421.

M 8

Vergleichskriterien	Perspektive 1 (Brief Papst Gregors)	Perspektive 2 (Vita Heinrichs)
Authentizität des Berichts		
Adressat des Berichts		
Erklärung des Verhaltens von Heinrich		
Erklärung des Verhaltens von Gregor		
(weitere Kriterien)		

Aufgaben

1. Der Investiturstreit

a) Erkläre die Bedeutung der Redewendung „nach Canossa gehen".

b) Erläutere das Selbstverständnis des Papstes Gregor und des (späteren) Kaisers Heinrich.

c) Nenne die Ursachen für den Investiturstreit.

→ Text auf den Seiten 33–34

2. Die Ergebnisse des Investiturstreits

a) Erläutere die Ergebnisse des Streits zwischen König und Papst anhand des Lehrbuchtextes auf den Seiten 33–34 und der beiden Schaubilder (M5).

b) Nenne die Folgen, die sich für den König, die Fürsten, die Reichsbischöfe und den Papst aus dem Wormser Konkordat ergaben.

→ Text auf den Seiten 33–34, M5

3. Der Investiturstreit – Perspektiven ermitteln

a) Stelle in einer Tabelle (M8) Unterschiede zwischen M6 und M7 zusammen.

b) Verfasse eine kurze Darstellung, in der du die Bedeutung der Ereignisse in Canossa schilderst und mithilfe der Tabelle die Ursachen für die Reise Heinrichs IV. nach Canossa erklärst.

c) Die Bilder M1 und M4 sind ebenfalls Darstellungen der Ereignisse in Canossa. Die Künstler nehmen verschiedene Perspektiven ein. Arbeite die Unterschiede zwischen beiden Bildern heraus.

→ M1, M4, M6–M8

König und Reich im Spätmittelalter

Der Königsstuhl von Rhens stellt einen vergrößerten Thron dar. Der Grund für einen solchen Bau am Rhein bei Koblenz war, dass sich im Mittelalter hier häufiger die Kurfürsten trafen, um über die Wahl des jeweils neuen künftigen römisch-deutschen Königs zu verhandeln. Damit ist dieser zweistöckige Achteckbau ein Zeichen für die Machtposition dieser Kurfürsten: Wer waren sie und wie konnte es dazu kommen? Eine der wichtigsten Urkunden des Mittelalters, die Goldene Bulle, gibt darauf Antwort.

M 1 Der Königsstuhl von Rhens bei Koblenz

Aktuelles Foto

M 2 Die Goldene Bulle

In der Goldenen Bulle von 1356 wurde der Vorgang bei der Königswahl erstmals gesetzlich festgelegt:

Nachdem aber die mehrgenannten Kurfürsten oder ihre Gesandten in die Stadt Frankfurt eingezogen sind, sollen sie sogleich bei Anbruch des folgenden Tages in der Kirche des heiligen Apostels Bartholomäus daselbst in vollzähliger Anwesenheit die Messe de Sancto Spiritu singen lassen, damit der Heilige Geist ihre Herzen erleuchte und ihren Verstand mit dem Licht seiner Kraft erfülle, auf dass es ihnen gelinge, mit seinem Beistand einen gerechten, redlichen und tüchtigen Mann zum römischen König und künftigen Kaiser zu wählen zum Heil der Christenheit.

[...]

Nachdem aber sie oder die Mehrzahl von ihnen an diesem Ort gewählt haben, muss eine solche Wahl gleich gehalten und geachtet werden, wie wenn sie von ihnen allen ohne Gegenstimme einhellig vollzogen wäre. [...]

Sooft und wann aber künftig das heilige Reich ledig ist [= ohne Herrscher], alsdann soll der Erzbischof von Mainz die Befugnis haben, die er bekanntlich von alters her gehabt hat, die übrigen ehgenannten Kurfürsten, seine Genossen bei besagter Wahl, durch Briefe zu berufen, und wenn sie alle oder diejenigen, die teilnehmen können und wollen, sich am Wahltag versammelt haben, soll besagter Erzbischof und kein anderer diese seine Mitkurfürsten einzeln um ihre Stimme befragen in folgender Reihenfolge: Zuerst soll er den Erzbischof von Trier fragen, dem wir die erste Stimme zuerkennen, die ihm, wie wir erfahren, auch bisher zustand, zweitens den Erzbischof von Köln, dem die Würde und Pflicht zukommt, dem römischen König zuerst die Königskrone aufzusetzen, drittens den König von Böhmen, der unter den weltlichen Kurfürsten vermöge der Ho-

heit königlicher Würde mit Recht und nach Gebühr den Vorrang behauptet, viertens den Pfalzgrafen bei Rhein, fünftens den Herzog von Sachsen, sechstens den Markgrafen von Brandenburg [...].
Wenn das geschehen ist, sollen ihn seine Mitkurfürsten ihrerseits befragen, damit auch er seinen Willen ausspreche und ihnen seine Stimme kundgebe.

Die Goldene Bulle. Nach König Wenzels Prachthandschrift (übers. v. Konrad Müller), Dortmund: Harenberg-Kommunikation 1989 (3. Aufl.), S. 97 ff.

M 3 Gründe für die Neuregelung

Zu Beginn der Goldenen Bulle werden auch die Gründe für die Neuregelung angeführt:

Da wir [Kaiser Karl IV.] nun kraft des Amtes, das wir vermöge unserer Kaiserwürde innehaben, den künftigen Gefahren der Uneinigkeit und Zwietracht unter den Kurfürsten, zu deren Zahl wir als König von Böhmen bekanntlich gehören, aus zwei Gründen, nämlich sowohl wegen unseres Kaisertums als auch wegen des von uns ausgeübten Kurrechts, entgegenzutreten gehalten sind, haben wir, um die Einigkeit unter den Kurfürsten zu fördern, um Einhelligkeit bei der Wahl herbeizuführen und um der vorerwähnten schmählichen Uneinigkeit und den mannigfachen, aus ihr erwachsenden Gefahren den Zugang zu verschließen, die hiernach geschriebenen Gesetze auf unserem feierlichen Reichstag zu Nürnberg, im Beisein aller geistlichen und weltlichen Kurfürsten und vor einer zahlreichen Menge anderer Fürsten, Grafen, Freiherren, Herren, Edelleute und Städte, auf dem Kaiserthron, mit den kaiserlichen [...] Kleinodien und der Krone geschmückt, nach vorgängiger reiflicher Beratung kraft kaiserlicher Machtvollkommenheit erlassen, aufgestellt und zu bestätigen für gut befunden im Jahre des Herrn 1356 [...].

Die Goldene Bulle. Nach König Wenzels Prachthandschrift (übers. v. Konrad Müller), Dortmund: Harenberg-Kommunikation 1989 (3. Aufl.), S. 97 ff.

M 4 Goldene Bulle

Eine Seite der sogenannten Goldenen Bulle von 1356 mit dem anhängenden goldenen Siegel

Aufgaben

1. **Regelung der Königswahl in der Goldenen Bulle**
   a) Erkläre den Begriff „Goldene Bulle“.
   b) Beschreibe anhand von M2 den Vorgang der Königswahl in der Goldenen Bulle mit eigenen Worten. Erstelle dafür eine Liste aller beteiligten Personen und ordne diese in der vorgesehenen Reihenfolge an.
   c) Erläutere die Bedeutung der ersten und letzten Stimme beim Wahlvorgang.
   d) Vor der Königswahl mussten die Kurfüsten die Messe besuchen. Diskutiert mögliche Gründe und beurteilt diese.
   e) Vergleiche den Ablauf der Königswahl in der Goldenen Bulle mit der Art und Weise, wie die Ottonen Könige wurden (Seite 22–27).
   ↝ M1, M2, M4
2. **Gründe für die Neuregelung – Zusatzaufgabe**
   a) Arbeite die Gründe heraus, die in der Urkunde M3 für die Neuregelung angegeben werden.
   b) Beurteile folgende Aussage: „Die Goldene Bulle sicherte die Existenz des Heiligen Römischen Reiches Deutscher Nation.“
   ↝ M3

Erbe oder Wahl? Zwei Arten des mittelalterlichen Königtums

Die Nachfolge des deutschen Königs war lange Zeit nicht eindeutig geregelt. Im Mittelalter gab es im Prinzip zwei verschiedene Arten, einen neuen König zu bestimmen:

- Die eine Variante beruhte auf dem Erbrecht, wobei der älteste Sohn, manchmal aber auch ein naher männlicher Verwandter, die Nachfolge eines verstorbenen Königs antrat. Oft wurde ein solcher Nachfolger schon zu Lebzeiten des herrschenden Königs bestimmt („Designation").
- Der Erbmonarchie stand die Wahlmonarchie gegenüber. Hier beanspruchten die Großen des Reiches das Recht für sich, den König nach ihren Interessen zu wählen. Wahlberechtigt waren ursprünglich alle Reichsfürsten, ab dem 14. Jahrhundert dann aber ausschließlich sieben „Kurfürsten", bei denen es sich um die ranghöchsten kirchlichen und weltlichen Fürsten des Heiligen Römischen Reiches handelte. Das mittelhochdeutsche Wort „kur" bedeutet „Wahl". Dabei handelte es sich aber nicht um eine freie Wahl im heutigen Sinn – sowohl die Wählerschaft als auch der Kreis der möglichen Kandidaten für den Königstitel beschränkte sich auf die wichtigsten adligen Familien.

Eine Neuregelung der Wahl wird notwendig

Im Jahr 1294 starb der letzte König aus der Herrscherfamilie der Staufer, die mit ihren Plänen, das Reich in eine reine Erbmonarchie zu verwandeln, am Widerstand der mächtigen Fürsten gescheitert waren. Nach den Staufern regierten Könige aus verschiedenen mächtigen Adelsfamilien oder Dynastien, wodurch es immer wieder zu Doppelwahlen kam. Dies hatte nicht selten gewaltsame Konflikte zur Folge. Angesichts dieser Situation wurde nach langen Verhandlungen auf den Reichstagen in Nürnberg und Metz 1356 eine Neuregelung der Königswahl beschlossen, die eine Einigung zwischen Kaiser Karl IV. und den Reichsfürsten bedeutete. Die entsprechende Gesetzessammlung, die teilweise auf älteren Regelungen aufbaute, wird als „Goldene Bulle" bezeichnet. Der Name geht auf das goldene Siegel des Kaisers zurück, das der Urkunde angehängt war. Die Goldene Bulle bildete einen zentralen Bestandteil der Reichsverfassung, die bis zum Ende des Heiligen Römischen Reiches 1806 gültig war.

Die Reglungen der Goldenen Bulle von 1356

Die wichtigste Regelung der Goldenen Bulle war die verbindliche Festlegung der sieben zur Königswahl berechtigten Fürsten, der „Kurfürsten". Diese bestanden zum einen aus drei Vertretern der Kirche, nämlich den Erzbischöfen von Trier,

M 5 Der Kaiser mit den sieben Kurfürsten

Die Weltchronik von 1493 zeigt den Kaiser inmitten der Kurfürsten, die die Zeichen ihrer Ämter tragen. Die drei geistlichen Kurfürsten, die Erzbischöfe von Trier, Köln und Mainz, halten als Erzkanzler Urkunden in der Hand (links vom Kaiser). Die vier weltlichen Kurfürsten üben symbolisch ihre Erzämter aus: Der König von Böhmen war als Erzschenk für die Getränke, der Pfalzgraf bei Rhein als Erztruchsess für die Speisen zuständig. Der Herzog von Sachsen überwachte als Erzmarschall Pferde und Waffen, der Markgraf von Brandenburg als Erzkämmerer die Kasse.

Köln und Mainz; zum anderen gehörten zu diesem Kreis vier weltliche Herrscher, nämlich der König von Böhmen, der Pfalzgraf bei Rhein, der Herzog von Sachsen und der Markgraf von Brandenburg. Dass gerade diese sieben Fürsten sich das alleinige Wahlrecht sichern konnten, hatte verschiedene Gründe. Manche dieser Herrscher gehörten im 14. Jahrhundert zu wichtigen Dynastien, andere versahen schon seit langer Zeit hohe Ämter in der königlichen Verwaltung und wieder andere hatten schon immer bei Königswahlen eine entscheidende Rolle gespielt.

Von nun an bestimmte ausschließlich diese Siebenergruppe in einem genau geregelten Verfahren den deutschen König. Zu einer Wahl trafen sich die Fürsten in Frankfurt am Main. Die ungerade Zahl von sieben Wählern garantierte ein eindeutiges Mehrheitsverhältnis bei der Abstimmung.

Der Papst hatte damit seinen Einfluss auf die Königswahl verloren. Obwohl die Kaiserkrönung noch bis 1425 in Rom stattfand, besaß der Papst kein Mitwirkungsrecht bei der Kandidatenauswahl: Der gewählte deutsche König durfte auch ohne päpstliche Zustimmung und Krönung den Titel eines Kaisers führen.

M 6 Bildnis Kaiser Karls IV.
von Peter Parler im Veitsdom in Prag, heutiger Zustand

Die Auswirkungen auf die Stellung des Königs und der Fürsten

Die Neuregelung der Königswahl zeigt, wie sich die Stellung des Königs im Spätmittelalter veränderte. Im Unterschied etwa zu Frankreich entstand in Deutschland keine Erbmonarchie mit einem starken Herrscher an der Spitze. Zwar besaß der deutsche König in seiner Position als Kaiser im Heiligen Römischen Reich Deutscher Nation eine besondere Würde und ein hohes Ansehen, jedoch war seine tatsächliche Position vergleichsweise schwach, da er von seinen Wählern, also den Kurfürsten abhängig war. Stark war der König nur dann, wenn er sich auf einen großen Familienbesitz stützen konnte (eine „Hausmacht" besaß) oder die Mehrheit der Fürsten auf seiner Seite hatte. Bei wichtigen politischen Entscheidungen musste sich der König bzw. Kaiser auf jeden Fall mit den Fürsten abstimmen. Die Kurfürsten waren im Allgemeinen daran interessiert, einen Kandidaten zu wählen, der möglichst wenig Macht besaß, oder denjenigen zu wählen, der für seine Wahl am meisten zahlte bzw. seinen Wählern bestimmte Vorrechte versprach.

Karl IV. hatte mit der Goldenen Bulle beabsichtigt, die Kurfürsten zu Stützen des Reiches zu machen und sie an der Regierung zu beteiligen. Aus diesem Grund waren in der Goldenen Bulle jährliche Beratungen des Kaisers mit den Kurfürsten festgeschrieben worden, welche in dieser Form jedoch nicht stattfanden. Die Fürsten konzentrierten sich lieber auf ihre Territorien und hielten Distanz zu Königtum und Reich. Im Ergebnis gelang es weder Karl IV. noch seinen Nachfolgern, die Fürsten auf das Reich einzuschwören.

Aufgaben

1. Die Folgen der Neuregelung der Königswahl

a) Beurteile folgende Behauptung: „Die Reichsfürsten profitierten am meisten von der Neuregelung."

b) Erkläre den letzten Satz im Lehrbuchtext auf Seite 39: „Im Ergebnis gelang es weder Karl IV. noch seinen Nachfolgern, die Fürsten auf das Reich einzuschwören." Diskutiert und beurteilt mögliche Folgen, die sich daraus für die Regierung des Kaisers ergaben.

→ Text auf den Seiten 38–39

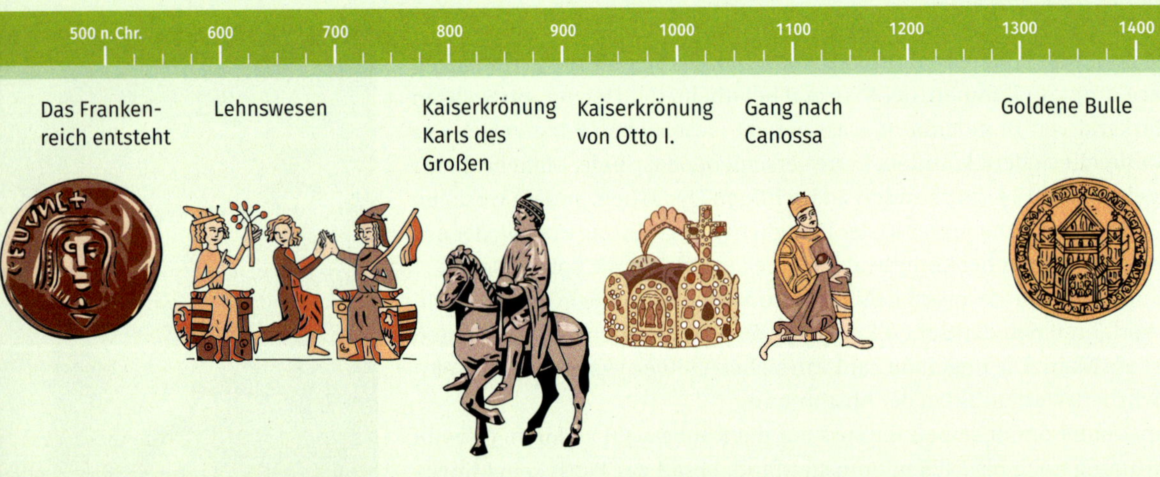

DATEN

um 500:
Untergang des Weströmischen Reiches

800:
Kaiserkrönung Karls des Großen in Rom

962:
Kaiserkrönung Ottos des Großen

1356:
Goldene Bulle

BEGRIFFE

Völkerwanderung

Heiliges Römisches Reich

König

Kaiser

Investiturstreit

Kurfürsten

Die Entstehung des Frankenreichs

Aus den verschiedenen, schnell wechselnden Reichen der Völkerwanderungszeit ging das Frankenreich hervor, das unter Karl dem Großen seine größte Ausdehnung erreichte. Mit seiner Kaiserkrönung im Jahr 800 beanspruchte Karl, Herr über das Römische Reich zu sein und so das Erbe des Imperium Romanum fortzuführen.

Das Heilige Römische Reich

Um die Jahrtausendwende hatten sich aus dem wiederholt geteilten Frankenreich verschiedene Herrschaften herausgebildet. Im Osten entwickelte sich das Heilige Römische Reich, welches sich von Mitteleuropa bis nach Italien erstreckte. Nach den Karolingern gelang es den Ottonen, die deutsche Königsherrschaft zu erlangen und sich vom Papst zu römischen Kaisern krönen zu lassen.

Das Lehnswesen

Das Lehnswesen regelte das Verhältnis von Freien untereinander: Gegen die Verleihung eines Lehnsgutes (z. B. Land, Gebäude, Amt) verpflichtete sich der Lehnsmann als Vasall zu politischer und militärischer Unterstützung seines Lehnsherrn.

Der Investiturstreit

Papst und Kaiser verkörperten im Weltbild des Mittelalters die geistliche und die weltliche Gewalt. War der Papst zunächst vom Kaiser abhängig, so wuchs in der Folge der Kirchenreform seine Unabhängigkeit. Der sogenannte Investiturstreit zwischen den Päpsten und den Kaisern aus der Herrscherfamilie der Salier entzündete sich an der Einsetzung von Bischöfen. Es handelte sich jedoch um eine grundsätzliche Auseinandersetzung um den Einfluss von geistlicher und weltlicher Gewalt im Mittelalter.

Die Goldene Bulle regelt die Königswahl

Im Heiligen Römischen Reich konnte sich keine Dynastie dauerhaft durchsetzen. Die Goldene Bulle legte 1356 eine verbindliche Wahlordnung fest, nach der die Königswahl durch sieben Kurfürsten erfolgte. Die Macht des Königs hing von seinen Beziehungen zu den mächtigen Reichsfürsten und von seinem persönlichen Besitz ab.

Fragebogen zum Thema: König und Reich

Hinweis: Die folgende Tabelle dient der Selbsteinschätzung deiner erworbenen Kenntnisse, Fähigkeiten und Kompetenzen. Die Auflistung erhebt nicht den Anspruch, vollständig zu sein. Es handelt sich um eine Auswahl, die ggf. erweitert werden kann. In der rechten Spalte findest du Hinweise, wie du eventuell vorhandene Lücken oder auch Unsicherheiten beseitigen kannst.

Ich kann ...	Ich bin sicher. ☺	Ich bin ziemlich sicher. 😐	Ich bin noch unsicher. 😕	Ich habe große Lücken. ☹	Auf diesen Seiten kannst du in ANNO nachlesen	Empfehlungen zur Übung, Wiederholung und Festigung
... die Regierungsweise Karls des Großen erläutern.					16–19	Erstelle ein Cluster zum politischen Aufbau des Frankenreiches zur Zeit Karls des Großen.
... anhand der Königserhebung Ottos I. die Macht von Ritualen und Symbolen erklären.					22–27	Erkläre die Begriffe „Ritual“ und „Symbol“ mithilfe eines Fremdwörterlexikons. Benenne Rituale und Symbole, die bei der Königserhebung Ottos I. zum Tragen kamen.
... die Merkmale des Lehnswesen erläutern.					28–31	Entwickle ein eigenes Schaubild zum Lehnswesen.
... das Handeln des Kaisers und des Papstes im Investiturstreit beurteilen.					32–35	Benenne die Haltung des Papstes und des Kaisers im Investiturstreit. Notiere die Gründe für ihre Positionen und erkläre die Ursachen für ihre unterschiedlichen Ansichten.
... wichtige Bestimmungen der Goldenen Bulle benennen.					36–39	Nenne die sieben Kurfürsten.
... verschiedene Perspektiven auf ein historisches Ereignis herausarbeiten.					16–19	Fasse die Quellen über die Kaiserkrönung Karls zusammen und beschreibe die jeweilige Sicht der Autoren auf das Ereignis (M6, S. 19).
...						

ACHTUNG:

bitte nicht beschreiben!

Du findest eine Kopie dieser Seite zur Bearbeitung unter dem Webcode

WES-115640-104

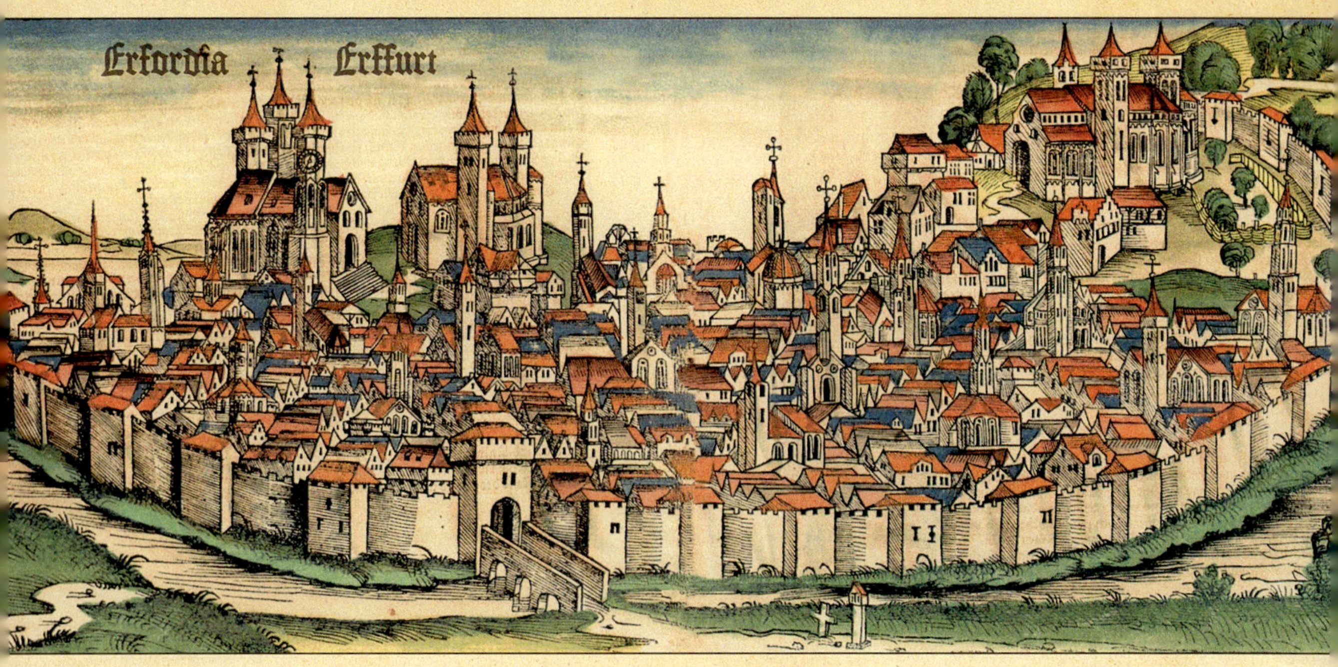
Erfordia
Erffurt

02

MITTELALTERLICHE LEBENSWELTEN

M 1 **Die Wartburg bei Eisenach,** aktuelle Fotografie
M 2 **Bäuerliches Leben,** Buchmalerei, um 1520
M 3 **Erfurt,** Stadtansicht von 1493
M 4 **Ritterspiele heute,** Kaltenberg (Bayern), aktuelle Fotografie
M 5 **Hildegard von Bingen,** Miniatur, 12. Jahrhundert
M 6 **Mittelalterlicher Handwerker, der Fassbinder,** Holzschnitt, 16. Jahrhundert
M 7 **Dom zu Speyer,** aktuelle Fotografie

Die Ständegesellschaft

Im Mittelalter gab es Zeichnungen in Büchern, die zeigen, wie man sich die menschliche Gesellschaft damals vorstellte. Im Vergleich zu unseren heutigen Vorstellungen waren diese ganz anders. Die Analyse solcher Bildquellen verschafft uns Einblicke in diese mittelalterlichen Auffassungen und Überzeugungen. Wie sahen die Menschen des Mittelalters die eigene Gesellschaft?

M 1 Ständebild

Auf dem Holzschnitt aus dem Jahr 1488 ist Jesus Christus zu sehen. Er thront auf einem Regenbogen und breitet seine Arme über drei Menschengruppen aus.

Die Inschriften verraten uns, welche Aufgaben er diesen drei Gruppen zuweist.

Zu den kirchlichen Würdenträgern, den Geistlichen, sagt Christus: „Du sollst demütig beten" (auf lateinisch: „Tu supplex ora").

Zu den Adligen sagt er: „Du sollst beschützen" (auf lateinisch: „Tu protege").

und zu den Bauern schließlich: „Und du sollst arbeiten" (auf lateinisch: „Tuque labora").

Die Einfärbung des Bildes, die sogenannte Kolorierung, erfolgte später.

Ständemodell des Buches „Pronosticatio" (= Vorhersage) von Johannes Lichtenberger, Heidelberg, 1488, ca. 20 x 15 cm. Bis 1525 erschienen unterschiedliche Versionen dieses Bildes.

Info

Holzschnitt

Bei einem Holzschnitt wird, wie der Begriff schon sagt, das Bild in eine Holzplatte geschnitzt, dann mit Farbe bestrichen und schließlich auf ein Blatt gepresst.

Ständegesellschaft

Im Mittelalter entschied die soziale Stellung der Eltern auch über die soziale Stellung der Kinder: Wer als Kind von Bauern geboren wurde, blieb Bauer; wer als Kind von Adligen geboren wurde, blieb Adliger. Eine solche Gesellschaft heißt Ständegesellschaft. Ein Stand ist eine abgeschlossene soziale Gruppe. Die Zugehörigkeit wird durch die Geburt festgelegt. Auch wenn ein Adliger verarmte, blieb er dennoch ein Adliger, und auch ein sehr reicher Bauer blieb immer ein Bauer. Zwischen den Ständen gab es kaum Bewegung, also auch keine Aufstiegschancen. Die Menschen im Mittelalter waren davon überzeugt, dass die Welt von Gott erschaffen und als Ganzes geordnet worden sei. Diese Ordnung konnte und sollte nicht verändert werden.

Drei Stände

Im Mittelalter wurden drei Stände unterschieden:

- Die Bauern bildeten den sogenannten Nährstand, der die Lebensgrundlagen der Gesellschaft sicherte.
- Die Angehörigen der Kirche bildeten den sogenannten Lehrstand, der das Wort Gottes verkündete und sich um das religiöse Leben der Gesellschaft kümmerte.
- Die Adligen bildeten schließlich den sogenannten Wehrstand, der für den Schutz der Gesellschaft zuständig war.

Eine Besonderheit stellte der sogenannte Lehrstand dar. Er bestand aus den Angehörigen der Kirche. Zum einen wurde ihnen im Laufe des Mittelalters verboten zu heiraten, sodass sie keine Nachkommen haben konnten. Der Eintritt in diesen Stand erfolgte nicht durch Geburt, sondern etwa durch den Eintritt in ein Kloster. Zum anderen umfasste der Lehrstand sowohl Bauern als auch Adlige. Bauernkinder konnten ins Kloster gehen und dort unter Umständen eine wichtige Rolle spielen. Söhne von Adligen, die kein Erbe zu erwarten hatten, erhielten oft eine wichtige Position in der Kirche.

Ideal und Wirklichkeit

Als im Laufe des Mittelalters viele Städte entstanden und die Städte an Bedeutung gewannen, entwickelte sich mit den Stadtbewohnern eine weitere wichtige Gruppe. Die Stadtbewohner bildeten mit den Bauern den sogenannten Dritten Stand. Im Laufe des Mittelalters wurde die Gesellschaft also immer differenzierter. Dies änderte jedoch nichts an der grundlegenden sozialen Ordnung und an den Vorstellungen der Menschen. Die Ständegesellschaft existierte bis in die Zeit um 1800, also auch noch lange nach dem Mittelalter.

Aufgaben

1. Eine Bildquelle erschließen

a) Erschließe den Holzschnitt M1. Verwende dafür den Trainingskasten „Umgang mit Bildern“ auf Seite 201.

b) Diskutiert, inwieweit das Bild M1 die tatsächlichen Verhältnisse Ende des 15. Jahrhunderts wiedergibt.

M1, Trainingskasten auf Seite 201

2. Die Ständeordnung

a) Erkläre den Begriff „Stand“.

b) Nenne wesentliche Unterschiede zwischen der Ständegesellschaft im Mittelalter und der Gesellschaft heute.

Text auf Seite 45

Wie lebte die ländliche Bevölkerung im Mittelalter?

Heute gibt es in Mitteleuropa nur noch wenige Bauern und Bäuerinnen, im Mittelalter bildeten sie hingegen die überwiegende Mehrheit der Bevölkerung. Die damalige Gesellschaft war eine Agrargesellschaft. Wie lebten die Menschen auf dem Land im Mittelalter?

M 1 Bilder von Bauern

In einer mittelalterlichen Handschrift, die Fragen der Zeitrechnung behandelt, finden sich die folgenden Abbildungen. Sie zählen zu den frühesten Darstellungen bäuerlicher Tätigkeiten. Das Werk entstand im Jahr 818 n.Chr auf Anregung Karls des Großen.

Aufgaben

1. Bilder von Bauern – Eine Bildquelle erschließen

a) Erkläre den Aufbau der Abbildung M1. Erkläre die Buchstabenkombinationen, wie z. B. IAN, FEBR, und die Anzahl der Figuren.

b) Beschreibe die einzelnen Abbildungen.

c) Erkläre die Gründe für die Darstellung bäuerlicher Tätigkeiten, um den Jahresablauf zu verdeutlichen.

d) Die Szenen auf dem Hof fehlen. Ergänze mögliche Aufgaben auf dem Bauernhof.

e) Beurteile die Aussagekraft der Abbildungen in M1 über das Leben der Bauern.

→ M1

M 2 Hunger

Eine zeitgenössische Quelle berichtet (1343):

Im Jahr 1343 war in Unterbayern eine solche Teuerung ausgebrochen, dass die Einwohner die Rinden von den Bäumen abschälten. Sie zerrieben dieselben, mischten sie mit viel ebenfalls zerriebenem Heu, machten einen Teig wie zu Brot daraus und aßen ihn; oder sie zerstampften jene Sachen in der Mühle, mengten sie unter abgekochten, mit Wasser und Salz bespritzten Wegerich, verzehrten dies und bezwangen die Qual eines grauenhaft herrschenden Hungers.

Zit. nach: Rudolf Hagdorn (Hg.), Aus dem mittelalterlichen Leben. Teil 1: Auf dem Land, Gümlingen bei Bern: Zytlogge 1989, S. 83.

M 3 Essen einfacher Schichten im Mittelalter

Aus einem anonymen Lehrgedicht (13. Jh.):

Man befahl Ihnen [den Bauern] als Leibesnahrung
Fleisch und Kraut und Gerstenbrei,
doch ohne Wildbret sollten sie sein,
zum Festtag Hirse, Linsen und Bohnen.
Fisch und Öl ließen sie schön
die Herren essen, das war Sitte. [...]
Er [der Bauer] sprach: „Meine Gemahlin traut,
leg wenig Fleisch in unser Kraut,
damit der Schinken lange reicht."
Sie sprach: „Lieber Rüeger [Name des Bauern],
hätt ich doch eher dran gedacht,
ich behalte sehr gern das Gut."
Also gab sie nach im Streit.
Des Morgens zur Essenszeit
trug sie ihm das Kraut dann auf.

Zit. n.: Siegfried Epperlein, Bäuerliches Leben im Mittelalter, Köln/Weimar/Wien: Böhlau 2003, S. 205f.

M 4 Mittelalterliche Ernährung

Die Historikerin Claudia Märtl berichtet in ihrem Buch „Die 101 wichtigsten Fragen – Mittelater" über die Ernährungsgewohnheiten im Mittelalter (2007):

Im Frühmittelalter glichen sich die Essgewohnheiten in Europa an, da sich der Ackerbau im Norden ausbreitete und die Viehwirtschaft im Süden intensiviert wurde. Gleichzeitig vermehrte sich der Weinanbau [...]. Fisch, Fleisch, Gemüse und Obst standen nun nahezu allen Menschen zur Verfügung. Was und wieviel gegessen wurde, hing nicht nur von der Versorgungslage und dem sozialen Stand ab, sondern auch von religiösen Vorschriften, die den Genuss von Fleisch, Eiern und Milchprodukten an etwa 150 Fastentagen im Jahr untersagten. Bier und Wein, die wichtigsten Getränke, hatten vermutlich einen geringeren Alkoholgehalt als heutzutage.
Mit der Intensivierung der Landwirtschaft im Laufe des Hochmittelalters gingen Weideland und Forste [= genutzte Wälder] zu Gunsten des Ackerlandes zurück, wodurch Fleisch zur Mangelware und damit zu einem Privileg [= Vorrecht] der oberen Gesellschaftsschichten wurde. Grundnahrungsmittel aller Bevölkerungsgruppen war nun Getreide in Form von Brot, Brei oder Mus. Die teureren hellen Getreidearten blieben den Wohlhabenden vorbehalten, während sich weniger Begüterte mit dunkleren Sorten wie Roggen, Gerste oder Dinkel bescheiden mussten. Hungersnöte waren keine Seltenheit [...].
Mit dem starken Bevölkerungsrückgang um die Mitte des 14. Jahrhunderts verbesserte sich die Ernährungslage, da für den einzelnen mehr kultiviertes Ackerland zur Verfügung stand. Auch nahm der Fleischkonsum im Spätmittelalter wieder zu.

Claudia Märtl, Die 101 wichtigsten Fragen. Mittelalter, München: Verlag C. H. Beck 2007, S. 91f.

Aufgaben

1. Mittelalterliche Ernährungsweisen auswerten

a) Beschreibe anhand der Materialien M2–M4 die Ernährungsgewohnheiten der Menschen auf dem Lande im Mittelalter.

b) Vergleiche die damalige Ernährung mit den heutigen Ernährungsgewohnheiten und stelle deine Ergebnisse in einer Tabelle dar.

c) Erkläre die Gründe für die Unterschiede zwischen den damaligen und den heutigen Ernährungsgewohnheiten. Berücksichtige dabei die Arbeitsweise und die Produktivität der heutigen Landwirtschaft.

d) Nimm Stellung zu folgender Aussage: „Da die mittelalterliche Landwirtschaft ökologisch ausgerichtet war, können wir auch heute noch etwas von ihr lernen".

↷ M2–M4, Text auf Seite 48

2. Das Leben der ländlichen Bevölkerung im Mittelalter

a) Erstelle eine Übersicht in Form einer Concept Map. Schreibe dazu die Überschrift: „Das Leben der Menschen im Mittelalter" in die Mitte. Die Gliederung des Textes (auf der nächsten Seite) hilft dir bei der Aufteilung.

b) Markiere diejenigen Informationen farbig, die du aus den Quellen entnommen hast.

↷ M1–M4, Text auf Seite 48

Die Bedeutung der Landwirtschaft

Seit die Menschen in der Jungsteinzeit mit Ackerbau und Viehzucht begonnen haben, bildet die Landwirtschaft die Grundlage des menschlichen Lebens. Im Mittelalter lebten über 90 Prozent der Menschen auf dem Lande. Sie waren Selbstversorger und erarbeiteten zugleich die Lebensgrundlage der gesamten Gesellschaft. Zugtiere wie Ochsen halfen bei Aussaat, Ernte und Transport. Der Boden wurde mit Pflügen bearbeitet, geerntet wurde mit Sicheln und Sensen. Wenn ein Unwetter die Ernte vernichtete, drohte schnell eine Hungersnot.

M 5 Hölzerne Schüsseln
Funde aus dem Mittelalter

Essen, Trinken und Kleidung

Grundnahrungsmittel des Mittelalters war Getreide, das zu Brei oder Brot verarbeitet wurde. Da das Getreide zur Brotherstellung gemahlen und in einem Ofen gebacken werden musste, galt Brot zunächst noch als Luxus, setzte sich jedoch immer mehr durch. Weil man nicht täglich backen konnte, wurde auch hartes und trockenes Brot gegessen, welches man z. B. in Suppen aufweichte. Der Speiseplan der meisten Menschen war sehr eintönig; Fleisch gab es selten, andere Lebensmittel dienten lediglich als Nahrungsergänzung. Klerus und vor allem Adel aßen hingegen abwechslungsreicher.

Da sauberes Wasser nicht überall verfügbar war, trank man vergorene Obstsäfte, Wein und Bier. Der Alkohol machte die Getränke haltbarer und tötete Krankheitserreger ab. Allerdings enthielten Wein und Bier damals deutlich weniger Alkohol als heute.

Ihre Kleidung fertigten sich die Bauern und Bäuerinnen vor allem aus Schafwolle und aus Leder. Sie war einfach geschnitten, strapazierfähig und auf Wetter- und Kälteschutz ausgerichtet. Farben und Verzierungen gab es kaum, da es den Bauern als unterstem Stand verboten war, aufwendige Kleidung zu tragen.

M 6 Bäuerliches Leben im Dezember
Im Mittelalter waren die Aufgabenbereiche von Mann und Frau grundsätzlich aufgeteilt. Auf dem Lande waren Frauen insbesondere für die Erziehung der Kinder sowie für die Haushaltsführung zuständig. Sie unterstützen ihren Mann außerdem bei der Feldarbeit, Buchmalerei, Werkstatt von Simon Bening, Brügge, um 1520.

Der Bauernhof und das Leben im Dorf

Die mittelalterlichen Bauernhäuser bestanden aus Holz und hatten ursprünglich nur wenige Räume, in denen auch Tiere lebten. Ein offenes Herdfeuer diente als Kochstelle und Heizung zugleich. Im Verlauf des Mittelalters nahm die Anzahl der Räume in den Häusern zu und es entstanden geschlossene Kochherde und Heizöfen.

Zur Bauernfamilie zählten nicht nur Eltern und Kinder, sondern auch weitere Verwandte sowie – je nach Größe des Hofes – Knechte und Mägde. An der Spitze dieser Lebens- und Wirtschaftsgemeinschaft stand der alle Entscheidungen treffende Hausvater, gefolgt von seiner Frau. Das Haus galt als geschützter Raum; ein Bruch des Hausfriedens war ein Verbrechen.

Es gab viele vereinzelte Bauernhöfe, und auch die Dörfer waren klein und oft weit voneinander entfernt. Die Dorfgemeinschaft regelte viele Angelegenheiten selbst, z. B. die Dreifelderwirtschaft: Im jährlichen Wechsel wurde ein Drittel des Landes mit Wintergetreide (Weizen, Roggen) und das zweite Drittel mit Sommergetreide (Hafer, Gerste) bebaut. Der dritte Teil lag brach – er blieb unbebaut, damit sich der Boden erholen konnte. Die wenigen auf den Höfen gehaltenen Tiere erzeugten nur geringe Mengen an Mist, sodass auch nur wenig gedüngt wurde. Von allen gemeinsam genutzte Wälder, Wiesen und Gewässer wurden als „Allmende“ bezeichnet. Die Dorfgemeinschaft musste sich absprechen, um die Dreifelderwirtschaft und die Nutzung der Allmende zu organisieren. Auch Streitigkeiten untereinander regelten die Menschen bis zu einem gewissen Grad selbst.

Die Dreifelderwirtschaft

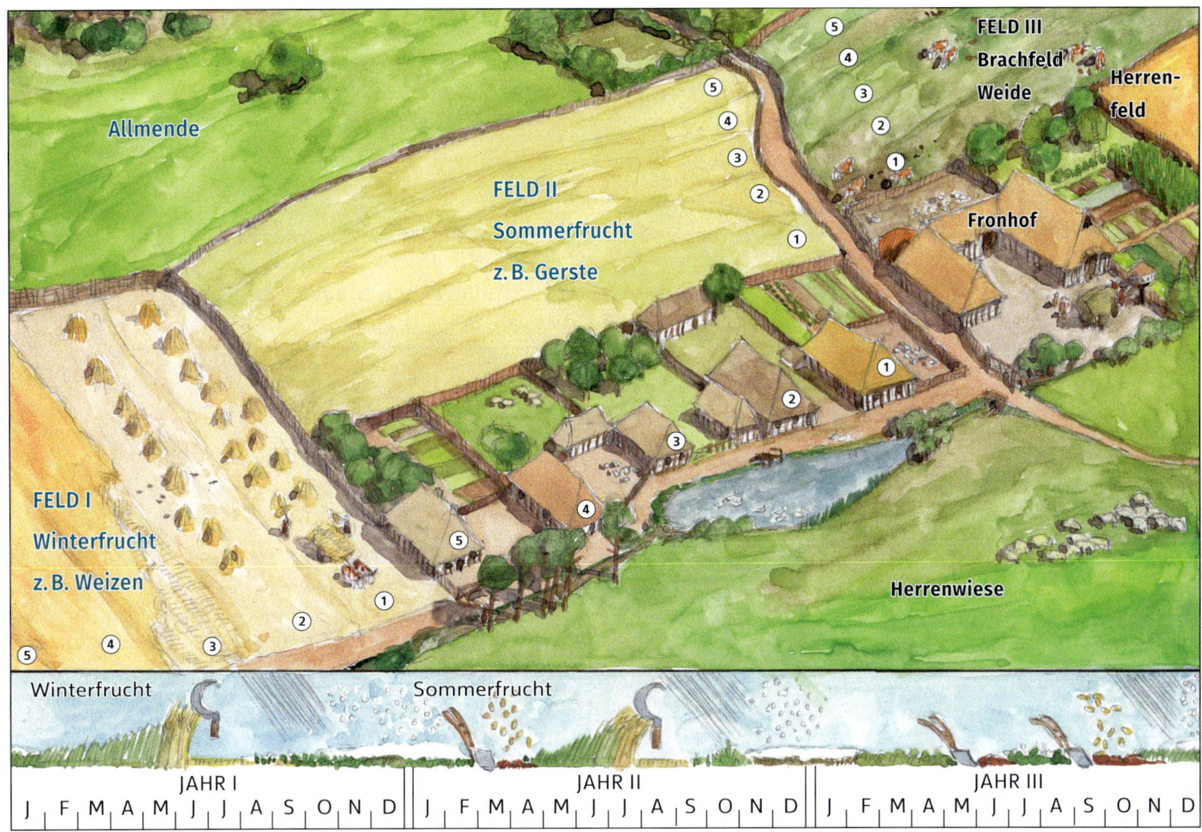

M 7 **Schaubild zur Dreifelderwirtschaft im Mittelalter**

M 8 Eine wissenschaftliche Darstellung

Der Historiker Hans-Werner Goetz beschreibt die Dreifelderwirtschaft (1994):

Machten sich trotz der Vielfalt der Arbeiten gerade im landwirtschaftlichen Betrieb die Saisonarbeiten bemerkbar, so brachte die Einführung der Dreifelderwirtschaft eine etwas kontinuierlichere [gleichmäßigere] Verteilung der Arbeiten über das Jahr. Die anfangs betriebene Feldgraswirtschaft, bei der man den Boden so lange bearbeitete, wie er Früchte trug, und dann brach liegen ließ, wurde vielerorts bald durch eine Fruchtwechselwirtschaft abgelöst: Bei der Zweifelderwirtschaft teilte man den Acker in zwei Teile; die eine Hälfte wurde bebaut, die andere lag brach, damit der Boden sich erholte; im nächsten Jahr war es umgekehrt. Dieses System wurde durch die Dreifelderwirtschaft vervollkommnet. [...] Das Land wurde demnach in drei Teile geteilt: Das erste Drittel trug im ersten Jahr Wintergetreide (Weizen, Roggen, Dinkel, Gerste), das im Herbst ausgesät und im folgenden Frühsommer geerntet wurde, und diente anschließend als Stoppelweide, im folgenden Jahr trug es Sommergetreide (Hafer, Gerste) oder Hülsenfrüchte, d.h. man pflügte im Frühling und erntete im Hochsommer; danach diente das Feld wieder als Stoppelweide und lag dann im Winter und im kommenden (dritten) Frühjahr brach, wurde im Juni gepflügt und lag erneut brach, bis es im Spätherbst noch einmal gepflügt und mit Winterkorn besät wurde, sodass der Rhythmus von Neuem begann.

Hans-Werner Goetz, Leben im Mittelalter, München: C. H. Beck 1994 (5. Aufl.), S. 150 f.

Aufgaben

1. Die Dreifelderwirtschaft

a) Erkläre mithilfe der Darstellung von Hans-Werner Goetz (M8) die Begriffe „Feldgraswirtschaft", „Fruchtwechselwirtschaft" und „Zweifelderwirtschaft".

b) Erläutere an der bildlichen Darstellung (M7) das Prinzip der Dreifelderwirtschaft und nenne Vor- und Nachteile dieser Wirtschaftsweise.

→ M7 – M8

Die Grundherrschaft auf dem Land

Die meisten Bauern im Mittelalter waren nicht frei – sie unterstanden einem sogenannten Grundherrn, dem das Land gehörte, auf dem sie lebten. Wie funktionierte dieses „Grundherrschaft" genannte System?

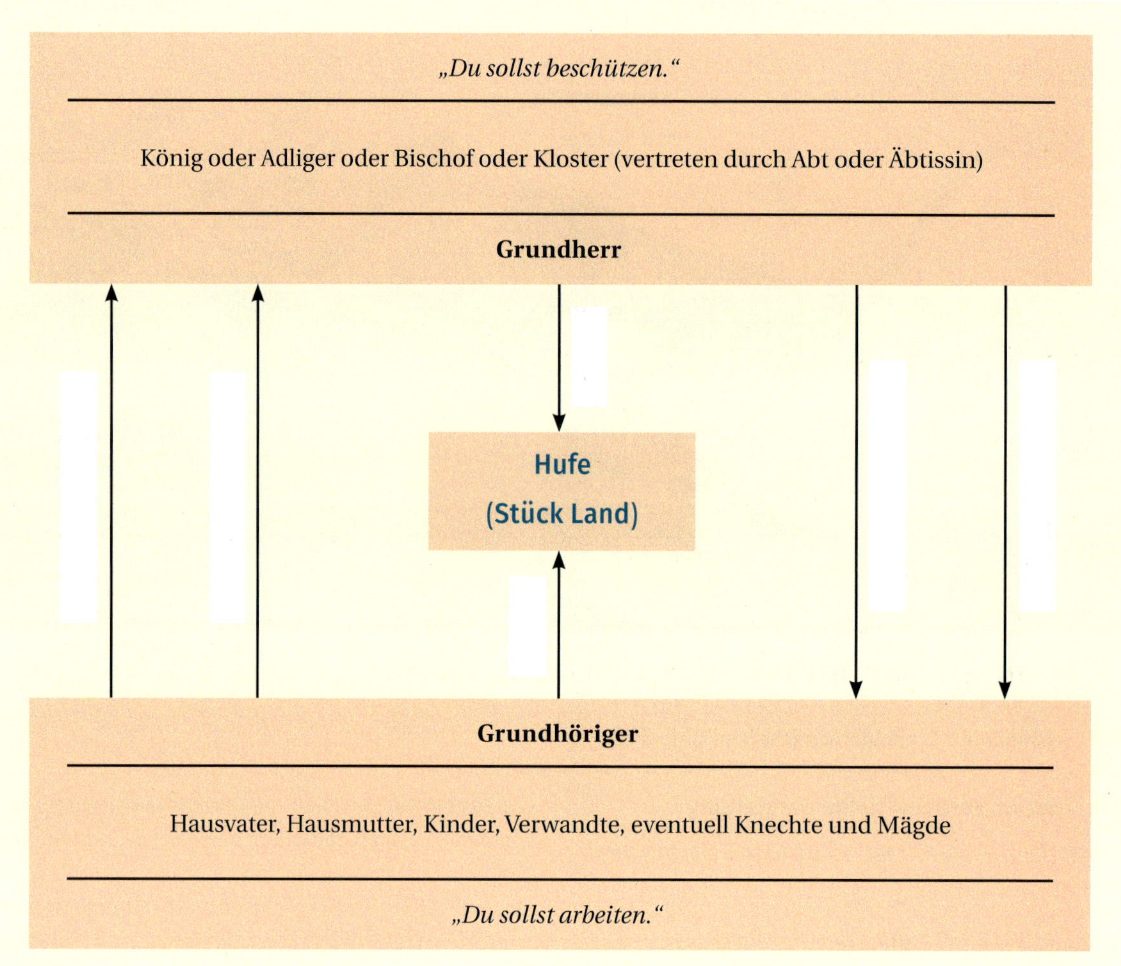

M 1 **Schaubild zur Grundherrschaft**

Aufgaben

1. Die Funktionsweise der Grundherrschaft erklären – Ein Schaubild vervollständigen

a) Übertrage das Schaubild M1 in dein Heft.

b) Erläutere die einzelnen Elemente: Grundherr, Grundhöriger, Hufe usw.

c) Vervollständige das Schaubild mithilfe des Lehrbuchtextes auf den Seiten 51–52.

d) Beurteilt die Vollständigkeit und die Verbesserungsmöglichkeiten des Schaubilds. Tauscht euch über eure Ergebnisse aus.

M1, Text auf den Seiten 51–52

2. Die Entstehung der Grundherrschaft erklären

a) Erläutere die Gründe, die zur Entstehung der Grundherrschaft führten.

b) Stelle Vor- und Nachteile der Grundherrschaft für die Bauern in einer Tabelle gegenüber.

c) Beurteile auf der Grundlage deiner Tabelle die Situation der Bauern.

Text auf den Seiten 51–52

Grundherr und Grundhöriger

Die Grundherrschaft war ein Herrschaftsverhältnis zwischen einem Grundherrn und einem Grundhörigen, der auf seinen Grundherrn „hören" musste. Grundherr konnte der König, ein Adliger, ein Bischof oder auch ein Kloster sein. Die Grundhörigen waren Bauern, die arm und vollständig abhängig oder auch wohlhabender und weniger abhängig vom Grundherrn sein konnten.

Der Grundherr überließ den Grundhörigen ein Stück Land („Hufe") zur Bewirtschaftung, sorgte für Schutz und hielt Gericht. Im Gegenzug dafür waren die Grundhörigen dem Grundherrn gegenüber zu Abgaben und Arbeitsleistungen verpflichtet, sogenannten Frondiensten (Fro = Herr). Wichtige Entscheidungen wie Heirat oder Umzug musste der Grundherr genehmigen.

Die Bauern waren dem Grundherrn rechtlich nicht gleichgestellt und sie waren in unserem heutigen Sinne nicht frei. Es gab aber große Unterschiede zwischen den Grundhörigen: Einige mussten nur bestimmte Abgaben leisten und konnten ansonsten für sich selbst produzieren. Andere mussten Abgaben leisten und zusätzlich an festgelegten Wochentagen für den Grundherrn arbeiten. Wieder andere schließlich leisteten Abgaben und waren jederzeit auf Befehl des Grundherrn zu Diensten verpflichtet.

Der Hof des Grundherrn

Mittelpunkt der Grundherrschaft waren die Herren- oder Fronhöfe. Diese vom Grundherrn selbst oder durch einen bestellten Verwalter („Meier") geleiteten Bauernhöfe wurden durch die Arbeit der Grundhörigen bewirtschaftet, die so rechtlos wie Sklaven sein konnten oder auch selbst eine – vom Grundherrn erhaltene – eigene Hufe bebauten.

Im Laufe der Zeit wandelte sich diese Struktur, bis der Grundherr schließlich keinen eigenen Bauernhof mehr betrieb, sondern ausschließlich von den Abgaben der Bauern lebte. Diese Abgaben konnten in Naturalien, also landwirtschaftlichen Produkten, oder auch in Geld entrichtet werden.

Die Entstehung der Grundherrschaft

Aus heutiger Sicht wirkt die Grundherrschaft auf uns fremd: Wieso haben die Bauern nicht gegen ihre eingeschränkte Freiheit protestiert? Diese Frage ist nicht leicht zu beantworten, da uns aus der damaligen Zeit nur wenige Schriftstücke zum Thema vorliegen. Folgende Überlegungen helfen aber weiter:

- Die Grundherrschaft war nichts grundsätzlich Neues: Bereits im Römischen Reich gab es einerseits Sklaven, die auf den großen Gütern arbeiteten, und andererseits freie Bauern, die ihr eigenes Land bewirtschafteten, aber bestimmte Abgaben leisten mussten. Nach dem Ende des Römischen Reiches änderte sich dies nicht grundsätzlich, aber manche Sklaven erhielten von ihren Herren Land, und manche ursprünglich freie Bauern mussten – zum Beispiel wegen Schulden – ihr Land an einen Großgrundbesitzer abgeben. Aus Sklaven und Bauern wurden in einer langen Entwicklung Grundhörige.

- Die Grundherrschaft beruhte auf Gegenseitigkeit. In frühen Zeiten waren die freien Bauern zum Kriegsdienst für den Herrscher verpflichtet. Die Anschaffung einer Ausrüstung und die lange Abwesenheit während der Sommermonate waren für die Bauern jedoch große Belastungen. Indem sich die Bauern

M 2 Darstellung der Arbeit bei der Weinlese

Buchmalerei (Ausschnitt), Werkstatt von Simon Bening, Brügge, um 1513/15. Arbeitende Frauen wurden immer wieder in Bildquellen dargestellt.

in ein Hörigkeitsverhältnis begaben, konnten sie den Kriegsdienst umgehen, da dieser vom Grundherrn übernommen wurde. Grundherr und Grundhörige waren aufeinander angewiesen. Sie bewirtschafteten das Land gemeinsam und entwickelten so ein Zusammengehörigkeitsgefühl. Gleichwohl konnte es Streit geben, der einvernehmlich gelöst oder vor Gericht verhandelt oder auch gewaltsam ausgetragen wurde.

- Die Grundherrschaft ermöglichte es, das Land gut zu bewirtschaften. Im Laufe des Mittelalters wurde immer mehr Land erschlossen, dessen Bestellung den Grundherrn überfordert hätte. Umgekehrt hatten die Grundhörigen die Möglichkeit, gegen Abgaben und Dienste selbstständig einen Bauernhof zu betreiben.

Die Grundherrschaft prägte das Leben und Arbeiten auf dem Land über Jahrhunderte. Erst im 19. Jahrhundert wurde sie endgültig abgeschafft.

M 3 Hörige entrichten Abgaben an den Grundherrn

Holzschnitt, 1479, spätere Kolorierung
Der Holzschnitt stammt aus dem von Rodericus Zamorensis geschriebenen Buch „Spiegel des menschlichen Lebens“, das 1479 in Augsburg gedruckt wurde. Rodericus war ein gelehrter Mann, Bischof und Diplomat. Im „Spiegel des menschlichen Lebens“ zeigte er die Sicht des Adels auf die Ständegesellschaft. Ein Exemplar liegt in der Bibliothek der Universität Heidelberg: https://digi.ub.uni-heidelberg.de/diglit/ir00231000/0045/image.

M 4 Ein Güterverzeichnis

Im vor 829 entstandenen Güterverzeichnis, einem sogenannten Urbar, des Klosters Saint-Germain-des-Prés werden die Besitzungen des Klosters und Verpflichtungen der Grundhörigen in Nogent aufgeführt. Aripenni, perticae und bunuariae sind Flächenmaße, die regional unterschiedlich verwendet wurden:

Es [das Kloster] besitzt dort 43 aripenni Wiesen, von denen 120 Fuder Heu geerntet werden können.
Es besitzt dort Wald, der insgesamt auf 15 Meilen im Umkreis geschätzt wird, in dem 1000 Schweine gemästet werden können.
Es besitzt dort eine Mühle, aus der ein Zins von 30 Scheffeln Getreide hervorgeht.
Es besitzt dort eine Kirche. […]
Der Hörige Vulfradus und seine Frau, eine Freie namens Ermoara, haben bei sich drei Kinder mit diesen Namen: Vulfricus, Aldeberga, Vulfildis. Er bewirtschaftet 1 mansus ingenuilis [selbstständiger Hof besserer Qualität] bestehend aus 11 bunuaria Ackerland, 2 aripenni Weinberg, 3 aripenni Wiesen. Er zinst [hier: gibt] für den Kriegsdienst 10 Scheffel Wein, für die Schweinemast 3 Scheffel […]. Er pflügt für die Wintersaat 6 perticae, zur Frühjahrssaat 3 perticae. Bittfrontage [Arbeitstage für den Herrn], Holzschlag, Hand- und Spanndienste, so viel ihm befohlen wird. 3 Hühner, 15 Eier. Er transportiert Wein, wohin ihm befohlen wird. 100 Schindeln. Er bearbeitet auf der Wiese 1 aripennum. […]
Der Hörige Probardus des heiligen Germanus bewirtschaftet 1 mansus servilis [Hof minderer Qualität], bestehend aus 2 bunuaria Ackerland, 4 aripenni Wiesen. Er pflügt für die Wintersaat 2 perticae, für die Frühjahrssaat 1 perticae. 3 Hühner, 15 Eier. In jeder Woche 3 Tage.

Zit. nach: Ludolf Kuchenbuch, Grundherrschaft im frühen Mittelalter, Idstein: Wissenschaftlicher Verlag Dr. Ullrich Schulz-Kirchner 1991, S. 121, 125.

M 5 Eine Schenkung

Engilram schenkt seinen Besitz dem Kloster St. Gallen. In der Urkunde vom 20. Mai 838 heißt es:

Im Namen Gottes habe ich, Engilram, aus Ehrfurcht vor Gott und für mein Seelenheil beschlossen, dass wir durch die Hand meines Bruders Pato mein gesamtes Allod [Eigentum], das ich in Alamanien zurzeit als meinen Besitz betrachte, dem Kloster St. Gallen, wo jetzt Bernwicus als Abt der Herde Gottes vorzustehen beliebt, übergeben und übertragen wollen. […] Bei dieser Schenkung stellen wir die Bedingung, dass unsere Schwester Thiotpuruch diese Schenkung auf ihre Bitte für sich erhalten und zu ihren Lebzeiten den Nießbrauch [das Recht der Nutzung] besitzen und daher Zins bezahlen soll.

Zit. nach: Ludolf Kuchenbuch, Grundherrschaft im frühen Mittelalter, Idstein: Wissenschaftlicher Verlag Dr. Ullrich Schulz-Kirchner 1991, S. 145 f.

Info

Urbar

In den Urbaren ließen die Grundherren aufschreiben, welche Besitzungen und Rechte sie hatten oder beanspruchen wollten. Dazu gehörten auch die Abgaben und Dienste der Grundhörigen. Urbare waren bis zur Abschaffung der Grundherrschaft im 19. Jahrhundert in Gebrauch.

Urkunde

Unter „Urkunde" versteht man ein rechtsförmliches Dokument, das nach Abschluss eines Rechtsgeschäfts zu dessen Beweis erstellt wurde. Formular und äußere Gestaltung variieren erheblich, ganz nach den rechtlichen Erfordernissen, den Kanzleigewohnheiten des Ausstellers und der jeweiligen Epoche. Heute gibt es auch noch Urkunden, ein Beispiel sind Geburtsurkunden, die für alle geborenen Kinder ausgestellt werden.

Aufgaben

1. **Mit einer Bildquelle zur Grundherrschaft arbeiten**
   a) Beschreibe den Holzschnitt M3.
   b) Erkläre den Aspekt der Grundherrschaft, der in diesem Holzschnitt dargestellt ist. Ziehe dafür den Text hinzu.
   → M3, Text auf den Seiten 51–52
2. **Textquellen zur Grundherrschaft erschließen**
   a) Erschließe die beiden schriftlichen Quellen (M4 und M5). Verwende dafür den Trainingskasten auf Seite 10.
   b) Vergleiche die Situation der beiden Hörigen Vulfradus und Probardus (M4).
   c) Erkläre die Bedeutung eines Urbars für den Grundherrn.
   d) Erläutere die Motive Engilrams für seine Schenkung und die Regelungen, die für seine Schwester Thiotpuruch getroffen werden (M5).
   e) Beurteile die Motive Engilrams und entscheide begründet, ob du deinen Besitz dem Kloster schenken würdest.
   f) Beurteile die Aussage: „Die Grundherrschaft war eine sinnvolle Ordnung für das Mittelalter."
   → M4, M5

„Bete und arbeite!“ – Das Leben im Kloster

Das Kloster St. Gallen in der Schweiz war eines der bedeutendsten Klöster in Europa. Es geht zurück auf den vermutlich aus Irland stammenden Missionar Gallus, der im 7. Jahrhundert dort als Einsiedler lebte. Der hier in heutiger Zeit nachgezeichnete Bauplan entstand um 820. Er war für das Kloster St. Gallen gedacht, wurde aber in dieser Form nie ausgeführt. Eine genaue Betrachtung gibt Aufschluss über das Klosterleben im Mittelalter.

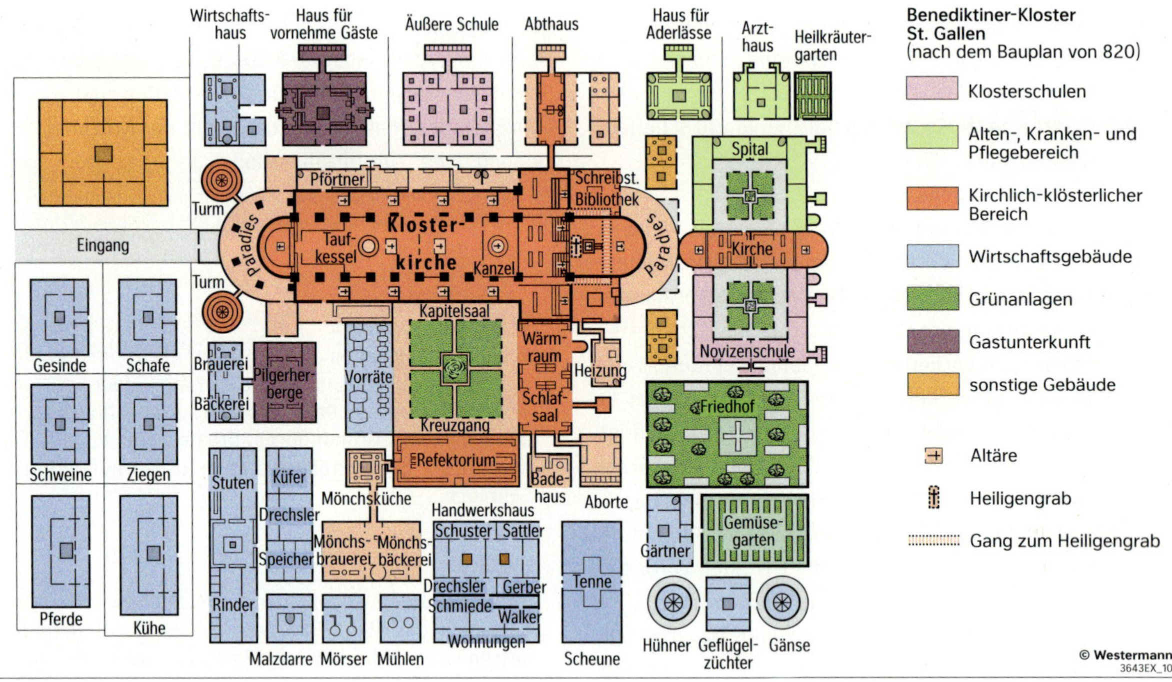

M 1 **Plan des Benediktiner-Klosters St. Gallen – Ein idealer Bauplan**

Aufgaben

1. Klosterplan für St. Gallen

a) Beschreibe mithilfe des Klosterplans M1 den Aufbau eines Klosters. Achte auf die Anordnung und die Größe der Gebäude.

b) Erarbeite aus dem Plan die einzelnen Aufgaben, die ein Kloster erfüllte.

c) Informiere dich über das Kloster St. Gallen und seine Aufgaben heute im Vergleich zum Mittelalter.

→ M1, Internet

2. Bedeutung der Klöster

a) Erkläre anhand des Textes auf den Seiten 55–56 die Entstehung der Klöster. Erläutere dabei die Bedeutung Benedikts.

b) Erkläre die Worte „Ora et labora“.

c) Fertige eine Concept Map zur Bedeutung des Klosters im Mittelalter an. Unterscheide dabei verschiedene Wirkungsbereiche des Klosters (Wirtschaft, Kultur, Gesellschaft usw.).

d) Vergleiche die Ergebnisse, die sich bei der Auswertung des Plans ergeben haben, mit denen aus der Auswertung des Textes.

e) **Zusatzaufgabe:** Bereite einen Kurzvortrag zu weiteren Mönchsorden vor (Gründer, Gründungszeit, Hauptaufgabe, Tracht).

→ Text auf den Seiten 55–56, M1–M4, Internet

Rückzug von der Welt – Anfänge und Entwicklung des Mönchtums

Christentum und Kirche spielten für alle Menschen im Mittelalter eine sehr große Rolle. Vielen von ihnen war ihr Glaube sogar so wichtig, dass sie ihr ganzes Leben Gott widmen wollten und sich deshalb ganz aus der Welt zurückzogen. Sie lebten entweder als Einsiedler (Eremiten) und zogen sich in die Wildnis zurück – so begann einst das Mönchtum, als im 3. Jh. nach Christus in Ägypten, Palästina und Syrien einzelne Christen in die Wüste zogen. Andere schlossen sich zusammen, um als Mönche oder Nonnen in einem Kloster zusammenzuleben. Hier lebten die Mönche unter der Führung eines Abtes – bzw. die Nonnen unter der Leitung einer Äbtissin – nach einer Klosterregel, in der strenge Vorschriften über die Lebensweise im Kloster aufgestellt wurden.

M 2 Nonnen beim Chorgebet

Englische Buchmalerei (Ausschnitt), 15 Jahrhundert

Benedikt von Nursia, die Benediktiner und andere Klosterverbände

Einer der bedeutendsten Mönche des Mittelalters war Benedikt von Nursia. Er gründete 529 auf dem Monte Cassino in Italien ein Kloster. Für seine Gemeinschaft erstellte Abt Benedikt eine 73 Kapitel umfassende Klosterregel. Der zentrale Gedanke lautete: „Ora et labora – bete und arbeite“. Die Mönche sollten nicht nur Gott dienen, sondern sich auch selbst versorgen. Damit war gewährleistet, dass sie in der abgeschlossenen Welt ihres Klosters bleiben und überleben konnten.

Die Benediktsregel (Regula Benedicti) war zunächst nur eine von vielen Klosterregeln im Mittelalter, sie wurde aber bald populär. Anfang des 9. Jahrhunderts versuchte Karl der Große sie für alle Klöster in seinem riesigen Reich verbindlich zu machen. Jedes Kloster, das der Regula Benedicti folgte, gehörte zu der Klostergemeinschaft der „Benediktiner“.

Neben den „Benediktinern“ entstanden im Laufe des Mittelalters zahlreiche weitere Klosterverbände, die zum Teil noch strenger leben wollten oder aus christlicher Nächstenliebe sich intensiver um die Armen, Schwachen und Kranken kümmern wollten, z. B. die Zisterzienser oder die Bettelorden der Franziskaner und der Dominikaner. Alle diese Ordensgemeinschaften besaßen sowohl Frauen- als auch Männerklöster.

Leben nach der Regula Benedicti

Der Tagesablauf im Kloster war in der Benediktsregel streng geregelt und gliederte sich in vorgeschriebene Gebets-, Arbeits-, Essens- und Ruhezeiten.

Das Zentrum einer Klosteranlage war die Kirche, denn Gebet und das Lob Gottes waren die wichtigsten Aufgaben der Mönche und Nonnen. Ruhe hierfür fanden sie in der Klosterkirche und im anschließenden Kreuzgang, in dem nicht gesprochen werden durfte.

Den etwa drei bis vier Stunden täglichen Gebets standen gut sechs bis acht Stunden Arbeit gegenüber, da der Unterhalt des Klosters gesichert werden musste. So wurden beispielsweise in der Gründungsphase Wälder gerodet und Felder angelegt, auf denen gepflügt, gesät und geerntet wurde. In den Gärten wurde gepflanzt und gejätet und in den Stallungen wurde das Vieh versorgt. Durch Landwirtschaft, Viehzucht und handwerkliche Arbeit erlangten die Klöster in vielen Gegenden schnell wirtschaftliche Bedeutung. Die harte Arbeit auf dem Feld überließen die Mönche und Nonnen allerdings lieber den auch zum Kloster gehörenden „Konversen“, die jedoch keinen Zutritt zum Trakt der Mönche und Nonnen hatten. Die Mönche und Nonnen widmeten sich viel lieber dem Bibelstudium oder hielten sich im Scriptorium, der Schreibstube, auf.

Info

Kloster

lat. claustrum = ein von der Außenwelt abgeschlossener Aufenthaltsort

Eremit

jemand, der allein in der Wüste (= in eremo) oder auch in anderer Wildnis lebt; ein Einsiedler

Abt/Äbtissin

Klostervorsteher(in), dem/der alle Mönche oder Nonnen gehorchen müssen

Konversen

Innerklösterliche Gruppe, die als Laien getrennt von den Mönchen oder Nonnen lebten und für die sie die (körperliche) Arbeit im Kloster übernahmen.

M 3 Gottfried von Cappenberg (um 1096 – 1127)

Grabplatte (Ausschnitt) des Grafen mit einer Abbildung des von ihm gestifteten Klosters, Ilbenstadt (Hessen), 13. Jahrhundert

M 4 Hildegard von Bingen

Miniatur, um 1220

Das gemeinsame Essen nahmen die Mönche und Nonnen schweigend im Speisesaal, dem Refektorium, ein. Während des Mahls wurde aus der Bibel vorgelesen. Wirft man einen Blick auf den Speisezettel, findet man überwiegend Brot und Hülsenfrüchte, manchmal auch Eier, Käse und Fisch. Fleisch war im Allgemeinen verboten, Wein hingegen in Maßen erlaubt. Geschlafen wurde beim Schein einer Kerze im gemeinsamen Schlafsaal, dem Dormitorium.

Motive für Schenkungen an das Kloster

Viele Klöster entstanden erst durch Schenkungen von Adligen. Sie überließen den Klöstern meist Ländereien, einschließlich der darauf lebenden und als Bauern arbeitenden Bevölkerung. Die Klosterstifter erwarben sich durch die Schenkungen einen Anspruch auf Gebete der Nonnen oder Mönche. Die Adligen sorgten damit für das eigene Seelenheil und das ihrer lebenden und verstorbenen Familienmitglieder. Darüber hinaus nutzten sie die Klöster, um ihre unverheirateten Töchter und die nicht erbberechtigten Söhne unterzubringen. Manche Mönche und Nonnen wurden bereits im Kindesalter dem Kloster übergeben. Man nannte sie Oblaten. Nicht alle Menschen kamen also freiwillig oder nur aus religiösen Gründen in ein Kloster.

Der Eintritt in das Kloster

Bevor sie feierlich in die Klostergemeinschaft aufgenommen werden konnten, mussten die zukünftigen Nonnen und Mönche eine Probezeit überstehen, das Noviziat. Danach legten die „Neulinge“ (Novizen) die Profess ab, d. h. die versprachen in einem Gelübde (einem Versprechen vor Gott) drei Dinge: (1.) in Zukunft ohne Besitz und damit in Armut zu leben, (2.) sexuell enthaltsam zu sein und nicht zu heiraten sowie (3.) dem Abt bzw. der Äbtissin zu gehorchen und dem Kloster für immer treu zu bleiben. Sie weihten damit ihr Leben dem Dienst an Gott, dem Gebet und der Verehrung der Heiligen. Innerhalb der Klostergemeinschaft gab es keine sozialen Unterschiede. Alle trugen dieselbe Kleidung zum Zeichen ihrer Ordenszugehörigkeit.

Scriptorien und Schulen – Klöster als Orte des Wissens

Klöster waren nicht nur Stätten des Gebets und der Arbeit, sondern auch Orte, an denen Wissen über verschiedene Lebensbereiche aufbewahrt und weitergegeben wurde. In vielen Klöstern gab es Schreibstuben (Scriptorien), in denen Mönche wertvolle Bücher sorgfältig mit der Hand abschrieben und sie kunstvoll verzierten. Das Drucken von Büchern war noch nicht erfunden. Viele Klöster besaßen Büchersammlungen, oft wurden aber auch Bücher aus anderen Klöstern ausgeliehen, um sie abzuschreiben. Das waren nicht nur religiöse Schriften, sondern auch Bücher über Landwirtschaft, Musik, Medizin, Liebe oder den Sinn des Lebens. Viele alte Schriften aus der Antike überlebten so in den Klosterbibliotheken, und nur durch diesen Glücksfall blieben sie bis heute erhalten.

Weil das klösterliche Leben ohne ein Mindestmaß an Bildung nicht möglich war und ja auch kleine Kinder ins Kloster aufgenommen wurden, musste auch an Schulunterricht gedacht werden. Seit Karl dem Großen († 814) gab es zwei Arten von Schulen im Kloster, die räumlich voneinander getrennt waren – wie man auch im Klosterplan von St. Gallen sieht. Die „innere Schule“ war für die Oblaten und Novizen gedacht, die ihr weiteres Leben im Kloster verbrachten; die „äußere Schule“ stand allen Bildungswilligen ohne Klosterzugehörigkeit offen.

Info

Hildegard von Bingen

Um 1098 wird sie in Bermersheim als 10. Kind einer Adelsfamilie geboren.

1106 beginnt ihre Vorbereitung auf das klösterliche Leben. Sie lernt Lesen und Schreiben und ansatzweise Latein.

1113 legt sie ihr ewiges Gelübde als Benediktinerin ab.

1136 tritt sie in Nachfolge ihrer Tante das Amt einer Priorin und später Äbtissin an.

Ab 1141 verfasst sie Schriften ihrer Visionen zu Themen der Theologie und Medizin.

1147/48 gründet Hildegard ihr erstes eigenes Kloster.

17.9.1179 Tod.

Das Leben im Kloster

M 5 „Ora et Labora"

Aus der Regel des Benedikt von Nursia (um 540):

Kapitel 2: Der Abt, der würdig ist, einem Kloster vorzustehen, muss immer bedenken, wie man ihn anredet [abbas = Vater], und er verwirkliche durch sein Tun, was diese Anrede für einen Oberen bedeutet. Der Glaube sagt ja: Er vertritt im Kloster die Stelle Christi. [...]
Kapitel 33: [...] Keiner maße sich an, ohne Erlaubnis des Abtes etwas zu geben oder anzunehmen. Keiner habe etwas als Eigentum, überhaupt nichts, kein Buch, keine Schreibtafel, keinen Griffel – gar nichts. Den Brüdern ist es ja nicht einmal erlaubt, nach eigener Entscheidung über ihren Leib und ihren Willen zu verfügen. Alles Notwendige dürfen sie aber vom Vater des Klosters erwarten, doch ist es nicht gestattet, etwas zu haben, was der Abt nicht gegeben oder erlaubt hat. „Alles sei allen gemeinsam", wie es in der Schrift heißt [...].
Kapitel 48: Müßiggang ist der Seele Feind. Deshalb sollen die Brüder zu bestimmten Zeiten mit Handarbeit, zu bestimmten Stunden mit heiliger Lesung beschäftigt sein. [...]
Kapitel 66: [...] Das Kloster soll, wenn möglich, so angelegt werden, dass sich alles Notwendige, nämlich Wasser, Mühle und Garten, innerhalb des Klosters befindet und die verschiedenen Arten des Handwerks dort ausgeübt werden können. So brauchen die Mönche nicht draußen herumzulaufen, denn das ist für sie überhaupt nicht gut.

Zit. nach: Ulrich Faust (Hg.), Die Benediktsregel (Lateinisch/Deutsch). Mit der Übersetzung der Salzburger Äbtekonferenz (übers. v. Gernot Krapinger), Stuttgart: Reclam 2009, S. 23, 93, 117, 159.

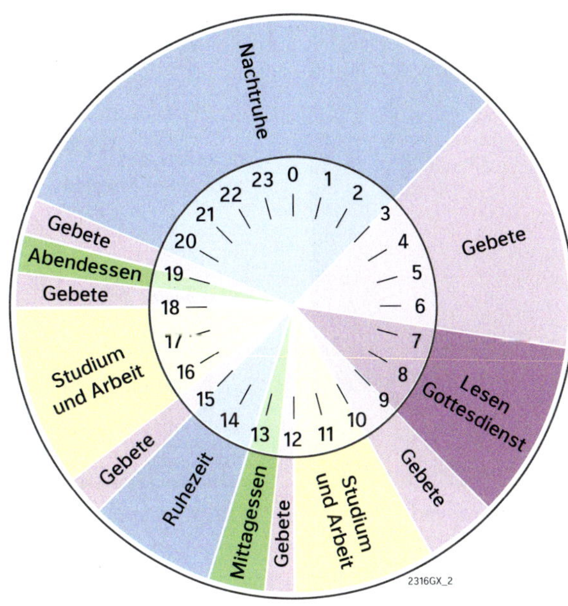

M 6 Der Tagesablauf in einem Kloster im Mittelalter
Schaubild

Aufgaben

1. **Alltagsleben im Kloster**
   a) Erkläre den Zusammenhang zwischen dem Tagesablauf im Kloster und der Benediktinerregel „Bete und arbeite".
   b) Vergleiche einen typischen Schultag von dir mit dem üblichen Alltag eines Mönches. Gehe dabei auch auf die Grundlagen für die Tagesgliederung ein.
   c) Klöster werden oft als „Welt im Kleinen" bezeichnet. Prüfe anhand der Informationen, die du dem Klosterplan von St. Gallen (M1) entnehmen kannst, die Berechtigung dieser Bezeichnung.
   d) Überlegt in Partnerarbeit, wer oder was heute die zahlreichen Funktionen eines Klosters übernimmt. Betrachtet dazu den Klosterplan von St. Gallen (M1).
   e) Spielt folgende Szene nach: Du bist der Abt des Klosters von St. Gallen. Eines Tages hat sich ein Gelehrter oder ein Bischof aus einem anderen Teil des Reiches als Besuch angekündigt, dem du das Kloster in einem Rundgang erklärst.

   Text auf den Seiten 55–56, M1–M6

2. **Aufnahme ins Kloster**
   a) Erkläre die Ursachen für den Eintritt eines Menschen in ein Kloster als Mönch oder Nonne im Mittelalter.
   b) Erkläre in einer gespielten Szene als Abt oder Äbtissin einem zukünftigen Novizen oder einer Novizin die Veränderung des Lebens durch den Eintritt in ein Kloster.

   Text auf den Seiten 55–56

3. **Hildegard von Bingen – Zusatzaufgabe**
   Sammle weitere Informationen über Hildegard von Bingen und verfasse einen kurzen Artikel für ein Lexikon.

   Infokasten auf Seite 56, M4, Internet

Baustile des Mittelalters – Romanik und Gotik

Kirchen aus dem Mittelalter prägen bis heute viele Städte. Sie stehen im Zentrum und überragen die umliegenden Gebäude oft erheblich. Sie sind im sogenannten romanischen oder gotischen Stil erbaut. Woran ist das zu erkennen?

M 1 **Altar und Chorraum des Speyerer Doms**

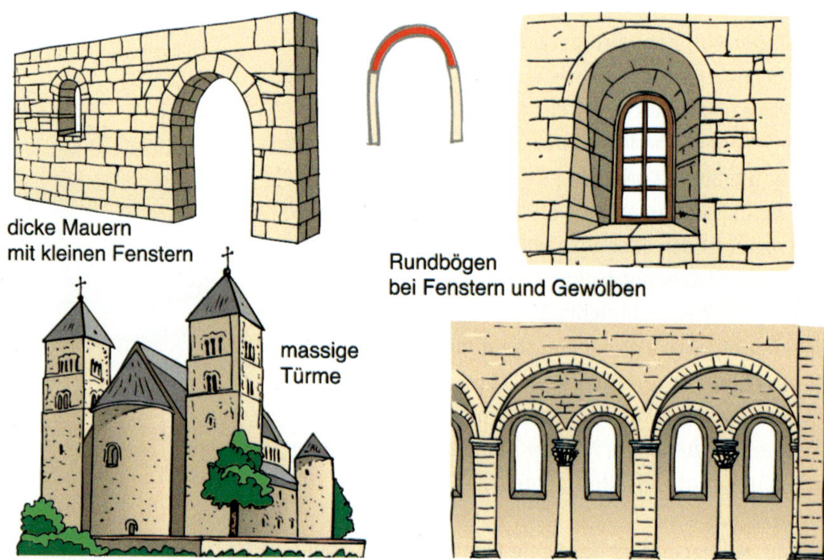

M 2 **Merkmale des Baustils der Romanik**

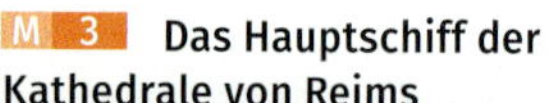

M 3 **Das Hauptschiff der Kathedrale von Reims**

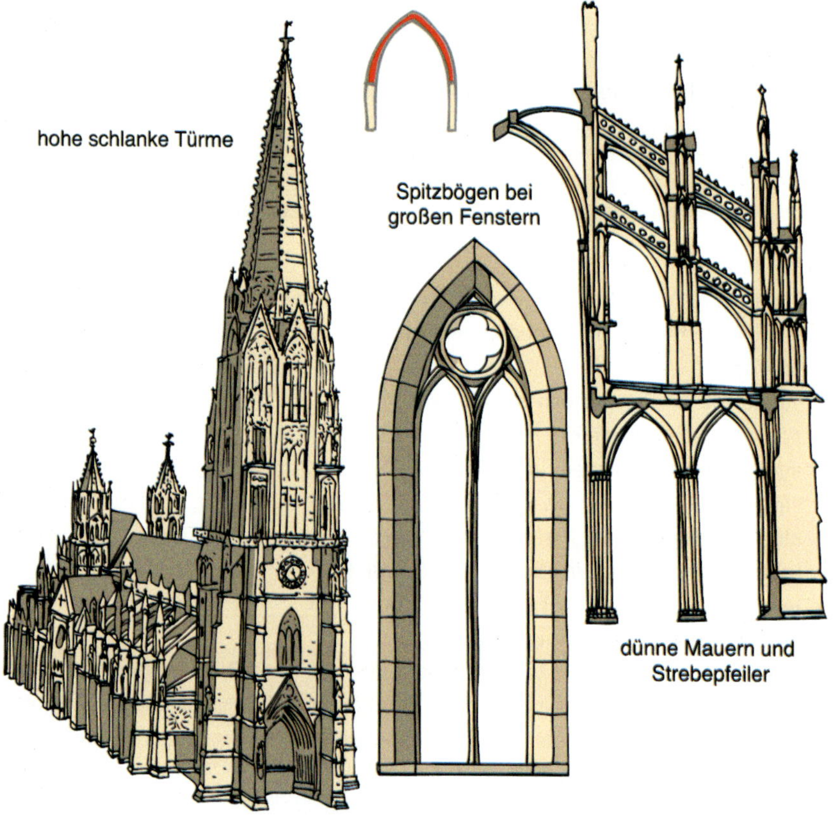

M 4 **Merkmale des Baustils der Gotik**

Romanik: das Beispiel Speyer

In Speyer am Rhein errichteten die Herrscher aus dem Haus der Salier einen Dom als Begräbnisstätte für sich und ihre Frauen. Mit 134 m Länge war er damals eine der größten Kirchen. Dieses Bauwerk kann als Musterbeispiel des romanischen Stils gelten (etwa 900–1200). „Romanisch“ heißt er, weil er überall den gewölbten Bogen der antiken römischen Bauten verwendet: an Türen und Fenstern, als Arkaden über Säulen und Pfeilern, bei den Gewölben und als Schmuck der Wände. Der runde Bogen ist geradezu das Erkennungszeichen der romanischen Baukunst.

Außer dem Bogen übernahmen die Baumeister der Romanik von den Römern auch die Grundform der Kirchen: die Basilika. Basiliken sind große, lang gestreckte Hallen, die durch Säulenreihen unterteilt sind in einen mittleren Raum, das sogenannte Hauptschiff und die schmaleren Seitenschiffe. Der Haupteingang liegt oft, wie in Speyer, an der westlichen Schmalseite. Im Osten sind die Basiliken meist mit halbrunden Anbauten, den Apsiden (Sing. = Apsis), abgeschlossen. Die Ausrichtung nach Osten hat symbolische Bedeutung. Der Sonnenaufgang wird in Verbindung mit Gott gebracht.

Die Innenwände und Holzdecken der romanischen Kirchen waren oft reich bemalt. Davon ist nur wenig erhalten geblieben – im Gegensatz zum plastischen Schmuck, mit dem die romanischen Steinmetze die Kirchen schmückten. Hier finden sich Heiligenfiguren, aber auch Tiergestalten und Fabelwesen. Den Bauherren und Architekten kam es hauptsächlich darauf an, dass die Kirchen wie überdimensionale Burgen Gottes aussahen und mit ihren Türmen die Fachwerkhäuser der Städte und Dörfer überragten. So wurden in ganz Europa steinerne Kirchen gebaut, von denen noch viele erhalten sind.

Gotik: das Beispiel Reims

Der neue gotische Stil wurde seit der Mitte des 12. Jahrhunderts in Frankreich entwickelt und verbreitete sich von dort aus über ganz Europa. Die Kathedrale von Reims in Frankreich, die Krönungskirche der französischen Könige, ist eines der bekanntesten Beispiele für diesen Baustil.

„Gotisch“ war ursprünglich abwertend gemeint. Nach dem Mittelalter empfanden die Menschen nämlich diese Kunst als barbarisch und „unzivilisiert“ wie die Goten. Die Gotik ist jedoch alles andere als barbarisch. Die Kirchenbauten verwirklichen vielmehr ein großes theologisches Programm: Durch die bunten Glasfenster mit Szenen aus der Bibel und den Heiligenlegenden sollte den Menschen in der Kirche die Schönheit Gottes als Licht und Farbe vor Augen treten.

Technisch möglich wurde dieses Bauprogramm erst durch die Einführung des spitzen Bogens, an dem die gotischen Bauten leicht zu erkennen sind. Wie Baumstämme wachsen die Pfeiler bis in die hohen Gewölbe. Die Gewölbe mussten allerdings durch Strebepfeiler abgestützt werden. Die Flächen zwischen diesem Skelett lassen Raum für riesige Fenster. Diese erhielten zur Verstärkung dünne steinerne Stege, das sogenannte Maßwerk. Aber sogar diese technischen Elemente nutzten die Baumeister zu religiösen Aussagen. Hoch auf den Strebepfeilern brachten sie kreuzförmige Blüten an. Und die Formen des Maßwerks nutzten sie als Symbole: Zweiteilige Formen symbolisierten die beiden Bücher der Bibel, das Alte und das Neue Testament, dreiteilige die Dreifaltigkeit, vierteilige die vier Evangelisten oder die christlichen Haupttugenden; sechsteilige Fenster symbolisierten die sechs Tage der Schöpfung und zwölfteilige Rosetten waren Sinnbild für die Jünger Jesu oder die zwölf Stämme des Gottesvolkes.

Aufgaben

1. Baustile des Mittelalters – Romanik und Gotik

a) Suche im Internet nach Bildern des Speyerer Doms und der Kathedrale von Reims. Weise nach, dass es sich in Speyer um ein romanisches und in Reims um ein gotisches Bauwerk handelt.

b) Stelle in einer Tabelle die wichtigsten Merkmale von Romanik und Gotik gegenüber. Berücksichtige dabei folgende Aspekte: Zeit, Bezeichnung, Merkmale der Bauweise, Bedeutung für den Glauben.
M1–M4, Internet

Medienbildung

Religiöse Bauwerke erzählen Geschichte

In fast jedem Ort gibt es religiöse Bauwerke. Meist sind es katholische oder evangelische Kirchen. Es können aber auch Moscheen, also die Gotteshäuser von Muslimen, oder Synagogen, also jüdische Gotteshäuser, sein. Viele, besonders ältere Bauwerke enthalten Informationen über die Vergangenheit.

M 1 Bamberger Dom St. Peter und St. Georg
Der Bamberger Dom vereint die beiden vorrangigen Baustile des Mittelalters – Romanik und Gotik – und gehört zum UNESCO-Weltkulturerbe.

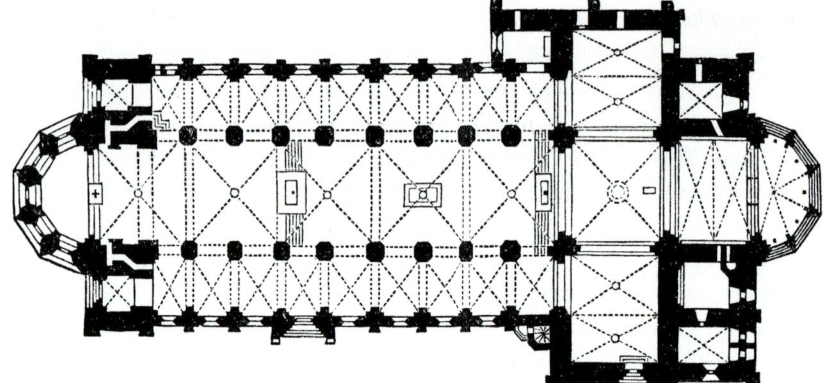

M 2 Grundriss des Bamberger Doms
Der Grundriss lässt die Anlage des Doms als romanische Basilika erkennen.

Aufgaben

1. **Ein religiöses Bauwerk erkunden – Medienbildung**
   a) Erstelle eine kleine Präsentation zum Bamberger Dom. Werte dazu die auf dieser Lehrbuchdoppelseite vorhandenen Bilder sowie die folgende Internetseite aus:
   www.bamberger-dom.de
   Orientiere dich dabei auch an den Aufgaben im Trainingskasten auf Seite 61.
   b) Stelle Vor- und Nachteile der digitalen Darstellung des Bamberger Doms zusammen.
   c) Beurteile im Anschluss die Möglichkeiten durch die digitale Darstellung des Bamberger Doms für dich im Vergleich zu den Materialien des Lehrbuchs.
   → M1–M3, Trainingskasten auf Seite 61
2. **Ein religiöses Bauwerk in der Umgebung erkunden**
   Suche ein religiöses Bauwerk in deiner Umgebung und erstelle darüber eine kleine Präsentation. Orientiere dich dabei auch an den Fragen im Trainingskasten auf Seite 61.
   → Erkundung in der Region, Trainingskasten

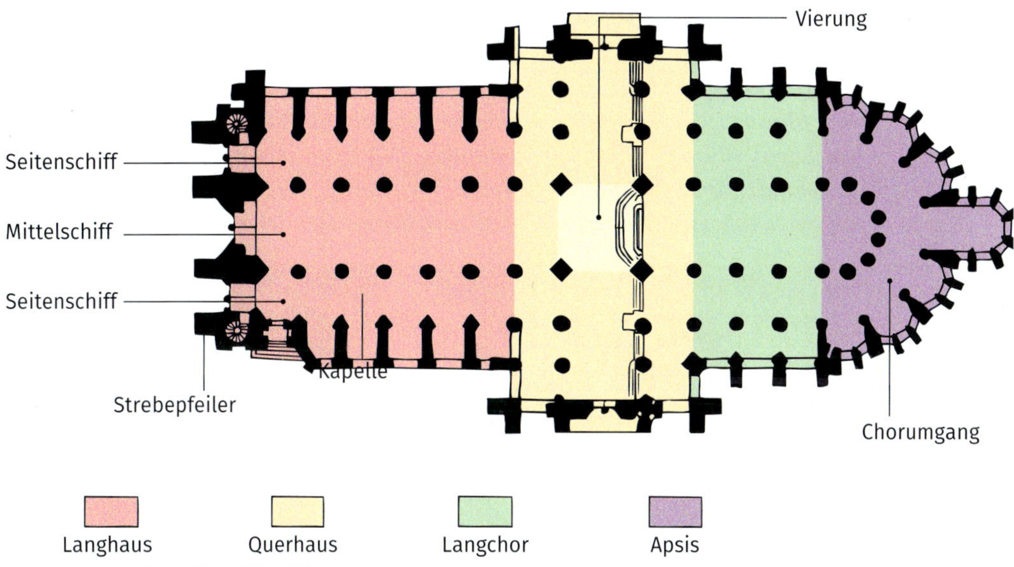

M 3 **Idealtypischer Aufbau einer mittelalterlichen Kirche**

Training

Ein religiöses Bauwerk erkunden

Es lohnt sich, religiöse Bauwerke näher zu betrachten, denn man erfährt dabei viel über die Geschichte eines Ortes und die Einstellung der Menschen in der Vergangenheit. So kann ein Dom bis heute prägend für die Stadtgeschichte sein. Es kann aber auch ein kleines Gotteshaus sein, das nur diejenigen kennen, die sich zu der in diesem Gotteshaus praktizierten Glaubensrichtung bekennen. Möglicherweise existiert das Gebäude aber auch gar nicht mehr und es erinnert nur ein Straßenname oder eine Gedenktafel daran.

Gehe bei der Erkundung eines religiösen Bauwerkes in folgenden Arbeitsschritten vor:

1. Nach einem religiösen Bauwerk suchen und seine Geschichte erkunden

a) Ermittle den Beginn der Existenz des Bauwerkes.
b) Nenne mögliche Fakten zur Entstehungsgeschichte.
c) Nenne den Namen des Bauwerks.
d) Gib den Zeitpunkt der Namensgebung an.
e) Erkläre die Gründe für die Namensgebung.
f) Erkläre bauliche Veränderungen im Laufe der Geschichte.
g) Beschreibe die eventuellen Zerstörungen und den Wiederaufbau.
h) Erkläre den Baustil.
i) Beschreibe die einzelnen Bauelemente.
j) Ermittle die Besonderheiten des Bauwerks.
k) Erläutere besondere Ausstattungsmerkmale.

2. Die Bedeutung des religiösen Bauwerks erforschen

a) Ermittle die Bedeutung des Bauwerks in der Vergangenheit.
b) Erläutere mögliche Hinweise auf besondere Ereignisse.
c) Erläutere den Bekanntheitsgrad des Bauwerks und die Ursachen dafür.
d) Beschreibe die Bedeutung des Bauwerks für die Menschen.
e) Erkläre den heutigen Verwendungszweck des Bauwerks.

3. Die Ergebnisse in einer kleinen Präsentation, auf einem Plakat oder in einem kleinen Heft zusammenstellen

Ritter werden und Ritter sein

Ritter und ihre Geschichten sind bis heute beliebt. Ritterspiele wie etwa in Kaltenberg (Bayern) oder in Katzenelnbogen (Rheinland-Pfalz) erfreuen sich großer Beliebtheit. Mit dem Rittertum verbinden viele noch immer Abenteuer und eine vornehme Lebensart. Dadurch ist unsere Vorstellung vom Mittelalter bis heute stark geprägt. Doch wie wurde man eigentlich Ritter und wie lebte man als Ritter?

M 1 **Ritterturnier in Kaltenberg (Bayern)**
Aufmarsch der Reiter in ihren Rüstungen, Foto, 2017.

Aufgaben

1. Ritterturniere

a) Beschreibe die Ausrüstung der Ritter auf dem Foto M1.

b) Vergleiche die Ausrüstung der Ritter in M1 mit der Ausrüstung, wie sie in der Buchmalerei M4 dargestellt wird.

c) Informiere dich über Ritterspiele in deiner Umgebung und berichte darüber in einem kurzen Vortrag.

d) Erkläre die Ursachen für die Beliebtheit von Ritterspielen in der heutigen Zeit.

→ M1, M4, Internet

M 2 Kampfspiele

Aus einer wissenschaftlichen Darstellung über die mittelalterlichen Ritterturniere:

Die ritterliche Turnierkultur kannte nicht nur ein Kampfspiel: In den mittelalterlichen Quellen wird zwischen Turnei, Buhurt und Tjost unterschieden. Das Turnei war die Simulation des Verbandsgefechts der Panzerreiter und wurde in der Regel zwischen zwei Gruppen ausgetragen. Der Buhurt war dagegen ein Gruppenwettkampf, bei dem es auf reiterisches Geschick ankam. Zur Übung von Paarkämpfen diente der Tjost. Der Begriff Turnier wurde erst seit dem Ausgang des 15. Jahrhunderts allmählich als Oberbegriff üblich. Beim Turnei, dem Turnier im engeren Sinne, simulierte man die Ritterschlacht. Das ging so vor sich: Zwei von Anführern kommandierte Parteien starteten auf ein Signal, meist das Durchschlagen eines Trennseils, fielen vom Trab in den Galopp, gingen in die Carriere (gestreckter Lauf) über, prallten aufeinander, wendeten (tornare!) und wiederholten das Ganze.

Andreas Schlunk/Robert Giersch, Die Ritter. Geschichte – Kultur – Alltagsleben (Begleitbuch zur Ausstellung „Die Ritter“ im Historischen Museum der Pfalz Speyer), Stuttgart: Theiss 2003, S. 68.

M 3 Der Standpunkt der Kirche

Eine zeitgenössische Quelle berichtet (1175):

Graf Konrad, Sohn des Markgrafen Dietrich von der Lausitz, wurde bei einer ritterlichen Übung, gewöhnlich Turnier genannt, am 17. November durch einen Lanzenstoß getötet. Dieses verderbliche Spiel hatte in unseren Gegenden damals eine solche Verbreitung gefunden, dass dabei in einem einzigen Jahr sechzehn Ritter ums Leben gekommen waren. Erzbischof Wichmann sprach deshalb über alle den Kirchenbann aus, die sich an einem Turnier beteiligten. Er hielt sich eben in Österreich auf, als er die Nachricht vom Tode des Grafen Konrad erhielt, und sandte sofort Boten, die dessen kirchliches Begräbnis verhindern sollten. Als dann später der Erzbischof [...] in der Kirche zu Halle eine Synode abhielt, erschienen daselbst der Vater des toten Grafen und seine Brüder [...]; die warfen sich tränenüberströmt mit lautem Wehklagen dem Erzbischof und allen Geistlichen zu Füßen und flehten, man möge den Toten durch die Verweigerung eines christlichen Begräbnisses nicht von der Gemeinschaft der Gläubigen ausschließen.

Zit. n.: Wolfgang Lautemann/Manfred Schlenke (Hg.), Geschichte in Quellen Bd. II: Mittelalter, München: Bayerischer Schulbuch-Verlag 1978 (2. Aufl.), S. 453 f. (Chronicon Montis Sereni, 1175, MG SS XXIII, S. 155).

M 4 Kampf und Sieg im ritterlichen Turnier

Buchmalerei aus der Manesseschen Liederhandschrift, Anfang des 14. Jahrhunderts

Aufgaben

1. **Turniere und die Kritik an ihnen**
   a) Erläutere mithilfe der wissenschaftlichen Darstellung M2 und der Buchmalerei M4 den Ablauf von Turnieren.
   b) Erkläre anhand der wissenschaftlichen Darstellung M2 die unterschiedlichen Turnierarten.
   c) Erläutere die Haltung der Kirche (M3) gegenüber den Turnieren.
   d) Erörtere, ob es heute vergleichbare Ereignisse gibt, die eine ähnliche Kritik hervorrufen.
   → M2 – M4

Ein Aufsteiger

Das Wort „Ritter“ stammt aus dem Germanischen (ridare = reiten) und bezeichnete zunächst einen schwer gerüsteten, berittenen Krieger, also einen bewaffneten Reiter. Der Besitz eines Pferdes und einer teuren Ausrüstung war ein Vorrecht der Adligen. Ritter waren also Adlige.

Die mittelalterliche Ständegesellschaft sah keinen Wechsel zwischen den Ständen vor. Die Geschichte der Ritter zeigt aber, dass es im Mittelalter, vor allem im 12. Jahrhundert, durchaus auch soziale Aufstiege gab. Ein Beispiel hierfür war Markward von Annweiler. Er war ursprünglich unfrei und diente adligen Herren, gehörte aber später zu den einflussreichsten Personen am Hof des Kaisers. Dieser schenkte ihm für die geleisteten Dienste die Freiheit und ernannte ihn zum Herzog von Ravenna und Markgrafen von Ancona in Italien. Schließlich wurde Markward sogar als Stellvertreter des Kaisers zum Regenten des Königreichs Sizilien ernannt.

M 5 **Ritter und Knappe**
Buchmalerei, Anfang 14. Jahrhundert

Der Aufstieg der Ministerialen

Markward von Annweiler war ein Ministeriale, also ein ursprünglich unfreier Dienstmann. Im Laufe des Hochmittelalters gelang zahlreichen Ministerialen ein bemerkenswerter Aufstieg, der sich in folgender Weise vollzog:

Im 11. Jahrhundert begannen sowohl weltliche als auch geistliche Herren, ihre Gebiete gründlicher zu verwalten und mit Burgen besser zu sichern. Hierfür benötigten sie vertrauenswürdige Personen, die Hofämter übernahmen, Burgen verwalteten und auch Kriegsdienst als gepanzerte Reiter leisteten. Vielen Ministerialen gelang es, sich dabei verdient zu machen, was ihnen Grund und Boden als „Lehen“ einbrachte. Nachdem sie die Erblichkeit ihrer Lehen durchgesetzt hatten, sicherten sie ihren Besitz oft durch eigene Burgen. Zusammen mit den früheren adligen Grundherren bildeten die Ministerialen schließlich den Ritterstand.

Ritter werden

Ritter zu werden war im Mittelalter den Männern vorbehalten. Jungen wurden von klein auf zum Ritter ausgebildet. Vom siebten Lebensjahr an wurden sie meist zu Hause als Pagen (frz. = Edelknabe) erzogen. Dabei lernten sie unter anderem reiten und den Kampf mit hölzernen Übungswaffen, aber auch Anstandsregeln, tanzen und musizieren. Lesen und Schreiben spielten hingegen keine Rolle. Ab dem 14. Lebensjahr schickten die Väter ihre Söhne als Knappen (althochdt.: knappo = Knabe) zu anderen Adligen. Hier erlernten die Jugendlichen den Umgang mit Waffen und erhielten eine verfeinerte Erziehung, zu der auch andere Sprachen gehören konnte. Die Heranwachsenden übten die Jagd mit Hunden und Greifvögeln sowie den Zweikampf. Außerdem mussten sie ihren Herrn im Turnier und in der Schlacht begleiten.

Ritterlich sein

Zur ritterlichen Erziehung zählte auch das gesittete Verhalten gegenüber adligen Damen. Hatte sich ein Knappe bewährt, wurde er mit etwa 21 Jahren in die Ritterschaft aufgenommen. Diesen feierlichen Akt nannte man „Schwertleite“, da den Knappen das Schwert umgürtet wurde. Vielen einfachen Ritterfamilien fehlten die Mittel, auch den zweiten oder dritten Sohn standesgemäß auszustatten und zu bewaffnen. Auf die Schwertleite folgte daher oft eine unsichere Zeit, in der junge Ritter auf Reisen gingen, um einen Dienstherrn zu finden oder bei Turnieren Siegespreise zu gewinnen.

Die Schwertleite

M 6 Schwertleite in Quelle und Darstellung

a) Gottfried von Straßburg schreibt in seinem Werk Tristan:

So waren der vornehme Herr von Parmenien und sein ganzes Gefolge gemeinsam zum Münster gekommen, hatten am Gottesdienst teilgenommen und auch den Segen empfangen, der ihnen zustand.
Marke nahm Tristan, seinen Neffen, bei der Hand und legte ihm Schwert und Sporen an. „Sieh, Tristan, mein Neffe", sagte er, „jetzt, da dein Schwert gesegnet ist und du Ritter geworden bist, denke nach über ritterliche Werte und über dich und wer du bist. Deine Abkunft und Würde halte dir vor Augen. Sei bescheiden und aufrichtig, wahrhaftig und wohlerzogen. Sei gütig zu den Elenden und stolz zu den Mächtigen. Pflege und verbessere deine äußere Erscheinung. Ehre und liebe alle Frauen, sei freigiebig und zuverlässig, und arbeite immer daran […]."
Damit reichte er ihm den Schild. Er küsste ihn und sagte: „Neffe, nun gehe hin, und Gott in seiner Macht gebe dir Glück in deiner Ritterschaft! Sei immer höfisch, sei immer guten Muts!" […]
Und dann wurde auch nicht länger gewartet: Zweikämpfe und Reiterspiele gab es, da bin ich sicher.

Rüdiger Krohn (Hg./Übers.), Gottfried von Straßburg: Tristan Bd. 1 (mhdt./nhdt.), Stuttgart: Reclam 2017 (15. Aufl.), S. 307ff. (5012–5055).

b) Der Mittelalterhistoriker Hans-Werner Goetz schreibt in seinem Buch „Leben im Mittelalter":

Der Ritterschlag, die „dubbatio", ein Schlag mit der Hand oder dem Schwert auf den Nacken oder mit der flachen Klinge auf die linke Schulter, den man heute meist mit „Ritterweihe" verbindet, war Endpunkt einer Entwicklung; er ist in Frankreich schon im 12. Jh. bezeugt, wurde in Deutschland aber erst im 14. Jh. üblich. Zunächst stand die Übergabe der Waffen, die Wehrhaftmachung, im Mittelpunkt, die in Form der Schwertleite, des feierlichen Umgürtens mit dem Schwert vollzogen wurde und in eine Folge zeremonieller Handlungen eingebettet war […].
Im 12. Jh. trat zu diesen Handlungen eine kirchliche Schwertsegnung hinzu […]. Im Spätstadium ging der Weihe ein eintägiges Fasten voraus, der künftige Ritter wurde in weiße Gewänder gekleidet, man feierte eine Messe mit Kommunion; danach wurde das Schwert gesegnet, man legte die Ritterrüstung an und nahm den Ritterschlag entgegen. Eine solche Ritterweihe war eine kostspielige Angelegenheit, denn sie war meist mit einem mehrtägigen Fest mit vielen Gästen, teuren Geschenken und Turnieren verbunden. Deshalb legte man gern mehrere Ritterweihen zusammen.

Hans-Werner Goetz, Leben im Mittelalter, München: C. H. Beck 1994 (5. Aufl.), S. 179f.

M 7 Schwertleite
Französische Buchmalerei von 1250

Aufgaben

1. Ritter werden und sein

a) Lege eine Tabelle an, in die du die verschiedenen Lebensabschnitte und entsprechenden Aufgaben eines Jungen bis zur Schwertleite einträgst.

b) Erkläre die Ursachen für das Nichtvorhandensein eines solchen Erziehungsplanes für Mädchen.

c) Lege eine zweite Tabelle an, in die du die verschiedenen Lebensabschnitte und deine eigenen Aufgaben bis zum Erwachsenenalter einträgst. Vergleiche beide Tabellen.

↝ Text auf Seite 64

2. Die Schwertleite in Quelle und Darstellung

a) Erkläre die Begriffe „Schwertleite" und „höfisch sein".

b) Erläutere die bildliche Darstellung einer Schwertleite (M7) mithilfe der Texte (M6).

c) Erörtere, ob es heute noch vergleichbare Feiern für junge Menschen gibt.

↝ M6–M7, Text auf Seite 64

M 1 Nachgestellte Ritterspiele
Mitglied einer Stunt-Truppe bei den Ritterspielen in Kaltenberg (Bayern), Foto, 2005

Ritterfeste und höfische Kultur

Die Burgen der Fürsten waren nicht nur Zentren der Macht, sondern auch Orte, an denen sich in besonderer Weise die „höfische Kultur" entfaltete. Sie zogen Ritter und Menschen, die nach politischem Einfluss strebten, ebenso an wie Spielleute und Dichter. Zu besonderen Ereignissen wie Hochzeiten, Krönungen, Schwertleiten oder Kirchenfesten wurden prachtvolle, oft mehrtägige Feste gefeiert, die den rauen Alltag vergessen ließen. Man legte die besten Gewänder an und empfing seine Gäste mit Pauken und Trompeten. Manchmal ritt man ihnen sogar entgegen. Einen Höhepunkt bildete das musikalisch umrahmte Festessen, bei dem üblicherweise mit den Fingern gegessen wurde. Auch war es normal, dass mehrere Personen aus ein und demselben Becher tranken. Die typische Festspeise war Wild, da Jagd ein Vorrecht des Adels war, bei der die Teilnehmer Mut und Geschicklichkeit unter Beweis stellen konnten. Neben Tanz und Musik zählten auch sportliche Wettkämpfe, Turniere und Waffenübungen zum abwechslungsreichen Unterhaltungsangebot eines höfischen Festes. Oft wurden Zweikämpfe oder Gruppenkämpfe ausgetragen, in denen die Teilnehmer um Ruhm oder Preise rangen. Mit einer großen Abschiedsfeier und einer Beschenkung der Gäste und Spielleute gingen die Feste meist zu Ende. Hier konnte der Gastgeber noch einmal seine Macht, seinen Reichtum und seine Freigebigkeit präsentieren.

Die großen Fürstenhöfe waren auch Zentren eines regen Literaturbetriebs: Im Auftrag freigebiger Fürsten wurde gedichtet, auf Bestellung wurden wertvolle Handschriften angefertigt. Die Texte handelten häufig vom Leben der Ritter, von ihren Abenteuern und von ihrem Streben nach Ruhm, Ehre und Anerkennung innerhalb der höfischen Gesellschaft. Bei Festen und anderen Zusammenkünften wurden Abenteuer- und Liebesgeschichten erzählt, Minnelieder gesungen – Liebeslieder, die von der Liebe zu einer unerreichbaren Frau sprechen – und Sprüche vorgetragen, in denen die Dichter ihre Gönner lobten und tadelten, allgemeine Weltbetrachtungen formulierten oder Stellung zur aktuellen Politik nahmen.

Hermann I. von Thüringen und der „Wartburgkrieg"

Als einer der großzügigsten Förderer höfischer Dichtung gilt Hermann I. von Thüringen (Landgraf von 1190 bis 1217) – Dichter wie Wolfram von Eschenbach oder Walther von der Vogelweide erwähnen ihn in ihren Werken. Hermanns Großzügigkeit zog jedoch auch Gestalten zweifelhaften Charakters an. Nach seinem Tod lebte der Landgraf als Figur der Dichtung weiter: In der Überlieferung zum sogenannten „Wartburgkrieg" – einem Sängerwettkampf, bei dem es darum ging, den besten Fürsten zu preisen – wird Hermann als der größte Gönner aller Zeiten beschrieben. Beweise dafür, dass dieser Wettstreit stattgefunden hat, gibt es allerdings nicht.

M 2 Ein Festbankett
Zeitgenössische Miniatur

Feste und Turniere am Hof Hermanns I. von Thüringen

M 3 Thüringer Hofschelte

Wie turbulent es am Hof Hermanns I. zuging, beklagt der Sänger Walther von der Vogelweide:

Wer an den Ohren krank durch ein Leiden ist, das ist mein Rat, der lasse den Hof von Thüringen links liegen. Denn kommt er dorthin, wahrlich, er wird vollends taub. Ich habe mich ins Gedränge gestürzt, bis ich nicht mehr konnte. Eine Schar zieht hinaus, die andre hinein, Nacht und Tag, ein großes Wunder ist es, dass da jemand noch etwas versteht. Der Landgraf ist so gesinnt, dass er mit stolzen Helden seine Habe vertut, von denen jeder wohl ein Berufsfechter [hier: Kämpfer, oft nieder Herkunft, der gegen Geld für andere kämpfte] sein könnte.

Mir ist seine großzügige Lebensführung wohl bekannt: und kostete ein Fuder [Wagenladung] guten Weins tausend Pfund, stünde da doch nimmer eines Ritters Becher leer.

Walther von der Vogelweide, Werke Band 1: Spruchlyrik (mhd./nhd., hg. u. übers. v. Günther Schweikle), Stuttgart: Reclam 2005, S. 91.

M 4 „Der Sängerkrieg auf der Wartburg“
Fresko auf der Wartburg von Moritz von Schwind, 1855

Aufgaben

1. Höfische Kultur in Thüringen

a) Fasse die Aussagen von Walther von der Vogelweide zum Thüringer Hof (M3) mit eigenen Worten zusammen.

b) Erläutere das Lob und den Tadel von Walther von der Vogelweide.

c) Informiere dich über den „Sängerkrieg auf der Wartburg“ (M4) und fertige ein Kurzreferat darüber an.
Text auf Seite 66, M3, M4, Internet

Das Leben auf einer Burg

Unsere Vorstellung vom Leben der Ritter ist vor allem durch Ritterromane, Filme oder Spiele geprägt: Helden in glänzender Rüstung, hilfsbereit oder hinterlistig, aber immer mutig und tapfer, lebten in mächtigen Burgen. Zusammen mit schönen Burgfräulein hielten sie prachtvolle Feste und ließen zu Friedenszeiten die Waffen in Turnieren klirren. Doch war das Leben auf einer Burg wirklich so aufregend?

M 1 Rekonstruktionszeichnung einer mittelalterlichen Burg

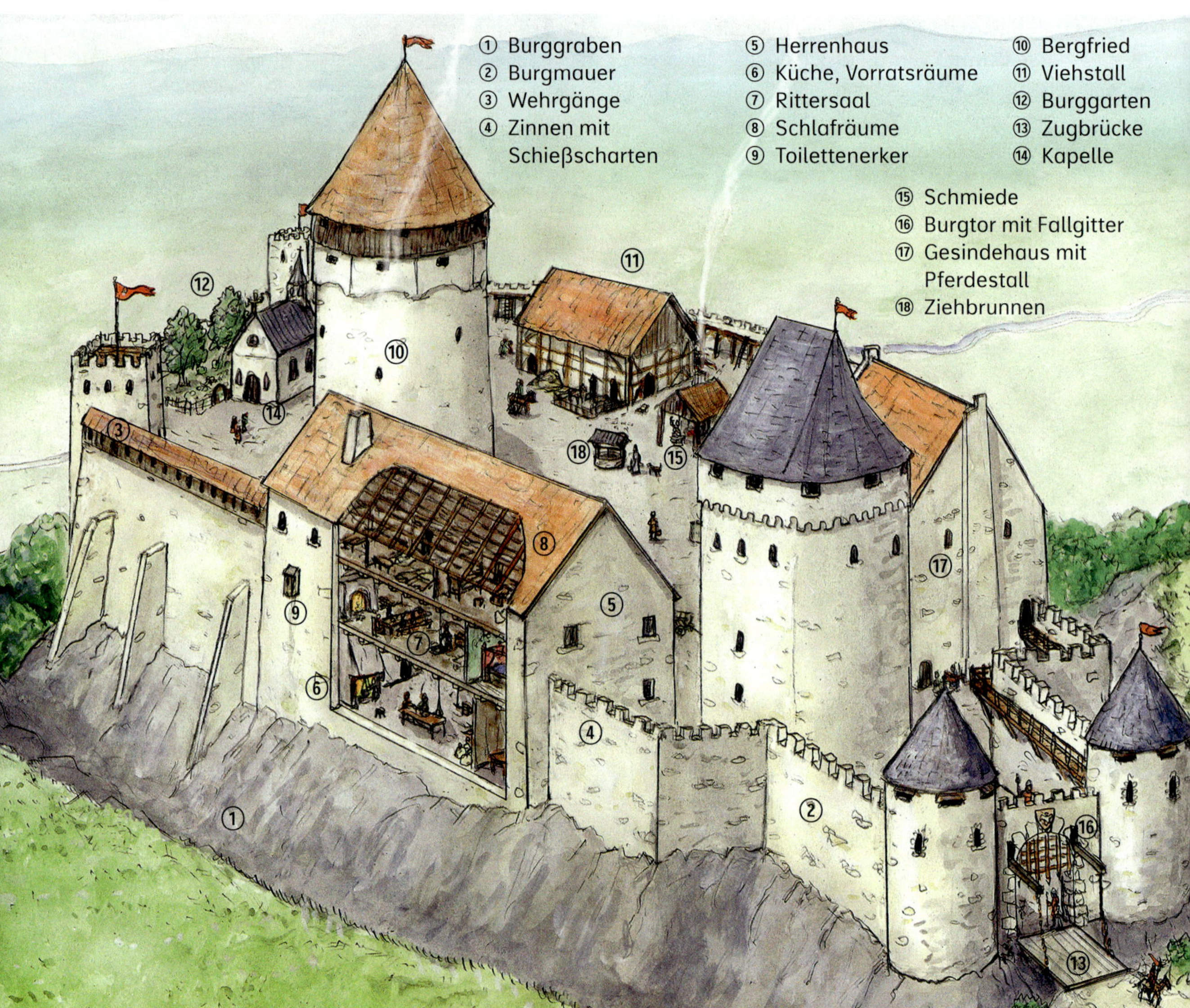

Aufgaben

1. Leben auf der Burg

a) Erkläre die Bedeutung des Wortes „Burg".

b) Erläutere anhand der Rekonstruktionszeichnung M1 die einzelnen Funktionen einer Burg.

c) Beantworte die Ausgangsfrage dieses Kapitels: War das Leben auf einer Burg aufregend? Ziehe dazu den Lehrbuchtext auf Seite 69 heran.

d) Diskutiert die Ursachen für die heutige Beliebtheit von Burgen.

↝ M1, M2, Text auf Seite 69

Die Burg als Mittelpunkt des ritterlichen Lebens

Hauptaufgabe einer Burg war – wie schon der Name sagt – das „Bergen“ im Sinne von „schützen“. Die Burg bot der in der Nähe lebenden Bevölkerung bei einem Angriff Zuflucht. Zu diesem Schutz war der Burgherr als Grundherr gegenüber seinen hörigen Bauern verpflichtet. Die Burg war aber auch als Wirtschaftszentrum wichtig. Heute wissen wir durch archäologische Funde, dass auf Burgen auch Handwerker lebten, deren Produkte die Dorfbevölkerung kaufen konnte. Zudem boten Burgen fahrenden Händlern die Möglichkeit zum Verkauf ihrer Waren.

Darüber hinaus war eine Burg vor allem Herrschaftsmittelpunkt: Hier lebte der Burgherr mit seiner Familie, hier zog er die Abgaben seiner Bauern ein und hier sprach er über sie Recht. Die Burgen lagen entweder auf Anhöhen, von denen aus man einen guten Überblick über die Umgebung hatte (Höhenburgen), oder innerhalb eines mächtigen Wassergrabens im Flachland (Wasserburgen). Je nach Macht und Reichtum des Burgherrn unterschieden sich Burgen in Größe und Ausstattung. Zudem wandelte sich ihr Aussehen im Verlaufe des Mittelalters ganz erheblich.

Wohnen auf der Burg

Herzstück jeder Burg war der Bergfried. Er diente nicht nur als Wachturm, sondern bildete im Fall eines Angriffs auch die letzte Zuflucht für die Belagerten.

Die Wohnräume einer Burg waren häufig dunkel, weil die Fenster zur besseren Verteidigung oft nur aus Schlitzen bestanden. Im Winter und bei schlechtem Wetter wurden diese Öffnungen mit Holzläden verschlossen. Als Lichtquellen dienten Fackeln, die allerdings stark rußten – erst als im Spätmittelalter die Herstellung von Glasscheiben Fortschritte machte, besserte sich die Beleuchtung der Räume.

Im inneren Hof stand das Hauptgebäude der Burg, der Palas (spätlat.: palatium = kaiserlicher Hof), in dem die Familie des Burgherrn wohnte. Im ersten Stock lag meist ein großer Festsaal, zu dem oft eine breite Freitreppe hinaufführte. In großen Burganlagen war dieser Bau mit Wappen, Säulen und Figuren geschmückt. Beheizt waren nur die Kemenaten (lat.: caminata = beheizter Raum) des Burgherrn und seiner Familie. Als Heizung diente lange Zeit ein offener Kamin, bevor sich ab dem 12. Jahrhundert Kachelöfen verbreiteten. Große Wandteppiche dienten nicht nur als Schmuck, sondern auch als Kälteschutz. Die Zimmerböden wurden oft mit Laub und Moos bestreut, um weicher darauf zu gehen und die Kälte zu dämmen. Himmelbetten sollten vor herabfallendem Ungeziefer schützen und durch Vorhänge zugleich die Wärme halten.

Wasser war ein kostbares Gut: Brauchwasser schöpften die Burgbewohner aus dem Brunnen oder holten es aus einer Zisterne, in der Regenwasser gesammelt wurde. Man wusch sich eher unregelmäßig; ein richtiges Bad war den Adligen vorbehalten. Wurde Wasser aus der Zisterne als Trinkwasser verwendet, so ließ man es zuvor durch eine Kiesschicht als Filter rinnen. Häufig blieb der Geschmack aber schlecht, sodass man Wein und Gewürze beimischte.

M 2 Die Wartburg bei Eisenach

Die Wartburg wurde 1080 erstmals urkundlich erwähnt und in der Folgezeit ausgebaut und erweitert.

Der Palas (Wohn- und Festsaal) entstand um 1170. Die Wartburg diente den Landgrafen von Thüringen zur Sicherung ihres Territoriums im Westen. 1211 kam die ungarische Königstochter Elisabeth auf die Burg, 1521/22 übersetzte Martin Luther hier das Neue Testament.

Info

Burgen heute

Im Laufe der Jahrhunderte sind viele Burgen verfallen, sodass heute oft nur noch Ruinen übrig sind. Allerdings wurden zahlreiche Burgen im 19. Jahrhundert auch wieder auf- und sogar neu gebaut, weil man zu dieser Zeit vom Mittelalter fasziniert war. Unser alltägliches Bild vom Leben auf einer Burg ist in großem Maße durch diese Rekonstruktionen und durch Vorstellungen geprägt, die mit dem tatsächlichen Leben in mittelalterlichen Wehranlagen wenig zu tun haben. Dennoch können uns die heutigen Burgen wichtige Anhaltspunkte geben, wie das Leben im Mittelalter wirklich war.

Elisabeth von Thüringen: Fürsorge für die Armen

M 1 Eine Briefmarke
Zum 800. Geburtstag, 2007

Es gab im Mittelalter einige Frauen, die durch ihre besondere Lebensführung berühmt und einflussreich wurden. Zu ihnen zählt die ungarische Königstochter Elisabeth (1207–1231), Frau des Landgrafen Ludwig IV. von Thüringen (1200–1227), die sich, für eine Hochadlige völlig untypisch, einem Leben in Armut verschrieben hatte.

Im Alter von nur vier Jahren kam Elisabeth an den Thüringer Hof, wo sie gemeinsam mit ihrem späteren Mann Ludwig erzogen wurde. Mit 14 Jahren heiraten die beiden. Befremdet vom luxuriösen Leben auf der Wartburg, wandte sich Elisabeth bald den religiösen Armutsbewegungen ihrer Zeit zu. Besonders die ersten Franziskaner, die 1225 nach Eisenach kamen, übten großen Einfluss auf Elisabeth aus. Elisabeth nutzte ihre Position als Landesgräfin, um die Not der Bevölkerung zu lindern. Ihr Mann unterstützte sie dabei; dessen Familie betrachtete ihr Wirken jedoch mit großer Skepsis. Als Elisabeth einmal in Ludwigs Abwesenheit bei einer großen Hungersnot weitreichende Hilfsmaßnahmen traf, wurde sie dafür stark kritisiert.

Nach dem frühen Tod ihres Mannes musste Elisabeth die Wartburg verlassen. Sie ging mit ihren drei Kindern nach Marburg, wo ihr einflussreicher Beichtvater Konrad von Marburg lebte. Hier gründete sie mit den ihr noch zur Verfügung stehenden Mitteln ein Hospital. Tief bewegt von der Idee, ganz dem Vorbild Christi zu folgen, widmete sich Elisabeth während der letzten drei Jahre ihres Lebens ausschließlich der Pflege von Kranken und Aussätzigen. Sie verteilte ihr gesamtes Vermögen an Bedürftige und verrichtete bewusst niedere Arbeiten. Völlig verarmt starb sie nach kurzer Krankheit im Alter von nur 24 Jahren. Schon vier Jahre nach ihrem Tod wurde Elisabeth von Thüringen heiliggesprochen. Ihr Grab entwickelte sich rasch zur bedeutenden Wallfahrtsstätte und ihr Wirken wurde vielfach über Jahrhunderte auf Bildern und in Plastiken dargestellt

Hinweis

Internetadressen zu Elisabeth von Thüringen

https://www.katholisch.de/artikel/61-rosen-im-korb

https://www.ekkw.de/elisabethjahr/downloads/elisabeth_zeittafel.pdf

https://romanik-strasse-erleben.de/leben-und-wirken-der-elisabeth-von-thueringen

M 2 Holzfigur der Heiligen Elisabeth von etwa 1470
in der Elisabethkirche in Marburg

M 3 Die Heilige Elisabeth speist Arme
Miniatur (Ausschnitt) von Nikolaus Glockendon, um 1529/30

Aufgaben

1. **Elisabeth von Thüringen**
   Recherchiere weitere Informationen über Elisabeth von Thüringen und fertige eine Präsentation über ihr Leben und ihr Nachwirken an. Verwende dafür die o.a. Links.
   ↝ M1–M4, Internet

Woher wissen wir etwas über das Mittelalter?

Medienbildung 

Wenn Detektive einen Fall untersuchen, folgen sie verschiedenen Spuren, wie zum Beispiel Fingerabdrücken. Auf diese Weise versuchen sie, sich ein Bild von den Ereignissen zu machen. Ähnlich arbeiten auch Historiker und Historikerinnen, die etwas über das Mittelalter herausfinden möchten. Sie sind auf die Spuren aus dieser Zeit angewiesen. In der Fachsprache heißen sie Quellen. Im Unterschied zu den Detektiven können Mittelalterhistoriker und -historikerinnen aber keine lebenden Personen mehr befragen. Außerdem liegen ihnen für die etwa tausend Jahre der Epoche ganz unterschiedliche Spuren vor. Wichtig ist die Unterscheidung zwischen schriftlichen Quellen, also Texten, und nicht-schriftlichen Quellen wie Bildern oder Gegenständen. Die verschiedenen Quellenarten verlangen jeweils eine eigene Art der Bearbeitung. Archäologen und Archäologinnen führen Ausgrabungen durch und werten Gegenstände oder Skelettreste aus. Dabei benutzen sie auch moderne naturwissenschaftliche Methoden. Historiker und Historikerinnen hingegen beschäftigen sich hauptsächlich mit schriftlichen Quellen.

War das Mittelalter eine „finstere Zeit"? („Dark Ages")

Die Bezeichnung „Dark Ages" für die Jahrhunderte des frühen Mittelalters meint nicht, dass diese Epoche besonders finster oder brutal gewesen wäre. Sie bezieht sich vielmehr auf den Mangel an schriftlichen Quellen. Da in dieser Zeit nur wenig aufgeschrieben wurde, können wir uns heute kein genaues Bild von den Lebensumständen der Menschen machen. Vieles liegt im Dunkeln.

Besonders für die Phase des Übergangs von der Spätantike zum frühen Mittelalter (ca. 300 bis 600 n. Chr.) sind wir auf die Erkenntnisse der Archäologie angewiesen. Durch die Ausgrabung und Dokumentation von Gräbern lassen sich wertvolle Informationen gewinnen. Grabbeigaben wie Perlen, Gewandnadeln oder Gürtelschnallen lassen Rückschlüsse auf die Stellung und den Reichtum der Verstorbenen zu. Bestattungsriten zeigen, wie sich die Menschen das Leben nach dem Tod vorstellten. Zugleich erfährt man so etwas über die Ausbreitung des Christentums.

Manche Entdeckungen stellen uns aber auch vor Rätsel, wie z. B. das geheimnisvolle Doppelgrab unter dem Frankfurter Dom. Hier wurden im frühen 8. Jahrhundert zwei adlige Kleinkinder beerdigt: ein 4- bis 5-jähriges Mädchen nach christlichem Brauch und ein weiteres Kind nach altgermanischer Sitte. Es wurde bei der Bestattung in ein Bärenfell gewickelt und verbrannt. Aus der Zeit Karls des Großen (um 800 n. Chr.) liegen uns mehr schriftliche Quellen vor.

Wer konnte im Mittelalter lesen und schreiben?

Die meisten Menschen konnten das nicht. Selbst ein König oder Kaiser musste nicht unbedingt über diese Fertigkeiten verfügen. Er durfte ungebildet sein. Die Zeitgenossen nannten ihn einen „gekrönten Esel".

Geschrieben wurde vor allem in den Klöstern. Texte, die aus dieser Zeit erhalten sind, stammen deshalb überwiegend aus der Feder von Mönchen oder Nonnen. Einige von ihnen verfassten Erzählungen über ihre Zeit. Dabei war ihnen besonders die Geschichte und der Ruhm ihres eigenen Klosters wichtig. Auch die Erinnerung an Adlige oder Herrscher, die als Gründer und Förderer von Klöstern auftraten, wurde hier bewahrt. Wir können aber nicht sicher sein, dass die geschil-

M 1 Fränkischer Grabstein mit Christusfigur, die Rückseite zeigt ein heidnisches Symbol.

M 2 Die Dichterin Christine de Pizan (1365–1430) in ihrem Studierzimmer

Die in Venedig geborene Christine de Pizan gilt als erfolgreichste Schriftstellerin des Mittelalters. In ihrem „Buch von der Stadt der Frauen" entwirft sie die Utopie von einer Welt, in der Frauen Männern gleichgestellt sind. Ihr Vater Tomaso di Pizzano, Astronom und Mediziner, der 1368 als Hofastronom nach Paris gerufen wurde, förderte die Neigung seiner ältesten Tochter zu Literatur und Wissenschaft und vermittelte ihr eine für Mädchen ungewöhnlich breite Bildung, französische Buchmalerei, um 1411/12.

M 3 Bibliothek des Klosters Strahov in Prag

In Klosterbibliotheken findet sich so mancher Schatz. Dieses Kloster wurde um 1140 gegründet, die Gestaltung der Bibliothek erfolgte aber erst im 17. Jahrhundert.

derten Ereignisse tatsächlich so stattgefunden haben. Man muss davon ausgehen, dass hier und da ein wenig geschwindelt wurde, um die Geschichte des Klosters in ein gutes Licht zu rücken. Außerdem schrieben manche Autoren und Autorinnen erst in einem großen zeitlichen Abstand zu den Ereignissen. Gut möglich, dass dabei einiges vergessen wurde oder sich die Verfasser falsch erinnerten. Trotzdem können wir aus diesen Quellen einiges lernen. Nicht zuletzt zeigen sie, welche Bedeutung der christliche Glaube für das Denken der Menschen hatte.

Unser Wissen über das Mittelalter stammt zu einem großen Teil aus den klösterlichen Chroniken und Lebensbeschreibungen (Viten genannt, Einzahl: Vita). Daneben hielten die Mönche und Nonnen auch wichtige Ereignisse eines Jahres fest, zuerst in Form von Notizen, später ausführlicher. Diese Aufzeichnungen heißen Annalen (Jahrbücher).

Schon im Frühmittelalter gehörte zu jedem größeren Kloster eine Bibliothek. Dadurch sind religiöse, philosophische und literarische Texte über die Jahrhunderte hinweg erhalten geblieben. Ohne die Sammlertätigkeit der Mönche und Nonnen wüssten wir viel weniger über das Mittelalter. Auch kostbare Schriften aus der Antike wären dann verloren gegangen.

Gebildete Menschen schrieben damals für gewöhnlich in lateinischer Sprache. Heute müssen wir diese Texte erst übersetzen. Mühsam kann es auch sein, die Buchstaben aus dieser Zeit zu entziffern. Die Paläografie (Lehre von den Schriften) hilft dabei.

Woher wissen wir etwas über Könige und Kaiser?

Mittelalterliche Geschichtsschreiber entstammten meist einem klösterlichen Umfeld. In ihren Erzählungen spielten Wunderberichte (Miracula) oder die Lebensbeschreibung von Heiligen (Viten) eine große Rolle. Außerdem hielten die Geistlichen einiges über die Taten von höhergestellten Personen fest. Deshalb sind wir über Adlige, Könige oder Kaiser besser informiert als über die Lebensumstände der einfachen Bevölkerung.

Hinzu kommen die Urkunden. Eine Urkunde fixierte Beschlüsse, die rechtlich wichtig waren. Dabei konnte es z. B. um die Übertragung oder den Entzug von Besitz gehen. Der König belohnte Fürsten für treue Dienste oder schlichtete Streit

M 4 Mittelalterliche Urkunde (Ausschnitt)

mit den Siegeln von Lübeck, Wismar, Rostock, Stralsund, Greifswald, Stettin, Kolberg und Anklam. Mit dieser Urkunde besiegelten die acht Hansestädte 1361 ihr Bündnis gegen den dänischen König und die Seeräuber.

zwischen den Adligen. So erfahren wir etwas über die Konflikte, Freundschaften und Besitzverhältnisse der Zeit: Wer nahm Einfluss auf den Herrscher? Wer vermittelte bei Streitigkeiten? Mit welchen Fürsten gab es Probleme?

Angefertigt wurden Urkunden nicht vom Herrscher selbst, sondern von gebildeten Personen in seinem Umkreis. Bestimmte Zeichen (z. B. Siegel, Monogramme) sollten die Echtheit des Dokuments garantieren. Trotzdem kamen Fälschungen vor. Eine Aufgabe der Diplomatik (Lehre von den Urkunden) ist es heute, echte von gefälschten Urkunden zu unterscheiden. Das fiel schon im Mittelalter nicht leicht.

Könige und Kaiser herrschten für gewöhnlich „aus dem Sattel". Sie hatten keinen festen Stammsitz in einer Burg oder Stadt, sondern waren immer unterwegs. Mithilfe von Datums- und Ortsangaben in Urkunden werden Reisewege und Aufenthaltsorte mittelalterlicher Herrscher ermittelt.

Auf Siegeln sind Bilder von Königen oder Kaisern überliefert. Sie zeigen uns aber nicht, wie die Person in Wirklichkeit aussah, ob sie etwa besonders hübsch oder hässlich war. Seit Otto I. (936 bis 973 n. Chr.) stellen die Siegel den Herrscher zusammen mit Krone, Zepter und Reichsapfel dar. Dadurch betonen sie seine vornehme Stellung.

Warum wissen wir über das späte Mittelalter mehr?

Im späten Mittelalter (ca. 1250 bis 1500 n. Chr.) wurde mehr aufgeschrieben als in den Jahrhunderten zuvor. Das lag vor allem an der wachsenden Bedeutung der Städte. Die Menschen lebten auf engerem Raum, sie trieben Handel, führten ein Gewerbe, stritten und versöhnten sich. Daraus ergab sich bald die Notwendigkeit von Verordnungen, Rechnungsbüchern und weiterem Verwaltungsschriftgut. Auch städtische Chroniken wurden erstellt.

Auf dem Land war dem Grundherren, etwa einem Adeligen oder einem Kloster, verstärkt daran gelegen, sich einen Überblick über seinen Besitz und sein Einkommen zu verschaffen. In diesem Zusammenhang wurden Verzeichnisse (Urbare) angelegt. Wegen dieser zunehmenden Schriftlichkeit können wir uns für die Zeit des Spätmittelalters ein genaueres Bild vom Alltagsleben der Menschen machen.

Ist das Mittelalter überall?

Durch Kriege, Brände oder Überschwemmungen wurden im Lauf der Jahrhunderte viele Spuren aus dem Mittelalter zerstört. Trotzdem schrieb der Historiker Horst Fuhrmann einmal, das Mittelalter sei überall. Tatsächlich gibt es heute noch einiges aus dieser Zeit zu entdecken, z. B. in alten Städten, Kirchen, Klöstern und Burgen.

So wie Detektive nicht alle Fälle klären können, bleiben auch für Historiker und Historikerinnen manche Fragen offen. Die Quellen geben ihnen nicht auf alles eine Antwort. Oft können sie nur versuchen, sich der vergangenen Zeit anzunähern.

Medienbildung 

M 5 Das Alte Rathaus in Bamberg

Der Legende nach wollte der Bischof von Bamberg den Bürgern für die Errichtung eines Rathauses nichts von seinem Grund und Boden abgeben. Daraufhin schlugen die Bürger Pfähle in den Fluss Regnitz und schufen somit eine künstliche Insel, auf der sie ihr Rathaus bauten.
Aktuelles Foto

Aufgaben

1. **Woher wissen wir etwas über das Mittelalter? – Medienbildung**
   a) Erläutere die Schwierigkeiten, vor denen Historiker oder Historikerinnen stehen, die sich mit dem Mittelalter beschäftigen.
   b) Nenne einige typische Formen von schriftlichen Quellen aus dem Mittelalter und erläutere ihren Quellenwert.
   c) Erörtere den Grad der Verlässlichkeit unseres Wissens über das Mittelalter. Berücksichtige dabei die verschiedenen Phasen des Mittelalters.
   d) Zusatzaufgabe: Recherchiere weitere Informationen über Christine de Pizan (M2) und fertige eine tabellarische Kurzbiografie an.
   → Text auf den Seiten 71–73, Internet

Unsere Städte – Ein Erbe aus dem Mittelalter

Viele Städte in Deutschland wie Koblenz, Mainz, Lübeck oder Nürnberg sind mittelalterlich geprägt. Dies ist mehr oder weniger deutlich erkennbar. Wir gehen auf Spurensuche.

M 1 Ansicht der Stadt Nürnberg von Süden
Holzschnitt von Michael Wolgemut aus der Schedelschen Weltchronik 1493

Aufgaben

1. Spurensuche in Nürnberg

a) Beschreibe die mittelalterliche Ansicht der Stadt Nürnberg (M1). Benenne auffallende Merkmale und erschließe die Besonderheiten einer Stadt.

b) Vergleiche den Altstadtplan M2 mit dem Holzschnitt M1. Nenne historische Gebäude, die noch in der heutigen Altstadt zu finden sind.

c) Erstelle mithilfe des aktuellen Stadtplans M2 eine Liste, in der du die wichtigsten Gebäude einer mittelalterlichen Stadt notierst und daneben die Funktion schreibst.

d) Nenne die Teile des mittelalterlichen Nürnbergs, die heute noch von Bedeutung sind.
→ M1, M2

2. Einen Lehrbuchtext in eine Grafik umwandeln

Erstelle ein Schaubild zum Thema „Die mittelalterliche Stadt – Gründung und Funktionen“. Nutze hierfür die Informationen des Lehrbuchtextes auf den Seiten 75–77 und die Hinweise im Trainingskasten auf Seite 77.
→ Text auf Seite 75–77, Trainingskasten Seite 77

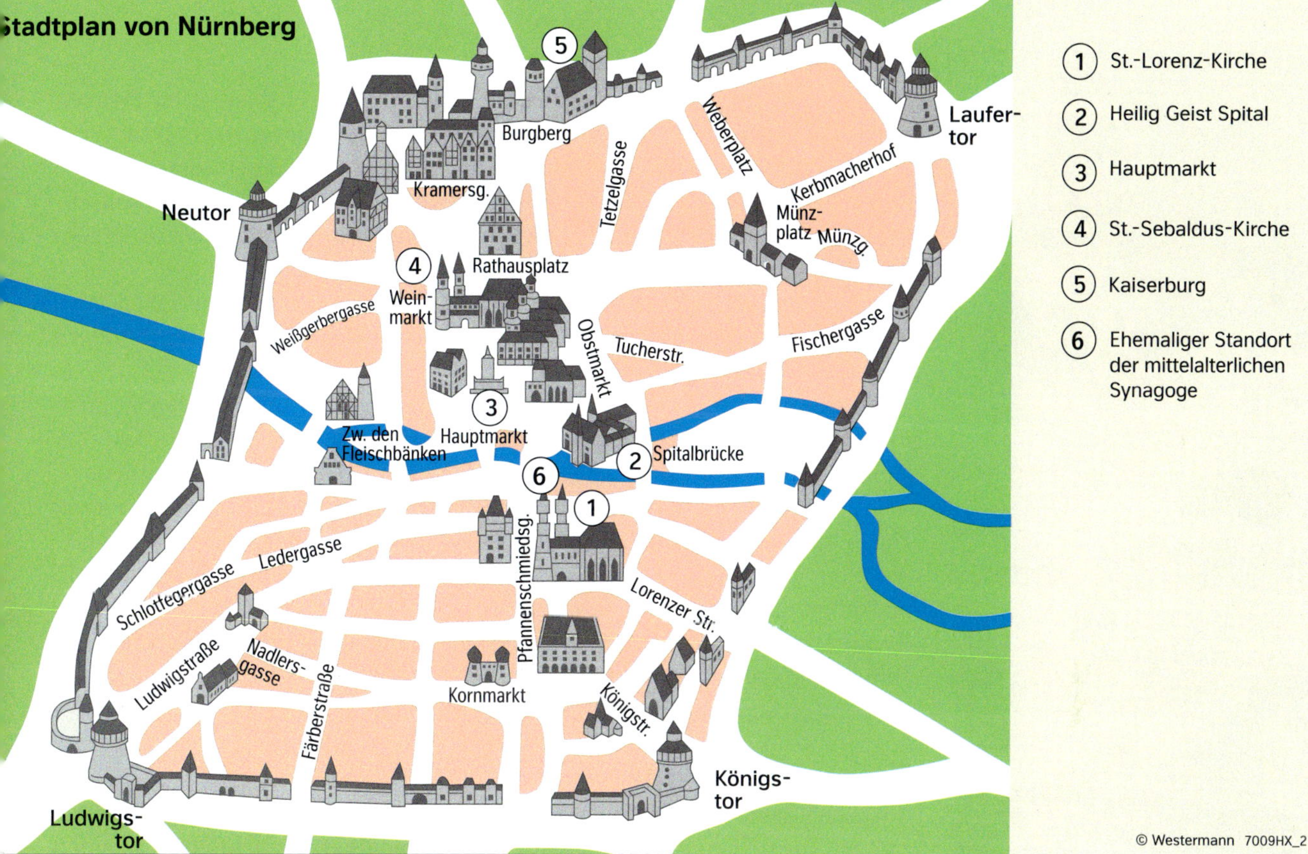

2 Aktueller Plan der Altstadt von Nürnberg

Die Funktionen mittelalterlicher Städte

Städte waren damals – genauso wie heute – vor allem Wohnorte. Die mittelalterlichen Häuser sind meist deswegen so groß, weil hier nicht nur die engere Familie selbst wohnte, sondern auch viele Familienangehörige und Bedienstete. Im Erdgeschoss dieser Häuser fand sich meist die Werkstatt und oft auch das Ladengeschäft.

Große Kirchen prägen bis heute viele deutsche Innenstädte. Sie weisen darauf hin, dass jede Stadt auch ein religiöses Zentrum war. Oft wurden hier nicht nur die regelmäßigen Gottesdienste gefeiert; wenn ein berühmter Heiliger in dieser Kirche begraben war, zog sein Grab auch Wallfahrer aus anderen Orten an. Diese mussten nun versorgt werden und auch eine Unterkunft finden, erwarben oft auch Waren und trugen somit zum Reichtum der Stadt bei.

Jede mittelalterliche Stadt war zugleich ein Ort des Warenaustausches, daher hat jede von ihnen einen Marktplatz. Dieser war nicht nur räumlich das Zentrum der Stadt – hier fand auch das öffentliche Leben statt. In unmittelbarer Nähe des Marktplatzes findet sich meist das Rathaus. Diesem kam eine wichtige Aufgabe zu, denn im Laufe des Hochmittelalters setzten die Städte ihre eigene Gerichtsbarkeit und Selbstverwaltung durch. Viele Städte bekamen darüber hinaus sogar das Recht, aus Edelmetall ihre eigenen Münzen zu prägen. Die Stadtmauer schließlich sollte die Bewohner und das städtische Leben schützen. Mauer, Wall und Graben machten die Stadt nicht nur zu einer Festung; sie bezeichneten auch den Bereich eines besonderen Stadtrechts.

M 3 **Schaubild: Die Entstehung von Städten**

Die Entstehung von Städten

Nicht alle Städte sind im Mittelalter entstanden. Zudem haben sie ihr Erscheinungsbild in den folgenden Jahrhunderten mehr oder weniger stark verändert.

Die städtische Kultur und Lebensweise hielt mit den Römern Einzug in den römischen Provinzen. Dementsprechend finden sich die ältesten Städte Deutschlands im Süden und Westen. Neben Köln, Trier oder Mainz gehören dazu in Bayern etwa Augsburg und Regensburg.

Nach dem Abzug der Römer aus Deutschland war die städtische Lebensform zunächst zurückgegangen, aber ab dem Hochmittelalter (11.–13. Jahrhundert) kamen viele neue Städte hinzu.

Die Bevölkerung der alten Römerstädte wuchs wieder, insbesondere wenn in ihnen ein Bischof seinen Sitz hatte (z. B. Köln oder Trier). Neugegründete Bistümer kamen hinzu (z. B. Münster, Paderborn, Magdeburg, Würzburg oder Bamberg).

Aber auch an verkehrstechnisch günstig gelegenen Stellen oder im Schatten von Burgen entstanden neue Städte. In Friedenszeiten benötigten die Burgbewohner zahlreiche Waren. Diese reichten von Nahrungsmitteln über Kleidung bis hin zu Waffen und Rüstungen. In der direkten Umgebung von Burgen entstanden Handwerksbetriebe und Märkte, welche die Versorgung des Burgherrn mit seiner Familie und Gefolgschaft übernahmen. In Kriegszeiten suchten die Bewohner der Siedlung oft den Schutz der Burg.

Eine neue Lebensweise

Mit den Städten entstand im Mittelalter eine neue Lebensweise, die weit in die Zukunft wies. Denn die Bürger einer Stadt waren frei, also nicht mehr an einen Grundherrn gebunden. Auch ein Grundhöriger, der es schaffte, ein Jahr in der Stadt zu leben, erhielt diese persönliche Freiheit. Daran erinnert der Satz: Stadtluft macht frei. Dieser Rechtsgrundsatz galt seit etwa dem 11. Jahrhundert in Gründungsstädten, die von einem mächtigen Herrn planmäßig angelegt wurden und Bürger durch die Zusicherung eines freiheitlichen Rechtsstandes gewinnen mussten. Aber auch das Recht, viele Angelegenheiten selbst zu verwalten, gab es so ausgeprägt nur in der Stadt. Die heutige Verwaltung einer Stadt mit Bürgermeister und Stadträten hat ihren Ursprung im Mittelalter. Auch das wirtschaftliche Leben einer Stadt, insbesondere der Handel und das Handwerk, waren in dieser Form etwas Neues. Schließlich waren Städte kulturelle und religiöse Zentren.

Vom Markt zur Stadt

Was aber machte es interessant, möglichst viele Städte und Märkte im eigenen Gebiet zu haben? Durch Zölle, Steuern und Standgelder hatten die Herren der Stadt an dem steigenden Wohlstand anteil.

Allerdings mussten die Marktherren auch die Voraussetzungen dafür schaffen, dass die Märkte in ihrem Land gediehen. Vor allem mussten sie eine gewisse Rechtssicherheit der Händler gewährleisten, damit diese ihre oft wertvollen Waren auch auf den eigenen Märkten anboten. Sie mussten für eine sichere An- und Weiterreise sorgen und an den Markttagen ein Marktgericht einrichten, bei dem Streitereien geschlichtet wurden, oder auch die Beachtung der festgelegten Maße und Gewichte kontrollieren. Zur Sicherung des Marktes, aber auch der Bewohner und Güter entstanden Befestigungsanlagen, die sich im Lauf der Zeit zu immer größeren und breiteren Stadtmauern entwickelten. Aus der Sicht des Stadtherrn waren Städte also nicht zuletzt auch Festungen: Ein Gebiet mit vielen befestigten

M 4 Bürger auf dem Markt
Altarbild (Ausschnitt) in der Pfarrkirche in Rothenburg ob der Tauber, um 1466

Orten war schwer zu erobern. Eine Stadt mit einer starken Stadtmauer konnte manchmal das gesamte Mittelalter über nicht eingenommen werden.

Oft kamen weitere Rechte durch den Stadtherrn hinzu: Neben das Zollrecht trat etwa die Verpflichtung durchreisender Händler, ihre Waren auf dem Markt der Stadt anzubieten (Stapelrecht, z. B. 1259 in Köln). Stadtherr konnte ein Bischof, ein Adliger oder auch ein Kloster sein. Eine Sonderstellung hatten die Reichsstädte, die den König als Stadtherrn hatten.

Städtische Selbstverwaltung

Die wichtigsten Privilegien der mittelalterlichen Stadt, wie Münz-, Markt-, Zoll- und Befestigungsrecht, wurden von den Bürgern erkämpft und verteidigt. Meist hatte das überwiegend aus Fernhändlern bestehende Patriziat seine Stellung zur alleinigen Besetzung des dafür zuständigen Rats gesichert. Die in Zünften organisierten Handwerker, die zusammen mit städtischen Beamten und Ackerbürgern die Masse der Stadtbevölkerung bildeten, blieben bis zum 14. Jahrhundert in der Mehrheit der Städte von der Regierung ausgeschlossen. Dies führte zu Unruhen, die meist durch Kompromisse, etwa die Beteiligung der Zünfte am Rat, beigelegt wurden.

Training

Einen Lehrbuchtext in eine Grafik umwandeln

Lehrbuchtexte erklären und erläutern historische Sachverhalte. Sie stellen historische Entwicklungen auf eine zusammenhängende Weise dar. Um mit ihnen möglichst gut arbeiten zu können, zum Beispiel zur Vorbereitung auf einen Test oder zur Wiederholung, empfiehlt es sich, die wichtigsten Informationen des Textes in ein anschauliches Format zu bringen, z. B. in ein Schaubild, eine Tabelle, eine Mind Map oder ein Flussdiagramm.

Gehe in folgenden Arbeitsschritten vor:

1. Einen Lehrbuchtext auswählen und sich für eine grafische Darstellung entscheiden

a) Wähle ein geeignetes Thema für eine grafische Darstellung aus.

b) Entscheide dich für die geeignete Form deiner grafischen Darstellung. Beachte dabei, dass sich nicht jede Form (Mind Map, Concept Map, Tabelle, Flussdiagramm) gleichermaßen für jedes historische Thema eignet.

2. Die grafische Darstellung erstellen

a) Schreibe die wichtigsten Informationen aus dem Text heraus und ordne sie den Elementen deiner grafischen Darstellung zu.

b) Verbinde zusammenhängende Bereiche in Concept Maps, Mind Maps oder Flussdiagrammen mit entsprechenden Verbindungspfeilen und beschrifte diese.

c) Überprüfe deine grafische Darstellung noch einmal anhand des Lehrbuchtextes.

WES-115640-201
Hörszene zur Stadt im Mittelalter

Menschen in einer mittelalterlichen Stadt

Das Bild zeigt das Leben auf dem Rathausplatz in Augsburg. Es sind wichtige Gebäude zu erkennen und eine Vielzahl von Menschen. Bei genauerer Betrachtung sieht man die Unterschiede zwischen den Personen. Daran zeigt sich, dass verschiedene soziale Gruppen in einer Stadt zusammenlebten. Welche waren das?

M 1 Augsburg um 1530

Das Bild gehört zu den vier sogenannten „Augsburger Monatsbildern". Jedes der Bilder thematisiert für drei jeweils angegebene Monate Alltagsgeschehnisse, Sitten und Gebräuche in der Stadt und im Umland von Augsburg. Entstanden sind die Bilder nach Vorlagen von Jörg Breu in der ersten Hälfte des 16. Jahrhunderts.

Aufgaben

1. Die Stadtgesellschaft

a) Beschreibe die auf dem Bild M1 dargestellten Tätigkeiten und sortiere diese nach Gruppen.

b) Ordne die dargestellten Personen gesellschaftlichen Gruppen zu und begründe deine Zuordnung.

c) Benenne die Gruppen, die der Künstler deiner Meinung nach nicht berücksichtigt hat. Ziehe dazu den Lehrbuchtext heran.

M1, Text auf Seite 79 – 80

Städte wachsen durch Zuwanderung

Natürlich wurden auch in mittelalterlichen Städten Kinder geboren und die Bevölkerung wuchs. Viele der Einwohner stammten aber gerade am Anfang aus dem ländlichen Umland. Für viele der hörigen Bauern war die Flucht in die seit dem 11. Jahrhundert vermehrt entstehenden Städte die einzige Möglichkeit, der Leibeigenschaft zu entkommen. Waren sie erst einmal im Gewühl der Städte untergetaucht, waren sie meist für ihren Grundherrn nicht mehr auffindbar. An vielen Orten entstand der Rechtsgrundsatz, dass der ehemals hörige Bauer nach „Jahr und Tag“ (so lautete die gängigste Formel für die Zeitspanne eines Jahres) nicht mehr von seinem Grundherrn zurückgefordert werden konnte. Aber diese rechtliche Verbesserung, der Gewinn der persönlichen Freiheit und das Ende der Frondienste, war nur der Beginn. Der Weg zum vollen Bürgerrecht war noch lang. Zunächst mussten sich die Neuankömmlinge meist als Knechte, Mägde oder Tagelöhner verdingen. Vielleicht gelang der Erwerb von Besitz erst in einer späteren Generation.

M 2 Handwerkerfamilie
Buchmalerei von Jean Bourdichon (1457–1521)

Die Bevölkerung mittelalterlicher Städte

Je mehr der Handel einer Stadt aufblühte, desto mehr Menschen aus dem Umland zogen zu. Die Bevölkerung der Städte wuchs so nicht nur, sondern musste auch versorgt werden. Mit dem Wohlstand wuchsen im Verlauf des späteren Mittelalters auch die Ansprüche. Dadurch entstanden neue Berufe, und ganz neue Handelszweige bildeten sich aus. So entstand auch ungeachtet der persönlichen Freiheit des Einzelnen eine vielschichtige Gesellschaft mit großen Unterschieden.

Die Unterschicht hatte in der Regel kein Bürgerrecht. Zwischen 40 und 60 Prozent der Einwohner waren so von den politischen Entscheidungen in der Stadt ausgeschlossen. Diese Bevölkerungsteile verfügten nur über wenig Besitz und hatten ein geringes Einkommen. Zu ihnen gehörten neben Tagelöhnern und Hausierern etwa auch Dienstboten, die zusammen mit der ganzen Familie (dazu gehörten neben der Ehefrau und den Kindern z. B. auch unverheiratete Geschwister) im Haus ihres Arbeitgebers lebten.

M 3 Zunftwappen

Bürgerrecht durch Besitz

Einen großen Teil der Bürger bildeten die selbstständigen Handwerker. Als zahlenmäßig größte Gruppe der Stadt stellten sie gewissermaßen die Mittelschicht der städtischen Gesellschaft dar. So hatten sie auch die meisten Pflichten für die gemeinschaftliche Sicherung und den Ausbau der Stadt zu übernehmen. Vor allem mussten sie bei der Instandhaltung der Mauern, bei der Verteidigung der Stadt oder beim Feuerlöschen helfen.

In den meisten Städten schlossen sich die Handwerker nach Berufszugehörigkeit in Zünften zusammen. Die Zünfte hatten zum einen die Aufgabe, ähnlich wie heutige Handwerkskammern, die Arbeit ihrer Mitglieder zu kontrollieren und die Qualität der Produkte sicher zu stellen. Außerdem stellten sie das Auskommen des einzelnen Handwerkers sicher, indem sie zum Beispiel festlegten, wie viele Meister mit ihren Betrieben in der Stadt tätig sein durften. Ein Überangebot an bestimmten Waren wurde auf diese Weise verhindert. Zusammen mit der Regelung fester Verkaufspreise wurde der einzelne Handwerker so vor Konkurrenzdruck und Niedrigpreisen geschützt. Darüber hinaus war es auch eine zentrale Aufgabe der Zünfte, ihre Mitglieder sowie deren Witwen und Waisen in Notzeiten zu schützen.

M 4 Patrizierfamilie
Buchmalerei von Jean Bourdichon (1457–1521)

M 5 Fygen Lutzenkirchen bzw. Lützenkirchen (geb. um 1450, gest. nach 1515)

Skulptur aus dem Jahr 1992 am Turm des Kölner Rathauses, die an Fygen (Sofia) Lützenkirchen erinnert.

Sie war in Köln eine einflussreiche und wohlhabende Seidenweberin und beschäftigte mehrere Lohnweberinnen. Als Meisterin bildete sie über 100 Lehrtöchter aus dem ganzen Reich aus. Sie besaß Anteile am Unternehmen ihres Mannes Peter, der als Rohseidenkaufmann international tätig war. Fygen Lützenkirchen konnte zahlreiche wirtschaftliche Tätigkeiten selbstständig ausüben, war ihrem Mann aber nach außen nicht rechtlich gleichgestellt.

Info

Sinti und Roma

haben Vorfahren, die im Laufe des Mittelalters vermutlich den Nordwesten Indiens verlassen haben. Ihre Wanderung führte sie bis nach Westeuropa, im Deutschen Reich belegen Quellen ihre Anwesenheit seit dem frühen 15. Jh. Oft werden die fahrenden (nichtsesshaften) Gruppen in den Quellen als fremdartig geschildert. Bis ins Mittelalter reicht auch die Fremdbezeichnung „Zigeuner“ zurück, die meist abwertend benutzt wurde und von der sich heute viele Menschen verletzt und beleidigt fühlen. Als „Sinti“ werden Angehörige der heute in Deutschland anerkannten Minderheit bezeichnet, die ihre kulturellen Wurzeln in West- und Mitteleuropa sehen, „Roma“ stammen zumeist aus ost- und südosteuropäischen Ländern.

Die Oberschicht der Stadt bildeten meist nur wenige Familien. Diese Patrizier (vom Lateinischen, „Väter der Stadt“) überragten alle anderen Bevölkerungsteile nicht nur an Besitz und Ansehen, sondern nahmen für sich auch das Recht in Anspruch, die Geschicke der Stadt zu bestimmen. Oft hatten diese reichen Familien ihren Wohlstand als Fernhandelskaufleute erworben und investierten den Gewinn in Grundbesitz oder Gewerbe. Durch besondere Regeln schotteten sich die Patrizier von anderen städtischen Bevölkerungsgruppen ab: Kleiderordnungen legten fest, welche Kleidungsstücke nur von den Mitgliedern patrizischer Familien getragen werden durften. In Tanzstatuten wurde bestimmt, wer an den offiziellen Bällen der Stadt teilnehmen durfte. Einigen wenigen Familien der städtischen Oberschicht gelang es, so reich zu werden, dass sie sogar den adligen Lebensstil nachahmen und Schlösser im Umland der Stadt erwerben konnten.

Gleiches Recht für alle?

Frauen standen rechtlich in der Regel unter der Vormundschaft ihres Mannes, die alleinstehende Frau unter der eines männlichen Verwandten. Der männliche Vormund übernahm die gerichtliche Vertretung und erteilte die Zustimmung zur Regelung des Vermögens. Je nach konkretem Stadtrecht konnte sich aber der Handlungsspielraum und die Rechtsfähigkeit einer Frau sehr unterscheiden. Die Möglichkeit zur politischen Mitbestimmung, das Wahlrecht und die Amtsfähigkeit im Rahmen der Ratsverfassung hatten Frauen allerdings in keiner Stadt.

Juden bildeten vielerorts einen Teil der städtischen Gesellschaft. Sie lebten in Stadtbezirken, deren Mittelpunkt die Synagoge bildete und die sich oft in den Zentren der Städte befanden. Eine Beschäftigung im Handwerk außerhalb der eigenen Gemeinde wurde ihnen durch christliche Konkurrenten erschwert, häufig sogar durch die christliche Obrigkeit untersagt. Handel, Geldgewerbe und auch der Beruf des Arztes boten aber Möglichkeiten zum Aufstieg. Vom hohen Stand der mittelalterlichen jüdischen Kultur zeugen heute noch erhaltene oder archäologisch rekonstruierte Baumonumente sowie Friedhöfe oder Schriften von Gelehrten.

Leben am unteren Rand der Gesellschaft

Etwa die Hälfte der Bevölkerung lebte am unteren Ende der städtischen Gesellschaft. Zum großen Teil besaßen diese Unterschichten nicht das Bürgerrecht. Viele von diesen Stadtbewohnern wie Dienstboten, Lehrlinge, Tagelöhner oder Kaufmannsgehilfen waren zu arm, um ein gewisses Ansehen zu erlangen. Aber sie galten dennoch als ehrenhaft und grenzten sich von denjenigen ab, die „unehrenhaften“ Tätigkeiten nachgingen.

Zu diesen Randgruppen gehörten neben Bettlern und Hausierern auch das sogenannte „fahrende Volk“, also Gaukler und Schausteller, die oft von Stadt zu Stadt zogen, um die jeweiligen Einwohner zu unterhalten. Zum anderen standen aber auch Menschen, die bei der Ausübung ihres Berufes mit Tod und Krankheiten zu tun hatten, außerhalb der städtischen Gesellschaft. Dazu gehörten Totengräber oder Henker, die als „Nachrichter“ die von Richtern verhängten Leibesstrafen vollstreckten. In vielen Orten wurden aber auch Bader zu dieser Bevölkerungsgruppe gezählt. Diese Betreiber von Badehäusern behandelten als „Ärzte der kleinen Leute“ auch kleinere Verletzungen und nahmen einfache chirurgische Eingriffe oder Zahnbehandlungen vor.

In vielen Orten standen dazu neben Sinti und Roma (die oft als „fahrendes Volk“ wahrgenommen wurden) auch unehelich Geborene bisweilen ihr ganzes Leben lang außerhalb der städtischen Gemeinschaft.

Soziale Schichtung einer mittelalterlichen Stadt – Ein Schaubild

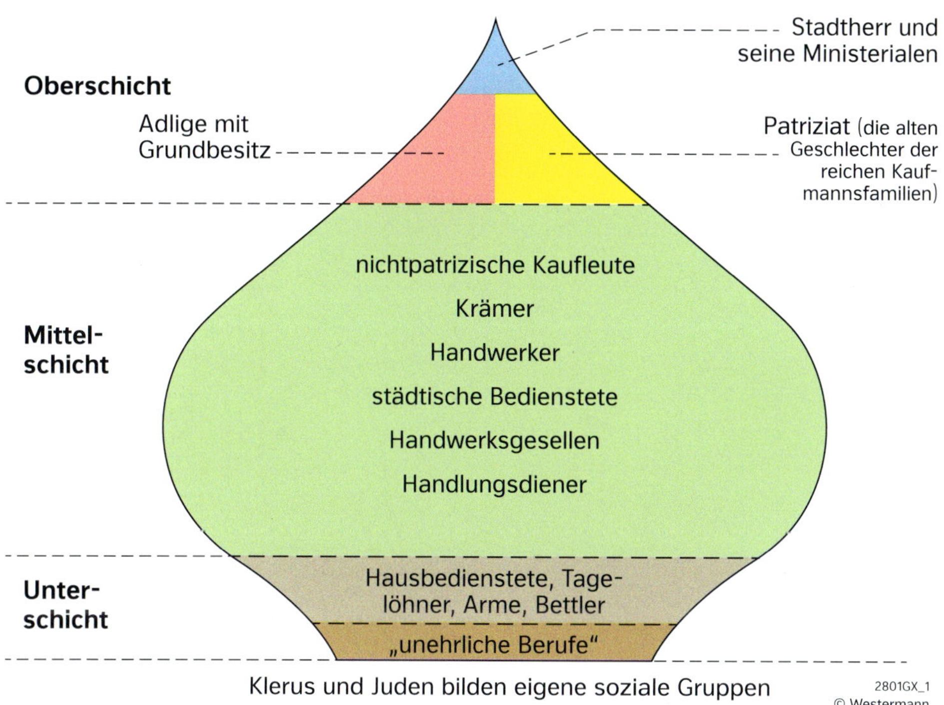

M 6 Die Gesellschaft einer mittelalterlichen Stadt

Training

Erklärung des Operators „Beschreiben“

Du sollst die Einzelheiten eines Bildes oder einer Grafik genau und ausführlich wiedergeben, sodass ein anderer es verstehen und nachvollziehen kann.

Formulierungshilfen
Ich sehe ... /... nehme ... wahr ... / ... erkenne ...
Man sieht/erkennt ...
Das Bild/Gemälde/Foto zeigt ... / stellt dar ... /
Auf dem Bild ist ... zu sehen / wird ... dargestellt / ist ... abgebildet / wird ... gezeigt

Für die Orientierung auf dem Bild:
oben, unten, auf der rechten/linken Seite/Bildhälfte/ Bildrand, links/rechts von, neben, im Vordergrund/vorne, im Hintergrund/hinten, im Zentrum/zentral, in der Mitte, an der/auf der Oberfläche ...

Für die Verknüpfung deiner Aussage bei der Beschreibung eines Bildes:
zunächst, dann, außerdem, des Weiteren, weiterhin, ebenfalls, zusätzlich, abschließend, zum Schluss ...

Aufgaben

1. **Soziale Schichtung einer mittelalterlichen Stadt**
   a) Beschreibe und erläutere das Schaubild zur sozialen Schichtung einer mittelalterlichen Stadt (M6).
   b) Ordne die auf den Bildern M2 und M4 dargestellten gesellschaftlichen Gruppen in das Schaubild M6 ein.
   c) Nenne die wichtigsten Unterschiede zwischen der städtischen und der ländlichen Bevölkerung im Mittelalter.
   d) Medienbildung: Stelle Berufe, die die Bewohner in mittelalterlichen Städten ausübten, in einem Kurzvortrag vor. Beginne deine Recherche auf folgender Internetseite: www.nuernberger-hausbuecher.de Hier werden viele im spätmittelalterlichen Nürnberg ausgeübte Berufe mit zeitgenössischen Abbildungen erklärt. Beziehe diese Abbildungen in deinen Vortrag ein.

   M2 – M6, Internet

Die Hanse – Ein überregionales Handelsnetz

Das Autokennzeichen „HH“ bedeutet „Hansestadt Hamburg“. Es weist auf die Zugehörigkeit zu einem Städtebündnis im Mittelalter hin: die deutsche Hanse. Immer noch führen über 20 Städte in Deutschland den Titel „Hansestadt“. Was hatte es mit der Hanse auf sich?

M 1 **Die Hanse und ihre Handelswege**

M 2 Eine Schadensliste

Im Jahr 1345 sank vor der Maasmündung (vor Antwerpen) eine Hamburger Kogge, die von verschiedenen Kaufleuten beladen worden war. Hier ein Auszug aus der Schadensliste:

Hartwich von Verden:
23 Fässchen schwedisches Kupfer, 1 Tonne mit 2540 gemischtem Kleintierpelzwerk, 160 Hermelinfelle.
Heinrich von Hoyginghen:
10 000 Junglämmerfelle, 2000 Schneehasenfelle, 250 Rehfelle, 40 Hirschfelle, 6 Rindshäute, 6 Elchfelle. [...]
Heinrich Lübbeke:
370 Otterfelle, 275 Wieselfelle, 2000 Eichhornfelle, 55 Ellen Leinwand, 1 Brustharnisch, 1 Kapuzenmantel, 1 mit Silber eingelegter Dolch, 40 Stück Leder. [...]
Johann von Eckernförde:
10 Tran-Fässer.

Zit. nach: Norbert Fuchs/Werner Goez, Die deutsche Stadt im Mittelalter, München: Oldenbourg 1977, S. 49 f.

Aufgaben

1. Der Handel der Hanse

a) Nenne mithilfe der Karte M1 neben Hamburg fünf weitere Hansestädte.

b) Beschreibe anhand der Karte M1 die Handelswege der Hanse.

c) Erläutere den Begriff „Kontor“, der in der Legende der Karte erwähnt wird.

d) Stelle die Handelsgüter und ihre Herkunftsländer zusammen.

e) Ordne die Handelsgüter auf der Schadensliste M2 mithilfe der Karte einem möglichen Herkunftsort zu.

M1–M2

Der Begriff „Hanse“

Ursprünglich bezeichnet der Begriff Hanse eine Schar oder Gemeinschaft mit dem gleichen Ziel. Mit der Zeit wandelte sich der Begriff: Er bezeichnete den Verband von gemeinsam zu einem bestimmten Handelsort reisender Kaufleute. Ziel dieser Vereinigung war der Schutz der Fernhändler vor Raub oder Beschlagnahme. Hierdurch sollte der Gewinn gesichert werden. Hansen existierten in ganz Europa. Der Begriff Hanse steht aber auch für die Abgaben, die Kaufleute einer Genossenschaft leisten mussten, die „Hansegelder, wie sie auch genannt wurden. Daneben bezeichnet er die besonderen Rechte, die die Kaufmannsgesellschaft, die „Gilde“, oder deren Mitglieder beanspruchten.

Im 12. Jahrhundert schlossen sich deutsche Kaufleute zu einer Hanse zusammen. Sie sollte den Handel sicherer machen und wirtschaftliche Vorteile gegenüber Konkurrenten bieten. Aus dieser Vereinigung entstand die Deutsche Hanse. Die Fernkaufleute konnten ihren Gewinn erhöhen, weil es ihnen gelang, die Waren direkt von den Produzenten zu erwerben. Hierdurch wurden Zwischenhändler ausgeschaltet, die ansonsten einen Teil des Gewinns für sich beanspruchten. Weil die Fernkaufleute aufgrund ihrer wirtschaftlichen Erfolge in den Städten die Regierungen stellten, ließen sich die Ziele der Kaufleute nicht von den Zielen der Städte trennen.

M 3 Modell einer Kogge des späten 14. Jahrhunderts, ausgestellt im Deutschen Historischen Museum Berlin

Die Städtehanse und ihre Kontore

Vom 13. bis zum 16. Jahrhundert gehörten der Hanse rund 200 Städte an. In Nowgorod, Brügge (später Antwerpen), Bergen und London entstanden selbstständige Niederlassungen der Hanse, die Kontore. Ein Kontor bot den Kaufleuten ein sicheres Quartier. Es konnte wie in London ein eigenes von einer Mauer umschlossenes Stadtviertel bilden mit Wohnungen, Büros, Versammlungsräumen, Warenspeicher, Hafen und Kirche. Sowohl die äußere Gestaltung als auch die innere Ausstattung zeugten vom Machtanspruch der Hanse.

Die Hanse bildete organisatorisch ein Netzwerk der verschiedenen Städte. Es gab zwar keine gemeinsame Verfassung, keine gemeinsame Flotte oder Finanzordnung, aber Lübeck nahm innerhalb der Hanse eine führende Rolle ein. Denn hier wurden die nötigen Absprachen etwa über den Beginn der Fahrtsaison oder über Strafen bei Verstößen gegen die Regeln der Hanse getroffen. Der Fernhandel der Hansestädte brachte den Kaufleuten und Städten Vorteile: Nicht die Geburt, sondern der Erfolg beim Handel ermöglichte den gesellschaftlichen Aufstieg. Ein Kaufmann konnte aus eigener Kraft die Voraussetzungen schaffen, um als Ratsherr gewählt zu werden, und die Politik mitbestimmen. Das mit dem Handel erworbene Vermögen diente dem Ausbau und der Ausschmückung der Hansestädte, die damit ihr politisches Selbstbewusstsein zeigten, das bis heute spürbar ist.

Die Hansestädte wurden – von Bürgern regiert – im weitgehend vom Adel bestimmten römisch-deutschen Reich zum politischen Faktor.

M 4 Krantor in der Altstadt von Danzig, aktuelles Foto

Aufgaben

1. Die Hanse

a) Stelle die Entwicklung der Hanse vom Zusammenschluss einzelner Kaufleute bis zum mächtigen Städtebündnis dar.

b) Erkläre den Begriff „Hanse“.

c) Erläutere die Formen der Zusammenarbeit im Städtebündnis.

↝ Text auf Seite 83

Die Pest im Mittelalter

Die Pest forderte im Mittelalter eine ungeheure Anzahl von Opfern. Keine Krankheit ist deshalb im gemeinschaftlichen Gedächtnis Europas als Bedrohung so bewusst wie die Pest. Der „Schwarze Tod", wie die Pest seit dem 17. Jahrhundert auch genannt wurde, gilt als Inbegriff aller Seuchen. Wie hat sie sich verbreitet und wie gingen die Menschen damals mit der Pest um?

M 1 Die Pest
Gemälde aus dem italienischen Siena, um 1437

M 2 Die Pest in Florenz

Der Dichter Giovanni Boccaccio berichtet über die Pestepidemie in Florenz 1348:

Schweigen wollen wir davon, dass ein Bürger dem anderen aus dem Wege ging [...] und dass die Verwandten einander nur zu seltenen Malen oder nie oder nur von weitem sahen, aber diese Heimsuchung hatte in den Herzen der Männer und der Frauen einen solchen Schauder erregt, dass ein Bruder den anderen verließ [...]; und was gewichtiger und schier unglaublich ist, sogar die Väter und die Mütter scheuten sich, nach ihren Kindern zu sehen und sie zu pflegen, als ob sie nicht die ihrigen gewesen wären. [...] Die Leute starben nämlich, nicht nur ohne dass sie viele Frauen um sich gehabt hätten, sondern es waren auch gar manche, die ohne Zeugen aus diesem Leben schieden, und den wenigsten wurden die mitleidigen Klagen und die bitteren Tränen ihrer Verwandten gewährt; dafür gab es nunmehr Gelächter und Scherze und geselligen Jubel. [...] Darum wurden sie [die Bauern] geradeso wie die Städter in ihren Sitten ausschweifend und kümmerten sich nicht mehr um ihr Eigentum oder ihre Arbeit; anstatt wegen der künftigen Frucht, ihres Viehs oder ihrer Äcker und ihrer früheren Mühe nach dem Rechten zu sehen, trachteten sie, als ob sie an jedem Tage [...] den Tod erwartet hätten, mit allen ihren Sinnen, alles zu verzehren, was sie vorfanden.

Giovanni Boccaccio, Das Dekameron Bd. 1 (übers. v. Albert Wesselski), Frankfurt/M.: Insel-Verlag 1972, S. 14–18.

M 3 Kollektives Verhalten

Der französische Historiker Jean Delumeau beschreibt die Reaktionen auf den Pestausbruch:

Die erste und natürlichste Regung war, seinen Nächsten anzuklagen. Schuldige zu bezeichnen, das hieß, das Unerklärliche verständlich zu machen. Das hieß ebenfalls, Abhilfe zu schaffen, indem man diejenigen, die den Tod säten, daran hinderte, ihr zerstörerisches Werk fortzusetzen. [...] Die potenziellen Schuldigen, gegen die sich die kollektive Aggressivität richten kann, sind zunächst die Fremden, die Reisenden, die Randgruppen der Bevölkerung sowie all jene, die nicht völlig in die Gemeinschaft integriert sind – entweder weil sie deren Glauben nicht annehmen wollen (wie die Menschen jüdischen Glaubens), weil sie aus verständlichen Gründen ausgeschlossen wurden (wie die Aussätzigen) oder einfach weil sie von woandersher kommen und deshalb verdächtig erscheinen [...]. In den Jahren 1348 bis 1350 wurden die Aussätzigen tatsächlich beschuldigt, den Schwarzen Tod verbreitet zu haben. Der schreckliche Anblick ihrer Verstümmelungen galt als Strafe des Himmels. Man behauptete, sie seien „arglistig", „melancholisch" und „unzüchtig". Man glaubte ebenfalls – eine Vorstellung, die in die Welt der Magie gehört –, dass sie sich durch eine Art Übertragung ihrer Krankheit entledigen konnten, indem sie ihre sexuellen Triebe an einer gesunden Person befriedigten oder diese töteten.

Jean Delumeau, Angst im Abendland. Die Geschichte kollektiver Ängste im Europa des 14.–18. Jahrhunderts Bd. 1 (übers. v. Monika Hübner), Reinbek: Rowohlt 1985, S. 184 f.

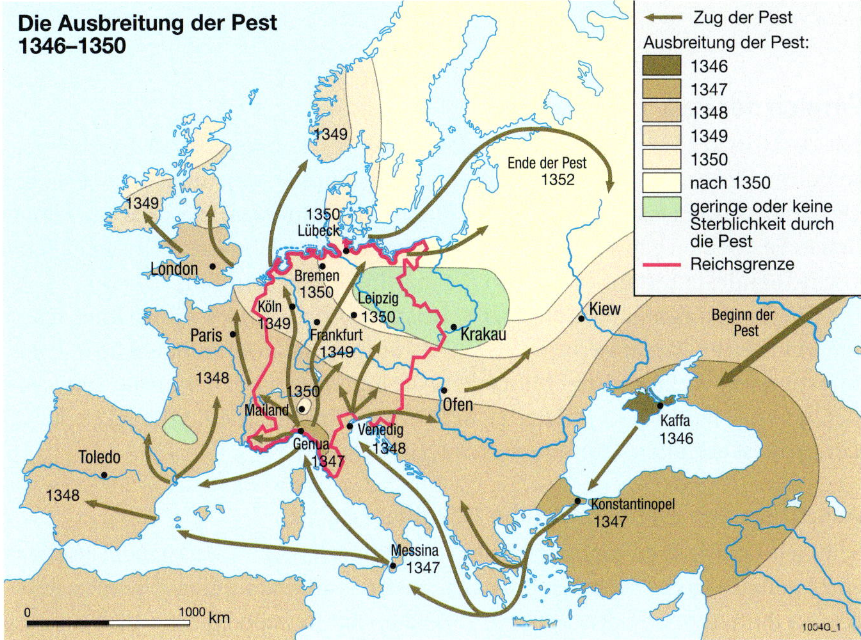

M 4

Die Pest

Ansteckende Krankheiten oder Infektionskrankheiten stellen bis heute weltweit die häufigste Todesursache dar. Dass bis heute auch Menschen an der Pest erkranken, ist weniger bekannt. Nach Informationen der Weltgesundheitsorganisation erkrankten zwischen 1994 und 2003 über 28000 Menschen an der Pest, von denen über 2000 starben. An Pest Erkrankte können heute mit Antibiotika geheilt werden, wenn sie rechtzeitig behandelt werden. Das war in früheren Zeiten nicht möglich, denn man wusste nicht, wie die Krankheit übertragen wurde. Deshalb hatte die Pest im Mittelalter eine ungeheure Anzahl von Opfern.

1347: Der Schwarze Tod in Europa

Schon in der Antike wird über den Ausbruch pestartiger Epidemien berichtet. Danach scheint sie in Vergessenheit geraten zu sein. Das änderte sich im Sommer 1347. Damals gelangte der Erreger der Seuche mit Schiffen von Zentralasien in die Hafenstädte des Mittelmeers, wie Messina, Genua und Marseille. Es folgten Venedig und Pisa und später Florenz. Von den italienischen Handelsstädten verbreitete sich die Pest über ganz Europa. Erstaunlicherweise blieben wichtige Städte wie Prag, Nürnberg oder Würzburg zunächst unversehrt Diese Pestepidemie war allerdings nicht die letzte in Europa. Bis ins 17. Jahrhundert kehrte die Seuche alle sieben bis zehn Jahre zurück.

Gründe für die Ausbreitung der Pest

Verantwortlich für die Verbreitung der Pest waren Hausratten, die sowohl auf Schiffen als auch in den Städten stark verbreitet waren. Über die Flöhe dieser Ratten, die auch die Menschen befielen, infizierte sich die Bevölkerung mit dem Pesterreger. Die schlechten hygienischen Verhältnisse begünstigten die Verbreitung der Krankheit. Manche Wissenschaftler meinen, dass die schlechte Versorgung der Bevölkerung mit Nahrungsmitteln infolge der Abkühlung des Klimas zur raschen Verbreitung der Seuche beigetragen haben könnte: Unter- und Mangelernährung schwächten die Menschen und machte sie anfälliger für Krankheiten.

Aufgaben

1. Reaktionen auf die Pest

a) Beschreibe das Gemälde aus Siena (M1) und erläutere die Vorstellung von der Pest, die es zum Ausdruck bringt.

b) Diskutiere, ob die Reaktionen der Menschen (M2) aus der heutigen Zeit heraus verständlich sind.

c) Vergleiche die Reaktionen auf den Pestausbruch, von denen Boccaccio (M2) berichtet, mit den Überlegungen Jean Delumeaus (M3).

→ M1–M3

2. Die Pest

a) Erkläre die Bezeichnung „Schwarzer Tod".

b) Erstelle eine Übersicht zu den Folgen der Pest im Mittelalter, indem du den Text auf Seite 85–86 auswertest.

→ Text, M4

Formen der Pest

Die Pest tritt in zwei Formen auf. Bei der Beulenpest kommt es zunächst zu einem massiven Fieberanstieg. Sodann schwellen die Lymphknoten unter der Achsel, am Hals sowie in der Leiste stark an und beginnen zu schmerzen. Diese blau-schwärzlichen Pestbeulen gaben der Krankheit später die Bezeichnung „Schwarzer Tod". Die Beulenpest führt innerhalb von drei bis fünf Tagen zum Tod.

Die Lungenpest, die mit blutigem Husten einhergeht, lässt ihre Opfer schon nach ein bis drei Tagen sterben. Das Husten und die damit verbundene Tröpfcheninfektion war im Europa des Mittelalters die häufigste Form der Ansteckung. Von den von der Beulenpest Infizierten starben 70 Prozent. Die Sterblichkeit für an Lungenpest erkrankte Menschen lag bei 100 Prozent.

M 5 Ein Arzt schneidet bei einem Pestkranken Pestbeulen auf.
Holzschnitt, 1482

Auswirkungen der Pest auf die Bevölkerung

Wie viele Opfer die Pestepidemien des 14. Jahrhunderts gefordert haben, lässt sich nicht genau sagen. Wissenschaftler schätzen, dass die Gesamtbevölkerung Europas vor dem Auftreten der Pest etwa 73 Millionen Menschen betrug. Bis 1450 ging sie auf 53 Millionen zurück. Das sind 20 bis 30 Prozent der europäischen Bevölkerung.

Das Auftreten der Pest und deren rasche Verbreitung waren für die Zeitgenossen unbegreiflich. Sie erachteten die Seuche als Strafgericht Gottes. Es galt also den Zorn Gottes zu beschwichtigen. Dies sollte mit verstärkter persönlicher Buße oder genauer Befolgung religiöser Vorschriften geschehen.

Die schlimmsten Verfolgungen der Juden fielen mit den verheerenden Pestepidemien zusammen. Den Juden wurde vorgeworfen, Brunnen vergiftet und den Ausbruch der Pest herbeigeführt zu haben. Tatsächlich gingen in vielen Städten Pogrome aber dem Ausbruch der Pest voraus. Es gab auch andere Ursachen für die Gewalt gegen Juden: z. B. konnten Geschäftsleute so ihre jüdischen Konkurrenten ausschalten oder Schuldner kamen um die Rückzahung ihrer Schulden herum. Die zwischen 1348 und 1350 gegen jüdische Gemeinden durchgeführten Pogrome bildeten bis zur Judenverfolgung im Nationalsozialismus „die größte Mordaktion gegen die jüdische Bevölkerung in Europa", wie es ein Historiker formuliert hat. Sie führten zum Ende vieler jüdischer Gemeinden.

Möglichkeiten der mittelalterlichen Medizin

Die Erfolge der medizinischen Behandlung der Pest waren im Mittelalter gering. Ärzte gingen damals nämlich davon aus, dass die Stellung von Planeten für den Ausbruch der Pest verantwortlich war. Dies habe zur Folge, dass gefährliche Dämpfe aus der Erde stiegen und die Luft verseuchten: Das Miasma, wie man die krankmachende Luft nannte, dringe durch Atmung und Poren in den Körper ein und lasse ihn verfaulen. Je nachdem wie sehr eine einzelne Person für Feuchtigkeit anfällig war, konnte sie sich anstecken oder blieb von der Seuche verschont. Mit dieser Theorie konnte einerseits die rasche Ansteckung der Pest erklärt werden und andererseits die Tatsache, dass nicht alle Menschen von der Pest befallen wurden. Erst 1894 entdeckte der Schweizer Tropenarzt Alexandre Yersin das Pestbakterium und dessen Übertragung.

Bis dahin konnte die Pest nicht geheilt werden. Ein oft angewandtes Mittel im Mittelalter war die Isolation der Kranken zuhause, in besonderen Pesthäusern, ja, wie in Venedig, auf Inseln. Gewürzmischungen und Schutzkleidung sollten vor Ansteckung schützen.

Leben im Mittelalter

Die Menschen des Mittelalters lebten in einer fest gefügten ständischen Ordnung. Jeder Mensch gehörte einem Stand an: als Geistlicher, Adliger oder Bauer. Jeder Stand hatte seine Aufgabe in der Gemeinschaft zu erfüllen, sei es durch Gottesdienst, Kampf oder körperliche Arbeit.

Der überwiegende Teil der Bevölkerung bestand aus Bäuerinnen und Bauern. In Abhängigkeit von einem adligen Grundherrn führten sie ein karges Leben, waren unfrei und mussten Abgaben und Frondienste leisten. Das ganze Mittelalter hindurch änderte sich ihre Lage wenig: Der Grundherr herrschte über Land und Leute, entschied als Richter und konnte die Bauern sogar zusammen mit dem Land verkaufen.

Mönche und Nonnen in den Klöstern lebten nach der Regel „bete und arbeite“, die Benedikt von Nursia als Gründer des ältesten Mönchsordens, der Benediktiner, verfasst hatte. Das Kloster war zugleich Ort der Andacht und Gelehrsamkeit, Wirtschaftsbetrieb, soziale Einrichtung und politischer Machtfaktor. Eine wichtige Rolle spielten Klöster bei der Ausbreitung des Christentums und der Urbarmachung von Land im Osten. Sie waren Zentren von Wissenschaft, Bildung und Kultur in einer oft noch unwegsamen Landschaft.

In dieser Zeit erlebte die höfische Ritterkultur einen Höhepunkt. Die Ritter, die sich als eigenständige Gruppe abschlossen, verfolgten das Ideal eines christlichen Kämpfers. Dazu zählten Treue, Tapferkeit und ein christlicher Lebenswandel. Turniere, Ritterdichtung und der höfische Minnesang kennzeichnen diese Epoche.

Städte

Ein neues Element in der Gesellschaft des Mittelalters bildeten die Städte, denn Handel und Handwerk errangen zunehmende Bedeutung. Die Stadt verhieß ihren Bürgern Friede und Freiheit und bot die Möglichkeit des sozialen Aufstiegs. Sie erreichte vom Stadtherrn allmählich ihre Selbstverwaltung und beim Stadtregiment traten neben die Patrizier die Zünfte der Handwerker.

Äußere Bedrohung: Die Pest

Im 14. und 15. Jahrhundert war das Leben der Menschen von Katastrophen geprägt. Das sich wandelnde Klima führte häufig zu Missernten und der sich ab 1347 ausbreitenden Pestepidemie fielen etwa 30 Prozent der Menschen in Europa zum Opfer.

DATEN

1347:
Pestepidemie in Europa

BEGRIFFE

Stände

Grundherrschaft

Stadtrecht

Bürger

Kloster

Fragebogen zum Thema: Mittelalterliche Lebenswelten

Hinweis: Die folgende Tabelle dient der Selbsteinschätzung deiner erworbenen Kenntnisse, Fähigkeiten und Kompetenzen. Die Auflistung erhebt nicht den An-

Ich kann ...	Ich bin sicher. ☺	Ich bin ziemlich sicher. 😐	Ich bin noch unsicher. 😕	Ich habe große Lücken. ☹
... den Aufbau der mittelalterlichen Ständegesellschaft erklären.				
... die Merkmale der Grundherrschaft erläutern.				
... mittelalterliche Bildquellen mit Blick auf das Alltagsleben analysieren.				
... die Lebenswelt auf dem Land erläutern.				
... die Lebenswelt in der Burg erläutern.				
... die Lebenswelt im Kloster erläutern.				
... den Stellenwert des christlichen Glaubens für die Menschen im Mittelalter beschreiben.				
... die Vorteile der Dreifelderwirtschaft zusammenstellen.				
... die wichtigsten Handelswege der Hanse erläutern.				
... die Merkmale einer mittelalterlichen Stadt wiedergeben.				
... verschiedene gesellschaftliche Gruppen in einer mittelalterlichen Stadt unterscheiden.				
...				

ACHTUNG:

bitte nicht beschreiben!

Du findest eine Kopie dieser Seite zur Bearbeitung unter dem Webcode

WES-115640-202

spruch, vollständig zu sein. Es handelt sich um eine Auswahl, die ggf. erweitert werden kann. In der rechten Spalte findest du Hinweise, wie du eventuell vorhandene Lücken oder auch Unsicherheiten beseitigen kannst.

Auf diesen Seiten kannst du in ANNO nachlesen	Empfehlungen zur Übung, Wiederholung und Festigung
44–45	Beschreibe die mittelalterliche Ständegesellschaft in einer Concept Map. Orientiere dich dazu am Ständebild (M1, Seite 44).
50–53	Erstelle mit eigenen Worten einen Artikel für ein Lexikon zum Thema „Grundherrschaft". Darin sollen folgende Wörter vorkommen: „Grundherr", „Grundhöriger", „Abgaben", „frei", „unfrei" und „Land zur Bewirtschaftung".
46–49 201	Analysiere das Bild auf Seite 46. Verwende dafür auch den Trainingskasten „Umgang mit Bildern" auf Seite 201.
46–49	Erläutere die Vorteile der Dreifelderwirtschaft.
62–65 68–70	Nenne drei wichtige Abschnitte in der Ausbildung zum Ritter. Erstelle eine Tabelle: Trage in die linke Spalte die wichtigsten Elemente einer Burg und in die rechte Spalte die jeweiligen Funktionen ein.
54–57	Erstelle ein kleines Kreuzworträtsel zum Thema „Klosterleben im Mittelalter". Verwende u. a. folgende Begriffe: Äbtissin, Benedikt von Nursia, Scriptorium, Eremit, Kloster und „Ora et Labora".
44–45 54–57	Fasse in einer Tabelle die Bedeutung des christlichen Glaubens für einen Ritter, für einen Bauern und für eine Nonne zusammen.
46–49	Erläutere die Nachteile der Zweifelderwirtschaft.
82–83	Schreibe einen Lexikonartikel über die Bedeutung der Stadt Lübeck für die Hanse.
74–77 78–81	Erstelle ein kleines Kreuzworträtsel zum Thema „Mittelalterliche Stadt". Verwende u. a. folgende Begriffe: „Mauer", „Markt", „Patrizier", „Rat", „Bürger" und „Stadtherr".
78–81	Gestalte ein eigenes Schaubild über die Gesellschaft der mittelalterlichen Stadt.

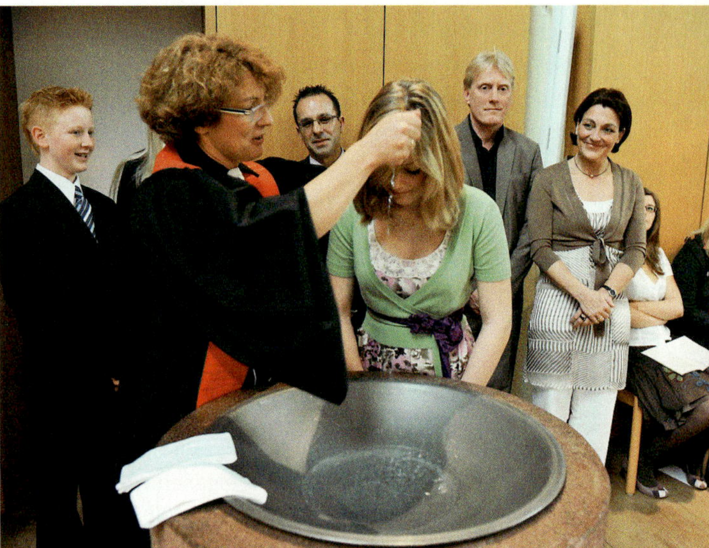

Aus dem Grundgesetz der Bundesrepublik Deutschland:

Artikel 4

(1) Die Freiheit des Glaubens, des Gewissens und die Freiheit des religiös und weltanschaulichen Bekenntnisses sind unverletzlich.
(2) Die ungestörte Religionsausübung wird gewährleistet.

03 RELIGIONEN UND KULTUREN IM MIT- UND GEGENEINANDER

M 1 Lesen des Koran

In einer Moschee während des Ramadans

M 2 Thora-Rolle

Vorlesen aus dem Buch Gottes (Thora) in einer Synagoge

M 3 Christliche Taufe

In einer protestantischen Kirche

M 4 T-Shirt „Jude-Christ-Moslem-Mensch!!“

M 5 Aufruf zum Kreuzzug

Urban II. ruft im Jahre 1095 auf der Kirchenversammlung zu Clermont zum ersten Kreuzzug auf, Holzschnitt, um 1480, spätere Kolorierung.

M 6 Die Eroberung Jerusalems

Miniatur aus dem 14. Jahrhundert. Die Kreuzfahrer nahmen die Stadt nach einem fünfwöchigen, verlustreichen Kampf am 15. Juli 1099 ein.

M 7 Lautenspiel

Ein Muslim und ein Christ beim Lautenspiel, Miniatur, Spanien, 13. Jahrhundert

M 8 Demonstration gegen den Bau der Moschee in Pankow

Berlin, Juli 2007

M 1 Israel und Juda

M 2 **Klagemauer in Jerusalem**

Auf dem Tempelberg befindet sich die Klagemauer, die Reste des 70 n. Chr. zerstörten Tempels, ein wichtiges Heiligtum der jüdischen Religion. Im Hintergrund die Al-Aqsa-Moschee, eine wichtige religiöse Stätte des Islam, aktuelles Foto.

Drei Weltreligionen im Überblick: Judentum – Christentum – Islam

Das Judentum – Die Religion des „Volkes Israel"

Die Anfänge: Gründervater Abraham und Beginn der Diaspora

Die Bezeichnung „Judentum" geht auf die biblische Bezeichnung für die Bewohner des Reiches Juda bzw. der Provinz Judäa zurück. Als Begründer der Religion gilt Abraham. Von Abrahams Enkel Jakob und seinen Frauen Lea und Rachel leiteten sich nach der Thora die zwölf Stämme Israels ab, aus denen sich das Volk Israel zusammensetzte. Eine genaue Datierung der Gründung ist aus historischer Sicht schwierig. Das politische Zentrum lag in der Stadt Jerusalem. Hier wurde der erste Tempel gebaut. Seine Zerstörung bedeutete den Untergang des Reiches Juda und führte die Juden in das erste babylonische Exil (587–538 v. Chr.).

Nachdem die Babylonier durch den Perserkönig Kyros besiegt worden waren, konnten die Juden aus dem Exil zurückkehren. Es kehrten jedoch nicht alle zurück: Die erste Zeit der Diaspora, in der Juden sowohl in Griechenland als auch in Ägypten siedelten, begann. Die Rückkehrer erbauten um das Jahr 515 v. Chr. einen neuen Tempel in Jerusalem. Judäa war zu dieser Zeit eine Provinz Persiens.

In der Folgezeit geriet das Gebiet unter hellenistischen (griechisch geprägten) Einfluss. 164 v. Chr. kam es unter Judas Makkabi zu einem Aufstand, in dessen Folge die Makkabäer (Hasmonäer) die Eigenständigkeit für das Gebiet erreichten.

Im Zuge der Expansion des Römischen Reiches wurde Judäa 6 n. Chr. römische Provinz und verlor seine Eigenständigkeit wieder. Nach zunehmenden Konflikten mit der römischen Herrschaft wurde im Jahre 70 n. Chr. der zweite Tempel zerstört. Damit verlor das Judentum sein religiöses Zentrum, viele Juden verließen ihre Heimat. Die Zerstörung des zweiten Tempels gilt als Hauptausgangspunkt der jüdischen Diaspora. Die bis heute in Jerusalem erhaltenen Reste des Tempelfundaments (die Klagemauer) gelten Juden aus aller Welt als wichtiger religiöser Ort des Gebets.

Info

Thora

Die heilige Schrift des Judentums, bestehend aus den fünf Büchern Mose.

Diaspora

Der aus dem Griechischen stammende Begriff bedeutet Zerstreuung und wird in der Regel in Bezug auf eine zerstreut lebende religiöse oder ethnische Minderheit verwendet, die fern ihrer Heimat lebt.

Rabbiner

Religiöser Gelehrter und Funktionsträger im Judentum.

Synagoge

Versammlungsort, heute häufig das Gottesdienstgebäude einer jüdischen Gemeinde und ihr gesellschaftliches Zentrum.

Sabbat

Der siebte Tag der Woche, der im Judentum als Ruhetag gilt, an dem keine Arbeit verrichtet werden soll.

M 3 **Menora**

Der siebenarmige Leuchter vor dem Parlamentsgebäude in Jerusalem. Auch im Tempelschatz, der im Jahre 70 n. Chr. nach Rom transportiert wurde, befand sich eine Menora, aktuelles Foto.

Der Glaube der Juden: Grundlagen und heilige Schrift

Der jüdische Glaube ist die älteste monotheistische Religion und Mutterreligion von Christentum und Islam. Die Juden hoffen auf die Ankunft des Messias, der ein Reich des Friedens auf Erden errichten wird. Als Jude gilt nach rabbinischer Tradition, wer von einer jüdischen Mutter abstammt oder nach orthodoxer (strenger, an den Ursprüngen einer Lehre bzw. Religion orientierter) Norm zum Judentum übergetreten ist. Grundlegend für die Religion ist die Vorstellung der Einheit und Einzigkeit Gottes, dessen Schöpfung die Welt ist. Der Mensch steht in unmittelbarer Beziehung zu Gott.

Die Thora ist die heilige Schrift des Judentums. In der schriftlichen Thora, den fünf Büchern Mose, finden sich 613 Gebote und Verbote; in der mündlichen Thora finden sich weitere wichtige Gesetze und Kommentare der Mischna und des Talmuds. Gemeinsam bilden mündliche und schriftliche Thora die Halacha. Aus ihr leiten sich die Grundregeln des Judentums ab, zum Beispiel die Heiligung des Sabbats, die Beschneidung der Jungen oder die Speisegebote. Die Thora-Rollen sind für eine jüdische Gemeinde das wertvollste Gut, das in der Synagoge in einem zentralen Schrank, dem Thoraschrein, aufbewahrt wird. Dieser Thoraschrein ist meist nach Jerusalem ausgerichtet. Im Gottesdienst wird die Thora unter Anwesenheit von mindestens zehn religionsmündigen Männern aus dem Thoraschrein geholt, auf ein Podest (die Bima) gelegt, vorgelesen und erklärt.

Im Judentum gibt es heute wie in allen anderen Religionen unterschiedliche Ausrichtungen, die sich vor allem in der Strenge der Einhaltung der Regeln unterscheiden. So halten sich orthodoxe Juden streng an die Regeln der Thora und des Talmuds, liberale Juden passen diese Regeln eher den modernen Lebensweisen der Gläubigen an.

Das Christentum – Der Glaube an Vater, Sohn und Heiligen Geist

M 4 **Kreuzigung**

Gemälde von Matthias Grünewald, 1523–1525

Die Anfänge: Jesus Christus und die Entwicklung zur Weltreligion

Die zentrale Gestalt des Christentums ist der Wanderprediger Jesus von Nazareth, der von seinen Anhängern Jesus Christus genannt wurde. Er lebte in Palästina und war Jude. Sein im Mittelalter errechnetes Geburtsjahr gilt heute im westlichen Kulturkreis als Beginn der Zeitrechnung, das bedeutet, dass unsere Jahreszahlen nach der Geburt Jesu Christi gezählt werden. Der um das Jahr 30 in Jerusalem gekreuzigte Jesus galt seinen Anhängern, den Jüngern, als der vom Judentum erwartete Messias und Sohn Gottes. Es gilt heute als sicher, dass sich Jesus selbst nicht als Religionsgründer sah, sondern nur eine Reform des Judentums anstrebte. Er veränderte jedoch wesentliche Inhalte der jüdischen Tradition und spitzte sie auf seine Person zu, sodass eine Trennung von Judentum und Christentum wenige Jahre nach seinem Tod unausweichlich erschien.

Die Ausbreitung des Christentums ging von der Jerusalemer Urgemeinde aus. Die Urchristen verbreiteten ihre Religion – trotz anfänglicher intensiver Verfolgungen vonseiten der römischen Kaiser – durch Mission im Römischen Reich. Ein wesentlicher Schritt war der Übertritt des römischen Kaisers Konstantin I. zum Christentum, die sogenannte „konstantinische Wende" um 311/313 n. Chr. Kaiser Theodosius I. erklärte 380/81 das Christentum schließlich zur Staatsreligion.

Info

Mission

Auftrag, die Menschen in Kontakt mit der Botschaft Jesu Christi zu bringen und sie zum Christentum zu bekehren.

M 5 Blick auf den Petersdom in Rom
Aktuelle Fotografie

Die Herausbildung der christlichen Kirche zu einer geistlichen und weltlichen Macht erfolgte in den folgenden Jahrhunderten in unterschiedlichen Phasen, in kriegerischen Auseinandersetzungen und Kirchenspaltungen. Der Papst gilt für katholische Christen als Stellvertreter Gottes auf Erden. Das zentrale Gotteshaus des katholischen Christentums ist der Petersdom in Rom. In Deutschland ist neben dem Katholizismus der maßgeblich durch Martin Luther und die Reformation beeinflusste Protestantismus als zweite große christliche Konfession vertreten. Die Protestanten erkennen den Papst nicht als Stellvertreter Gottes auf Erden an, sie betonen vielmehr den unmittelbaren Kontakt eines jeden Gläubigen zu Gott auf der Grundlage der Bibel.

Der Glaube der Christen: Grundlagen und heilige Schrift

Das Christentum ist eine der großen monotheistischen Weltreligionen. Jesus Christus verbreitete in seinen Predigten die zentralen Botschaften der Nächstenliebe, der Barmherzigkeit und des Friedens. Seine Kreuzigung sollte die Menschheit zum Heil führen. Die Christen glauben bis heute an diese Grundlagen, an denen die Lebensführung ausgerichtet sein sollte.

Die heilige Schrift des Christentums ist die Bibel. Sie besteht aus dem Alten Testament (die fünf Bücher Mose, Geschichts- und Lehrbücher und die Bücher der Propheten) und dem Neuen Testament mit seinen vier Evangelien, der Apostelgeschichte, den Briefen und der Offenbarung. Die Geburt Jesu an Heiligabend, seine Kreuzigung am Karfreitag, die Auferstehung in der Osternacht sowie seine Himmelfahrt werden bis heute im Christentum als zentrale Feste begangen. Sie bilden im Abendland wichtige Feiertage im Jahresrhythmus. Christen glauben aber nicht nur an Gott und seinen Sohn Jesus Christus, sondern auch an den Heiligen Geist. Diese drei Elemente bilden die Grundlage der sogenannten Trinitätslehre. Da Vater, Sohn und Heiliger Geist eine Einheit bilden, ist das Christentum aber trotzdem eine monotheistische Religion.

Info

Konfession
Aus dem Lateinischen abgeleitetes Wort, das „Bekenntnis“ einer Gruppe zu einer Lehre oder Glaubenspraxis.

Evangelien
Die vier Teile der Bibel, die von der Lebensgeschichte Jesu erzählen. Sie werden als gute (eu) Nachricht (angelos) bezeichnet und werden den vier Evangelisten Lukas, Matthäus, Johannes und Markus zugeschrieben.

Der Islam – Glaube in der Nachfolge des Propheten Mohammed

Die Anfänge der Religion: Der Prophet Mohammed

Der Islam geht auf den Propheten Mohammed zurück, der für die Muslime der Prophet Allahs ist. Mohammed wurde um 570 n. Chr. in der arabischen Handelsstadt Mekka geboren. Als Vollwaise wuchs er bei Verwandten auf, lebte als Hirte und begleitete seinen Onkel auf Handelsreisen, bevor er sich selbst als Kaufmann in Mekka niederließ und heiratete. Hier verehrten die meisten Menschen viele verschiedene Götter in der Kaaba, einem würfelförmigen Haus, das als Heiligtum galt. Vom Glauben an Allah als einzigem Gott überzeugt, begann Mohammed, gegen den in Mekka verbreiteten Polytheismus zu predigen. Als er auf Widerstand stieß, siedelte er im Jahr 622 nach Medina über. Diese sogenannte Hijra (Hidschra) stellt für die Muslime den Beginn ihrer Zeitrechnung dar, denn in Medina bildete sich die erste muslimische Gemeinschaft. Es entstanden die ersten Moscheen als Andachtsorte für Allah. Im Jahr 629 pilgerte Mohammed nach Mekka und beseitigte in der Kaaba alles, was an den früheren Glauben erinnerte. Die Kaaba gilt seitdem als höchstes Heiligtum des Islam, und die Pilgerfahrt nach Mekka wurde

M 6 Die Kaaba in Mekka
Zentrum der islamischen Welt, aktuelle Fotografie

eine der wichtigsten religiösen Pflichten für Muslime. In den Jahren bis zu seinem Tod 632 n. Chr. bemühte sich Mohammed um die Verbreitung des Islam. Unter ganz bestimmten Bedingungen konnte auch ein Jihâd (Dschihad), ein „heiliger Krieg“, erlaubt sein. Bis zum Tod Mohammeds waren bereits große Teile der arabischen Halbinsel in muslimischer Hand, danach übernahmen Kalifen als „Stellvertreter“ oder „Nachfolger“ Mohammeds die Führung. Dabei kam es zur Ausbildung verschiedener Glaubensrichtungen. Die Anhänger des Kalifen Ali (656–661) waren die sogenannten Schiiten. Der Name leitet sich von der Bezeichnung shi'at'Ali, die „Partei Alis“, ab. Die Schiiten sind davon überzeugt, dass nur die direkten Nachkommen Mohammeds Kalifen werden können. Demgegenüber glaubt die Mehrheit der Muslime, dass nicht nur der Koran, sondern auch die Sunna, die Lehren der Gefährten und Nachfolger Mohammeds, Gültigkeit besitzen. Daher werden diese Gläubigen als Sunniten bezeichnet. Die Spaltung des Islam dauert bis in die Gegenwart an.

M 7 Eine Seite des Koran
Handschrift mit der ersten Sure aus dem Jahr 1389 (nach christlichem Kalender)

Der Glaube der Muslime: Grundlagen und heilige Schrift

„Islam“ bedeutet „Unterwerfung unter Gott“. „Muslim“ heißt also: „einer, der sich unterwirft“. Der Islam ist ebenfalls eine monotheistische Religion. Die heilige Schrift des Islam ist der Koran. Der Koran enthält Allahs Willen, wie er ihn seinem Propheten Mohammed offenbart hat. Im Koran wird zum Beispiel berichtet, wie Mohammed dem Engel Jibrîl (Dschribil) begegnete: In der Nacht wurde Mohammed von dem Engel auf einem Reittier zuerst auf den Tempelberg in Jerusalem gebracht, dann erblickte er auf einer Himmelsreise Allah und die sieben Paradiese.

Im Islam wird nicht nur der Inhalt der Schrift, sondern auch das Buch und der Text selbst als heilig betrachtet. Deshalb sind auch die Gestaltung der Schrift und die richtige Betonung beim Sprechen außerordentlich wichtig. Aufgeteilt ist der Koran in 114 unterschiedlich lange Abschnitte, die sogenannten Suren. Deren Inhalt ist vielfältig: Es finden sich darin Ereignisse, die auch in der Bibel enthalten sind, zum Beispiel die Schöpfungsgeschichte und Berichte über Jesus. Es finden sich weiterhin Aussagen zum Jüngsten Gericht, zur Hölle und zum Paradies sowie Rechtsvorschriften. Das ganze Leben eines Muslims soll sich am Koran orientieren. Da vieles aber nicht eindeutig ist, ist eine Auslegung des Korans notwendig. Diese Aufgabe kann ein Imam (ein Vorbeter in der Moschee), ein Ayatollah (ein Rechtsgelehrter) oder auch ein Kadi (ein Richter) übernehmen. Sie alle bemühen sich, die Aussagen des Koran auf das Verhalten im Alltag und auf Rechtsfälle anzuwenden. Aufgrund der unterschiedlichen Interpretationen des Korans gibt es auch verschiedene Richtungen im Islam. Gleichwohl sind die sogenannten Fünf Säulen des Islam für alle Gläubigen verbindlich.

M 8 Die Säulen des Islam

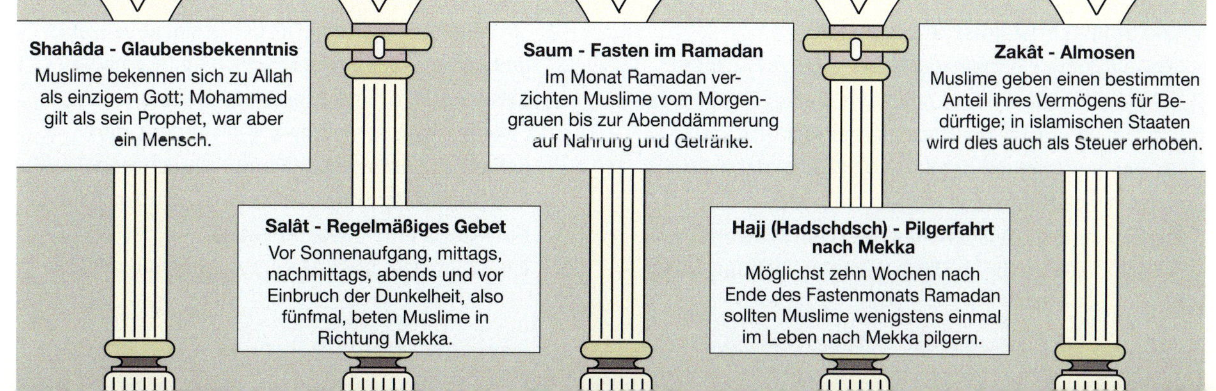

Die Ausbreitung des Islam – Kontakte und Konflikte

Nach dem Tod Mohammeds und der Spaltung des Islam wurden in weit ausgreifenden Feldzügen riesige Gebiete erobert. 711 n. Chr. drangen muslimische Truppen in Spanien ein. Der Vorstoß ins Frankenreich fand erst in den Schlachten von Tours und Poitiers 732 ein Ende. Hier wurden muslimische Expeditionskorps von christlichen Truppen unter Führung von Karl Martell besiegt. Warum konnten die Muslime in so kurzer Zeit so riesige Gebiete erobern?

M 1 Die Ausbreitung des Islam von 622 bis 750 n. Chr.

Aufgaben

1. Die arabisch-islamische Expansion

a) Analysiere die thematische Karte M1 zur Ausbreitung des Islam. Verwende dafür die auf Seite 202 in diesem Buch aufgelisteten Arbeitsschritte.

b) Benenne anhand der Karte M1 Phasen der Ausbreitung des Islam.

c) Berechne die Ausdehnung des islamischen Herrschaftsbereichs um 750 in West-Ost-Richtung in km.

d) Suche in der Karte den Ort der Schlacht bei Tours und Poitiers und informiere dich im Internet über diese Schlacht. Fertige ein Kurzreferat an.

e) Erstelle eine Liste mit heutigen Ländern, deren Gebiete die Araber in den unterschiedlichen Phasen ihrer Expansion ganz oder zum Teil erobert haben. Nutze dazu einen Geografieatlas.

M1, Text auf Seite 96–97, Internet, Atlas

M 2 Beduinen in der Wüste auf der arabischen Halbinsel

Auf der Arabischen Halbinsel lebten bereits zu Mohammads Zeiten sowohl Beduinen (nicht sesshafte Wüstenbewohner) als auch Sesshafte. Die Gleichzeitigkeit von beduinischer und sesshafter Lebensweise prägte den islamischen Kulturraum im gesamten Mittelalter, aktuelle Fotografie.

Ausbreitung des Islam

Häufig wird in diesem Zusammenhang auf den „Heiligen Krieg" verwiesen, der im Koran als Aufgabe formuliert ist. Wer in diesem Kampf um die Ausbreitung des Islam fiel – so der gängige Glaube –, konnte ins Paradies gelangen, das dem Glaubenskämpfer märchenhafte Entschädigungen bot. Allein diese religiöse Motivation kann die rasche Expansion des Islam aber nicht erklären. Nicht weniger entscheidend war, dass die Muslime Andersgläubige nicht gewaltsam bekehren wollten. Wenn die Unterworfenen zur Zahlung einer Steuer bereit waren, durften sie ihrer Religion treu bleiben und konnten sogar mit dem Schutz ihrer neuen Herren rechnen. Allerdings waren die Andersgläubigen den Muslimen rechtlich und sozial nicht gleichgestellt.

Weiterhin gab es unter den christlichen Fürsten nicht selten erhebliche Rivalitäten, die von muslimischen Eroberern geschickt ausgenutzt werden konnten. Und schließlich waren bei den muslimischen Vorstößen auf der Iberischen Halbinsel – dem heutigen Spanien und Portugal – gelegentlich auch christliche Kämpfer beteiligt, die die islamischen Beutezüge unterstützten.

Kulturaustausch: Muslime und Christen in Spanien und Portugal

Auf der Iberischen Halbinsel Halbinsel lebten fast acht Jahrhunderte lang Muslime, Christen und Juden nebeneinander. Durch den Kontakt mit den Arabern bekamen die Christen Zugang zu zahlreichen Erkenntnissen der antiken Philosophen und Wissenschaftler. Die Texte von antiken Mathematikern, Medizinern und Astronomen wurden aus dem Arabischen ins Lateinische übertragen. Die Europäer bekamen auf diese Weise aber auch Zugang zu vielen Errungenschaften der arabischen Kultur.

Miteinander und Gegeneinander

Die Zeit der muslimischen Herrschaft in Spanien war meist durch ein friedliches kulturelles Miteinander der unterschiedlichen Bevölkerungsgruppen geprägt. Für den Vorgang der Zurückdrängung der Herrschaft der Emire und Kalifen hat sich der Begriff „Reconquista" gebildet. So wird der lange Prozess der „Rückeroberung" des Landes durch die christlichen Reiche genannt, der erst 1492 zum Abschluss kam.

Die Zeit des friedlichen Miteinanders sollte allerdings nicht zu einem „goldenen Zeitalter" muslimisch-christlich-jüdischen Zusammenlebens verklärt werden. Denn weder Christen noch Muslime kannten die moderne Idee der Toleranz. An eine gleichberechtigte Anerkennung Andersgläubiger war nicht zu denken, allenfalls an Duldung.

M 3 Toledo

Blick auf die San-Martin-Brücke, Stich, 1585

Kulturelle Kontakte – Mit Bildquellen arbeiten

M 4 Lautenspiel

Ein Muslim und ein Christ beim Lautenspiel. Die Miniatur aus den Cantigas König Alfons' X., des Weisen (1221–1284), veranschaulicht den orientalischen Einfluss auf die Entwicklung der Musik auf der Iberischen Halbinsel.

Biografie

Alfons X. (1221–1284), König von Kastilien und León (mittelalterliche Reiche der iberischen Halbinsel)

Die Herrschaft Alfons' X. (1252–1284) fällt in eine Zeit politischer und sozialer Umbrüche auf der iberischen Halbinsel. Sein Vater Ferdinand III. (1217 –1252) hatte große Erfolge für die Reconquista erzielt mit der Einnahme Córdobas und der Eroberung von Sevilla. Alfons X. war politisch weniger erfolgreich und sah sich während seiner Herrscherjahre unter anderem mit inneren Schwierigkeiten konfrontiert, etwa mit der Kontrolle des durch die Feldzüge im Süden mächtig gewordenen Adels.

Alfons X. war aber ein großer Förderer der Kunst und Wissenschaft. Die Zeitgenossen rühmten ihn wegen seiner Klugheit und die Nachwelt nannte ihn den „Weisen". Er gab große Geschichtswerke in Auftrag und ließ die Rechtsprechung niederschreiben. Aber auch praktisches Spezialwissen zur Sternenkunde, Landwirtschaft und Viehzucht oder auch Poesie und Musik wurden an seinem Hof gefördert. Dabei wurde auf Überlieferungen und Traditionen arabischer und jüdischer Herkunft zurückgegriffen. Die beiden Bilder auf dieser Seite stammen aus bebilderten mittelalterlichen Handschriften, die am Hofe Alfons' entstanden sind.

M 5 Schachspiel

Ein Christ und ein Araber spielen Schach. Die Buchmalerei stammt aus dem „Buch der Schach, Würfel- und Brettspiele" („Libros de Acedrex, Dados e Tablas") das 1283, im letzten Regierungsjahr Königs Alfons X., fertiggestellt wurde. Im Buch werden Schachprobleme dargestellt, für die Lösungswege angegeben werden.

Aufgaben

1. **Kulturelle Kontakte – Mit Bildquellen arbeiten**
   a) Beschreibe die beiden Bildquellen M4 und M5. Verwende dabei die Begriffe „Gegner" oder „Partner".
   b) Formuliere anhand der Bildquellen und des Lehrbuchtextes kurze Aussagen zu kulturellen Kontakten zwischen Christen und Muslimen im Mittelalter.
   → M4–M5, Text auf den Seiten 96–97

Gründe für die rasche Ausbreitung des Islam – Eine Kontroverse

M 6 Zwei Stellungnahmen

a) Die englische Historikerin Karen Armstrong nennt Gründe für die Erfolge der arabischen Krieger (2001):

Die Beutezüge waren eine Reaktion auf ein Problem, das durch den neuen islamischen Frieden auf der [arabischen] Halbinsel entstanden war. Seit Jahrhunderten hatten die Araber ihre mageren Ressourcen durch die ghazwa [Beutezüge] gestreckt, aber der Islam hatte dem Einhalt geboten, denn Stämmen der umma [Gemeinschaft der Muslime] war nicht erlaubt, sich gegenseitig anzugreifen.
Wie also die ghazwa ersetzen, die den Muslimen ermöglicht hatte, ihr mageres Einkommen zu sichern? [...]
Die offensichtliche Lösung war eine Reihe von ghazwa-Beutezügen gegen nicht-muslimische Gemeinschaften in Nachbarländern. Die Einheit der umma blieb durch die nach außen gerichtete Offensive bewahrt. Die Araber lehnten traditionell das Königtum ab und standen jedem Herrscher, der sich als Monarch aufführte, misstrauisch gegenüber, aber sie akzeptierten die Autorität eines Führers während eines Feldzuges oder beim Aufbruch zu neuen Weidegründen. [...]
Die Feldzüge hatten nichts Religiöses an sich, und Umar [von 634 bis 644 der zweite Kalif und ein großer Eroberer] war absolut nicht der Meinung, ein göttliches Mandat [Auftrag] zur Welteroberung zu besitzen.
Das Ziel von Umar und seinen Kriegern war durchaus pragmatisch: Sie wollten Beute und eine gemeinsame Aktivität, die die Einheit der umma sicherte.

Karen Armstrong, Kleine Geschichte des Islam (übers. v. Stephen Tree), Berlin: Berliner Taschenbuch-Verlag 2001, S. 44, 47.

b) Der Orientalist Albrecht Noth schreibt (2001):

In der arabischen Gesellschaft spielte gerade die kriegerische Großtat des einzelnen Stammeskriegers [...] als allgemeine Anerkennung und Ruhm begründendes Faktum eine wichtige Rolle. Dieser individualistischen[1] Sicht des Krieger- und Heldentums kamen nun die entsprechenden Formulierungen des Koran außerordentlich entgegen: Die Bewährung des Einzelnen im Kampf [...] erfährt durch koranische Offenbarungen die zusätzliche Aufwertung zu einem hohen Verdienst um die Religion des Islam, bringt im Todesfall den Kämpfer ohne Umwege in unmittelbare Gottesnähe. [...] Die Teilnahme an den Eroberungszügen war für den einzelnen Kämpfer mehr als die Mitwirkung an einem wichtigen Gemeinschaftsunternehmen; sein kämpferischer Einsatz stellte für ihn vielmehr einen Wert an sich dar, war somit unabhängig von Sieg oder Niederlage, größerem oder kleinerem militärischen Erfolg. Die für die gesamten futuh [Bezeichnung für die Eroberungen nach Mohammeds Tod] so typische Vielzahl von immer erneuten – oft auch sehr begrenzten – Einzelinitiativen [...] scheint wesentlich von der Auffassung des gihad [wörtlich Anstrengung, Einsatz, hier in der Bedeutung heiliger Krieg] als eines unbegrenzten – und damit von der militärisch-politischen Gesamtlage unabhängigen – persönlichen Auftrages hoher Verdienstlichkeit bestimmt gewesen zu sein.

1 individualistisch – eigenständig, selbstständig

Albrecht Noth, Die arabisch-islamische Expansion, in: Ulrich Haarmann/Heinz Halm/Monika Gronke (Hg.), Geschichte der arabischen Welt, München: C. H. Beck 2001 (4. Aufl.), S. 69.

Aufgaben

1. **Gründe für die rasche Ausbreitung des Islam**
   a) Fasse die im Lehrbuchtext angeführten Gründe für die schnelle Ausbreitung des Islam zusammen.
   b) Arbeite die von Karen Armstrong und Albrecht Noth (M6) angeführten unterschiedlichen Gründe für die rasche Ausbreitung des Islam heraus.
   c) Nimm Stellung zu folgender Aussage: „Die rasche Ausbreitung des Islam hatte vor allem religiöse Ursachen."
   Text auf den Seiten 96–97, M6

Kulturkontakt durch Reisen – Mit Textquellen arbeiten

M 7 Ein Bericht über das Abendland

In seinem Werk über die „Wunder der Erde" teilte der arabische Schriftsteller Al-Quazwini (1203–1283) die Erde in sieben Zonen ein. Die nördlichste und kälteste umfasst das Abendland:

Franken ist ein großes Land und weites Königreich in den Christenlanden. Seine Kälte ist ganz fürchterlich und seine Luft dick wegen der übergroßen Kälte. Es ist reich an Gütern, Obst und Feldfrüchten, ergiebig an Flüssen und besitzt Ackerbau und Viehzucht, Bäume und Honig; sein Wild ist artenreich; auch gibt es dort Silberbergwerke. Man schmiedet dort sehr scharfe Schwerter; und die fränkischen Schwerter sind schneidiger als die indischen.

Seine Bewohner sind Christen und haben einen König – kühn, mannenreich und voll Herrscherkraft. Ihm gehören zwei oder drei Städte am diesseitigen Meeresstrande inmitten der Lande des Islam, und er schirmt sie von jener Seite aus; so oft die Muslime ein Heer absenden, sie zu erobern, sendet er von jener Seite Verteidiger für sie. Seine Heere sind außerordentlich tapfer, denken beim Zusammenstoß durchaus nicht an Flucht und achten den Tod für geringer. Aber du siehst nichts Schmutzigeres als sie, und sie sind perfide[1] und gemein von Charakter; sie reinigen und waschen sich nur ein oder zweimal im Jahr mit kaltem Wasser, ihre Kleider aber waschen sie nicht, seitdem sie sie angezogen haben, bis sie in Lumpen zerfallen. Sie scheren ihre Bärte, und es sprossen nach dem Scheren nur abscheuliche Stoppeln. Man fragte einen [von ihnen] nach der Bartschur, und er gab zur Antwort: „Das Haar ist etwas Überflüssiges, ihr entfernt es von euren Schamteilen, wie sollten wir es in unsern Gesichtern dulden?!"

1 perfide – niederträchtig, vorsätzliches Ausnutzen anderer Personen

Übers. zit. n.: Hagen Schulze/Ina Ulrike Paul (Hg.), Europäische Geschichte. Quellen und Materialien, München: Bayerischer Schulbuchverlag 1994, S. 42 ff.

M 8 Ein Bericht über die islamische Welt

Der Mönch Felix Fabri verfasste 1483 einen Bericht über eine Pilgerreise ins Heilige Land:

Sobald also der Name eines Pilgers und der seines Vaters aufgeschrieben waren, standen da einige Sarazenen[1], die den Auftrag hatten, den Pilger sogleich zu ergreifen und zum Eingang einer düsteren und alten Wohnstatt zu ziehen, eines ruinösen Gewölbes, in das sie ihn hineinstießen, wie man ein Schaf zum Melken in den Stall zu stoßen pflegt. [...] Als man uns also in diese Höhle geworfen hatte, fanden wir den Ort unserer Behausung fürchterlich verschmutzt und verdreckt mit Urin und menschlichem Unrat, und es gab keinen Platz zum Sitzen, es sei denn auf Kot. Deshalb sah sich jeder gezwungen, das Plätzchen für seinen Körper zu reinigen und mit den Füßen den Unrat in die Mitte zu schieben; so kam es, dass in der Mitte der Unterkunft ein Berg von Dreck und Unrat aufgehäuft wurde. [...] Welch ein elendes Gasthaus, welch ein dürftiges Quartier, was für eine verdreckte Behausung!

[...]

Während wir also an diesem Ort der Schande saßen, kamen arme Sarazenen und verkauften uns Stroh und Reisig, womit wir den feuchten Boden bedeckten und uns ein Lager bereiteten. Außerdem kamen Händler aus Jerusalem und Ramla mit ihren süß duftenden Waren zu uns und richteten hier einen Markt ein. In Fläschchen brachten sie wertvollstes Rosenwasser aus Damaskus und verkauften es für einen venezianischen Pfennig. Einige boten Balsam, Moschus oder Seife feil, andere hatten Edelsteine, Tücher aus schneeweißer Seide oder Mützen, und viele weitere wertvolle und wohlriechende Dinge wurden zu uns gebracht; aber auch die Händler selbst und die Sarazenen überhaupt gebrauchen aromatische Salben und destillierte Substanzen, sodass von ihnen auch aus großer Entfernung ein starker Duft ausging. Als aber selbst diese Händler den Gestank und den Schmutz unserer Behausung nicht ertragen konnten, verbrannten sie Weihrauch und arabisches Räucherwerk, und so kam es, dass dieser Ort des erbärmlichsten Gestanks eine Stätte des süßesten Duftes wurde, und diejenigen, die ihn zuvor geschändet hatten, sorgten nun von sich aus dafür, dass er gesäubert wurde, und mit ihren eigenen Füßen traten sie den Dreck zusammen und brachten ihn fort.

[...]

Mit großer Unlust und Bitterkeit waren wir dort hineingegangen, aber innerhalb einer einzigen Stunde hatten wir nun Erfrischung und Trost.

1 Sarazenen – arabischer Volksstamm, der auf der Arabischen Halbinsel lebte. Der Name diente in Europa als Sammelbegriff für die islamischen Völker, die den Mittelmeerraum eroberten.

Zit. n.: Folker Reichert (Hg./Übers.), Quellen zur Geschichte des Reisens im Spätmittelalter, Darmstadt: Wissenschaftliche Buchgesellschaft 2009, S. 241 f.

Kulturaustausch – Eine thematische Karte erschließen

M 9 Der Islam als Kulturvermittler

M 10 Kulturvermittlung

Der Islamwissenschaftler Günter Kettermann fasst die Rolle des Islam bei der Vermittlung von Kultur zusammen:

Der Islam hat dem Abendland zahlreiche Kulturgüter einschließlich ihrer Bezeichnungen über Südosteuropa, Italien und vor allem Spanien vermittelt. Sie stammen aus dem islamischen Kernraum, China oder Indien. [...] Die Muslime exportieren nicht nur Handelsgüter, sondern auch Gebrauchs- und Luxusgegenstände sowie die entsprechenden Fertigungstechniken. [...] Tiefer noch als die materielle beeinflusste die geistige Kultur des Islam das Abendland, vor allem im Bereich der Wissenschaften. Die Araber nehmen Anregungen aus China, Indien und Persien auf und beerben die griechische Antike.

Günter Kettermann, Atlas zur Geschichte des Islam, Darmstadt: Wissenschaftliche Buchgesellschaft 2001, S. 42f.

Aufgaben

1. **Kulturkontakt durch Reisen – Mit Textquellen arbeiten**
   a) Beschreibe die Wahrnehmung der jeweils anderen Kultur in den beiden Quellen M7 und M8.
   b) Arbeite Gemeinsamkeiten und Unterschiede beider Berichte heraus.
   → M7–M8, Text auf den Seiten 96–97
2. **Kulturaustausch – Eine thematische Karte erschließen**
   a) Benenne mithilfe der Karte M9 die Herkunftsgebiete der Kulturgüter und beschreibe den Weg, den diese nach Europa nahmen.
   b) Benenne die Gebiete, in denen es vor allem zu einem Kulturaustausch kam.
   c) Erläutere anhand der Karte die Bedeutung des Wortes „Kulturvermittler“.
   d) Erstelle eine tabellarische Übersicht: Lege Spalten für die einzelnen Lebensbereiche an, in denen es zu einem Kulturaustausch zwischen islamischer und christlicher Welt kam. Ordne den Lebensbereichen einzelne Beispiele zu. Bearbeite dafür das gesamte Teilkapitel.
   → M9, M10, Text auf den Seiten 96–97

Die Kreuzzüge: Ein „gerechter“ Krieg im Namen der Religion?

M 1 Christus als Anführer des Kreuzfahrerheeres

Die Illustration aus dem 14. Jahrhundert bezieht sich auf eine Bibelstelle. In der Offenbarung des Johannes wird die Erscheinung Jesu beschrieben: „aus seinem Mund kam ein scharfes, zweischneidiges Schwert“ (Offenbarung 19,15). Buchmalerei, um 1310

M 2 Kreuzritter und Muslime im Kampf

Miniatur, um 1350

M 3 Die Eroberung Jerusalems

Miniatur aus dem 14. Jahrhundert. Die Kreuzfahrer nahmen die Stadt nach einem fünfwöchigen, verlustreichen Kampf am 15. Juli 1099 ein. Christliche und muslimische Chronisten berichten, dass die Kreuzfahrer nach der Erstürmung der Stadt ein grausames Gemetzel unter den Muslimen und den Juden anrichteten und auch noch in der Stadt verbliebene Christen (koptische wie syrische) niedermachten.

Aufgaben

1. Die Kreuzzüge

a) Beschreibe die Bilder M1–M3 möglichst genau. Nenne die abgebildeten Personen, Gegenstände und Symbole.

b) Erkläre die jeweils dargestellte Situation. Ordne die abgebildeten Personen jeweils einer Religion zu.

c) Bewerte die Bildaussagen unter folgendem Gesichtspunkt: Stimmung, die von den Abbildungen ausgehen.

d) Erkläre auf Basis deines bisherigen Wissens die Gründe dafür, dass Jerusalem das Ziel der Krieger war.

→ M1–M3

Der erste Kreuzzug – Geistliche und weltliche Motivationen

Am 27. November 1095 rief Papst Urban II. bei einer Kirchenversammlung im französischen Ort Clermont seine Zuhörer dazu auf, die Christen im Osten und insbesondere das Heilige Grab in Jerusalem durch einen Kriegszug unter dem Zeichen des Kreuzes aus muslimischer Herrschaft zu befreien. Anlass hierfür war ein Hilfegesuch des byzantinischen Kaisers Alexios I. Komnenos (reg. 1081–1118), der sich in Konstantinopel von muslimischen Seldschuken bedrängt sah, die schon 1071 Palästina und damit auch Jerusalem erobert hatten.

Der Papst wollte mit seinem Aufruf die byzantinischen Christen gegen die muslimischen Seldschuken unterstützen, zugleich aber auch seinen eigenen Machtanspruch in der Auseinandersetzung mit weltlichen Herrschern unterstreichen. Urban II. stellte den Teilnehmern an diesem Kriegszug den Erlass der Sündenstrafen in Aussicht, einen sogenannten Ablass. Die kämpferische Reise ins Heilige Land galt somit als religiös verdienstvoll und geheiligt. Da das Ziel das Land Jesu Christi war, verstanden die Teilnehmer den Zug als bewaffnete Pilgerfahrt – der Begriff „Kreuzzug“ entstand erst später.

Der Aufruf des Papstes entfachte eine Massenbewegung. Es ist überliefert, dass sich zahlreiche christliche Ritter unmittelbar nach Urbans Ansprache Stoffkreuze auf ihre Mäntel und Umhänge hefteten, um unter diesem Zeichen den vermeintlichen Willen Gottes zu erfüllen.

Die Eroberung Jerusalems

1096 brachen die ersten Kreuzfahrer auf, 1099 erreichte das Heer nach zahlreichen Strapazen Jerusalem. Bei der Eroberung der Stadt richteten die christlichen Ritter unter den rund 20 000 Einwohnern ein Blutbad an. Wie es dazu kam, ist bis heute ein Gegenstand der Forschung – der Rausch des Sieges, der religiöse Fanatismus (= Besessenheit) der Kreuzfahrer und die aufgestauten Entbehrungen der dreijährigen Reise werden als Erklärung genannt.

Bei den Kreuzzügen handelte es sich um eine kaum kontrollierte und auch nur schwer kontrollierbare Bewegung unter religiösen Vorzeichen. Zwar hatte der Papst selbst zum Kreuzzug aufgerufen, jedoch besaß er anschließend kaum mehr Einfluss auf das Verhalten der Kreuzfahrer selbst. So wurde aus der Kreuzzugsbewegung nach und nach eine Eroberungsbewegung, die im Nahen Osten zur Bildung von sogenannten Kreuzfahrerstaaten führte.

Die Folgen der Kreuzzüge

Trotz ihrer Anfangserfolge scheiterte die Kreuzzugsbewegung. Doch auch wenn die Kreuzfahrerstaaten im Nahen Osten nur bis zum Ende des 13. Jahrhunderts bestanden, wurde das Zusammengehörigkeitsgefühl der Christen in Europa durch die religiös motivierte Kreuzzugsbewegung deutlich gestärkt. Überdies intensi-

M 4 Aufruf zum Kreuzzug

Urban II. ruft im Jahre 1095 auf der Kirchenversammlung zu Clermont zum ersten Kreuzzug auf, Holzschnitt, um 1480, spätere Kolorierung.

Info

byzantinisch

abgeleitet von der Bezeichnung des oströmischen Kaiserreichs als Byzanz. Auch das heutige Istanbul wurde als Byzanz bezeichnet.

M 5 Kreuzritterburg

„Krak“, Burg des Johanniterordens aus dem 12. Jahrhundert im heutigen Syrien; der „Krak des Chevaliers“ gilt als besterhaltene Burg der Kreuzritterzeit.

M 6 **Die Kreuzzüge: Geschichtskarte**

vierte sich in der Folge der Kreuzzüge der wirtschaftliche und kulturelle Austausch zwischen dem christlichen Abendland und dem muslimischen Morgenland.

Religiöse Begründungen

Um den Krieg, die Gewalt und das Töten von Menschen mit den christlichen Grundsätzen des Friedens und der Nächstenliebe in Einklang zu bringen, nutzte die Kirche eine Lehre des spätantiken Bischofs und Kirchenvaters Augustinus (354–430). Nach Augustinus war Gewalt in der Form eines „gerechten Krieges“ (lat. „bellum iustum“) zulässig, wenn man angegriffen wurde oder Unrecht abwehren wollte. Dabei musste allerdings die Verhältnismäßigkeit gewahrt bleiben und es durfte kein zu großer Schaden angerichtet werden. Die innere Absicht der Kämpfenden sollte ethisch gut und nicht von Kampfeslust und Beutegier getrieben sein. Schließlich musste die Leitung dieses „gerechten Krieges“ in der Hand einer von Gott eingesetzten weltlichen Autorität liegen, um willkürliche Gewalt auszuschließen – Eroberungen oder Unterwerfungen erlaubte diese Lehre gleichwohl nicht.

Die gesteigerte religiöse Erregung des 11. und 12. Jahrhunderts ließ das Gedankenkonstrukt des „gerechten Krieges“ jedoch bald hinter die Idee des „Heiligen Krieges“ zurücktreten. Die Gewaltanwendung für die vermeintliche Sache Gottes wurde offen vertreten und auch mit einzelnen Bibelstellen begründet. Die Gebote der Nächsten- und Feindesliebe waren zwar nicht vergessen, aber sie wurden durch die Behauptung überdeckt, es wäre Gott wohlgefällig, die Feinde des Glaubens zu bekämpfen. Die „bewaffneten Pilger“ agierten daher eher als „Heilige Krieger“ gegen innere oder äußere „Feinde“ des Glaubens und der Kirche. Sie richteten sich dabei nicht nur gegen die Muslime im Heiligen Land, sondern auch gegen Andersgläubige in den Heimatgebieten in Europa – gegen hier lebende Muslime, nichtlateinische Christen und gegen Juden.

Info

Verfolgung der jüdischen Bevölkerung im Jahr 1096

Zur Zeit des Ersten Kreuzzuges im Jahre 1096 kam es zu einem ersten, tief greifenden Bruch im Zusammenleben von Juden und Christen in den Städten. Kreuzfahrer durchzogen und verwüsteten auf ihrem Weg ins Heilige Land auch die mittelalterlichen jüdischen Ansiedlungen im Rheinland. Sie fielen in die Städte ein und zwangen die Juden zur Entscheidung zwischen Taufe oder Tod. Die jüdischen Gemeinden in Mainz, Worms und Köln wurden ausgelöscht, und in vielen anderen Städten gab es zahlreiche Todesopfer.

WES-115640-301
Film über die Kreuzzüge

Die Eroberung von Jerusalem – Zwei Perspektiven

M 7 Eroberung von Jerusalem im Jahre 1099

a) Der arabische Geschichtsschreiber Ibn al-Atir (1160–1233) berichtet:

Die Franken wandten sich also gegen Jerusalem, nachdem sie Akkon[1] erfolglos belagert hatten, und hielten es nach ihrer Ankunft mehr als vierzig Tage lang eingeschlossen. Sie errichteten zwei Türme, einen davon auf der Seite Zions[2], aber die Muslime verbrannten ihn und töteten alle, die in ihm waren. Kaum hatten sie ihn verbrannt, als ein Bote mit einem Hilferuf kam: die Stadt sei von der anderen Seite her genommen. Die Franken nahmen sie tatsächlich von der Nordseite, morgens am Freitag, dem [...] [15. Juli 1099]. Die Einwohner wurden ans Schwert geliefert, und die Franken blieben eine Woche in der Stadt, während derer sie die Einwohner mordeten. Eine Gruppe von diesen suchte Schutz in Davids Bethaus[3], verschanzte sich dort und leistete einige Tage Widerstand. Nachdem die Franken ihnen das Leben zugesichert hatten, ergaben sie sich; die Franken hielten den Vertrag, und sie zogen des Nachts in Richtung Askalon[4] und setzten sich dort fest. In der al-Aqsa Moschee dagegen töteten die Franken mehr als siebzigtausend Muslime, unter ihnen viele Imame[5], Religionsgelehrte, Fromme und Asketen[6], die ihr Land verlassen hatten, um in frommer Zurückgezogenheit an diesem heiligen Ort zu leben. Aus dem Felsendom raubten die Franken mehr als vierzig Silberleuchter, von denen jeder über dreitausendsechshundert Drachmen[7] wog, einen großen Silberleuchter im Gewicht von vierzig syrischen Pfund.

Zit. n.: Francesco Gabrieli (Hg.), Die Kreuzzüge aus arabischer Sicht. Aus den arabischen Quellen (übers. v. Barbara von Kaltenborn-Stachau und Lutz Richter-Bernburg), © dtv Verlagsgesellschaft, München 1976 (2. Aufl.), S. 49 f.

b) Der Chronist Wilhelm von Tyrus (ca. 1130–1186) schreibt:

Sofort durchzogen der Herzog [Gottfried von Bouillon] und die, welche mit ihm waren, in geschlossenen Gliedern, mit gezückten Schwertern und mit Schildern und Helmen bedeckt, die Straßen und Plätze der Stadt, und streckten alle Feinde, die sie finden konnten, ohne auf Alter oder Rang Rücksicht zu nehmen, mit der Schärfe des Schwertes nieder. [...]
Der größte Teil des Volkes hatte sich nach der Halle des Tempels geflüchtet [...].
Diese Flucht brachte ihnen aber keine Rettung, denn sogleich begab sich Herr Tankret mit einem sehr großen Teil des ganzen Heeres dahin. Er brach mit Gewalt in den Tempel ein und machte Unzählige nieder. Er soll auch eine unermessliche Menge von Gold, Silber und Edelsteinen hinweggenommen, nachher jedoch, als der erste Tumult[8] vorüber war, alles an den alten Platz zurückgebracht haben. Sofort gingen auch die übrigen Fürsten, nachdem sie, was ihnen in den übrigen Stadtteilen unter die Hände gekommen war, niedergemacht hatten, nach dem Tempel, hinter dessen Umschanzungen sich das Volk, wie sie gehört, geflüchtet hatte. Sie drangen mit einer Menge von Reitern und Fußgängern hinein, und stießen, ohne jemanden zu schonen, was sie fanden mit Schwertern nieder und erfüllten alles mit Blut. Es war dies ein gerechtes Urteil Gottes, dass die, welche das Heiligtum des Herrn mit ihren abergläubischen Bräuchen entweiht und dem gläubigen Volke entzogen hatten, es mit ihrem eigenen Blut reinigten und den Frevel mit ihrem Tod sühnen mussten.

1 Akkon – Hafenstadt an der östlichen Küste des Mittelmeers
2 Zion – andere Bezeichnung für Jerusalem
3 Davids Bethaus – gemeint ist der Davidsturm der Zitadelle in Jerusalem
4 Askalon – Stadt an der südöstlichen Mittelmeerküste
5 Imame – islamische Geistliche
6 Asketen – ein streng und selbstständig seinen Glauben ausübender Mensch
7 Drachmen – antike Währung
8 Tumult – Auflauf aufgeregter und lärmender Menschen

Wilhelm von Tyrus, Geschichte der Kreuzzüge und des Königreichs Jerusalem (übers. v. Eduard Heinrich und Rudolf Kausler), Stuttgart: Verlag von Adolph Krabbe 1840, S. 200 ff.

Aufgaben

1. **Die Eroberung von Jerusalem – Zwei Perspektiven**
   a) Nenne mithilfe des Textes auf den Seiten 103–104 Gründe und Motivationen für die Kreuzzüge aus christlicher Perspektive.
   b) Vergleiche die Schilderungen über die Eroberung von Jerusalem (M7). Arbeite dabei Textstellen heraus, die zeigen, dass es sich um eine arabische oder um eine christliche Sichtweise handelt.
   Text auf den Seiten 103–104, M7

Das Zusammenleben von Juden und Christen

Vereinzelte Quellen belegen, dass Jüdinnen und Juden bereits zur Zeit der Römer in Städten nördlich der Alpen lebten (z. B. in Köln vermutlich im 4. Jahrhundert). Seit dem 10. Jahrhundert sind jüdische Gemeinden im Bereich des römisch-deutschen Reiches nachweisbar. Die ersten größeren jüdischen Gemeindegründungen erfolgten entlang der großen Handelsrouten, so zum Beispiel am Rhein in Mainz, Worms und Speyer. Wie sah das Verhältnis von Juden und Christen aus? Die folgenden Bilder geben erste Hinweise.

M 1 Jüdischer Arzt und Apotheker

Bereits in den frühesten Zeugnissen jüdischer Anwesenheit in Mitteleuropa ist die Tätigkeit von jüdischen Ärzten belegt. Zusammen mit der Berufsgruppe der Gelehrten sind die meisten sogar namentlich bekannt, was ein Zeichen für das hohe Ansehen ist, das sie genossen. Ihre fachlichen Fähigkeiten beruhten womöglich auf medizinischen Traditionen aus dem islamisch-iberischen Raum. Die hier vorliegende norditalienische Buchmalerei stammt aus dem 15. Jahrhundert.

Aufgaben

1. Jüdisches Leben in Bildquellen

a) Beschreibe die einzelnen Bilder (M1, M2) und stelle Vermutungen über die Absichten an, die die Künstler mit der Darstellung der Juden verbanden.

b) Arbeite aus den Bildern Informationen über das Zusammenleben von Juden und Christen heraus.

c) Stelle ausgehend von deinen Erkenntnissen Vermutungen über das Zusammenleben von Juden und Christen auf. Überprüfe deine Vermutungen mithilfe des Textes.

↝ M1, M2, Text auf den Seiten 107 – 108

M 2 Jüdischer Geldverleiher mit christlichem Kunden

„Cantigas de Santa Maria" von Alfons dem Weisen, um 1281–1284. Die Cantigas de Santa Maria sind eine mittelalterliche Liedersammlung. Die meisten der gesammelten Lieder und Gedichte haben Bezüge zur christlichen Marienverehrung. Die Handschrift ist reich bebildert. Neben der einseitigen Festlegung auf den Geldverleiherberuf findet sich hier im gewählten Ausschnitt auch das rassistische Kennzeichen der Hakennase. Die Hakennase war zunächst nur ein Attribut von bildlichen Darstellungen des Teufels. Eine angeblich charakteristische jüdische Nasenform existiert nicht.

Die jüdische Gemeinde und ihre Institutionen

Die jüdischen Gemeinden in den Städten waren autonom, das heißt, dass die Verwaltung und Leitung in ihrer eigenen Hand lag. Zu den öffentlichen Gebäuden, in denen religiöse und kulturelle Bräuche und Traditionen gepflegt wurden, zählten zum Beispiel eine Synagoge für das gemeinsame Gebet, eine Mikwe für rituelle Bäder oder ein Tanz- und Hochzeitshaus für Feiern. Die Lage dieser Gebäude in den Städten war oft zentral, in der Nähe von Rathaus und Kirchen. Daraus ergab sich ein vielfältiges Miteinander von jüdischen und christlichen Nachbarn. Ein Großteil der jüdischen Bevölkerung war in den jüdischen Gemeinden selbst tätig, und zwar handwerklich, erzieherisch oder im religiösen Kultus.

Außerhalb der Gemeinden spielte der Handel eine große Rolle, daneben gab es herausgehobene Berufe wie Arzt, Übersetzer oder Gelehrter. Ab dem 12. und 13. Jahrhundert nahm die Beschäftigung von Juden im Kreditwesen einen größeren Umfang ein – die Entwicklung christlicher Kaufmannsgilden hatte den jüdischen Anteil am Warenhandel verringert. Zugleich wurden von kirchlicher Seite die Verbote der Geldleihe durch Christen strenger. Diese Verbote konnten sich allerdings in der Praxis nie ganz durchsetzen, sodass keineswegs davon gesprochen werden kann, dass Kreditwesen und Geldverleih ausschließlich in jüdischer Hand gelegen hätten.

Rechtliche Stellung: Schutz oder Ausbeutung?

Aufgrund der Verfolgung der jüdischen Bevölkerung während der Kreuzzüge stellte Friedrich II. sie 1236 unter kaiserlichen Schutz. Für den ihnen gewährten Schutz mussten sie jedoch erhebliche finanzielle Leistungen aufbringen. Dieser „Schutz" durch den Kaiser wertete die Stellung der Juden nicht etwa auf, sondern bedeutete tatsächlich den Verlust der Freiheit: Indem die Juden nämlich – wie Frauen oder Geistliche – den schutzbedürftigen und „befriedeten" Personen zugeordnet wur-

Info

Kulturelle Blüte in Aschkenas

Zwischen dem 11. und 13. Jahrhundert kam es zu einer Blüte der jüdischen Kultur in Aschkenas – so nannten die mittelalterlichen Juden das Gebiet nördlich der Alpen, insbesondere das Rheinland und Nordostfrankreich. In dieser Zeit verfassten Juden viele wichtige Handschriften. So ist in Köln im 13. Jahrhundert auch der „Amsterdam Machsor" entstanden, eine reich geschmückte Handschrift, die Gebete für die jüdischen Feiertage enthält.

Die SchUM-Städte

In Deutschland siedelten Juden unter anderem in Speyer, Worms und Mainz. Diese drei bedeutenden Zentren des mittelalterlichen jüdischen Lebens nannten sich selbst „SchUM" – der Begriff stellt eine Abkürzung aus den hebräischen Anfangsbuchstaben der drei Städtenamen dar.

M 3 Verleihung eines Schutzbriefes an Juden

durch Kaiser Heinrich VII. (regierte 1308–1313)

den, verloren sie das Waffenrecht und waren damit im mittelalterlichen Denken Unfreie, d. h. in vollständiger Abhängigkeit ihres Herrn. Häufig wurde das kaiserliche Recht, Juden gegen Geldleistungen in den Schutz aufzunehmen (das sogenannte „Judenregal"), auch verpfändet und ging dann in der Folge in das Eigentum des Pfandinhabers über.

Judenfeindschaft

Wie Jüdinnen und Juden im Laufe der Jahrhunderte von feindlich gesonnenen Nachbarn gesehen wurden, sagt uns heute mehr über diese Nachbarn als über die jüdische Bevölkerung selbst. Die Zerrbilder von Juden und ihren religiösen Handlungen verschlimmerten sich im 13. Jahrhundert. Der wiederholt in theologischen Abhandlungen geäußerte Vorwurf, dass die Juden wegen der Kreuzigung Jesu als „Gottesmörder" zu gelten hätten, wurde für viele Christen zur fixen Idee. Sogenannte Ritualmordlegenden kamen in Umlauf: Juden wurde unterstellt, sie würden aus religiösen Gründen Menschenopfer an Christen vollziehen. Um die Mitte des 13. Jahrhunderts herum nahmen Verfolgungen und Vertreibungen zu und Juden wurden oft in eigene Wohnbezirke gedrängt. Die Ausschreitungen fanden nun nicht mehr nur an einzelnen Orten statt, sondern sie erfassten jetzt ganze Regionen. Juden wurden gewaltsam getauft und sogar ermordet. Häufig raubte man auch ihr Vermögen. In den letzten Jahrhunderten des Mittelalters entschlossen sich deshalb viele jüdische Familien, nach Osteuropa auszuwandern. Dort (z. B. in Polen und Litauen) erhielten sich dann religiöse und kulturelle Traditionen, die ihre Wurzeln in den mittelalterlichen jüdischen Gemeinden am Oberrhein hatten.

Jüdisches Leben in Erfurt – Ein WebQuest

M 4 **Jüdisches Leben in Erfurt**

Die Alte Synagoge ist mit ihren ältesten Bauteilen aus dem 11. Jahrhundert die älteste, bis zum Dach erhaltene Synagoge in Mitteleuropa. Hier ist 2009 ein außergewöhnliches Museum entstanden und ein Ort geschaffen worden, an dem mittelalterliche Sachzeugnisse der jüdischen Gemeinde Erfurts der Öffentlichkeit zugänglich sind. Zusammen mit der Dokumentation der Baugeschichte der Synagoge selbst sollen sie ein Schlaglicht auf die Geschichte der Erfurter Gemeinde werfen, die im Mittelalter eine herausragende Stellung in Europa innehatte.

Die Ausstellung der Alten Synagoge veranschaulicht die Geschichte der ersten jüdischen Gemeinde Erfurts. Im Hof sind Grabsteine des zerstörten mittelalterlichen Friedhofs zu sehen. Die Baugeschichte der Synagoge ist Thema im Erdgeschoss. Der Keller beherbergt den in der Nähe der Synagoge gefundenen Schatz, den ein Jude während des Pogroms von 1349 vergrub. Die Erfurter Hebräischen Handschriften werden im Obergeschoss thematisiert.

https://juedisches-leben.erfurt.de/jl/de/mittelalter/alte_synagoge/index.html [letzter Zugriff: 09.02.2022].

Training

WebQuests durchführen

Bei einem WebQuest geht es darum, im Internet gezielt und planvoll nach Informationen zu suchen. Man recherchiert, um vorher festgelegte Fragen zu beantworten oder konkrete Suchaufträge zu bearbeiten. So erklärt sich auch der Name WebQuest: Web = Internet, Quest = Suche.

Geht in folgenden Arbeitsschritten vor:

1. Den WebQuest vorbereiten

a) Legt inhaltliche Schwerpunkte fest.
b) Erstellt konkrete Arbeitsaufträge.
c) Formuliert exakte Suchbegriffe.

2. Den WebQuest durchführen

a) Sucht im Internet nach den Begriffen.
b) Notiert euch die inhaltlichen Schwerpunkte.
c) Vermerkt die Suchbegriffe, die kein hilfreiches Suchergebnis ergaben.
d) Stellt eure Ergebnisse in Gruppenarbeit zusammen.

3. Den WebQuest präsentieren und auswerten

a) Stellt eure Ergebnisse gruppenweise vor.
b) Tauscht euch über den WebQuest aus. Mögliche Kriterien: Vorgehensweise, Qualität der Internetseiten Schwierigkeiten bei der Informationsbeschaffung.

Aufgaben

1. Das Zusammenleben von Juden und Christen

a) Beschreibe das jüdische Leben in einer mittelalterlichen Stadt.
b) Informiere dich über Straßen in Städten im deutschsprachigen Raum, die „Judengasse" heißen. Vergleiche an drei Beispielen die Lage dieser Straßen in der Stadt und stelle tabellarisch Daten zur jeweiligen Geschichte der jüdischen Gemeinde zusammen.

↝ Text auf den Seien 107–108, Internet

2. Jüdisches Leben in Erfurt – Ein WebQuest

Die Geschichte des jüdischen Lebens in Erfurt kann durch einen Museumsbesuch nachvollzogen werden. Dabei empfiehlt es sich unter anderem die Alte Synagoge, die mittelalterliche Mikwe oder die Begegnungsstätte Neue Synagoge zu besuchen.
Führt zur Vorbereitung auf einen Museumsbesuch ein WebQuest durch. Bildet dafür zu folgenden Themen Arbeitsgruppen:

I) Die Geschichte des jüdisches Lebens in Erfurt im Überblick
II) Die Alte Synagoge in Erfurt
II) Die mittelalterliche Mikwe in Erfurt
IV) Die Bedeutung der mittelalterlichen jüdischen Gemeinde in Erfurt für die Region.

Verwendet für den WebQuest in den einzelnen Arbeitsgruppen auch den Trainingskasten auf dieser Seite.

↝ Internet, Trainingskasten auf dieser Seite

Das Frankenreich entsteht

Mohammed gründet eine neue Religion

Kulturkontakte in Spanien

Kreuzzüge

DATEN

622:
Beginn der muslimischen Zeitrechnung

1095:
Aufruf des Papstes zum ersten Kreuzzug

BEGRIFFE

Judentum

Christentum

Islam

Koran

Kreuzzüge

Kulturkontakte

Judentum, Christentum und Islam

Die älteste monotheistische Religion, das Judentum, war bereits Teil der antiken Kulturen des Mittelmeerraumes gewesen. Der jüdische Aufstand des Jahres 70 n. Chr. führte jedoch zur Zerstörung des Jerusalemer Tempels durch die Römer. Nach der Zerstörung des Tempels zerstreuten sich die Juden im Römischen Reich, um künftig als Minderheit inmitten anderer Völker zu leben. Diese Situation wird als „Diaspora“ bezeichnet.

Noch im Römischen Reich war mit dem Christentum ein neuer Glaube entstanden, der sich nach und nach in Europa durchsetzte. Die Verbreitung des Christentums war jedoch ein langwieriger Prozess.

Zu Beginn des 7. Jahrhunderts stiftete Mohammed in Arabien eine neue Religion: den Islam. Der neue Glaube breitete sich sehr rasch in Vorderasien, Nordafrika und auch auf der Iberischen Halbinsel aus.

Die Kreuzzüge

Ein großer Konflikt zwischen Christentum und Islam waren die Kreuzzüge. Ausgelöst durch einen Aufruf des Papstes zogen ab 1095 christliche Ritterheere ins Heilige Land, eroberten Jerusalem und errichteten in Palästina eine Reihe von Kreuzfahrerstaaten. Neben diesen kriegerischen Auseinandersetzungen gab es auch Kulturkontakte zwischen dem christlichen Europa und der islamischen Welt.

Zusammenleben von Juden und Christen

Juden bildeten einen Teil der mittelalterlichen städtischen Gesellschaft. Sie lebten in Stadtbezirken, deren Mittelpunkt die Synagoge bildete und die sich oft in den Zentren der Städte befanden. Da ihnen eine Beschäftigung im Handwerk durch christliche Konkurrenten erschwert oder sogar durch die christliche Obrigkeit ganz untersagt wurde, boten das Geldgewerbe, der Handel und auch der Beruf des Arztes Möglichkeiten zum Aufstieg.

Im Zuge der Kreuzzüge, dann aber auch im 13. und 14. Jahrhundert, kam es immer wieder zu Pogromen, das heißt zur Verfolgung und Tötung von Juden, die zum Ende vieler jüdischen Gemeinden führten. Trotz Diskriminierung und Verfolgung besaß die jüdische Kultur im Mittelalter einen hohen Rang.

Fragebogen zum Thema: Religionen und Kulturen im Mit- und Gegeneinander

Hinweis: Die folgende Tabelle dient der Selbsteinschätzung deiner erworbenen Kenntnisse, Fähigkeiten und Kompetenzen. Die Auflistung erhebt nicht den Anspruch, vollständig zu sein. Es handelt sich um eine Auswahl, die ggf. erweitert werden kann. In der rechten Spalte findest du Hinweise, wie du eventuell vorhandene Lücken oder auch Unsicherheiten beseitigen kannst.

Ich kann ...	Ich bin sicher. ☺	Ich bin ziemlich sicher. 😐	Ich bin noch unsicher. 😕	Ich habe große Lücken. ☹	Auf diesen Seiten kannst du in ANNO nachlesen	Empfehlungen zur Übung, Wiederholung und Festigung
... exemplarische Kennzeichen und Phänomene von Judentum, Christentum und Islam benennen.					92–95	Notiere in einer Tabelle die jeweils wichtigsten Merkmale des Juden tums, des Christentums und des Islam. Unterstreiche ihre Gemeinsamkeiten.
... die Ausbreitung des Islam im Mittelmeerraum beschreiben.					96–101	Nimm Stellung zu folgender Auffassung: „Die religiöse Toleranz der Muslime war der wichtigste Grund für ihre raschen Eroberungen."
... Merkmale der islamischen Religion beschreiben.					94–95	Erstelle einen Lexikonartikel zum Thema: „Die fünf Säulen des Islam."
... die Ursachen für die Kreuzzüge erläutern.					102–105	Setze dich mit folgender Auffassung auseinander: „Das Hauptmotiv der Kreuzfahrer war die Suche nach Reichtum im Orient."
... den Begriff „Kulturtransfer" erklären.					96–101	Nenne mithilfe der Karte auf Seite 101 die Herkunftsgebiete der Kulturgüter und beschreibe den Weg, den diese ins Abendland nahmen.
...						

04

FRÜHE NEUZEIT – AUFBRUCH IN EINE „NEUE“ ZEIT

M 1 **Nachbau des Schiffs von Christoph Kolumbus,** Fotografie, 1992

M 2 **Griff eines Zeremonialmessers mit dem Bild des Mondgottes,** Hochkultur der Inkas, Gold, um 1200

M 3 **Eine Galeone auf dem Weg zurück nach Portugal,** anonyme Darstellung, 16. Jahrhundert

M 4 **Zerstörung Magdeburgs im Dreißigjährigen Krieg,** zeitgenössischer Stich

M 5 **Proportionsschema der menschlichen Gestalt,** Leonardo da Vinci, um 1490

M 6 **Martin Luther,** Gemälde, 1532

M 7 **Sonnensymbol am Schloss Versailles,** aktuelle Fotografie

M 8 **„Der Philosoph gibt eine Vorlesung“,** Gemälde von Joseph Wright, um 1766

Der Beginn einer „neuen Zeit“

Die Menschen im Mittelalter glaubten, dass Gott die Welt erschaffen habe und über sie herrsche. Der Mensch hatte sich dieser göttlichen Ordnung zu fügen. Auch die Schriften aus der Antike – etwa des Aristoteles – wurden in diesem Sinne gedeutet. Allmählich geriet dieses mittelalterliche Weltbild aber ins Wanken und der Mensch erhielt eine neue Rolle. Welche?

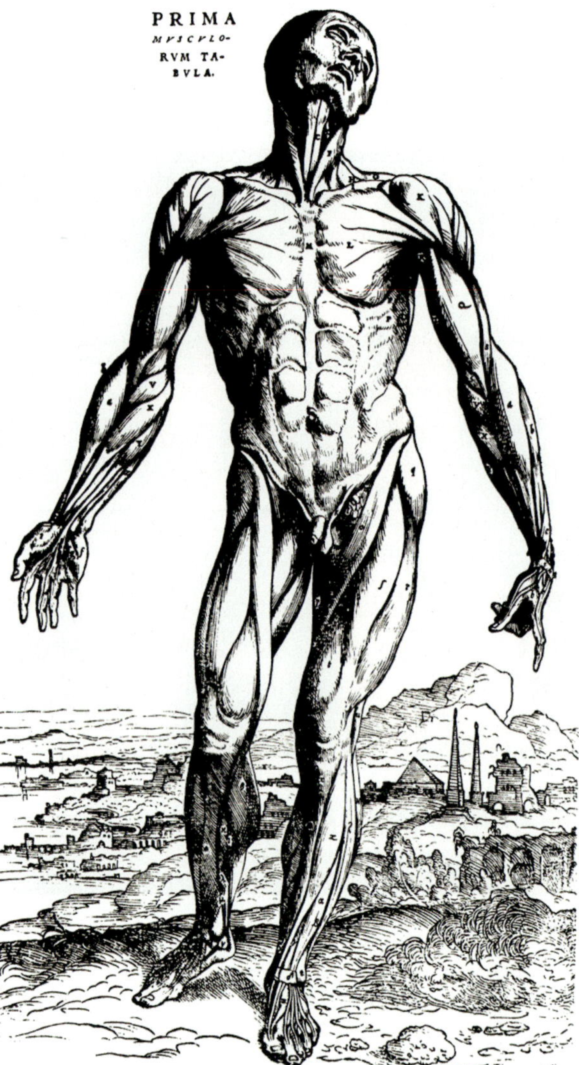

M 1 Anatomie

Abbildung aus einem Buch von Andreas Vesalius, Professor für Anatomie, aus dem Jahr 1543

M 2 Sektion einer Leiche

Galileo Galilei (1564–1642) berichtet über eine Sektion zu wissenschaftlichen Zwecken:

Diesen Tag nun geschah es, dass man den Ursprung und den Ausgangspunkt der Nerven aufsuchte, welches eine berühmte Streitfrage zwischen den Ärzten ist. Als nun der Anatom zeigte, wie der Hauptstamm der Nerven, vom Gehirn ausgehend, den Nacken entlangzieht, sich durch das Rückgrat erstreckt und durch den ganzen Körper verzweigt, wendete er sich an einen Edelmann mit der Frage, ob er nun zufrieden sei und sich überzeugt habe, dass die Nerven im Gehirn ihren Ursprung nehmen und nicht im Herzen. Worauf dieser erwiderte: Ihr habt mir das alles so klar, so augenfällig gezeigt, – stünde nicht der Text des Aristoteles entgegen, der deutlich besagt, der Nervenursprung liege im Herzen, man sähe sich zu dem Zugeständnis gezwungen, dass Ihr Recht habt.

Galileo Galilei, Dialog über die beiden hauptsächlichsten Weltsysteme, zit. nach: Karl Vorländer, Philosophie der Renaissance. Mit Quellentexten unter Mitarb./Übers. v. Hinrich Knittermeyer, Eckhard Kessler u. Marita Gleiss, Reinbek: Rowohlt 1965, S. 251 f.

Aufgaben

1. **Neue wissenschaftliche Methoden**
   a) Nenne diejenigen Teile des Körpers, die auf der Abbildung M1 besonders hervorgehoben werden.
   b) Beschreibe das wissenschaftliche Interesse von Andreas Vesalius (M1). Erkläre dabei den Begriff „Anatomie“.
   c) Gib die unterschiedlichen wissenschaftlichen Vorgehensweisen des im Text genannten Anatoms und des Edelmanns wieder (M2).
   d) Nenne die Erklärungsweise, die als wissenschaftlich bezeichnet werden kann und begründe deine Meinung.
   e) Erkläre, inwiefern dieser Blick auf den Menschen neu war.

   ↝ M1, M2

Ein „neues Weltbild“

Um 1500 entstand ein neues Menschen- und Weltbild. Da diese Vorstellungen oft im Widerspruch zu den mittelalterlichen Vorstellungen standen, fiel es der Kirche schwer, sie zu akzeptieren. Dies lag auch daran, dass sich die neuen Wissenschaftler ganz anderer Methoden der Erkenntnisfindung bedienten. Sie folgten nicht mehr den Aussagen der Bibel, sondern widmeten sich dem genauen Studium der Natur.

Ein Beispiel dafür war die Auseinandersetzung darüber, ob sich die Sonne um die Erde oder die Erde um die Sonne dreht. Bereits in der Antike wurde die Ansicht vertreten, dass die Sonne im Mittelpunkt des Planetensystems (= heliozentrisches Weltbild) stehe und sich die Erde um sie drehe. Im Lauf der Jahrhunderte setzte sich allerdings die Lehre des griechischen Astronomen Ptolemäus durch. Die Erde bildete demnach den Mittelpunkt des Universums, um den sich alle anderen Himmelskörper drehten (= geozentrisches Weltbild). Der Mensch als Krone der göttlichen Schöpfung musste demnach im Zentrum dieser Schöpfung leben. Daran zu zweifeln bedeutete, die gesamte christliche Lehre infrage zu stellen.

Kopernikus und Galilei

Als Erster wagte dies der Astronom und Mathematiker Nikolaus Kopernikus (1473–1543). Er behauptete aufgrund seiner Beobachtungen, dass die Sonne im Mittelpunkt des Planetensystems stehen müsse. Der Italiener Galileo Galilei (1564–1642) bestätigte mithilfe eines neu entwickelten Fernrohrs die Erkenntnisse von Kopernikus durch Beobachtungen am Nachthimmel. Nun reagierten die kirchlichen Autoritäten mit Gegenmaßnahmen. Die Schriften Galileis wurden als Ketzerei verboten, er selbst wurde unter Androhung der Folter gezwungen, seine Aussagen zu widerrufen. Erst 1992 hob die katholische Kirche das damalige Urteil gegen Galilei förmlich auf.

M 3 Nikolaus Kopernikus (1473–1543)
stammte aus Thorn an der Weichsel. Er studierte in Krakau und in Italien Theologie, Jura, Mathematik, Medizin und Astronomie.

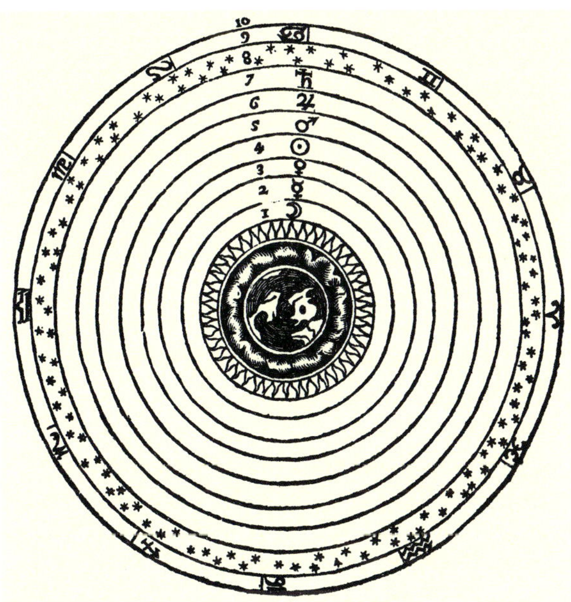

M 4 Vereinfachte Darstellung des ptolemäischen Weltbildes, Holzschnitt, 1658

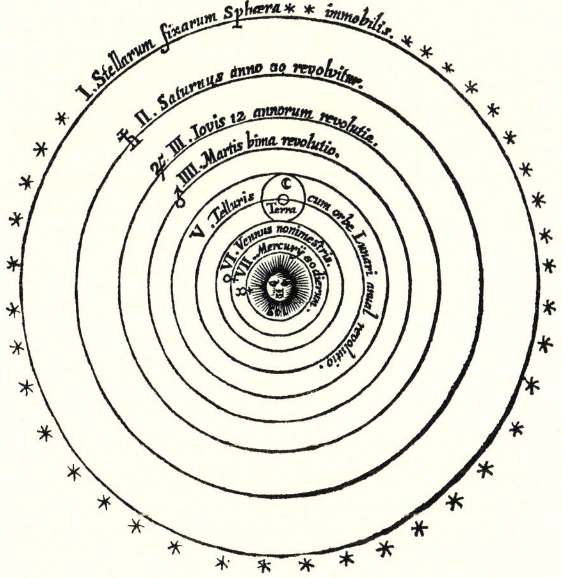

M 5 Vereinfachte Darstellung des kopernikanischen Weltbildes, Holzschnitt, 1658

Die Antike als Vorbild – Renaissance und Humanismus

Die Vertreter der neuen Geisteshaltung beriefen sich auf die Antike und orientierten sich an der Kunst und Literatur der alten Griechen und Römer. Die neue Zeit erschien so als Wiedergeburt der Antike, italienisch „rinascitá“, französisch Renaissance. Dieser Begriff hat sich für das neue Denken sowie die neue Kunst und Kultur eingebürgert, die sich zunächst im gehobenen Bürgertum und in reichen Familien in Europa ausbreiteten. Vor diesem Hintergrund erschien der Zeitraum zwischen Antike und der nun beginnenden Neuzeit als „medium aevum“, als Mittelalter.

Auch in der eigenen Ausbildung orientierten sich die Gelehrten an antiken Vorbildern, deren Schriften zuvor oftmals in Klöstern gesammelt worden waren. Wichtig war eine umfassende Bildung. Diese Bildung wurde nicht mehr ausschließlich in Klöstern gelehrt. Sie setzte weiterhin die Kenntnis der lateinischen Sprache voraus und wurde an den Universitäten vermittelt, die jedoch nur Söhnen aus vermögenden Familien offenstanden. Die Religion wurde nicht grundsätzlich infrage gestellt. Gerade weil Gott den Menschen geschaffen hatte, stand dieser im Mittelpunkt. Das neue Menschenbild setzte in Europa große geistige Kräfte frei. Sowohl in den Künsten als auch in den Naturwissenschaften kam es zu Entdeckungen, Erfindungen und Entwicklungen, die bis heute grundlegend sind. Studien der menschlichen Proportionen ermöglichten eine wirklichkeitsgetreue Darstellung der Figuren.

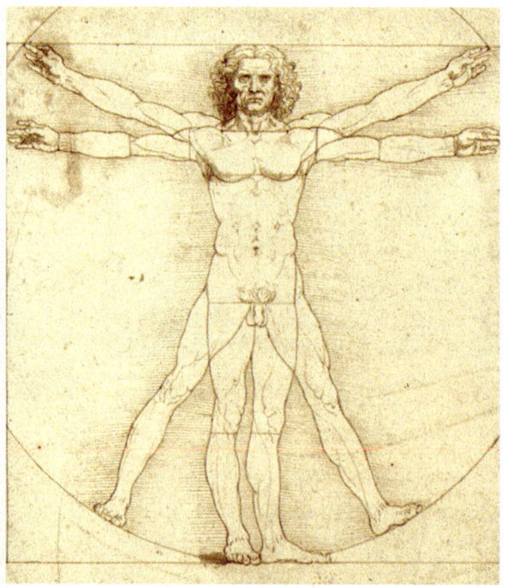

M 6 Studien

Proportionsschema der menschlichen Gestalt“ von Leonardo da Vinci, um 1490.

WES-115640-401
Film über
Leonardo da Vinci

Florenz als Stadt der Renaissance

Eine Vorreiterrolle nahm dabei die Stadt Florenz in der Toskana ein. Dort förderte die vornehme Herrscherfamilie der Medici diese neuen Strömungen. Viele bedeutende Kunstwerke Europas befinden sich deshalb in dieser Stadt. Florenz und andere Handelsstädte verdankten ihren Reichtum dem Selbstvertrauen und der Gelehrsamkeit ihrer Bürger. Gerade diese Städte hatten auch enge Handelskontakte zur arabischen Welt und kamen so mit einer anderen Kultur in Kontakt. Vermittelt durch islamische Wissenschaftler, aber auch durch Gelehrte aus dem alten Oströmischen Reich, öffnete sich für die wohlhabenden Bewohner der italienischen Handelsstädte der Weg zu neuen Erkenntnissen.

Aufgaben

1. Ein neues Weltbild

a) Erkläre mithilfe des Textes auf Seite 115 das ptolemäische und das kopernikanische Weltbild.

b) Vergleiche den Aufbau der beiden Holzschnitte von 1658 (M4, M5) und erläutere dabei die Begriffe „geozentrisches“ und „heliozentrisches Weltbild“.

c) Erkläre das Neue dieser Sichtweise.

M4, M5, Text auf den Seiten 115–116

2. Vergleich von Gemälden

a) Vergleiche die beiden Gemälde M7 und M8. Verwende dafür auch den Trainingskasten auf Seite 117.

b) Arbeite die den Gemälden M7 und M8 zugrunde liegende Vorstellung über das Menschen- und Weltbild heraus. Achte dabei auf den Hintergrund, die Darstellung der Figuren und ihre Beziehung zueinander sowie auf die Perspektive und die Farbgebung.

M7, M8, Trainingskasten auf Seite 117

3. Beginn einer „neuen Zeit“

a) Erkläre mit eigenen Worten die Begriffe „Renaissance“, „Humanismus“ und „Neuzeit“.

b) Erstelle eine Übersicht, aus der die wesentlichen Unterschiede zwischen dem Mittelalter und der Zeit der Renaissance hervorgehen.

c) Nenne die Wissensbereiche, die von den Neuerungen betroffen waren und die, die es nicht waren.

M1–M8, Text auf den Seiten 115–116

Madonna und Jesus – Vergleich von Gemälden

M 7 Madonna mit dem Jesuskind
Um 1260 in Lucca bei Florenz für den Altarraum einer Kirche entstanden, unbekannter Künstler

M 8 Madonna mit dem Jesuskind
1465, Geschenk für den Herzog von Florenz, der es in seinem Palazzo ausstellen ließ. Als Modelle dienten dem Maler Filippo Lippi seine Frau und sein Sohn.

Training

Erklärung des Operators „Vergleichen“

Du sollst Gemeinsamkeiten und Ähnlichkeiten von zwei Ereignissen, Vorgängen, Gegenständen oder z. B. Modellen finden, aber auch Unterschiede zwischen diesen entdecken. Abschließend musst du deine Ergebnisse zusammenhängend und für andere nachvollziehbar formulieren. Das heißt, du musst genau benennen, ob es Gemeinsamkeiten, Ähnlichkeiten und Unterschiede gibt und erläutern, worin sich diese zeigen bzw. woran du diese erkannt hast.

Formulierungshilfen

... Beim Vergleich zwischen ... stelle ich fest, dass ...
... Im Vergleich zu ... stelle ich bei ... fest, dass ...
... Vergleicht man ... mit ... ist feststellbar, dass ...
... gleichen/ähneln sich ..., weil ...
... sind ähnlich/identisch, da ...
... Im Gegensatz / Im Unterschied zu ... ist es bei ... so, dass ...
...unterscheiden sich darin, dass ...
Anders als bei ... ist es bei ... so, dass ...

Erfindungen verändern die Gesellschaft

Als im Jahre 1999 eine Gruppe amerikanischer Wissenschaftler und Wissenschaftlerinnen die wichtigste Persönlichkeit des zweiten Jahrtausends nach Christus küren sollte, fiel ihre Wahl auf einen Deutschen: Johannes Gutenberg, der um 1450 den Buchdruck mit beweglichen Lettern erfand. Was ist daran so bedeutsam?

M 1 Buchherstellung im 16. Jahrhundert

Holzschnitte von Jost Amman, Texte von Hans Sachs, 1568

Der Papyrer.

Jch brauch Hadern zu meiner Mül
Dran treibt mirs Rad deß waſſers viel/
Daß mir die zſchnitn Hadern nelt/
Das zeug wirt in waſſer einquelt/
Drauß mach ich Pogn auff dẽ filtz bring/
Durch preß das waſſer darauß zwing.
Denn henck ichs auff/laß drucken wern/
Schneweiß vnd glatt / ſo hat mans gern.

Der Schrifftgieſſer.

Jch geuß die Schrifft zu der Druckrey
Gemacht auß Wißmat/Zin vnd Bley/
Die kan ich auch gerecht juſtiern/
Die Buchſtaben zuſammn ordniern
Lateiniſch vnd Teutſcher Geſchrifft
Was auch die Griechiſch Sprach antrifft
Mit Verſalen/ Puncten vnd Zügn
Daß ſie zu der Truckrey ſich fügen.

Der Buchdrücker.

Jch bin geſchicket mit der preß
So ich aufftrag den Firniß reß/
So bald mein dienr den bengel zuckt/
So iſt ein bogn papyrs gedruckt.
Da durch kombt manche Kunſt an tag/
Die man leichtlich bekommen mag.
Vor zeiten hat man die bücher gſchribn/
Zu Meintz die Kunſt ward erſtlich triebn.

Der Buchbinder.

Jch bind allerley Bücher ein/
Geiſtlich vnd Weltlich/groß vnd klein/
Jn Perment oder Bretter nur
Vnd beſchlags mit guter Clauſur
Vnd Spangen/vnd ſtempff ſie zur zier/
Jch ſie auch im anfang planier/
Etlich vergüld ich auff dem ſchnitt/
Da verdien ich viel geldes mit.

Medien im Wandel – Meinungen vergleichen

Medienbildung

M 2 Zwei Stellungnahmen zum Buchdruck

a) Papst Alexander nahm 1501 in einer päpstlichen Bulle (Urkunde) Stellung zum Buchdruck:

Da wir erkannt haben, dass durch die Buchdruckerkunst sehr viele Bücher in verschiedenen Teilen der Welt [...] gedruckt worden sind, die viele Irrtümer und der christlichen Religion feindliche Lehren enthalten, verbieten wir [...] allen Buchdruckern [...], in Zukunft Bücher zu drucken, ohne vorher eine ausdrückliche Erlaubnis der Bischöfe oder ihrer Stellvertreter erhalten zu haben. Diesen machen wir zur Pflicht, das zu Druckende sorgfältig zu prüfen und darauf zu achten, dass nichts gedruckt wird, was dem Glauben widerspricht, gottlos oder ärgerniserregend ist.

Alexander VI., Bulle „Inter multiplices"; zit. nach: Richard Loening, Über Zensur und Preßfreiheit, in: Julius Rodenberg (Hg.), Deutsche Rundschau, Berlin: Paetel 1891, S. 445.

b) Erasmus von Rotterdam, ein wichtiger Gelehrter des 16. Jahrhunderts, schrieb im Jahr 1516:

Leidenschaftlich rücke ich von denen ab, die nicht wollen, dass die heiligen Schriften in die Volkssprache übertragen und auch von Laien gelesen werden, als ob Christus so verwickelt gelehrt hätte, dass er kaum von einer Hand voll Theologen verstanden werden könne, und als ob man die christliche Religion dadurch schützen könne, dass sie unbekannt bleibt. Es mag angehen, dass Könige ihre Geheimnisse verheimlichen, aber Christus will mit Nachdruck, dass seine Geheimnisse unter das Volk gebracht werden. Ich würde wünschen, dass alle Weiblein das Evangelium lesen, auch dass sie die Paulinischen Briefe lesen. Wären doch diese in die Sprachen aller Völker übertragen, damit sie nicht nur von den Schotten und Iberern, sondern auch von den Türken und Sarazenen gelesen und verstanden werden könnten.

Werner Welzig (Hg.), Gerhard B. Winkler (Übers.), Erasmus von Rotterdam: Ausgewählte Schriften Bd. 3 (lat./dt.), Darmstadt: Wissenschaftliche Buchgesellschaft 1967, S. 15.

M 3 Medienwandel heute

Nicholas Carr ist Wissenschaftspublizist. Er schreibt über die Unterschiede zwischen elektronischen und gedruckten Büchern (2010):

Wörter auf einem vernetzten Computer zu lesen ist ein ganz anderes Erlebnis, als dieselben Wörter in einem Buch zu lesen. Als Technologie betrachtet, bündelt ein Buch unsere Aufmerksamkeit, es schirmt uns von den Ablenkungen ab [...]. Ein vernetzter Computer tut genau das Gegenteil. [...] Meine eigenen Lektüre- und Denkgewohnheiten haben sich dramatisch gewandelt. Heute lese und recherchiere ich hauptsächlich online. Und dies hat mein Gehirn verändert. Zwar bin ich geübter darin geworden, durch die Stromschnellen des Netzes zu steuern, doch hat meine Fähigkeit, mich für längere Zeit auf eine Sache zu konzentrieren, stetig nachgelassen. [...] Aufgrund meiner eigenen Erfahrungen glaube ich, dass wir Gefahr laufen, mindestens so viel zu verlieren, wie wir gewinnen können.

Nicholas Carr, „Tiefen und Untiefen"; in: Frankfurter Allgemeine Zeitung, 08.01.2010, S. 29ff. © Alle Rechte vorbehalten. Frankfurter Allgemeine Zeitung GmbH, Frankfurt. Zur Verfügung gestellt vom Frankfurter Allgemeine Archiv. https://www.faz.net/aktuell/feuilleton/nicholas-carr-tiefen-und-untiefen-1912436.html [letzter Zugriff: 09.02.2022].

Aufgaben

1. **Der Buchdruck**
   a) Erkläre anhand der Abbildungen (M1) die Herstellung eines Buches im 16. Jahrhundert.
   b) Übertrage die alten Texte (M1) ins heutige Deutsch.
   c) Erläutere die Vorteile des Buchdrucks gegenüber der mittelalterlichen Herstellung eines Buches.
   → M1
2. **Medien im Wandel – Medienbildung**
   a) Stelle die Verfügung des Papstes (M2a) den Aussagen von Erasmus (M2b) gegenüber und bewerte sie.
   b) Stelle die Vor- und Nachteile von Computer und Internet zusammen, die Nicholas Carr (M3) nennt, und beurteile seine Schlussfolgerung.
   → M2, M3
3. **Grundrecht Meinungsfreiheit – Medienbildung**
   a) Im Grundgesetz, der Verfassung der Bundesrepublik, heißt es: „Jeder hat das Recht, seine Meinung in Wort, Schrift und Bild frei zu äußern und zu verbreiten und sich aus allgemein zugänglichen Quellen ungehindert zu unterrichten." Erkläre anhand dieses Zitats den Begriff „Meinungsfreiheit".
   b) Erläutere die Bedeutung des Buchdrucks für die Meinungsfreiheit damals und heute sowie für deinen Alltag.

M 4 **Gutenberg-Statue in Mainz**

Bronzestandbild nach Entwürfen des dänischen Bildhauers Bertel Thorvaldsen, 1837

Johannes Gutenberg und seine Erfindung

Von Johannes Gutenberg, der eigentlich Johannes Gensfleisch hieß – Gutenberg war der Name seines Geburtshauses –, ist nur sehr wenig bekannt, da wir kaum Quellen über ihn besitzen. Geboren wurde er zwischen 1399 und 1405 in Mainz; er stammte aus einer Handwerkerfamilie. Offenbar erlernte er das Handwerk des Goldschmieds, lebte einige Zeit in Straßburg und hielt sich zwischen 1448 und 1457 wieder in Mainz auf. 1468 starb er in seiner Heimatstadt, der genaue Ort seines Grabes ist unbekannt.

Um 1450 erfand er den Buchdruck mit beweglichen Lettern. Zwar gab es in China eine ähnliche Technik schon früher, in unserem Kulturkreis war diese aber vor Gutenberg unbekannt. Hier waren Bücher immer noch sehr teure Güter, da sie auf wertvollem Pergament, d. h. behandelter Tierhaut, per Hand mühevoll abgeschrieben werden mussten. Bücher gab es deshalb nur in wenigen Exemplaren zumeist in Klosterbibliotheken. Durch die von Gutenberg entwickelte Technik wurde es nun möglich, in kurzer Zeit große Mengen zu drucken. Wichtig ist in diesem Zusammenhang auch, dass mit dem schon seit längerer Zeit produzierten Papier als Schreib- und Druckgrundlage ein gegenüber dem Pergament äußerst billiger Stoff zur Verfügung stand. Zunächst blieb Gutenberg allerdings noch ganz in der mittelalterlichen Tradition. Sein erstes Druckwerk war die Bibel, die er nach Art der alten Handschriften kostbar ausmalen ließ.

So begabt Gutenberg als Erfinder war, so ungeschickt scheint er als Geschäftsmann gewesen zu sein. Während sich der Buchdruck sehr schnell in ganz Europa verbreitete, konnte er oftmals seine Schulden nicht bezahlen und lebte in ärmlichen Verhältnissen.

Die Folgen der Erfindung

In zahlreichen Städten Europas entstanden nun Druckereien. Seit etwa 1480 wandten sich die Buchdrucker von der ausschließlichen Herstellung teurer Bücher, die nur einen kleinen Kundenkreis interessierten, ab. Es entstanden nun Druckwerke der unterschiedlichsten Art, von Formularen über Grammatiken und Schulbüchern bis zu Romanen und Erzählungen sowie neuesten wissenschaftli-

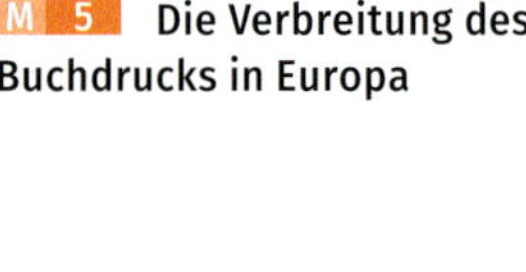

M 5 **Die Verbreitung des Buchdrucks in Europa**

chen und technischen Abhandlungen. Wichtig wurden auch einzelne Blätter, die unterschiedlichste Nachrichten über politische Ereignisse oder Naturkatastrophen verbreiteten und meist mit drastischen Abbildungen versehen waren – sogenannte Flugschriften oder auch „newe Zeitung“, was man mit „neueste Nachrichten“ übersetzen kann.

Binnen weniger Jahrzehnte veränderte sich das Leben der Menschen, die des Lesens mächtig waren, ganz erheblich. Der Kreis dieser lesekundigen Menschen blieb lange Zeit klein. Es handelte sich um eine privilegierte Gruppe von Gelehrten und Wissenschaftlern. Sie bekamen nun leichter Zugang zu Werken, die sie sonst wahrscheinlich ihr ganzes Leben nicht zu Gesicht bekommen hätten. Sie konnten diese nutzen und die entsprechenden Kenntnisse weiterentwickeln. Zudem erschienen ihre eigenen Forschungsergebnisse schnell und erschwinglich in Buchform, sodass andere wiederum darauf aufbauen konnten.

Ähnliches galt auch für die Bereiche Politik und Religion. Flugschriften informierten vor allem die Menschen in den Städten schnell über Ereignisse und Ansichten. Viele Bürger konnten sich nun ihre eigene Meinung bilden und waren nicht mehr darauf angewiesen, das zu glauben, was die Kirche oder die weltliche Obrigkeit sagte. Auch stellte sich schnell heraus, dass man kritische Meinungen, waren sie einmal gedruckt, nur schwer unterdrücken konnte. Denn es war nicht möglich, alle vorhandenen Exemplare zu vernichten. Dies sind nur einige Beispiele dafür, wie sehr der Buchdruck die mittelalterliche Welt veränderte.

Gutenbergs Erfindung hat also ein neues Zeitalter eingeleitet, das bis heute andauert. Erst in jüngster Zeit hat mit der Erfindung des Computers und des Internets eine ähnlich weitreichende Veränderung ihren Anfang genommen wie diejenige, die durch die Entwicklung des Buchdrucks im 15. Jahrhundert angestoßen wurde. Diese „digitale Revolution“ ermöglicht, dass Kommunikation noch schneller wird, Nachrichten sich in Sekunden verbreiten und Kontakte ganz einfach über die ganze Welt möglich sind. Wissenschaftliche Erkenntnisse, aber auch vermeintlich gut gehütete Geheimnisse, erreichen heute via Internet fast jeden.

Bildung und sozialer Aufstieg

Nicht erst seit der Frühen Neuzeit ist also Lesen der Schlüssel zur Bildung und zunehmend auch zu einem sozialen Aufstieg. Wissen und Bildung spielten eine immer größere Rolle. Anders als im Mittelalter gab es nicht mehr nur wenige gebildete Geistliche in hohen politischen Positionen. Es entstanden vielmehr Gruppen von Staatsbeamten, Pfarrern oder Akademikern, die durch ihre Bildung ihre Existenz sicherten und in mehr oder weniger hohe Positionen gelangen konnten. In den Universitäten erwarben junge Männer das notwendige Wissen und es entstand ein durchaus einflussreiches „Bildungsbürgertum“.

Medienbildung 

M 6 Bibelseite (um 1380)

M 7 Gutenberg-Bibel (um 1454)

Aufgaben

1. Die Verbreitung des Buchdrucks

a) Vergleiche die beiden Bibelseiten M6 und M7 und benenne die Veränderungen.

b) Arbeite mithilfe der Karte M5 die Gebiete Europas heraus, in denen sich der Buchdruck besonders verbreitete und suche Gründe dafür.

c) Diskutiere mögliche Folgen dieser Entwicklung für die Bevölkerung in diesen Gebieten.

↝ M5 – M7, Text auf den Seiten 120 – 121

2. Die Folgen des Buchdrucks – Medienbildung

a) Nenne mögliche Gründe dafür, dass Gutenberg seine Bibeln zunächst wie Handschriften gestaltete.

b) Beurteile die Bedeutung der Erfindung des Buchdrucks.

↝ Text auf den Seiten 120 – 121

Die Europäer „entdecken“ die Welt

12. Oktober 1492 – an diesem Tag „entdeckte“ Christoph Kolumbus Amerika. Schriftliche und bildliche Quellen geben Auskunft über die damaligen Ereignisse. Warum kam es 1492 zu dieser „Entdeckung“? Was war die Vorgeschichte der Entdeckungsfahrt und wie nahmen die damaligen Europäer die „neue Welt“ wahr?

M 1 Landung der Spanier auf der Insel Hispaniola

Der abgebildete Kupferstich von Theodor de Bry ist eine der berühmtesten Darstellungen von der ersten Landung des Kolumbus in der Neuen Welt. Sie stammt allerdings erst vom Ende des 16. Jahrhunderts. Der Lütticher Kupferstecher Theodor de Bry (1528–1598), der aus Glaubensgründen seine Heimat verlassen musste und sich in Frankfurt niederließ, brachte ab 1590 eine Sammlung von Reiseberichten in lateinischer und deutscher Sprache heraus und versah diese mit zahlreichen Kupferstichen.

Aufgaben

1. Kolumbus' Entdeckungsfahrten

a) Gib die Schilderung von Kolumbus über seine Landung und seine erste Begegnung mit der lokalen Bevölkerung (M2) mit eigenen Worten wieder.

b) Erläutere die Wahrnehmung der Bevölkerung durch Kolumbus.

c) Beschreibe die Reaktion der lokalen Bevölkerung auf die Landung der Europäer auf dem Kupferstich von Theodor de Bry (M1).

d) Formuliere die Aussageabsicht des Bildes M1.

e) Es gibt keinen zeitgenössischen Bericht über diese erste Begegnung aus der Sicht der lokalen Bevölkerung: Versuche deren Perspektive wahrzunehmen und stelle die Landung von Kolumbus aus deren Sicht dar.

→ M1, M2

M2 Auszug aus dem Bordbuch des Kolumbus

Das Original des Bordbuches ist verschollen. Es ist aber eine Abschrift erhalten. Dort ist für Freitag, den 12. Oktober 1492, folgender Eintrag verzeichnet:

Um zwei Uhr morgens kam das Land in Sicht, von dem wir etwa 8 Seemeilen entfernt waren. Wir holten alle Segel ein und fuhren nur mit einem Großsegel, ohne Nebensegel. Dann lagen wir bei und warteten bis zum Anbruch des Tages, der ein Freitag war, an welchem wir zu einer Insel gelangten [...]. Dort erblickten wir also gleich nackte Eingeborene. Ich begab mich, begleitet von Martin Alonso Pinzón und dessen Bruder Vicente Yánez, dem Kapitän der „Niña", an Bord eines mit Waffen versehenen Bootes an Land. Dort entfaltete ich die königliche Flagge [...].

Ich rief die beiden Kapitäne und auch all die anderen, die an Land gegangen waren, [...] zu mir und sagte ihnen, durch ihre persönliche Gegenwart als Augenzeugen davon Kenntnis zu nehmen, dass ich im Namen des Königs und der Königin, meiner Herren, von der genannten Insel Besitz ergreife [...]. Sofort sammelten sich an jener Stelle zahlreiche Eingeborene der Insel an. In der Erkenntnis, dass es sich um Leute handle, die man weit besser durch Liebe als mit dem Schwerte retten und zu unserem Heiligen Glauben bekehren könne, gedachte ich, sie mir zu Freunden zu machen und schenkte also einigen unter ihnen rote Kappen und Halsketten aus Glas und noch andere Kleinigkeiten von geringem Werte, worüber sie sich ungemein erfreut zeigten. Sie gehen nackend umher, so wie Gott sie erschaffen, Männer wie Frauen [...]. Einige von ihnen bemalen sich mit grauer Farbe [...], andere wiederum mit roter, weißer oder einer anderen Farbe; einige bestreichen damit nur ihr Gesicht oder nur die Augengegend oder die Nase, noch andere bemalen ihren ganzen Körper.

Sie führen keine Waffe mit sich, die ihnen nicht einmal bekannt sind; ich zeigte ihnen die Schwerter und da sie sie aus Unkenntnis bei der Schneide anfassten, so schnitten sie sich. Sie besitzen keine Art Eisen. Ihre Spieße sind eine Art Stäbe ohne Eisen, die an der Spitze mit einem Fischzahn oder einem anderen harten Gegenstand versehen sind.

Christoph Kolumbus, Bordbuch. Aufzeichnungen seiner ersten Entdeckungsfahrt nach Amerika 1492–93 (übers. v. Anton Zahorsky), Kreuzlingen/München: Hugendubel 2006, S. 35 ff.

M3 Die Niña

Die Niña war 21 Meter lang und bis zu 7 Meter breit. Ihr fast 3 Meter breiter Laderaum konnte 51 Tonnen Fracht aufnehmen. Auf der Niña kehrte Kolumbus nach Spanien zurück, nachdem die Santa María gestrandet war, Rekonstruktion.

Aufgaben

1. Die Schiffe der Entdecker

a) Beschreibe den Querschnitt der Niña (M3).

b) Erläutere die Vorteile dieses Schiffstyps für die Entdeckungsfahrten. Verwende dazu auch den Lehrbuchtext auf Seite 124.

↝ M3, Text auf Seite 124

2. Die „Entdeckung" Amerikas

a) Formuliere Fragen zur Entdeckungsfahrt von Kolumbus.

b) Finde Antworten auf deine Fragen im Text auf den Seiten 124–125.

↝ M1–M3, Text

M 4 Die Santa María

Diese Darstellung zeigt, wie eine zeitgenössische Karavelle aussah, Druck aus dem Jahr 1493.

WES-115640-402
Hörszene über die Entdeckungsfahrten

Die Voraussetzungen der Entdeckungsfahrten

1453 hatten die Osmanen Byzanz (Konstantinopel) erobert. Damit beherrschten sie das östliche Mittelmeer und kontrollierten den gesamten Handel zwischen Europa und dem fernen Osten. Seide, Gewürze und andere Kostbarkeiten, die die Europäer seit Jahrhunderten auf dem Landweg aus dem Osten erreichten, wurden durch indische, persische, arabische und türkische Zwischenhändler verteuert. Zusätzlich forderte das Osmanische Reich hohe Zölle. Der Seeweg über die Südspitze von Afrika war hingegen lang, beschwerlich und gefährlich. Doch vielleicht gab es eine Möglichkeit, die bisherigen Handelsrouten mit Schiffen zu umfahren? Seit der Antike und auch im Mittelalter wussten die Gelehrten, dass die Erde eine Kugel ist. Da lag die Überlegung nahe, ob eine direkte Route nach Westen nicht viel schneller in die Gewürzregionen Asiens führte als der mühsame Weg um Afrika herum.

Neuerungen im Schiffbau, bei der Navigation und Fortschritte in der Kartografie waren die entscheidenden Voraussetzungen für den Handel mit Gewürzen, Textilien, Genussmitteln und Edelmetallen wie Gold und Silber. Entfernungen wurden gemessen und die entdeckten Gebiete kartografisch erfasst. Durch die Fortschritte in der Navigation wurden lange Fahrten über das Meer möglich. Der Kompass war schon seit dem 13. Jahrhundert bekannt. Damit ließ sich die Himmelsrichtung relativ zuverlässig ermitteln. Gleichzeitig wurde ein neuer Schiffstyp erfunden: die Karavelle. Das mehr als 20 Meter lange Schiff hatte zwei Masten und zwei oder drei dreieckige Segel. Rund 80 Tonnen Ladung und 20 Mann Besatzung hatten Platz auf einer Karavelle. Mit ihr konnte schnell manövriert, nahe an den Küsten herangesegelt und gegen den Wind gekreuzt werden.

Während der Handel im Mittelmeer immer weiter zurückging, wurden die Portugiesen auf dem Atlantik immer aktiver. 1487 umrundete Bartolomeu Dias das „Kap der guten Hoffnung“, die Südspitze Afrikas, und 1498 erreichte Vasco da Gama über die Ostroute Indien. Schließlich gelang Fernando Magellan in den Jahren 1519 bis 1522 die erste Umsegelung der Welt.

M 5 Die Welt zu Beginn der großen Entdeckungen (um 1500)

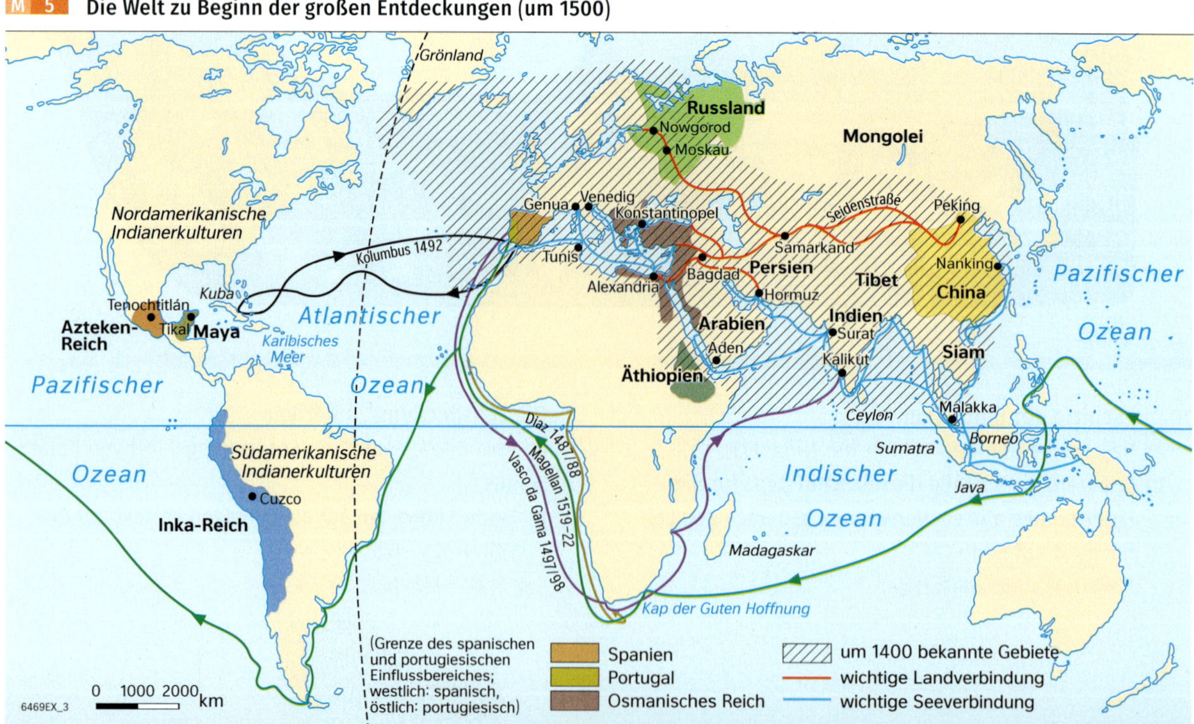

Die „Entdeckung“ Amerikas 1492

Christoph Kolumbus war nicht der erste große Entdecker; er war nicht einmal der erste Europäer auf dem amerikanischen Kontinent. Heute ist bekannt, dass der Wikinger Leif Eriksson bereits um 1000 n. Chr. über Island und die Südspitze Grönlands Amerika erreicht hatte. Doch es war den Wikingern nicht bewusst, dass sie eine „neue Welt“ entdeckt hatten, und in Europa fanden die Fahrten der Wikinger keine Beachtung. Das historische Ereignis war schließlich die Expedition von Christoph Kolumbus, denn damit begann das Jahrhundert der Entdeckungsreisen und ein neues Zeitalter.

Kolumbus, 1451 als Sohn einer Handwerkerfamilie in Genua geboren, war ein erfahrener Seemann. Er beschloss, die westliche Route zu wählen, um so China und Indien über den atlantischen Ozean zu erreichen. Als Grundlage für die Westroute hatte Kolumbus die Karte des italienischen Geografen Paolo Toscanelli genutzt. Diesem unterlief allerdings bei der Berechnung des Erdumfangs ein Rechenfehler, sodass er die Distanz zwischen den Kanarischen Inseln und Japan deutlich zu gering einschätzte. Statt der vermeintlichen 4000 km war die Entfernung über viermal so lang.

Es dauerte viele Jahre, bis Kolumbus einen Auftraggeber für seine abenteuerlichen Reisepläne fand. Als er schon nicht mehr daran glaubte, erteilte ihm schließlich das spanische Königspaar den Auftrag. Der Grund lag im Wettlauf zwischen den beiden Seefahrernationen Portugal und Spanien um den Seeweg nach Indien.

Am 3. August 1492 stachen schließlich die drei Schiffe „Santa Maria“, „Niña“ und „Pinta“ vom spanischen Hafen Palos aus in See. Nach einem Aufenthalt auf den Kanarischen Inseln begann am 6. September die lange Überfahrt. Wochen vergingen auf den Weiten des unbekannten Ozeans und am Horizont war kein Land in Sicht. Nach einem Monat drohten die Seeleute schließlich mit Meuterei. Nach zehnwöchiger Überfahrt erreichte Kolumbus am frühen Morgen des 12. Oktober 1492 schließlich eine Insel vor dem den Europäern bis dahin unbekannten Kontinent Amerika.

Kolumbus in Amerika und Rückkehr nach Spanien

Bis 1493 blieb Kolumbus in der Karibik, wo er die Inseln Kuba und Hispaniola (das heutige Haiti bzw. die Dominikanische Republik) entdeckte. Hispaniola wurde die erste spanische Kolonie, Kolumbus ihr Vizekönig. Zeit seines Lebens hielt er die Inselwelt der Karibik für einen Teil Indiens. Die lokale Bevölkerung, die er antraf, nannte er deswegen auch „Indianer“.

Die Heimkehr von Christoph Kolumbus am 15. März 1493 war ein Triumph: Er brachte etwas Gold, unbekannte Früchte und Pflanzen, bunte Papageien und Menschen mit, die er gefangen genommen hatte, um sie bei Hofe vorzuführen. Er musste sie allerdings wieder zurückbringen, da Königin Isabella keine Gefangenen wollte. Kolumbus reiste noch dreimal ins vermeintliche Indien, bis er 1506 verstarb.

M 6 Christoph Kolumbus (1451–1506)

Es gibt kein einziges zeitgenössisches Porträt von Kolumbus. Dieses Bild kommt den schriftlichen Beschreibungen, die wir besitzen, am nächsten, Gemälde von 1520.

Info

Amerika

Die für Europa „neue Welt“ – Amerika – wurde 1507 nach einem anderen italienischen Seefahrer, dem Florentiner Amerigo Vespucci, benannt. Dieser hatte in den Jahren 1499 und 1501 die südamerikanische Küste erkundet. Dabei erkannte er als einer der Ersten, dass es sich um eine für Europäer „neue Welt“ handeln musste.

Aufgaben

1. Kolumbus' Entdeckungsfahrten

a) Skizziere anhand der Karte M5 die Entdeckungsfahrt von Kolumbus.

b) Beschreibe die geografischen Vorstellungen, von denen sich Kolumbus bei seiner Fahrt leiten ließ.

c) Erläutere mithilfe des Textes (S. 124–125) die Voraussetzungen für die Entdeckungsfahrt des Kolumbus.

M5, Text auf den Seiten 124–125

2. „Zeitalter der Entdeckungen“

a) Erstelle anhand der Karte M5 eine Übersicht über die Entdecker und ihre Unternehmungen. Lege dazu eine Tabelle mit drei Spalten an: Entdecker – Ziel/Route – Jahr.

b) Beurteile, ob es gerechtfertigt ist, von einem „Zeitalter der Entdeckungen“ zu sprechen.

M5, Lexikon oder Internet

Europa erobert die „neue Welt“

Reist man heute nach Mexiko, dann trifft man überall auf Spuren längst vergangener Zeiten. Weltberühmt sind beispielsweise die Pyramiden von Teotihuacán, eine der bedeutendsten prähistorischen Ruinenstädte Amerikas. Vor den Toren von Mexiko-Stadt befinden sich die schwimmenden Gärten, die Xochimilco genannt werden. Sie erinnern an die Azteken, denen die Begegnung mit den Spaniern zum Verhängnis wurde. Was war passiert?

M 1 Ansicht der Stadt Tenochtitlán
Wandgemälde (Ausschnitt) von Diego Rivera im Palacio Nacional, dem Regierungssitz von Mexiko, 1945

Das Reich der Azteken

Als die Spanier die „neue Welt" entdeckten, existierte im heutigen Mexiko das Reich der Azteken. Die Azteken, die sich selbst meist Mexika nannten, waren im 12. Jahrhundert ins Hochland von Mexiko eingewandert. Durch Bündnisse mit anderen Völkern sowie aufgrund ihrer kriegerischen Fähigkeiten bauten sie ihre Macht soweit aus, dass das Reich vom Golf von Mexiko und im Westen bis zum Pazifik im Osten reichte. Die Hauptstadt Tenochtitlán lag an der Stelle des heutigen Zentrums von Mexiko-Stadt, in der bis zu 300 000 Menschen lebten. Damit war sie eine der größten Städte der Welt. Zum Vergleich: Rom hatte damals unter 100 000 Einwohner. Hervorragende architektonische Kenntnisse, große Tempelpyramiden, ein präziser Kalender und bedeutsame Kunstwerke, wie beispielsweise die Federkunst, sind Beispiele für kulturelle Leistungen der Azteken. Sie werden deshalb auch als Hochkultur bezeichnet.

Die Motive für die Eroberung des Aztekenreichs

Im Jahre 1519 erblickten die Spanier erstmals die Aztekenhauptstadt Tenochtitlán, die sie sofort faszinierte. Es folgte ein erster Eroberungsversuch, der im Juni 1520 scheiterte. Doch im August 1521 wurde die Stadt schließlich eingenommen. Wie kam es dazu?

Der Spanier Hernán Cortéz (1485–1547) war 1519 ohne Auftrag der spanischen Krone zur Eroberung Mexikos aufgebrochen, um Gold zu finden und damit zu Reichtum und Macht zu gelangen. Zuerst stieß Cortéz mit seinen Männern auf die Indianersiedlung Tabasco. Dort erfuhr er, dass der Azteken-König Montezuma II. ihn fürchtete. Denn nach dem Glauben seines Volkes kam Cortéz genau zu dem Zeitpunkt an Land, für den die Wiederkehr der „Gefiederten Schlange" vorhergesehen war. Dieser Quetzalcoatl genannte Gottkönig hatte das Land vor Jahrhunderten über das Meer verlassen. Für das Jahr 1519 war seine Wiederkehr aus dem Osten vorhergesagt und zugleich der Untergang des Aztekenreichs. Cortéz brach mit seinen Soldaten sowie einheimischen Verbündeten auf nach Tenochtitlán. Das Aussehen – weiße Haut und Rüstung –, die Waffen und die ihnen völlig unbekannten Pferde, schüchterten die Azteken ein. Bei ihrer Ankunft empfing der Aztekenkönig Cortéz und seine Leute ehrenvoll, hoffte er doch, er könne der Weissagung entgehen. Die Spanier waren jedoch von Anfang an auf Unterwerfung aus. Zwar brach unter den Azteken schnell Widerstand gegen die Spanier aus, Cortéz konnte jedoch zwei Jahre später nach viermonatiger Belagerung Tenochtitlán einnehmen. Daraufhin befahl er, die Stadt dem Erdboden gleichzumachen, um seine Vorstellungen zu verwirklichen und Mexiko-Stadt zu errichten. Die Hauptstadt des Vizekönigreichs Neuspanien wurde auf den Trümmern des Aztekenreichs erbaut.

M 2 Montezuma

Der aztekische Herrscher Montezuma im Gewand des aztekischen Adels trägt am Rücken die königliche Standarte aus den Schwanzfedern des Quetzal-Vogels, der dem Gott Quetzalcoatl geweiht war, Illustration (Ausschnitt) von Diego Duran, 1579.

Info

Die demografische Katastrophe

Durch die Eroberung und Beherrschung Amerikas durch die Spanier kam es zu einem dramatischen Rückgang der lokalen Bevölkerung.

In Zentralmexiko ging die Bevölkerung von 25,2 Millionen Einwohnern im Jahre 1519 auf 2,6 Millionen 1568 und auf eine Million im Jahre 1605 zurück.

In Peru war in der Zeit zwischen 1520 und 1620 sogar ein Bevölkerungsrückgang von 93 Prozent zu verzeichnen.

Aufgaben

1. **Die Eroberung des Aztekenreiches**
   a) Stelle die Eroberung des Aztekenreichs dar.
   b) Nenne die Gründe, die zur Eroberung führten.
   → Text auf den Seiten 127–128
2. **Die Folgen der europäischen Eroberungen**
   a) Nenne die Folgen, die die Eroberung für die lokale Bevölkerung hatte.
   b) Beschreibe das Wandgemälde M1. Stelle Vermutungen über die Aussageabsicht des Bildes an.
   c) Schreibe aus der Perspektive eines spanischen „Eroberers" einen Bericht über Tenochtitlán. Bedenke, wie europäische Städte aussehen.
   d) Informiere dich über die Lebensbedingungen der heutigen Nachfahren der Ureinwohner und verfasse dazu einen Bericht
   → Text auf den Seiten 127–128, M1, Internet

M 3 Bedeutende Reiche der amerikanischen Ureinwohner vor der Ankunft der Europäer

Die Folgen der spanischen Eroberung für das Aztekenreich

Nach der Eroberung des Aztekenreichs wurde die lokale Bevölkerung unterdrückt und ausgebeutet. Die Azteken wurden zu Tributabgaben und zur Arbeit in den Bergwerken unter unmenschlichen Bedingungen gezwungen, sodass viele Menschen die Goldgier der Spanier mit ihrem Leben bezahlen mussten. Hinzu kam der Umstand, dass die Spanier Krankheiten nach Amerika einschleppten, gegen die die lokale Bevölkerung keine Abwehrkräfte hatte.

Viele aztekische Kunstgegenstände wurden eingeschmolzen, um an das Edelmetall heranzukommen. Die aztekische Religion wurde als Heidentum radikal bekämpft. So wurde durch die Eroberungen der Spanier ein hochentwickeltes Volk mit einer jahrhundertealten Kultur um seine Existenz gebracht. Doch wo immer man in Mexiko-Stadt in die Tiefe gräbt, stößt man noch auf Reste von Gebäuden der alten aztekischen Kultur. Nachfahren der Azteken aber gibt es in Mexiko nur noch sehr wenige.

Das Schicksal des Inkareiches

Ein ähnliches Schicksal widerfuhr dem Reich und der Kultur der Inka, einem Volk an der Pazifikküste Südamerikas. 1531 begann der Spanier Francisco Pizarro es zu erobern. Er nahm ihren König gefangen und verlangte von seinen Untertanen einen großen Raum voller Gold als Lösegeld. Die Inkas erfüllten die Forderungen, dennoch ließ Pizarro den König töten und das Gold zu Barren schmelzen, die nach Spanien transportiert werden sollten.

Vergeblich versuchten die Inkas, ihre Gold- und Silberminen vor den Spaniern geheim zu halten, was ihnen jedoch nicht gelang. Gewaltsam wurden die Minen schließlich in Besitz genommen. In der Stadt Potosi (heutiges Bolivien) entstand auf 4000 Meter Höhe ein Zentrum der Silberproduktion, in dem zeitweise bis zu 150 000 Indios unter menschenunwürdigen Bedingungen Silber förderten.

WES-115640-403 Film über die Eroberung des Inkareiches

M 4 Die Eroberung von Cuzco durch die Spanier

Kupferstich von T. de Bry, 1596

Das Bild zeigt die Eroberung von Cuzco, einer wichtigen Stadt im Inkareich. Heute ist dieser Ort ein wichtiger Anziehungspunkt für Touristen, die die Rest der Inkakultur besichtigen wollen, insbesondere die Ruinenstadt Machu Picchu. Der Künstler Theodor de Bry war ein Niederländer, der in seinen Darstellungen die Spanier außerordentlich kritisch zeichnet. Denn die protestantischen Niederlande wurden damals von den katholischen Spaniern beherrscht. Gleichwohl verlief die Eroberung des amerikanischen Kontinents außerordentlich blutig.

M 1 **Deutsche Kartoffeln?**
Aktuelles Foto

Die Geschichte der Kartoffel: Das Fremde wird zum Eigenen

Die Kartoffel ist heute in vielen Formen fester Bestandteil unserer Ernährung. 60 kg Kartoffeln isst jeder Deutsche jährlich – kein Wunder, denn sie enthält so gut wie kein Fett, liefert aber Stärke, Ballaststoffe, Eiweiß, Vitamine, Mineralstoffe und sekundäre Pflanzenstoffe. Wir konsumieren Kartoffeln gekocht, gebraten, als Pommes frites, als Knödel, Chips und in zahlreichen anderen Verarbeitungsarten.

Die Ursprünge der Kartoffel

Ursprünglich stammt die Kartoffel aus Südamerika. Bereits vor über 8000 Jahren haben die Völker der Anden sie dort angebaut. Es gab viele unterschiedliche Sorten, die hoch entwickelt und in vielen Regionen das Hauptnahrungsmittel waren. Die Europäer lernten die Kartoffel vermutlich erstmals 1532 kennen, als spanische Konquistadoren das Inkareich eroberten. Wie auch Mais, Tomate, Paprika und die Gartenbohne wurde die Kartoffel aus Amerika nach Europa importiert, wo all diese Pflanzen zuvor unbekannt waren.

Die Kartoffel als Grundnahrungsmittel in Europa

Bis zum Siegeszug der Kartoffel in Europa sollten allerdings noch etwa zwei Jahrhunderte vergehen. Im Gegensatz zu vielen anderen Pflanzen konnte die Kartoffel zwar ohne Probleme in Europa angebaut werden, jedoch galt die Kartoffel wegen ihrer schönen, meist bläulichen Blüten zunächst eher als Zierpflanze. Erst in der zweiten Hälfte des 18. Jahrhunderts wurde die Kartoffel dann in größeren Mengen auch zum Verzehr gepflanzt und geerntet. Für den Kartoffelanbau setzte sich insbesondere König Friedrich II. von Preußen („der alte Fritz“) ein, um die Ernährungslage der Bevölkerung zu verbessern. Der Durchbruch als Grundnahrungsmittel erfolgte aber erst mit der Industrialisierung. Allein mit Getreideprodukten (vor allem Brot) hätte die in dieser Zeit stark ansteigende städtische Bevölkerung nicht mehr versorgt werden können. Obwohl Getreide bis heute das Hauptnahrungsmittel geblieben ist, ist die Kartoffel in ganz Europa ein fester Bestandteil der Ernährung.

Aufgaben

1. **Das Fremde verändert Europa**
   a) Fasse die Geschichte der Kartoffel mit eigenen Worten zusammen.
   b) Recherchiere andere Lebensmittel oder Gebrauchsgegenstände, die ursprünglich aus Amerika, Asien oder Afrika stammen und in Europa „heimisch“ geworden sind.
   c) Wählt ein Produkt aus und schreibt eine kleine Geschichte des Produktes. Berücksichtigt dabei die ursprüngliche Herkunft des Produktes, den Weg, den es nach Europa nahm und die heutige Bedeutung in Europa.
   → M1, Text auf Seite 129, Internet

Die Europäisierung der Welt

Die Folgen der Entdeckungsreisen waren weitreichend, begann doch mit der „Entdeckung“ Amerikas die Europäisierung der Welt, deren Auswirkungen noch heute spürbar sind. Was bedeutete dies sowohl für die Europäer als auch für die lokale Bevölkerung?

Aufgaben

1. **Die Auswirkungen der europäischen Expansion**
   a) Stelle mithilfe der Karte M1 schematisch den Warenhandel zwischen den Kontinenten dar. Finde dafür eine geeignete Form.
   b) Dieser Austausch von Menschen und Waren wurde früher „Dreieckshandel“ genannt. Nimm kritisch Stellung zu diesem Begriff.
   → M1
2. **Die Entstehung von Kolonialreichen**
   a) Erstelle mithilfe der Karte M1 eine Übersicht über wichtige Kolonialreiche. Verwende dazu eine Tabelle mit zwei Spalten: Staat/Kolonialgebiete.
   b) Begründe anhand der Karte die Eignung des Begriffs „Europäisierung der Welt“.
   → M1

M 1

Russland
Lena
Jakutsk
Ob
Jenissej
Tobolsk
Wolga
Moskau
Amur
Nieder-
lande
Frank-
reich
Astrachan
Mongolei
Peking
Kyoto
Japan
Osmanisches
Reich
Samarkand
Isfahan
Persien
Indus
Alexandria
Basra
Hormuz
Arabien
Maskat
Mekka
Aden
Sokotra
Nil
Niger
Accra
Kongo
Indien
Daman
Diu
Bombay
Goa
1510
Madras
Pondicherry
Kotschin
1663
Kalkutta
1698
Ceylon
1658
China
Ning-po
Macao
1551
Siam
Malakka
Sumatra
Borneo
Batavia
1619
Java
Neuguinea
Pazifischer
Ozean
nach Amerika
Manila
Philippinen
1564
Malindi
1520
Sansibar
Angola
1574/
1650
Mocambique
1507
Bourbon
Madagaskar
Ft. Dauphin
1642
Mauritius
1598
Indischer
Ozean
Australien
Kapland
1602/52
Kapstadt
1652
0
5000
km
520G_1
Wichtige
Handelswaren
Gewürze
(Zimt, Nelken,
Pfeffer, Muskat)
Drogen
Tee
Kaffee
Weihrauch
Zucker
Edelhölzer
Tabak
Reis
Indigo
Seide
Baumwollwaren
Teppiche
Pelze, Häute
Perlen
Elfenbein
Porzellan
Lackwaren
Duftstoffe
Bergbau
Gold
Silber
Zinn
Salpeter
Diamanten
Sklaven

Europäische Eroberer und die lokale Bevölkerung

Wie reagierte die lokale Bevölkerung bei der Ankunft der Europäer? Wie war ihre Wahrnehmung der Konquistadoren? Unser Wissen über die Entdeckungen und Eroberungen der Europäer ist unvollständig und einseitig, denn es ist vor allem die europäische Perspektive überliefert. Die Konquistadoren legitimierten ihr Vorgehen. Sie berichteten dabei aus der Sicht des Siegers. Die Sichtweise der lokalen Völker ist kaum vorhanden. Entweder wurden ihre Quellen von den Eroberern und ihren Nachfolgern zerstört oder die bildhaften Darstellungen der Indianer sind für uns heute sehr schwer zu deuten.

Die europäische Entdeckung und Eroberung der Welt

Das Jahr 1492, das Jahr der „Entdeckung“ Amerikas durch Kolumbus, gilt als Meilenstein der Weltgeschichte. Europäische Entdeckungsfahrten in ferne, unbekannte Gegenden hatte es zwar schon vor Kolumbus gegeben. Neu sind allerdings die Folgen, die sich aus den Entdeckungsreisen nach 1492 ergaben. Dort, wo es hochentwickelte Indianerkulturen wie die Azteken, Inkas und Mayas gab, entstehen spanische und portugiesische Kolonialreiche. Das heißt, dass ein Staat Gebiete beherrscht, die oft auf einem anderen Kontinent liegen und die abhängig vom Mutterland sind.

M 2 Eine Galeone auf dem Weg nach Portugal
Anonyme Darstellung aus dem 16. Jahrhundert

Bereits zwei Jahre nach der Entdeckung Amerikas teilten im Vertrag von Tordesillas Portugal und Kastilien-Aragon (Spanien) die Welt unter sich auf. Für sie war es selbstverständlich, dass ihnen die Länder auch gehörten, die sie „entdeckten“. So wurde auf ihre Bitte hin die Erdkugel in einen spanischen und einen portugiesischen Teil aufgeteilt, indem der Papst eine Linie vom Nord- zum Südpol zog. Alle westlich gelegenen Teile der nicht-christlichen Welt sollten Spanien gehören, alle östlichen Gebiete sollte Portugal erhalten.

Die Ausbeutung der Kolonien

Die Europäer waren besonders an dem Gold und Silber interessiert. Sie zwangen die lokale Bevölkerung, unter unmenschlichen Bedingungen in den Bergwerken zu arbeiten. Daneben entdeckten die Europäer bald weitere Geldquellen: Auf großen Plantagen bauten sie Kaffee, Tee, Tabak, Baumwolle und Zuckerrohr an. Doch der Reichtum musste dem Boden mühsam abgerungen werden. Deshalb wurde die lokale Bevölkerung versklavt und zur Arbeit auf den Feldern und in den Bergwerken gezwungen. Die gewaltsame Eroberung, die Zwangsarbeit, die von Europäern eingeschleppten Krankheiten sowie das dadurch ausgelöste Massen-

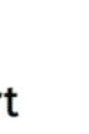

M 3 Sklaventransport
Schematische Darstellung des Zwischendecks eines Sklaventransportschiffes aus Afrika, englischer Kupferstich, 18. Jahrhundert

sterben der lokalen Bevölkerung hatte die rasche Zerstörung selbst hochentwickelter Gesellschaften wie die der Inka und Azteken zur Folge. Man geht davon aus, dass 50 Jahre nach der Eroberung 90 Prozent der ursprünglichen Bevölkerung in den spanischen Kolonien vernichtet worden war. Um den Verlust an Arbeitskräften zu ergänzen, versklavten europäische, arabische und afrikanische Händler Menschen aus Afrika, um sie in den südamerikanischen Kolonien arbeiten zu lassen.

Die Verbreitung des Christentums

Mit den Eroberern kamen auch die Missionare ins Land. Sie glaubten, dass die Seelen der Ureinwohner nur gerettet werden können, wenn diese den christlichen Glauben annahmen. Mit Zwang und Gewalt wurde die lokale Bevölkerung dazu gebracht, ihren eigenen Glauben aufzugeben und sich taufen zu lassen. Damit zerstörten die Europäer einen wichtigen Teil der jahrhundertealten einheimischen Kultur.

Es gab jedoch auch Missionare, die diesen Umgang mit der lokalen Bevölkerung kritisierten. So kämpfte beispielsweise der Priester Bartolomé de Las Casas gegen die Sklaverei, allerdings erfolglos. Seine Protestbriefe an den spanischen König blieben weitgehend ohne Konsequenzen.

Entstehung großer Kolonialreiche

Nicht nur Spanien und Portugal errichteten große Kolonialreiche. Auch die Niederlande, England und Frankreich drangen in fast alle Kontinente vor und errichteten dort Kolonien. Schnell eröffneten auch private Handelsgesellschaften Stützpunkte in Asien, Afrika und Amerika, sodass ein weltweiter Handel entstehen konnte, den Europa wirtschaftlich bestimmte. Mit Menschen überquerten auch Tiere und Pflanzen die Weltmeere. Insbesondere Europa und Asien profitierten vom Artenreichtum Amerikas sowie von neuen Nutzpflanzen und verbesserten langfristig die Lebensgrundlagen vieler Gesellschaften. Viele Nahrungs- und Genussmittel wie Kartoffeln, Kakao oder Kaffee stammen aus Übersee.

M 4 Die 500-Jahr-Feier 1992
Offizielles Logo (oben), Gegenlogo (unten)

Aufgaben

1. Die Europäisierung der Welt

a) Erkläre mit eigenen Worten den Begriff „Europäisierung der Welt“.

b) Stelle aus dem Text auf Seite 132 – 133 die Folgen der „Entdeckung“ zusammen und gestalte daraus eine Übersicht (z. B. ein Schaubild).

c) Markiere in deiner Übersicht die negativen und die positiven Folgen. Möglicherweise können einzelne Aspekte auch für beides gelten.

d) Die Ausbeutung anderer Kontinente für unseren Wohlstand in Europa hält bis heute an:
- Informiert euch über die Bestandteile eures Smartphones/Tablet/Laptop und erstellt eine Tabelle über die Herkunft der Rohstoffe.
- Recherchiert die Bedingungen, unter denen diese Rohstoffe gefördert und eure Endgeräte hergestellt werden. Fasst die wichtigsten Ergebnisse in einem Plakat zusammen.
- Diskutiert auf dieser Grundlage eure Einstellung zur Frage unseres Massenkonsums.

→ Text auf den Seiten 132 – 133, Internet

2. Die Entdeckung Amerikas in der Bilanz

a) Erkläre die Ursachen dafür, dass die europäische Eroberung als ein so bedeutsames historisches Ereignis gewertet wird.

b) Vergleiche das offizielle Zeichen zur 500-Jahr-Feier der Entdeckung Amerikas (M4 oben) mit dem Zeichen der Kritiker der 500-Jahr-Feier (M4 unten).

c) Führt eine Podiumsdiskussion mit dem Thema „Die Folgen der europäischen Entdeckungsfahrten“ durch. Es sollen folgende Perspektiven zu Wort kommen: europäische, arabische und südamerikanische Positionen. Bezieht hierbei auch wirtschaftliche, kulturelle und humanitäre Gesichtspunkte mit ein.

→ Text auf den Seiten 132 – 133, M4

Der Beginn der Reformation

In jeder Klasse sitzen Schülerinnen und Schüler, die den evangelischen oder den katholischen Religionsunterricht besuchen; andere werden in Ethik unterrichtet. Daran ist erkennbar, dass die Mitglieder verschiedener Religionen bei uns heute friedlich zusammenleben. Das war nicht immer so. Die Frage „Was ist der ‚richtige‘ Glaube?“ führte in Europa mehrfach zu Krieg und Zerstörung. Lange Zeit war es unvorstellbar, dass katholische und evangelische Christen nebeneinander oder gar miteinander lebten. Mit dem Beginn der Reformation 1517 nahm diese Glaubensspaltung ihren Ausgang. Sie begann mit dem Versuch, die katholische Kirche zu reformieren – daher der Begriff „Reformation“ – und führte zu zwei verschiedenen Konfessionen mit unterschiedlichen Formen des Gottesdienstes, getrennten Schulen, Heiratsverboten und sogar Religionskriegen. Wie kam es dazu?

M 1 Ein Holzschnitt von 1521

Superbia: [lat.] Anmaßung, Luxuria: [lat.] Prunksucht, Avaritia: [lat.] Habsucht, Paupertas: [lat.] Armut. Der Bauer trägt eine Bibel in der Hand. Er hält sie einem Mönch vor die Nase.

Aufgaben

1. Kritik an der Kirche – Ein Propagandaflugblatt

a) Beschreibe den Holzschnitt M1 von 1521 und erkläre die Bedeutung der einzelnen Personen. Verwende dafür den Trainingskasten „Umgang mit Bildern“ auf Seite 201.

b) Erschließe die Kritik, die der Künstler an der Kirche übt.

M1, Trainingskasten auf Seite 201

2. Kritik an der Kirche

a) Stelle mithilfe des Lehrbuchtextes auf Seite 135 die Kritik an der Kirche zusammen.

b) Arbeite die Punkte heraus, die der Holzschnitt M1 aufgreift.

c) Erkläre den Begriff „Ablass“.

d) Beschreibe den Holzschnitt M2 und arbeite die dort enthaltene Kritik am Ablasshandel heraus.

M1, Text auf Seite 135, M2

Kritik am Zustand der Kirche

Die Religion beherrschte das Leben und den Alltag der Menschen sehr viel stärker als heute. Die Suche nach dem Seelenheil verband Adelige und Bauern, Gelehrte und Geistliche, Männer wie Frauen. Die meisten Menschen richteten ihre Hoffnungen auf das Leben im Jenseits, das sie im Alltag durch Frömmigkeit und Buße zu erreichen suchten. Die Religion war auch deshalb so wichtig, da die meisten Menschen glaubten, dass das Jüngste Gericht kurz bevorstehe. Aus schriftlichen und bildlichen Quellen lässt sich aber erschließen, dass sich seit dem 14. Jahrhundert die Kritik am Zustand der Kirche häufte: Da die Kirche den von Sündenangst gepeinigten Menschen wenig half, unternahmen sie eigene religiöse Anstrengungen für ihr Seelenheil. Viele begaben sich auf Wallfahrten, andere stifteten kostbare Altäre oder unterstützten Arme und Alte. Volksprediger zogen durch das Land und hatten großen Zulauf. Parallel dazu existierte ein weit verbreiteter Volksglaube an Geister und Dämonen.

- Die Menschen beklagten sich über die mangelhafte Ausbildung der Pfarrer. Nur wenige hatten ein Theologiestudium absolviert und viele vernachlässigten ihre geistlichen Aufgaben und waren manchmal gar nicht in der Gemeinde anwesend.

- Auch die Lebensführung der Geistlichen bot Anlass zur Kritik. Manche Priester führten ein ausschweifendes Leben, in vielen Klöstern fehlte es an einem gottgefälligen Leben; Päpste, Bischöfe und Äbte pflegten oft einen luxuriösen Lebensstil.

- Ärger erregte der hohe Geldbedarf der Kirche. Besonders für den Neubau der Peterskirche in Rom benötigte Papst Leo X. große Geldsummen, die er im Jahr 1515 mithilfe des Verkaufs von Gutscheinen, den Ablassbriefen, einsammeln wollte. Solche Ablassbriefe konnten Gläubige kaufen. Sie erlangten nach Auskunft der Geistlichen durch den Ablass die Befreiung von Sündenstrafen, die nach kirchlicher Lehre im Diesseits oder Jenseits abzubüßen waren. Der Ablasshandel bildete eine sprudelnde Einnahmequelle für die Kirche.

M 2 „Ohne Ablass von Rom kann man wohl selig werden"

Kritik am Handel mit Ablasszetteln. Unter dem Kreuz steht die Ablasskiste. Der Mönch verliest die päpstliche Ablassbulle, Holzschnitt von 1521.

Martin Luther

Die herausragende Gestalt der Reformation war Martin Luther, der 1483 in Eisleben (heute Sachsen-Anhalt) geboren wurde. Nachdem er angeblich bei einem schweren Gewitter gelobt hatte, Mönch zu werden, trat er in ein Kloster in der Stadt Erfurt ein. Dort begann er ein Theologiestudium, wurde bald Priester und Professor für Theologie in Wittenberg. Luther hatte wie viele seiner Zeitgenossen große Angst um sein Seelenheil. Er fühlte sich als Sünder und fragte sich, wie die Gnade Gottes zu erreichen sei.

M 3 Martin Luther (1483–1546)

Gemälde von Lucas Cranach d.Ä., 1532

Die neue Lehre

Nach umfangreichem Bibelstudium kam Luther zu der Überzeugung, dass der sündige Mensch nicht durch gute Werke die Gnade Gottes erlangen könne, sondern nur durch den Glauben allein. „Sola fide" hieß das auf Latein. Im Unterschied zur katholischen Kirche, die viele Heilige kennt, sollten sich die Gläubigen nur an der Bibel, der Heiligen Schrift orientieren: „sola scriptura", das heißt: nur die Schrift zählt. Aber nur Gott allein könne dem Menschen Gnade gewähren: lateinisch „sola gratia". Daher bekämpfte Luther den Ablasshandel, der kein Ersatz für echten Glauben und die persönliche Buße sein könne. Auch vertrat er die Ansicht, die Kirche bedürfe keines irdischen Hauptes, da ihr Haupt Jesus Christus sei.

Als Luther am 31. Oktober 1517 Thesen gegen den Ablasshandel in Wittenberg veröffentlichte, begann der Konflikt mit der katholischen Kirche. Da seine Ideen auch durch gedruckte Flugblätter rasch Verbreitung fanden, entstand aus der Kritik eines Mönchs an einem kirchlichen Missstand ein politischer und gesellschaftlicher Konflikt, der schließlich zur Kirchenspaltung führte.

M 4

Neue Lehre	Alte Lehre
Vermittlung von Gnade nicht durch „gute Werke“ oder Kirche, sondern nur durch den Glauben → Hinfälligkeit von Askese (=enthaltsame Lebensweise), Mönchtum und Priestertum	Vermittlung der Gnade Gottes durch die Kirche in Form der Sakramente (heilige Handlungen wie z. B. das Bußsakrament, die Beichte, oder das Ehesakrament) und der Gewährung von Ablass sowie durch „gute Werke“
Keine Unterscheidung zwischen Geistlichen und Laien → Hinfälligkeit des Sakraments der Priesterweihe; aufgrund der direkten Beziehung zu Gott: Fähigkeit eines jeden zum Verständnis der Bibel, zur Predigt und Taufe, Wahl und Abwahl eines Predigers durch die Gemeinde	Unterscheidung zwischen Geistlichen und Laien
Irrtumsfähigkeit von Päpsten und Kirchenversammlungen	Alleinige päpstliche Zuständigkeit bezüglich der Auslegung der Heiligen Schrift
Heilige Schrift in ihrem urspr. Wortlaut als alleinige Glaubensgrundlage: deswegen nur zwei Sakramente statt sieben: Taufe, Abendmahl	Betonung der Heiligen Schrift und der Tradition (zusätzliche Glaubenssätze von Päpsten und Bischöfen) als Glaubensgrundlage

Training

Erklärung des Operators „Diskutieren“

Du sollst einen Sachverhalt, ein Problem, eine Frage aus verschiedenen Perspektiven (Sichtweisen) betrachten. Das bedeutet, dass du verschiedene Positionen (Meinungen), die es dazu gibt, und Argumente, die dafür oder dagegen sprechen, genau durchdenken, vergleichen, für dich prüfen und einander gegenüberstellen sollst. Dadurch sollst du eine eigene Position finden und formulieren. Das heißt, du musst dich aufgrund deiner gedanklichen Auseinandersetzung mit dem Sachverhalt/Problem bzw. der Frage abschließend entscheiden und ein eigenes Urteil fällen bzw. Stellung dazu nehmen.

Formulierungshilfen zum Operator „Diskutieren“

Stellt man sich die Frage, ob ...
Dagegen/dafür spricht, dass ...
Ein (weiteres) Argument dafür/dagegen ist, dass ...
Dagegen einwenden lässt sich, dass ...
Zu berücksichtigen ist aber auch, dass ...
Berücksichtigt man, dass ..., spricht auch dafür/dagegen, dass ...
auf der einen Seite ... auf der anderen Seite ...
einerseits ... andererseits ...
Im Gegensatz dazu ... aber ... jedoch ...

Für das abschließende Urteil

Ich komme zu dem Schluss, dass ...
Ich komme zu dem Urteil, dass ...
Abschließend kann ich sagen, dass ...
Aus meiner Sicht sprechen viele Gründe/Fakten/Beispiele dafür/dagegen, zu sagen, dass ...
Unter Berücksichtigung aller Positionen und Argumente komme ich zu dem Schluss, dass ...

Aufgaben

1. Die neue Lehre

a) Fasse anhand des Textes auf Seite 135–136 Kritikpunkte an der Kirche zur Zeit Luthers zusammen.

b) Erläutere mithilfe des Textes und mithilfe der Tabelle M4 das Neue, aus dem Luthers Lehre bestand.

c) Nenne mögliche Gründe dafür, dass Luther auf so viel Zustimmung stieß.

↷ Text auf den Seiten 135–136, M3–M4

Kritik an der Kirche – Mit Textquellen arbeiten

M5 Eine Ablasspredigt

Die Predigt des Ablasshändlers Johann Tetzel (1517):

Du Priester, du Edler, du Kaufmann, du Weib, Jungfrau, du Verheiratete, du Jüngling, du Greis, gehe doch hinein in deine Kirche, [...] besuche das allerheiligste Kreuz, das für dich aufgerichtet ist, das immer schreiet und dich ruft. [...] Bedenke, dass du auf dem tobenden Meer dieser Welt in so viel Sturm und Gefahr bist und nicht weißt, ob du zum Hafen des Heils kommen könntest. [...]

Du sollst wissen, dass wer beichtet und in Reue Almosen in den Kasten legt, wie ihm der Beichtvater rät, vollkommene Vergebung aller seiner Sünden habe, und wenn er nach der Beichte [...] täglich das Kreuz und die Altäre besucht, den Ablass erlangen wird. [...] Was steht ihr also müßig [= tatenlos]? Laufet alle nach dem Heil eurer Seele. [...]

Höret ihr nicht die Stimme eurer schreienden toten Eltern und anderer, die da sagen: Erbarmet, erbarmet euch doch meiner etc., weil die Hand Gottes uns berührt hat. Wir sind in schweren Strafen und Pein, davon ihr uns mit wenigen Almosen erretten könntet, und doch nicht wollt. Tut die Ohren auf, weil der Vater zu dem Sohn, und die Mutter zur Tochter etc. schreiet: [...] Wir haben euch gezeuget, ernährt, erzogen und euch unser zeitlich Gut gelassen; warum seid ihr denn so grausam und hart, dass, da ihr uns jetzt mit leichter Mühe erretten könntet, ihr doch nicht wollt; und lasset uns in Flammen liegen, dass wir so langsam zu der uns verheißenen Herrlichkeit kommen. Ihr könnt ja Beichtzettel haben, kraft deren ihr im Leben und in der Todesstunde einmal [...] volle Erlassung der Strafen, die den Sünden gebühren, erlangen könnet.

Zit. nach: Walther Köhler (Hg.), Dokumente zum Ablassstreit von 1517, Tübingen: Mohr 1934, S. 125 f.

M6 Thesen gegen den Ablass

Aus den Thesen Martin Luthers vom 31. Oktober 1517:

Aus Liebe zur Wahrheit und dem Eifer, sie zu ermitteln, soll über das Nachstehende in Wittenberg disputiert [= verhandelt, diskutiert] werden. [...]

21. Daher irren all die Ablassprediger, welche erklären, dass der Mensch durch den Ablass des Papstes von jeder Strafe los und frei werde. [...]

24. Folglich wird der größte Teil des Volkes betrogen, wenn man ihm schlankweg mit hohen Worten verspricht, es sei die Strafe los. [...]

27. Man predigt Menschenlehre, wenn man sagt: sobald das Geld im Kasten klingt, entflieht die Seele [dem Fegefeuer].

28. Das ist gewiss, dass Gewinn und Habgier zunehmen können, wenn das Geld im Kasten klingt; ob die Kirche mit ihrer Fürbitte Erfolg hat, steht dagegen bei Gott. [...]

32. Wer glaubt, durch Ablassbriefe seines Heils sicher zu sein, wird auf ewig mit seinen Lehrmeistern verdammt werden. [...]

36. Jeder Christ, der wahrhaft Reue empfindet, hat einen Anspruch auf vollkommenen Erlass von Strafe und Schuld, auch ohne Ablassbrief. [...]

67. Den Ablass, den die Ablassprediger als „größte Gnaden" ausschreien, kann man insofern tatsächlich dafür ansehen, als er ein großes Geschäft bedeutet.

Zit. nach: Eberhard Büssem, Michael Neher (Hg.)/Leopold Auer (Bearb.), Arbeitsbuch Geschichte: Neuzeit 1 (16. bis 18. Jh.). Quellen (UTB 625), Tübingen/Basel: Francke 1977, S. 163.

Aufgaben

1. Ursachen der Reformation

a) Für die Reformation werden verschiedene Ursachen genannt: Missstände in der Kirche – Kritik an den Missständen in der Kirche – Luthers neue Glaubenslehre. Erläutere diese drei Gründe.

b) Diskutiere die Gründe, die entscheidend für den Ausbruch der Reformation waren. Verwende für die „Diskussion" auch den Trainingskasten auf Seite 136.

→ Text auf den Seiten 135–136, M1–M4

2. Kritik am Ablasshandel

a) Erkläre das Vorgehen Tetzels (M5): Wie versuchte er die Zuhörer zu überzeugen?

b) Gib die Kritikpunkte Luthers (M6) wieder.

c) Weise in den Texten M5 und M6 nach, dass Tetzel die alte Lehre und Luther die neue Lehre vertrat.

→ M5–M6

Reformation und Politik

Im April 1521 kam es zu einem denkwürdigen Ereignis. Auf dem Reichstag, der Versammlung der mächtigsten Personen im Reich, kam es zur öffentlichen Auseinandersetzung zwischen Martin Luther und Kaiser Karl V., zwischen dem unbekannten Mönch und dem mächtigsten Mann im Reich. Das Bild stellt eine Deutung der damalige Situation aus der Perspektive eines Malers aus dem 19. Jahrhundert dar. Wieso wurde aus einer religiösen Streitfrage ein politischer Konflikt?

M 1 **Martin Luther auf dem Reichstag zu Worms 1521**
Historiengemälde von Anton von Werner (1843–1915)

Aufgaben

1. Der Reichstag zu Worms im Bild

a) Beschreibe das Bild M1. Achte insbesondere auf die Stellung der Personen zueinander.

b) Beurteile, ob das Bild M1 Partei für Luther nimmt. Begründe deine Entscheidung.

→ M1

2. Der Reichstag zu Worms in Quellen

a) Martin Luther hielt in Worms (M2a) an seiner Position fest. Arbeite aus seiner Rede die Gründe für seine Position heraus.

b) Erläutere das Vorgehen des Kaiser gegen Luther (M2b).

c) Erkläre das Interesse des Kaisers für den Religionsstreit.

d) Beurteile Luthers Verhalten vor dem Reichstag.

→ M2

M 2 Luther und Karl V. in Worms

a) Nach Zusicherung freien Geleites reiste Luther von Wittenberg nach Worms, wo er am 16. April 1521 eintraf. Am 17. April stand Luther erstmals vor Kaiser Karl V. und den Reichsständen. Der Leiter der bischöflichen Gerichtsbehörde, Johannes Eck, fragte ihn, ob er zum Widerruf des Inhalts seiner Schriften bereit sei. Nach einer Bedenkzeit trug Luther am 18. April seine Antwort vor:

Weil Eure geheiligte Majestät und Eure Herrlichkeiten es verlangen, so will ich eine schlichte Antwort geben, die weder Hörner noch Zähne hat: Es sei denn, dass ich durch das Zeugnis der Heiligen Schrift oder vernünftige Gründe überwunden werde – denn weder dem Papst, noch den Konzilien allein vermag ich zu glauben, da es feststeht, dass sie wiederholt geirrt und sich selbst widersprochen haben –, so halte ich mich überwunden durch die Schrift, auf die ich mich gestützt, so ist mein Gewissen im Gotteswort gefangen, und darum kann und will ich nichts widerrufen, weil gegen das Gewissen zu handeln gefährlich ist. Gott helf mir! Amen.

Zit. nach: Ulrich Köpf (Hg.), Deutsche Geschichte in Quellen und Darstellung Bd. 3: Reformationszeit 1495–1555, Stuttgart: Reclam 2001, S. 175.

b) Am folgenden Tag (19. April) ließ der Kaiser vor den Kurfürsten und vielen Fürsten eine feierliche Erklärung verlesen:

Wie ihr wisst, stamme ich von den allerchristlichsten Kaisern der edlen deutschen Nation, den gläubigen Königen von Spanien, den Erzherzögen von Österreich und den Herzögen von Burgund. Sie alle waren bis in den Tod treue Söhne der römischen Kirche; denn stets verteidigten sie den christlichen Glauben, die geheiligte Zeremonie, die Dekrete, Verordnungen und heiligen Bräuche zur Ehre Gottes, zum Wachstum des Glaubens und Heil der Seelen. Sie hinterließen Uns als natürliches Erbe die Erfüllung jener heiligen christlichen Pflichten, nach ihrem Beispiel zu leben und zu sterben; und in wahrer Nachahmung dieser Unserer Vorfahren haben Wir durch Gottes Gnade bisher gelebt.
Aus diesem Grunde bin ich entschlossen, alles aufrecht zu erhalten, was meine Vorfahren und ich bis zum gegenwärtigen Augenblick aufrechterhalten haben [...].
Denn es ist gewiss, dass ein einziger Bruder irrt, dessen Meinung gegen die der gesamten, über tausend Jahre alten Christenheit steht – eine Meinung, nach der die Christenheit sich zu jeder Zeit im Irrtum befunden hätte. Deshalb bin ich ganz und gar entschlossen, hierfür meine Reiche und Herrschaften, meine Freunde, Leib und Blut, Leben und Seele einzusetzen. [...]
Und nachdem ich die Antwort Luthers gehört habe, die er gestern in unser aller Gegenwart gab, erkläre ich Euch, dass ich bereue, so lange das Vorgehen gegen Luther und seine falsche Lehre aufgeschoben zu haben, und dass ich entschlossen bin, ihn nicht weiter anzuhören.

Zit. nach: Ulrich Köpf (Hg.), Deutsche Geschichte in Quellen und Darstellung Bd. 3: Reformationszeit 1495–1555, Stuttgart: Reclam 2001, S. 176 f.

Biografie

Kaiser Karl V. (1500–1558)

Der 1519 zum römisch-deutschen König gewählte und 1530 vom Papst zum Kaiser gekrönte Karl V. aus der Dynastie der Habsburger beherrschte ein riesiges Reich, das auch überseeische Besitzungen umfasste. In religiösen Belangen verstand sich Karl als Bewahrer der alten katholischen Lehre. In Luthers Haltung sah er nur eine Abweichung von der wahren Lehre, die unterdrückt werden müsse. Dies machte Karl in Worms 1521 unmissverständlich deutlich, als er Luther mit der Reichsacht belegte. Aber seine harte Haltung gegenüber der neuen Lehre wich immer wieder einer Politik des Ausgleichs, um mit einem befriedeten Reich im Rücken andere Probleme außerhalb des Reiches bewältigen zu können.

M 3 Karl V. (1500–1558)

Das Gemälde (Auschnitt) zeigt den Kaiser etwa zur Zeit des Wormser Reichstags von 1521.

Der Reichstag von Worms 1521

Nachdem Luther 1517 seine Thesen gegen den Ablasshandel veröffentlicht hatte, weitete sich der Konflikt schnell aus. Luther wurde verhört, widerrief seine Auffassungen allerdings nicht. Das päpstliche Schreiben mit der Bannandrohung, das heißt mit der Drohung des Ausschlusses aus der Kirchengemeinschaft, verbrannte Luther 1520 öffentlich. Wenig später wurde Luther vom Papst mit dem Kirchenbann belegt.

Auf dem Reichstag in Worms verweigerte Luther 1521 vor Kaiser Karl V. und den Reichsfürsten den Widerruf. Er wurde daraufhin mit dem Wormser Edikt vom Kaiser geächtet, das heißt für rechtlos erklärt.

Der Landesherr des Reformators, Kurfürst Friedrich der Weise von Sachsen, ließ ihn nach der Abfahrt aus Worms zum Schein überfallen und auf die Wartburg bringen, um ihn zu schützen. Dort übersetzte Luther, als „Junker Jörg“ verkleidet, das Neue Testament ins Deutsche. 1522 kehrte Luther schließlich nach Wittenberg zurück und setzte seine Arbeit als Professor für Theologie fort.

M 4 Die Wartburg bei Eisenach
Aktuelles Foto

Die neue Lehre gewinnt an Boden

Eine Reihe von Landesherren schloss sich der neuen Lehre an. Dabei spielten neben der religiösen Überzeugung auch machtpolitische Überlegungen eine Rolle. So konnten die Fürsten durch die Einführung der Reformation ihre Eigenständigkeit gegenüber dem Kaiser betonen und durch die Aufhebung der Klöster finanzielle Gewinne erzielen. Neben Sachsen, der Kurpfalz und Hessen bekannten sich insbesondere viele Städte zur Reformation, während Bayern neben anderen süd- und westdeutschen Gebieten katholisch blieb.

Die Verfestigung der Spaltung

1526 legte der Reichstag zu Speyer fest, dass sich die Fürsten in der Religionsfrage bis zu einem späteren Konzil zur Wiederherstellung der kirchlichen Einheit so verhalten sollten, wie sie es vor Gott und dem Kaiser verantworten könnten. Dies bedeutete die vorübergehende Duldung der neuen Glaubensrichtung. Infolge dieser Atempause konnte sich der evangelischen Glauben festigen.

1529 protestierten die evangelischen Landesherren auf einem erneuten Reichstag zu Speyer gegen den Versuch, den Beschluss von 1526 aufzuheben. Sie begründeten ihre Haltung damit, dass jeder Herrscher vor Gott verantwortlich sei und deswegen in Glaubensangelegenheiten zu nichts gezwungen werden dürfe. Die Bezeichnung „Protestanten“ leitet sich von diesem Ereignis ab.

M 5 Karl V. als Sieger über den Schmalkaldischen Bund
(ein Bündnis protestantischer Fürsten und Städte zur Verteidigung des evangelischen Glaubens), Gemälde von Tizian, 1548

Der Kaiser, die Türken und die Reichsfürsten

Widersacher Karls war der französische König Franz I., der die Umklammerung seines Landes durch den Habsburger, der auch über Spanien herrschte, als große Gefahr betrachtete. Aus diesem Grund kam es immer wieder zu Kriegen gegen Frankreich, was die Abwesenheit des Kaisers im Reich zur Folge hatte. Dies begünstigte die Ausbreitung der Reformation. Auch der Abwehrkampf gegen den Vorstoß der Türken in Südosteuropa kam der neuen Lehre zugute, da sich der Kaiser die finanzielle Unterstützung der evangelischen Reichsstände durch Gewährung eines zeitlich befristeten Religionsfriedens erkaufen musste.

Erst als Karl V. mit dem französischen König Franz I. Frieden und einen Waffenstillstand mit den Türken geschlossen hatte, wandte er sich ab 1544 mit ganzer Kraft gegen den Protestantismus. 1547 besiegte der Kaiser das Bündnis der Protestanten, den sogenannten Schmalkaldischen Bund.

Evangelische wie katholische Fürsten fürchteten aber um ihre Eigenständigkeit. Das Ergebnis war ein Aufstand der Fürsten und deren Sieg über den Kaiser.

Der Augsburger Religionsfrieden von 1555

Ein endgültiger Ausgleich zwischen Kaiser Karl V. sowie den protestantischen und katholischen Ständen kam auf dem Reichstag von 1555 mit dem Augsburger Religionsfrieden zustande. Der Kaiser und die Reichsstände einigten sich auf folgende Punkte:

- Das lutherische Bekenntnis wird neben dem katholischen anerkannt. Andere christliche Bekenntnisse sind ausgeschlossen.
- Wenn ein Fürst die Konfession wechselt, müssen ihm alle Untertanen folgen. Wollen sie das nicht, können sie in ein anderes Land ihrer Konfession auswandern. Dieses Prinzip wird mit dem lateinisch formulierten Grundsatz beschrieben: „Cuius regio – eius religio“ – „Wessen Gebiet, dessen Glaube.“
- Wenn geistliche Reichsfürsten den Glauben wechseln, verlieren sie ihr Amt. Mit dieser Bestimmung sollte die Vorherrschaft der Katholiken im Reich gesichert werden.
- Die evangelische und katholische Religionsausübung wird in gemischtkonfessionellen Reichsstädten garantiert.

Die Folge war eine Glaubensspaltung in Deutschland. Da die Religion damals das Leben der Menschen entscheidend bestimmte, waren die Auswirkungen im Alltag spürbar. Es gab unterschiedliche Formen von Frömmigkeit, zum Teil andere Feiertage und konfessionell getrennte Schulen. Heute gibt es immer noch verschiedene Konfessionen, aber die damalige Form der Glaubensspaltung ist überwunden.

Info

Katholische Reform

Die Antwort der katholischen Kirche auf die Ausbreitung der Reformation folgte mit dem Konzil von Trient, einer Kirchenversammlung, die von 1545 an mit Unterbrechungen bis 1563 tagte. Sie hatte zwei Stoßrichtungen: die Zurückdrängung des Protestantismus, die sogenannte Gegenreformation, und eine Reform der katholischen Kirche. Diese war unter anderem geprägt durch die Förderung der Priesterausbildung sowie durch die Betonung der Autorität des Papstes. Der neu gegründete Jesuitenorden spielte bei der Verwirklichung dieser Ziele eine wichtige Rolle.

M 6 Die Konfessionen in Deutschland

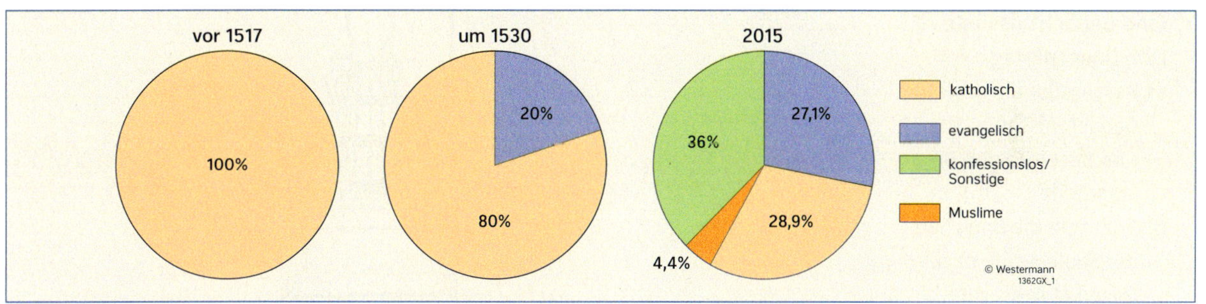

Aufgaben

1. Die Ausbreitung der Reformation

a) Erstelle eine Tabelle mit zwei Spalten. Trage in die linke Spalte die Jahreszahlen 1517 – 1521 – 1526 – 1529 – 1555 ein und erläutere in der rechten Spalte die Bedeutung dieser Jahre für die Entwicklung des Verhältnisses der Konfessionen.

b) Nenne die Gründe der Landesfürsten, sich der Reformation anzuschließen.

c) Erkläre das zögerliche Vorgehen des Kaisers Karl V. gegen die Protestanten.

→ Text auf den Seiten 140 – 141, M5

2. Politik und Religion zur Zeit der Reformation

a) Erläutere die Gründe dafür, dass in der Reformation religiöse Fragen zu politischen wurden.

b) „Religiöse Fragen sind nur ein Vorwand für politisches Machtstreben“. Nimm Stellung zu dieser Auffassung und berücksichtige dabei unterschiedliche Zeitpunkte.

→ Text auf den Seiten 140 – 141

3. Der Augsburger Religionsfriede

a) Nenne und erläutere die Bestimmungen des Augsburger Religionsfriedens von 1555.

b) Beurteile die Regelungen des Augsburger Religionsfriedens: Bot er eine Chance für die Beendigung des Religionskonfliktes?

→ Text auf Seite 141

Der Bauernkrieg

Eine Anhöhe über dem thüringischen Ort Frankenhausen heißt heute noch Schlachtberg, die dazugehörige Bergflanke „Blutrinne“. Dies erinnert an die Schlacht von Frankenhausen. Sie war der Höhe- und Endpunkt des Bauernkrieges. Von ungefähr 6000 Bauern wurden am 15. Mai 1525 etwa 5 000 niedergemetzelt. Die Niederlage der Bauern wurde in vielen zeitgenössischen Holzschnitten festgehalten. Albrecht Dürer entwarf sogar eine Gedächtnissäule, die jedoch nicht errichtet wurde. Was waren die Gründe für den Aufruhr der Bauern? War es ein politischer oder ein religiöser Aufstand?

M 1 Eine Gedächtnissäule zum Bauernkrieg

Holzschnitt von Albrecht Dürer mit dem Entwurf einer unausgeführten Gedächtnissäule zur Erinnerung an den Bauernkrieg und die schwere Niederlage der Aufständischen, 1525

Aufgaben

1. **Eine Gedächtnissäule zum Bauernkrieg**
   a) Beschreibe die geplante Gedächtnissäule (M1) und die einzelnen Bestandteile.
   b) Erläutere die Botschaft der Säule. Prüfe dazu folgende Aussagen:
      - Die Säule ist ein Aufruf zum Widerstand.
      - Die Säule ist ein Grabmal für die getöteten Bauern.
      - Die Säule ist eine Anklage gegen die Adligen, die den Aufstand niedergeschlagen haben.

   c) „Die Gedächtnissäule – ein gelungenes Denkmal?“ Nimm zu dieser Frage Stellung.
   → M1

M 2 Die Zwölf Artikel (1525)

Der Handwerksgeselle Sebastian Lotzer und der Prediger Christoph Schappeler verfassten im Februar 1525 folgendes Dokument:

Dem christlichen Leser Fried und Gnade Gottes durch Christum. [...]

Der erste Artikel: Zum Ersten ist unser demütig Bitt und Begehr, auch unser aller Wille und Meinung, dass wir nun fürderhin Gewalt und Macht haben wollen, dass die ganze Gemeinde ihren Pfarrer selbst erwählen [...] soll; auch Gewalt haben, den selbigen wieder abzusetzen [...].

Der andere Artikel: Zum andern, nachdem der rechte [Getreide] Zehnt auferlegt ist im Alten Testament und im Neuen vollkommen erfüllt: nichtsdestoweniger wollen wir den rechten Korn-Zehnt gern geben, doch wie sich's gebührt. [...] Den kleinen [Fleisch] Zehnten wollen wir gar nicht geben. Denn Gott der Herr hat das Vieh dem Menschen abgabenfrei erschaffen. Das erachten wir für einen ungebührlichen Zehnten, den die Menschen ersonnen haben. Darum wollen wir ihn nicht weiter geben.

Der dritte Artikel: Zum Dritten ist der Brauch gewesen, dass man bisher behauptet hat, wir seien Eigenleute [Unfreie], was zum Erbarmen ist, in Anbetracht dessen, dass uns Christus alle mit seinem kostbaren Blutvergießen erlöst und loskauft hat – den Hirten ebenso wie den Höchsten, keinen ausgenommen. Darum ergibt sich aus der Schrift, dass wir frei sind, und deshalb wollen wir's sein.
Nicht, dass wir völlig frei sein und keine Obrigkeit haben wollen: das lehrt uns Gott nicht. [...]

Der vierte Artikel: Zum Vierten ist bisher im Brauch gewesen, dass kein Untertan die Befugnis gehabt hat, das Wildbret [Wild], Geflügel oder Fische in fließendem Wasser zu fangen – was uns gar nicht ziemlich und brüderlich dünkt, vielmehr eigennützig und dem Wort Gottes nicht gemäß. [...]

Der fünfte Artikel: Zum Fünften sind wir auch beschwert der Holznutzung halben. Denn unsere Herrschaften haben sich die Wälder alle allein zugeeignet, und wenn der Bauer etwas bedarf, muss er's ums doppelte Geld kaufen. Hier ist unsere Meinung: was es an Waldungen gibt – mögen sie Geistliche oder Weltliche innehaben –, das soll, wenn jene sie nicht gekauft haben, der ganzen Gemeinde wieder anheimfallen. [...]

Der sechste Artikel: Zum Sechsten fühlen wir uns hart beschwert der Dienste halben, welche von Tag zu Tag gemehrt werden und täglich zunehmen. [...]

Der zehnte Artikel: Zum Zehnten sind wir damit beschwert, dass etliche Herren zugeeignet haben Wiesen, desgleichen Äcker, die der Gemeinde zugehören. [...]

Beschluss
Zum Zwölften ist unser Beschluss und unsere endgültige Meinung: Wenn einer oder mehr Artikel allhier aufgestellt sein sollten, die dem Worte Gottes nicht gemäß – wie wir denn nicht vermeinen –: dieselbigen Artikel wolle man uns aufgrund des Wortes Gottes als ungebührlich erweisen, so wollten wir davon abstehen, wenn man uns den Nachweis mit Begründung aus der Schrift [Bibel] führt.

Zit. nach: Günther Franz (Hg.), Quellen zur Geschichte des Bauernkriegs, Darmstadt: Wissenschaftliche Buchgesellschaft 1963, S. 102 ff.

Aufgaben

1. Die Zwölf Artikel

a) Nenne anhand der „Zwölf Artikel" (M2) die Gründe für die Unzufriedenheit der Bauern.
b) Erstelle eine Liste mit zwei Spalten. Schreibe links die Nummer des Artikels und rechts stichpunktartig den Inhalt der Forderung auf.
c) Fasse die Forderungen zu Gruppen zusammen und bilde dazu Oberbegriffe.
d) Suche Textstellen, in denen sich die Bauern auf das „göttliche Recht" berufen haben.

→ M2

2. Religion und Politik zur Zeit des Bauernkrieges

a) Nimm Stellung zu der Behauptung: „Die Zwölf Artikel sind sowohl ein politischer als auch ein religiöser Forderungskatalog".
b) Bestimme auf Basis der Textquelle M2 die Bedingungen, unter denen die Bauern eine politische Herrschaft anerkannt hätten.
c) Arbeite die Forderungen heraus, durch die sich die Herren der Bauern besonders herausgefordert fühlten.

→ M2

Zur Vorgeschichte des Bauernkrieges

Im 15. Jahrhundert verschärfte sich die Situation für die Bauern. Die Grundherren versuchten, ihre Herrschaft auszudehnen und die Selbstverwaltung der Bauern einzuschränken. Dazu gehörte die Beschneidung der bäuerlichen Nutzrechte an der Allmende (= der von der Dorfgemeinschaft gemeinsam genutzten Fläche), Verbote für den Fischfang und die Nutzung des Waldes für die Eichelmast der Schweine. Denn die Herren reservierten den Wald für die eigene Jagd und den ertragreichen Holzverkauf. Außerdem versuchten die Grundherren, die Dorfgerichte zu beseitigen, in denen die Bauern ihre Streitigkeiten regelten. Die steigenden Bevölkerungszahlen führten zu innerdörflichen Spannungen, da sich die Zahl kaum überlebensfähiger Kleinbauern mehrte und die Größe der Familien stieg.

M 3 Thomas Müntzer (1490–1525)
Kolorierter Kupferstich 1608

Der Verlauf des Bauernkrieges

Aufgrund der sich verschlechternden Situation der Bauern kam es seit Anfang des 15. Jahrhunderts zu Bauernaufständen, die ihren Höhepunkt 1524/25 erreichten. Die im Vergleich zu früheren Aufständen überregionale Ausdehnung hatte ihre Ursache in der reformatorischen Bewegung: So wie für die Reformatoren wurde auch für die Bauern die Bibel, in der sie ihre Forderungen bestätigt fanden, der Maßstab für eine gerechte Gesellschaftsordnung. Sie beriefen sich seitdem auf das „göttliche Recht“. Der Aufstand gegen die Herren wurde damit zum Kampf für den rechten Glauben.

Der Bauernkrieg nahm seinen Ausgang in Südwestdeutschland. Die Bauern fassten ihre Forderungen in den sogenannten Zwölf Artikeln zusammen. Dass die Bauern eine eigenständige Meinung hatten und politisch dachten, zeigen aber auch ihre Entwürfe für neue politische Ordnungen. Sogar die Abschaffung der Ständeordnung wurde diskutiert.

Nach erfolglosen Verhandlungen kam es zu gewalttätigen Auseinandersetzungen. Die Bauern hatten sich in „Haufen“ zusammengefunden und bewaffnet. Um die militärische Schlagkraft zu erhöhen und Aktionen besser zu koordinieren, schlossen oftmals mehrere Haufen Bündnisse. Martin Luther distanzierte sich nach anfänglichen Sympathien von den Aufständischen. Anders hingegen Thomas Müntzer: Er war ebenfalls Reformator, unterstützte aber die Bauern.

Die Fürsten zeigten sich kompromisslos. Die Heere waren sehr viel besser ausgerüstet und richteten unter den Bauernhaufen im Verlauf des Jahres 1525 Blutbäder an. Obwohl die Bauernaufstände niedergeschlagen und die Anführer verfolgt und hingerichtet wurden, waren jedoch einzelne Herren zu Zugeständnissen bereit.

Aufgaben

1. Der Verlauf des Bauernkrieges

a) Erschließe aus der Karte M4 den Verlauf des Bauernkrieges. Beschreibe den Beginn und die allmähliche Ausbreitung.

b) Arbeite die zusätzlichen Informationen heraus, die der Text auf Seite 144 enthält.

c) Stelle mithilfe der Karte M4 und des Textes auf Seite 144 den Verlauf des Bauernkrieges mit eigenen Worten dar.

→ Text auf Seite 144, M4

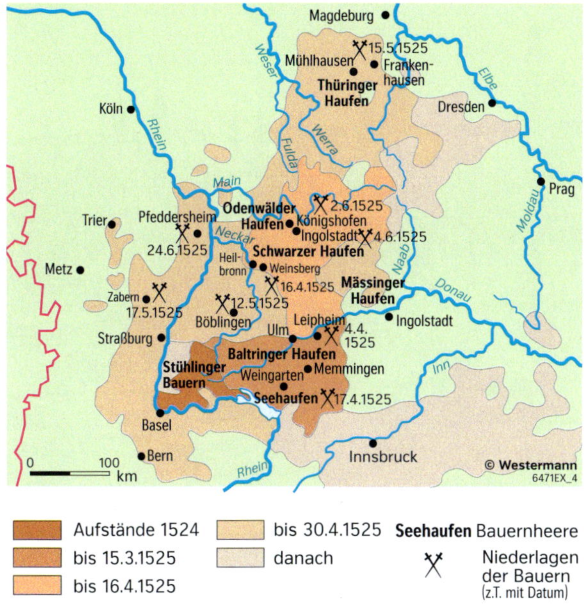

M 4 Karte: Der Große Bauernkrieg 1524/1525

M 5 Martin Luther und Thomas Müntzer

a) In seiner Schrift „Wider die räuberischen und mörderischen Rotten der Bauern" von Anfang Mai 1525 schrieb Martin Luther:

Dreierlei gräuliche Sünden wider Gott und Menschen laden diese Bauern auf sich, weswegen sie den Tod verdient haben an Leib und Seele mannigfältig.

Zum Ersten, dass sie ihrer Obrigkeit Treu und Huld geschworen haben, untertänig und gehorsam zu sein, wie solches Gott gebietet [...]. Weil sie aber diesen Gehorsam mutwillig und mit Frevel brechen und dazu sich wider ihre Herren setzen, haben sie damit Leib und Seele verwirkt, wie die treulosen, meineidigen, lügenhaften, ungehorsamen Buben und Bösewichter zu tun pflegen. [...]

Zum Andern, dass sie Aufruhr anrichten, rauben und plündern mit Frevel Klöster und Schlösser, die nicht ihnen gehören, womit sie, als die öffentlichen Straßenräuber und Mörder, allein wohl zwiefältig den Tod an Leib und Seele verdienen [...]. Denn Aufruhr ist nicht ein einfacher Mord, sondern wie ein großes Feuer, das ein Land anzündet und verwüstet. So bringt Aufruhr mit sich ein Land voll Mordes, Blutvergießens und macht Witwen und Waisen und zerstört alles [...]. Zum Dritten, dass sie solche schreckliche, gräuliche Sünde mit dem Evangelium decken, nennen sich christliche Brüder, nehmen Eid und Huld und zwingen die Leute zu solchen Gräueln mit ihnen [sich] zu halten. Womit sie die allergrößten Gotteslästerer und Schänder seines heiligen Namens werden und ehren und dienen [auf diese Weise] dem Teufel unter dem Schein des Evangeliums. Daran haben sie wohl zehnmal den Tod verdient an Leib und Seele.

Zit. nach: Gerhard Wehr (Hg.), Thomas Müntzer: Schriften und Briefe, Frankfurt a. M.: Fischer Taschenbuch-Verlag 1973, S. 206 ff.

b) Thomas Müntzer, revolutionärer Theologe, trat als Gegenspieler von Luther auf (1524):

Sieh zu, die Grundsuppe des Wuchers, der Dieberei und Räuberei sind unsere Herren und Fürsten; [sie] nehmen alle Kreaturen als Eigentum: die Fische im Wasser, die Vögel in der Luft, das Gewächs auf Erden muss alles ihrer sein, Jes. 5. Darüber lassen sie dann Gottes Gebot ausgehen unter die Armen und sprechen: Gott hat geboten, du sollst nicht stehlen; es [hilft] ihnen aber nicht. So sie nun alle Menschen [nötigen], den armen Ackersmann, Handwerksmann und alles, was da lebt, schinden und schaben [quälen], Micha 3, und wenn [einer] sich dann am Allergeringsten vergreift, so muss er hängen. Da sagt dann der Doktor Lügner [gemeint ist Luther] [auch noch]: Amen. [Dabei] machen die Herren das selber, dass ihnen der arme Mann feind wird. Die Ursache des Aufruhrs wollen sie nicht wegtun, wie kann es [auf] die Dauer gut werden? Wenn ich das sage, muss ich aufrührerisch sein, wohlan!

Zit. nach: Gerhard Wehr (Hg.), Thomas Müntzer: Schriften und Briefe, Frankfurt a. M.: Fischer Taschenbuch-Verlag 1973, S. 130 f.

Aufgaben

1. Ergebnisse und Folgen des Bauernkrieges

a) Untersuche, ob politische oder ob religiöse Fragen im Bauernkrieg eine größere Rolle gespielt haben.

b) Vergleiche die Forderungen der Bauern mit den Ergebnissen des Bauernkrieges.
→ M2, Text auf Seite 144

2. Stellungnahmen zum Bauernkrieg

a) Fasse die Position Martin Luthers (M5a) und Thomas Müntzers (M5b) zusammen.

b) Vergleiche beide Positionen.

c) Beurteile bei beiden Positionen die Rolle der Obrigkeit.

d) Informiere dich im Internet über das Leben von Thomas Müntzer.
→ M5, Internet

Der Dreißigjährige Krieg 1618–1648

In der Frühen Neuzeit (15.–18. Jahrhundert) führten vor allem religiöse Konflikte immer wieder zu kriegerischen Auseinandersetzungen. Der Dreißigjährige Krieg von 1618 bis 1648 war der grausamste Krieg seiner Zeit und einer der blutigsten in der deutschen Geschichte. Die Menschen litten unter endlosen Kämpfen, unvorstellbaren Gräueltaten, Seuchen und Hunger. Millionen Tote waren die Folge. Städte und ganze Landschaften wurden zerstört. Warum kam es zu diesem Krieg und welche Auswirkungen hatte er für die Menschen?

Aufgaben

1. Die Zerstörung Magdeburgs 1631

a) Beschreibe anhand der zeitgenössischen Quellen M1 und M2 die Gräuel des Krieges am Beispiel der Eroberung von Magdeburg.

b) Stelle die Aussagen über die Ursachen für den Brand in der Stadt Magdeburg (M2) gegenüber und nenne die Gründe für die unterschiedlichen Sichtweisen.

→ M1–M2

2. Der Verlauf des Krieges

Erstelle mithilfe des Lehrbuchtextes auf den Seiten 148–149 und des Schaubildes M5 eine Übersicht zum Verlauf des Krieges.

→ Text auf den Seiten 148–149, M5

M 1 Zerstörung Magdeburgs

Zeitgenössischer Kupferstich von Matthaeus Merian (1593–1650)

Magdeburg war im 17. Jahrhundert bereits eine Großstadt. Sie hatte mehr als 35 000 Einwohner. 1524 bekannte sich die Stadt zur Reformation. Seitdem lebten hier zahlreiche Gelehrte, die Schriften gegen den Katholizismus verfassten. Das war ein Grund, warum die Stadt im Dreißigjährigen Krieg 1631 von einem katholischen Bündnis angegriffen wurde.

Ca. 25 000 Mann war das Heer stark, das im Namen des katholischen Kaisers die Stadt erst belagerte und dann angriff. Binnen weniger Stunden drangen die Söldner des kaiserlichen Heeres in die Stadt ein. Es kam zu Plünderungen, Vergewaltigungen und Ermordungen. Dieses brutale Vorgehen war zwar bei allen Kriegsparteien damals üblich. Allerdings war das Ausmaß auch für Zeitgenossen unvorstellbar.

Während der Kämpfe innerhalb der Stadt entbrannte ein verheerendes Feuer, welches nahezu die gesamte Stadt in Schutt und Asche legte. Lediglich 4000 Magdeburger konnten sich in den Dom flüchten und wurden, aufgrund der Bitten des Dompredigers Reinhard Bake, verschont. Magdeburg wurde dem Erdboden gleich gemacht.

M 2 Verschiedene Quellen, verschiedene Sichtweisen?

a) Bericht des kaiserlichen Hauptquartiers vor Magdeburg nach Wien am 22. Mai 1631:

Demnach [nach der Eroberung] ist auch die Stadt ausgeplündert, in [den] bürgerlichen Häusern ist an Schießpulver allenthalben ein sehr großer Vorrat gewesen, ist auf einmal an vielen unterschiedlichen Orten solche Feuerbrunst entstanden, dass derselben zu wehren unmöglich gewesen, welche dergestalt zugenommen, dass fast die ganze Stadt, mit sehr viel schönen Kirchen in die Asche gelegt, der Dom ist allein nur von den Kirchen übrig geblieben. [...] Auch ist eine große Anzahl Menschen verbrannt. (Es ist wohl eine große Strafe Gottes, dem Allmächtigen.)

Zit. nach: Werner Lahne, Magdeburgs Zerstörung in der zeitgenössischen Publizistik. Gedenkschrift d. Magdeburger Geschichtsvereins zum 10. Mai 1931, Magdeburg: Magdeburger Geschichtsverein 1931, S. 66: [Rechtschreibung und Grammatik angepasst].

b) Auszug aus einer protestantischen Flugschrift aus Magdeburg:

Weil auch Pappenheim [Befehlshaber der kaiserlichen Truppen] der Stadt längsten gedroht, sie mit Feuer zu verbrennen, hat er in seinen tyrannischen Mutwill [= Übermut] nicht länger halten können, sondern die Stadt, wie mir etliche vornehme kaiserliche Offiziere wahrheitsgemäß berichteten, an 18 Orten angesteckt. [...] Doch haben sie neben den Pferden und etlichem Vieh, auch die Weiber und Jungfrauen und etliche Mannspersonen mit sich in das Lager gefangen und weggeführt, an Ketten geschlossen, die Weibespersonen nach ihrer teuflischen Lust gebraucht.

Zit. nach: Werner Lahne, Magdeburgs Zerstörung in der zeitgenössischen Publizistik. Gedenkschrift d. Magdeburger Geschichtsvereins zum 10. Mai 1931, Magdeburg: Magdeburger Geschichtsverein 1931, S. 96. [Rechtschreibung und Grammatik angepasst].

M 3 Der „Prager Fenstersturz“
Kolorierter Kupferstich von Matthäus Merian, 1635

Der Dreißigjährige Krieg – Zwischen konfessionellen Interessen und Machtpolitik

Der Dreißigjährige Krieg begann mit einem berühmt gewordenen Vorfall, dem sogenannten Prager Fenstersturz: Der protestantische Adel Böhmens lehnte sich 1618 gegen den Habsburger König Ferdinand auf, der katholisch war. Zum Zeichen des Protests warfen die böhmischen Adligen Ferdinands Statthalter aus dem Fenster der Prager Burg. Als Grund für ihre Rebellion führten sie an, dass der König die durch den Augsburger Religionsfrieden garantierte Religionsfreiheit verletzt habe.

War der Dreißigjährige Krieg also ein weiterer Religionskrieg? Bei einer ersten Betrachtung wird man diese Frage bejahen, aber hinter der religiösen Fassade ging es um staatliche Macht und Einfluss: Der böhmische Adel wollte gegen die Habsburger einen eigenen, möglichst unabhängigen Territorialstaat durchsetzen. Damit wendete man sich aber zugleich gegen das Heilige Römische Reich, da die Habsburger seit langer Zeit dessen Kaiser stellten. Politische und religiöse Konflikte wirkten zusammen.

WES-115640-404 Hörszene zum Dreißigjährigen Krieg

Vom regionalen Konflikt zum europäischen Krieg

Es gelang den Habsburgern relativ schnell, den Krieg in Böhmen für sich zu entscheiden – in der Schlacht am Weißen Berg 1620 wurden die böhmischen Aufständischen vernichtend geschlagen. Der Krieg war damit jedoch noch nicht beendet: Beide Seiten hatten sich nämlich Verbündete gesucht, die Böhmen weitere protestantische Fürsten, die Habsburger katholische Herrscher, vor allem Maximilian von Bayern. Die siegreichen kaiserlichen Truppen zogen nun nach Norden bis ins heutige Niedersachsen, um die Verbündeten der Aufständischen zu bekämpfen und diese wieder dem Reich unterzuordnen. Der protestantische König von Dänemark befürchtete daraufhin, dass das Heilige Römische Reich bei einer Niederlage der protestantischen Fürsten zu stark werden würde. Daher griffen seine Truppen auf der Seite der Protestanten ein. 1629 hatten die kaiserlichen Truppen auch diesen Krieg für sich entschieden und ihre Position im Reich erheblich verstärkt.

Parallel dazu flammte aber ein alter Konflikt wieder auf: der 80-jährige Krieg zwischen den Niederlanden und Spanien. In diesem Krieg ging es darum, dass die

M 4 Schrecken des Krieges
„Der Galgenbaum“, Radierung von Jacques Callot, 1632/33.

Niederlande von Spanien unabhängig werden wollten. Da auch Spanien von den Habsburgern beherrscht wurde, trugen die Konfliktparteien ihren Kampf nun auch auf deutschem Gebiet aus.

Krieg um den Einfluss in Europa

Nach 1630 traten zwei weitere Großmächte in den Krieg ein, zunächst Schweden unter König Gustav Adolf auf der Seite der Protestanten, fünf Jahre später dann das katholische Frankreich. Dessen leitender Staatsmann, Kardinal Richelieu, wollte sein Königreich aus einer drohenden Umklammerung durch die in Deutschland und Spanien herrschenden Habsburger lösen. Dazu schloss er zunächst einen Bündnisvertrag mit Schweden und schickte ab 1635 auch Truppen nach Deutschland. Damit kämpfte das katholische Frankreich an der Seite des protestantischen Schweden gegen den katholischen deutschen Kaiser. Die Religion spielte nun also gar keine Rolle mehr: Es ging um die Vorherrschaft in Europa.

Das Leid der Bevölkerung

Selbst aus heutiger Sicht ist das 30-jährige Kriegsgeschehen kaum vollständig zu erfassen; für die Zeitgenossen war es völlig unbegreiflich. Fast überall in Mitteleuropa wütete der Krieg, in manchen Gegenden mehrfach und länger als in anderen. Überall hinterließen die Kämpfe Tod und Verwundungen, Leid, Hunger und Seuchen.

Da die zahlreichen umherziehenden Söldnertruppen von ihren Auftraggebern oft keine Nahrungsmittel und Vorräte erhielten, versorgten sie sich durch Morden, Plündern und Brandschatzen der Zivilbevölkerung selbst. Ganze Landstriche wurden auf diese Weise verwüstet. Viele derjenigen, die Opfer der Truppen geworden waren, schlossen sich daraufhin selbst Söldnerheeren an, um nicht zu verhungern. So verselbstständigte sich der Krieg: Das Land war zu arm, um die einfallenden Söldner zu ernähren. Deshalb schlossen sich viele den Söldnern an und führten Krieg.

Langfristige Folgen des Krieges

Nach 30 Jahren Krieg war Deutschland weitgehend verwüstet, viele Städte waren zerstört. Die Bevölkerung war um ein Drittel zurückgegangen, in manchen ländlichen Gebieten sogar um 50 Prozent.

Das städtische Bürgertum, das vor dem Krieg selbstbewusst und ökonomisch stark gewesen war, büßte in Deutschland erheblich an Kraft und Einfluss ein. Handelsverbindungen, die vor dem Krieg existiert hatten, konnten nur mühsam wieder aufgebaut werden. An Bedeutung gewannen hingegen neue Handelswege, die vor allem die Portugiesen, Spanien und Niederländer über Seewege aufgebaut hatten.

M 5 Phasen des Krieges

Aufgaben

1. Politik und Religion im Dreißigjährigen Krieg
Der Dreißigjährige Krieg wird oft als Religionskrieg bezeichnet. Formuliere dazu eine Stellungnahme. Berücksichtige dabei die erste Überschrift dieser Doppelseite und die verschiedenen Phasen des Krieges.
Text auf den Seiten 148–149

2. Auswirkungen und Folgen des Krieges
a) Stelle die Auswirkungen des Krieges für die Bevölkerung dar. Beziehe den Lehrbuchtext und die Abbildungen ein.
b) Beschreibe und beurteile die langfristigen Folgen des Krieges.
Text auf den Seiten 148–149, M1–M4

Der Westfälische Frieden von 1648

Der Weg zu einem Frieden war extrem schwierig – der Krieg dauerte schon sehr lang, und sehr viele Parteien waren beteiligt. Bereits 1635 hatten sich der Kaiser und die meisten Fürsten in Prag auf einen Frieden geeinigt, doch es mussten auch die europäischen Mächte in die Verhandlungen einbezogen werden, um den Krieg wirklich zu beenden. Dies gelang ab 1643, als alle beteiligten Parteien miteinander Verhandlungen in Münster und Osnabrück aufnahmen. Es dauerte jedoch noch über fünf Jahre, bis im Oktober 1648 endlich der Westfälische Frieden verkündet werden konnte. Bis dahin ging der Krieg mit unverminderter Härte weiter. Was bedeutete der Friedensschluss für die Bevölkerung? Und was waren die wichtigsten Ergebnisse des Westfälischen Friedens?

M 1 **Flugblatt mit dem „Friedenbringenden Postreiter“**
Kupferstich von 1648

Erläuterung der Bildelemente:
Pax = Friede,
Fama = Göttin des Ruhms,
Figur mit Flügelfüßen = Götterbote Hermes,
Fried = Frieden,
Paris = Sitz des französischen Königs,
Wien = wichtiger Herrschaftssitz der Habsburger,
Stockholm = Sitz des schwedischen Königs,
Doppeladler = Wappen des Heiligen Römischen Reiches,
zerbrochene Waffen,
Friedensfahnen,
Kreuz = Glaubenszeichen.

Info

Flugblätter im Dreißigjährigen Krieg

Flugblätter waren während des Dreißigjährigen Krieges das wichtigste Medium. Bereits die Kriegsparteien nutzten das Medium, um die Bevölkerung über ihre Ziele zu informieren. Die Flugblätter bestanden in der Regel aus einem Bildteil und einem Text. Das Bild musste auch ohne den Text verständlich sein, da die meisten Menschen zu der Zeit nicht lesen konnten.

M 2 Ein Flugblatt zum Frieden

Die Nachricht vom Friedensschluss in Münster und Osnabrück wurde 1648 in ganz Europa durch Zeitungen und Flugblätter verbreitet. Die folgenden Auszüge aus dem Text des Flugblattes M1 (links) wurden der heutigen Sprache angepasst:

Ich komm von Münster her gleich Sporenstreich[1] geritten,
und habe nun das meist' des Weges überschritten.
Ich bringe gute Post und neue Friedenszeit,
der Frieden ist gemacht, gewendet alles Leid.
Man bläst ihn freudig aus mit hellen Feldtrommeten[2],
mit Kesselpauken Hall, mit klaren Feld-Clareten[3].
Merkur fliegt in der Luft, und auch der Friede.
Ja, ganz Münster, Osnabrück und alle Welt ist froh,
die Glocken tönen stark, die Orgeln lieblich klingen,
Herr Gott wir loben dich, die frohen Leute singen. [...]
Der Höchste sei gelobt, der Friede ist getroffen,
fortan hat männiglich[4] ein besser Jahr zu hoffen:
der Priester und das Buch, der Ratsherr und das Schwert,
der Bauer und der Pflug, der Ochse und das Pferd.
Die Kirchen werden fort[5] in voller Blüte stehen.
Man wird zum Haus des Herrn in vollen Sprüngen gehen
und hören Gottes Wort. [...]
Es werden Obrigkeit und Untertanen wohnen
in Einigkeit und Fried': das Gute wird man lohnen,
das Böse strafen ab[6]: Kurz, es wird Friede sein,
im Rathaus, in der Stadt, wo man geht aus und ein. [...]
Auch Ich, der Kaufleut' Gott Mercur, komm' hergedrungen,
und hab mich mit dem Brief durch Luft und Tuft[7] geschwungen.
Ihr Kaufleut', seid wohlauf und habt ein' guten Mut,
Ihr Handwerksleute auch, es wird all's werden gut.
Fort[an] wird man sicherlich zu Wasser können handeln,
und ohne Not zu Land auf Messen[8] ruhig wandeln. [...]
Der Schuster wird sein Geld für Schuh nicht können zählen.
Den Schneider wird das Volk um neue Kleider quälen.
Der Brauer nimmt nicht ab, der Bäcker der wird reich.
Der Kürschner[9] füttert stets, und feiert keinen Streich[10]. [...]
Es dauern mich allein die armen Degenfeger[11].
Die haben nichts zu tun: Lasst Degen Degen sein,
macht einen Pflug dafür, und eine Pflugschar drein.
Ihr Bauern spannet an die starken Ackerpferde,
klatscht mit der Peitschen scharf, die Pflugschar in die Erde,
Säet Hirse, Heidel[12], Korn, Hanf, Weizen, Gersten aus,
Kraut, Rüben, Zwiebeln, Kohl füllt Keller, Boden, Haus.
Ihr Gärtner werdet dann zu Markte können fahren,
und [er]lösen manchen Batz[13] aus euren grünen Waren,
dann kehret ihr mit Lust fein in ein Küchlein[14] ein,
und esst ein Stücklein Wurst und löscht den Durst mit Wein. [...]
Ihr Wirte freut euch auch, der Friede trägt euch ein,
Es wird die Stub' und Stall voll Gäst' und Pferde sein. [...]
Es danke alles Gott, es dank' Ihm früh und spat[15],
was kriecht, fliegt, lebt und schwebt und was nur Odem[16] hat.

1 Sporenstreich = sofort
2 Feldtrommeten = Trompeten
3 Feld-Clareten = Musikinstrument
4 männiglich = jeder
5 fort = fortan
6 strafen ab = bestrafen
7 Tuft = Dunst, Nebel
8 Messen = Handelsmessen
9 Kürschner = Handwerker, der Pelze verarbeitet
10 feiert keinen Streich = hat genug zu tun
11 Degenfeger = Degenmacher
12 Heidel = Buchweizen
13 Batz = Batzen = Geldeinheit
14 Küchlein = Gasthaus
15 spat = spät
16 Odem = Atem

Aufgaben

1. Ein Flugblatt zum Frieden

a) Beschreibe das Flugblatt M1.

b) Erschließe die Botschaft des Bildes.

c) Gib den Text des Flugblattes (M2) mit eigenen Worten wieder.

d) Benenne die Personen bzw. Personengruppen, an die sich das Flugblatt wendet.

e) Arbeite die jeweilige Erwartung heraus, die der Bote an die Personen formuliert.

f) Alle Adressaten des Flugblattes sind männlich. Formuliere mögliche Ergänzungen des Gedichts, um auch die Erwartungen von Frauen auszudrücken.

→ M1, M2

M 3 Die Ratifizierungsurkunden zum Westfälischen Frieden vom 24. Oktober 1648

Die wichtigsten Regelungen des Westfälischen Friedens

Im Westfälischen Frieden einigten sich die verhandelnden Parteien auf ein sehr komplexes und umfangreiches Vertragswerk. Dennoch lassen sich drei hauptsächliche Ergebnisse herausstellen:

1. Der Augsburger Religionsfrieden von 1555 wurde im Wesentlichen bestätigt. Dabei standen die Verhandler jedoch vor dem Problem, welche Religion in welchem Territorium gelten sollte. Während des Krieges hatte die religiöse Zugehörigkeit aufgrund von Eroberungen oft mehrfach gewechselt. Schließlich einigten sich die Parteien darauf, denjenigen Zustand festzuschreiben, der im Jahr 1624 gegolten hatte. Zudem wurde festgelegt, dass die Untertanen zukünftig nicht mehr die Religion wechseln mussten, wenn dies der Landesherr tat. In der Reichsverwaltung sollten alle Behörden zu gleichen Teilen mit Katholiken und Protestanten besetzt werden.
2. Die europäischen Mächte, katholische wie protestantische, galten fortan als voneinander unabhängig und gleichberechtigt. Sie waren also souveräne Staaten – ein Grundsatz, der bis heute das Fundament der Beziehungen zwischen Staaten bildet.
3. Die Macht des Kaisers im Reich wurde eingeschränkt; er war nun bei allen wichtigen Fragen auf die Zustimmung der Stände angewiesen. Die Stände setzten sich aus den Reichsfürsten, Reichgrafen und den hohen Geistlichen zusammen. Sie saßen dem Kaiser im Reichstag gegenüber. Die Reichfürsten wurden zudem noch weiter gestärkt: Sie konnten in ihren Gebieten weitgehend unabhängig handeln und sogar Bündnisse mit anderen Mächten abschließen.

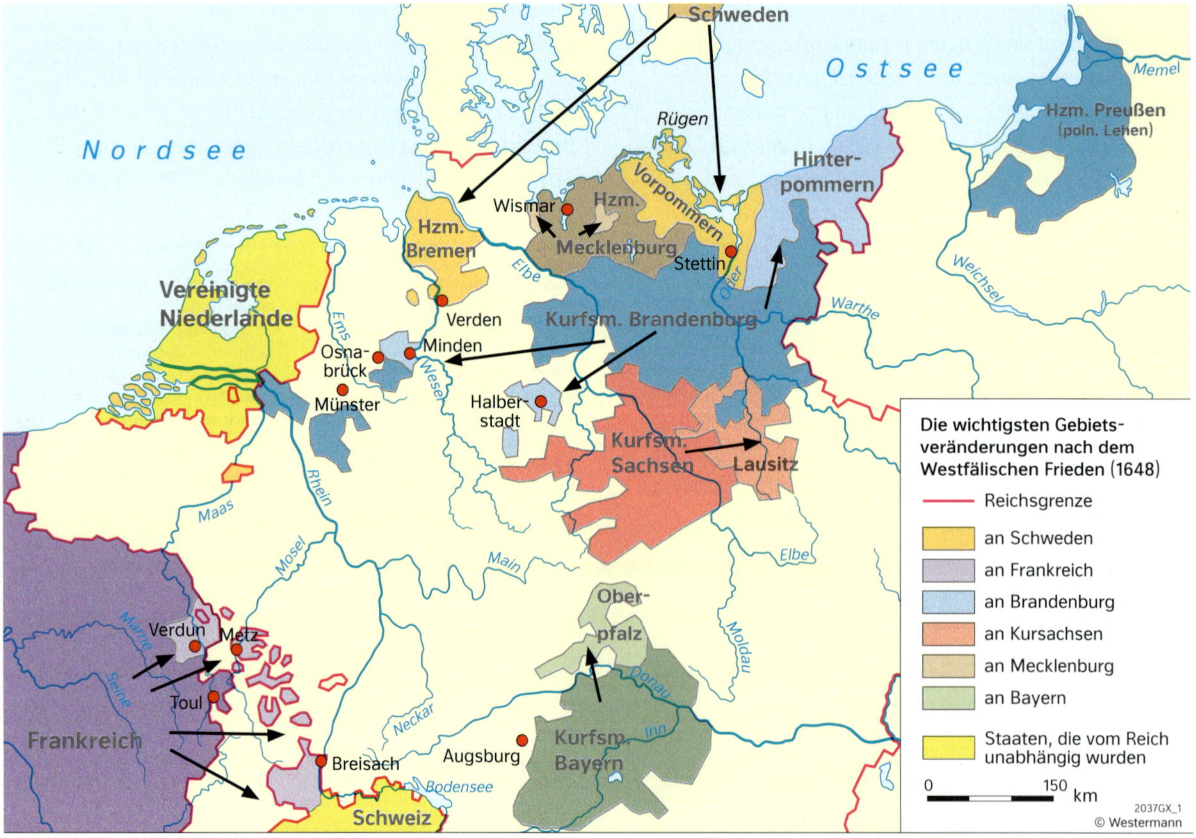

Die wichtigsten Gebietsveränderungen nach dem Westfälischen Frieden (1648)

- Reichsgrenze
- an Schweden
- an Frankreich
- an Brandenburg
- an Kursachsen
- an Mecklenburg
- an Bayern
- Staaten, die vom Reich unabhängig wurden

0 150 km

2037GX_1 © Westermann

M 4

M 5 **Altes Rathaus in Münster und Rathaus in Osnabrück**
Orte des Westfälischen Friedens, aktuelle Fotos

Die Bedeutung des Westfälischen Friedens

Der Dreißigjährige Krieg hatte keine Entscheidung für eine der Krieg führenden Parteien gebracht. Vielmehr befanden sich alle Armeen wie auch die gesamte Bevölkerung in einem Zustand der völligen Erschöpfung.

Im Friedensschluss von Münster und Osnabrück gab es weder eindeutige Sieger noch Besiegte. Dennoch haben Historiker und Historikerinnen vor allem in Deutschland den Frieden lange Zeit negativ bewertet. Sie kritisierten die territoriale Zerstückelung Deutschlands. Durch sie habe sich das Reich nicht so weiterentwickeln können wie andere Länder, die zentral regiert wurden, z. B. Frankreich. Heute wird der Frieden jedoch überwiegend positiv gewertet. Zum einen heben Historiker und Historikerinnen heute hervor, dass der Frieden sehr lange gehalten habe: im Wesentlichen bis zur Französischen Revolution. Des Weiteren betonen sie, dass viele Prinzipien von damals bis heute als Muster für Friedensschlüsse angesehen werden können. Hierzu zählt u. a. das Prinzip der Gleichberechtigung der Kriegsparteien: Es gibt nicht von vornherein Sieger und Besiegte. Ferner wird das Prinzip der Amnestie und Amnesie für wichtig erachtet. Mit diesem Prinzip ist gemeint, dass nach dem Friedensschluss alles Leid und alle Verbrechen verziehen und vergessen werden und nicht gegeneinander aufgerechnet werden sollten.

Hinweis

Die Stätten des Westfälischen Friedens im Internet

Die beiden Tagungsstädte, in denen der Westfälische Friede ausgehandelt wurde, werben heute damit „Friedenstädte“ zu sein. In beiden Städten gibt es zahlreiche Möglichkeiten, sich weitergehend mit dem Westfälischen Frieden zu beschäftigen:

www.stadt-muenster.de/tourismus/westfaelischer-frieden.html?list=peace_all

www.osnabrueck.de/tourismus/wissens-und-sehenswertes/friedensstadt.html

Aufgaben

1. **Regelungen und Bedeutung des Friedens**
   a) Erarbeite aus der Karte M4 die wichtigsten Gebietsveränderungen.
   b) Erläutere mit eigenen Worten die wichtigsten Ergebnisse des Westfälischen Friedens.
   c) Erläutere die Gründe dafür, dass der Westfälische Frieden die Zeit religiös motivierter Kriege im Reich beendete.
   d) Erläutere die Ursachen für die lange Dauer des Westfälischen Friedens.
   e) Nimm Stellung: Ist der Westfälische Frieden deiner Meinung nach eher positiv oder negativ zu beurteilen? Begründe deine Meinung. Berücksichtige dabei die folgenden Perspektiven: die der Söldner, die der Bevölkerung in Stadt und Land, die Perspektive des Kaisers, der Fürsten, unsere heutige Perspektive.
   → M4, Text auf den Seiten 152 – 153

Ludwig XIV. – Ein absolutistischer Herrscher

Herrscher und Politiker ließen sich gerne bildlich darstellen. Neben der persönlichen Eitelkeit spielte dabei oft ihr Selbstverständnis und ihre Auffassung von Herrschaft eine wichtige Rolle. Mit dem Herrscherbildnis ist also eine politische Botschaft verbunden. So auch bei einem der berühmtesten Gemälde, dem Porträt des französischen Königs Ludwig XIV. (1643–1715). Was will er dem Betrachter zeigen?

M 1 Ludwig XIV., Gemälde von Hyacinthe Rigaud, um 1700

Hyacinthe Rigaud (1659–1743) war ein bedeutender Porträtmaler zur Zeit Ludwigs XIV. Das Gemälde hat eine Größe von 277 x 194 cm. Es hing früher im Schloss von Versailles und befindet sich heute im Louvre, der berühmten Gemäldegalerie in Paris.

In Abwesenheit des Königs nahm das Gemälde seinen Platz ein: Man positionierte es an der Stelle des Throns. Alle Anwesenden hatten sich ihm gegenüber so zu verhalten, als sei der König selbst anwesend. Auch durfte man am Hof von Versailles den Porträts des Königs nicht den Rücken zukehren.

Herrschaftszeichen:

Hermelin: seit dem Mittelalter den Fürsten vorbehaltener kostbarer Pelz, steht für Reichtum und absolute Reinheit; **Tanzmeisterschritt:** Fußhaltung steht für Eleganz und höfische Lebensart; **Lilien:** Symbol des französischen Herrscherhauses der Bourbonen; **Schwert:** juwelenbesetzt, Symbol der Legitimation des französischen Königtums; **main de la justice** (Hand des Rechtes): gesetzgeberische Gewalt; **Kriegszepter:** Zeichen militärischer Gewalt; **Farbe Blau:** Farbe des Himmels; **Marmorsäule** mit weiblicher Gestalt mit Schwert und Waage: Attribut der Herrschaft und Allegorie der Gerechtigkeit; **Podest:** erhöhte Position des Herrschers; **Allongeperücke:** seit 1640 modern, um dem Modetrend der langen Haare zu folgen. Angeblich trug Ludwig XIV. die Perücke, seit er in jungen Jahren durch die Pocken seine Haare verloren hatte, und prägte so die höfische Mode über Generationen hinweg; **Baldachin:** weist den Dargestellten als gottgesandte Erscheinung aus.

M 2 Sonnenkönig

Ludwig XIV. selbst schrieb in seinen Memoiren, die um 1670 entstanden und dem Thronfolger als Sammlung von Ratschlägen dienen sollten, über seine Herrschaft:

Als Sinnbild wähle ich die Sonne, die nach den Regeln der Wappenkunst das vornehmste Zeichen vorstellt.
Sie ist ohne Zweifel das lebendigste und schönste Sinnbild eines großen Fürsten, sowohl deshalb, weil sie einzig in ihrer Art ist, als auch durch den Glanz, der sie umgibt, durch das Licht, das sie den anderen Gestirnen spendet, die gleichsam ihren Hofstaat bilden, durch die gerechte Verteilung des Lichtes über die verschiedenen Himmelsgegenden der Welt, durch Wohltaten, die sie überall spendet, durch das Leben, die Freude und die Tätigkeit, die sie überall weckt, durch ihre unaufhörliche Bewegung, bei der sie trotzdem stets in ständiger Ruhe zu schweben scheint, durch ihren ständigen und unveränderlichen Lauf, von dem sie niemals abweicht.
Gott, der die Könige über die Menschen gesetzt hat, wollte, dass man sie als seine Stellvertreter achte, und er selbst hat sich das Recht vorbehalten, über ihren Wandel zu urteilen. Es ist sein Wille, dass, wer als Untertan geboren ist, willenlos zu gehorchen hat.

Leopold Steinfeld (Hg./Übers.), Ludwig XIV.: Memoiren, Basel/Leipzig: Kompass Verlag/Sigiesmund & Volkening 1931, S. 187, 271.

M 3 Le „Roi Soleil"

Medaille von 1674 mit der Devise Ludwigs XIV.: Nec pluribus impar (frei übersetzt: „Keiner kann sich mit ihm messen"). Die Sonne, Symbol des Sonnenkönigs, steht über der Weltkugel und erhellt sie mit ihrem Glanz.

Aufgaben

1. Ludwig XIV. – Ein Gemälde erschließen

a) Erschließe das Gemälde M1. Verwende dazu den Trainingskasten „Umgang mit Bildern" auf Seite 201.

b) Erläutere die Wirkung, die das Bild von Rigaud auf den Betrachter haben sollte. Beziehe in deine Überlegungen auch die Größe des Bildes sowie die Tatsache ein, dass das Gemälde in Abwesenheit des Königs seinen Platz einnahm.

c) Fasse die Kernaussage aus den Memoiren Ludwigs (M2) in eigenen Worten zusammen. Erkläre die Gründe dafür, dass er sich als Sonnenkönig („Roi Soleil") bezeichnet hat (M3).

d) Vergleiche Ludwigs Herrschaftsauffassung mit seiner Darstellung in Rigauds Porträt.

M1–M3, Trainingskasten auf Seite 201

M 4 Le „Roi Soleil“

1653 trat der 14-jährige Ludwig XIV. im „Ballet royal de la nuit“ als Sonne auf. Das Stück wurde als Triumph des Königs über die Fronde (= Gegner des Königs) gedeutet und erreichte nicht zuletzt durch sein Kostüm große Bekanntheit, anonymer Kostümentwurf, 1654.

Der Sonnenkönig

Nach dem Tod seines Vaters 1643 war Ludwig XIV. bereits als Fünfjähriger auf den Thron Frankreichs gekommen. Zunächst regierten jedoch seine Mutter und der erste Minister, Kardinal Mazarin, für den Minderjährigen. Im Alter von 14 Jahren trat Ludwig erstmals als Tänzer in einem Hofballett auf – in der Rolle der aufgehenden Sonne, um die alle Planeten kreisen. Fortan wurde die Sonne zum Symbol des Königs und seiner Herrschaft: Der Sonnenkönig („Roi de Soleil“) verstand sich als Mittelpunkt Frankreichs, der seinen Glanz von Gott erhält und damit seine Umgebung erhellt und ihr Leben spendet. Als Kardinal Mazarin 1661 starb, übernahm Ludwig die Regierung allein. Er entließ die meisten Berater und verzichtete darauf, einen neuen ersten Minister zu ernennen. Auch verstand er es, Adelige und hohe Geistliche an seinen prunkvollen Hof in Versailles zu binden. Hier sorgte er mit Festen, Balletten, Konzerten und Theaterstücken für Unterhaltung. Dabei dienten die Aufführungen immer auch der Darstellung seines eigenen Ruhmes. Den Alltag regelte er durch ein strenges Hofzeremoniell: Aufstehen, Mahlzeiten, Beten, Arbeiten, Zerstreuung und Zubettgehen, alles vollzog sich nach seinen Vorgaben vor den Augen ausgewählter Zuschauer. Viele europäische Herrscher nahmen sich den Sonnenkönig zum Vorbild. Sie ahmten das höfische Leben in Versailles nach und trugen dazu bei, dass sich die französische Sprache und Kultur an den europäischen Fürstenhöfen verbreitete. In den folgenden Jahren gelang es Ludwig XIV., seinen unumschränkten Herrschaftsanspruch sowohl innen- als auch außenpolitisch auszubauen, sodass Frankreich am Ende des 17. Jahrhunderts zur kulturellen und militärischen Vormacht Europas geworden war.

Was heißt Absolutismus?

Die von Ludwig begründete Herrschaftsform wird Absolutismus genannt. Dieser Begriff leitet sich von der lateinischen Formel „Rex legibus absolutus“ ab. Sie bedeutet, dass der Herrscher (rex) von den menschlichen Gesetzen (leges) „losgelöst“ (absolutus) und nur an das göttliche Recht gebunden ist. Ludwig XIV., der als das Paradebeispiel eines absoluten Monarchen gilt, soll mit folgenden Worten seine Herrschaft vor seinen Ministern und Ratgebern begonnen haben: „In Zukunft werde ich selbst mein erster Minister sein. Sie werden mich mit ihren Ratschlägen unterstützen, wenn ich sie befrage.“ Der absolute Monarch versteht sich also als alleiniger Inhaber der staatlichen Gewalt (Souveränität). Als von Gott eingesetzter Herrscher (Gottesgnadentum) ist er sein eigener Gesetzgeber, er ist höchster Richter und oberster Kriegsherr, der niemandem Rechenschaft ablegen muss. Von seinen Untertanen fordert er unbedingten Gehorsam. Dennoch ist der absolute Monarch nicht völlig frei: Er ist Gott und seinem eigenen Gewissen verantwortlich.

Aufgaben

1. Herrschaftsauffassung im Absolutismus am Beispiel Frankreichs

a) Erkläre den Begriff „Absolutismus“.

b) Erläutere die Herrschaftsauffassung Ludwigs XIV.

c) Erörtere die Vor- und Nachteile der absoluten Herrschaft für folgende Personen und gesellschaftlichen Gruppen:

- für den König,
- für seine Berater,
- für den Adel,
- für die einfache Bevölkerung.

→ Text auf dieser Seite

Herrschaftsauffassung im Absolutismus – Textquellen erschließen

M 5 Absolute Herrschaft

Jacques-Bénigne Bossuet (1627–1704), Prinzenerzieher und königlicher Hofprediger, beschreibt in seiner Schrift „Die Politik nach den Worten der Heiligen Schrift" für den Thronfolger die absolute Monarchie so:

Alle Macht kommt von Gott. [...] Die Fürsten regieren also als seine Stellvertreter auf Erden. Durch sie übt er seine Herrschaft aus. [...] Daraus folgt, dass die Person des Königs heilig ist, und wer sich an ihr vergeht, begeht eine Freveltat. [...]

Die königliche Autorität ist absolut. Um diese Behauptung als hässlich und unerträglich hinzustellen, verwechseln viele mit Vorliebe die absolute Regierung mit dem willkürlichen Regiment. Beides ist aber grundverschieden.

1. Der Fürst hat niemandem Rechenschaft abzulegen über das, was er befiehlt. Ohne diese absolute Autorität kann er weder das Gute tun noch das Böse vernichten. Seine Macht muss so groß sein, dass niemand sich ihr entziehen kann. Der einzige Schutz des Privatmannes vor der öffentlichen Gewalt ist seine Unschuld.

2. Wenn der Fürst geurteilt hat, so gibt es kein höheres Urteil mehr. Die Urteile der Herrscher gehen auf Gott zurück. [...] Deshalb muss man den Fürsten gehorchen wie der Gerechtigkeit selbst. Sie sind von Gott eingesetzt und haben gleichsam Teil an der göttlichen Unabhängigkeit. Gott allein kann ihre Urteile und Handlungen richten. [...] Daraus folgt, dass derjenige, der dem Fürsten nicht gehorchen will, nicht zu einem anderen Gerichtshof geschickt wird, sondern unweigerlich zum Tode verurteilt wird als Friedensstörer und Feind der menschlichen Gesellschaft.

3. Es gibt keinerlei Zwangsgewalt gegen den Fürsten. [...] Es ist zum Wohl des Staates, wenn man die ganze Macht auf einen konzentriert.

4. Deshalb sind die Könige aber nicht von den Gesetzen befreit. Sie sind wie alle anderen der Rechtlichkeit des Gesetzes unterworfen, sowohl weil sie selbst gerecht sein sollen, als auch, weil sie dem Volk Beispiel als Hüter des Gesetzes sein sollen, aber sie sind nicht den Strafen des Gesetzes unterworfen. [...]

Jacques Le Brun (Hg.), Jacques-Bénigne Bossuet: Politique tirée des propres paroles de l'Ecriture sainte [E. A. 1709], Genf: Librairie Droz 1967, S. 64–67, 92–97 [übers. v. Linda Brüggemann].

M 6 Souveräner Fürst

Der Staatstheoretiker Jean Bodin (1529/30–1596) gilt als einer der frühen Begründer des Absolutismus. In seiner Schrift „Sechs Bücher über den Staat" aus dem Jahr 1576 schreibt er über den Monarchen:

Da es auf Erden nächst Gott nichts Höheres gibt als die souveränen Fürsten und weil sie von Gott als seine Stellvertreter dazu berufen sind, den übrigen Menschen zu gebieten, muss man sich ihres Ranges bewusst sein, um ihrer Majestät in aller Ergebenheit die ihr gebührende Achtung und Ehrerbietung zu erweisen. [...]

Das Hauptmerkmal des souveränen Fürsten besteht darin, der Gesamtheit und den einzelnen das Gesetz vorschreiben zu können und zwar, so ist hinzuzufügen, ohne auf die Zustimmung eines Höheren oder Gleichberechtigten oder gar Niedrigeren angewiesen zu sein. [...]

Der König hingegen hat den Gesetzen der Natur zu gehorchen, d. h., die Lenkung seiner Untertanen und all sein Handeln haben sich an der natürlichen Gerechtigkeit auszurichten, deren Licht so hell und klar leuchtet wie der Glanz der Sonne.

Peter Cornelius Mayer-Tasch (Hg.), Bernd Wimmer (Übers.), Jean Bodin: Sechs Bücher über den Staat. Buch 1/3, München: C. H. Beck 1981, S. 108 ff.

Aufgaben

1. **Herrschaftsauffassung im Absolutismus – Textquellen erschließen**
   a) Jacques-Bénigne Bossuet (M5) behauptete, dass absolute Regierung und willkürliche Herrschaft „grundverschieden" seien. Gib seine Begründung wieder.
   b) Arbeite die Rechte heraus, die Jean Bodin (M6) dem Fürsten zugeschrieben hat.
   c) Erläutere die Bedeutung des Begriffs „natürliche Gerechtigkeit" von Bodin.
   d) Vergleiche die Rolle des Königs bei Bossuet und bei Bodin.

→ M5 – M6

Versailles – Sinnbild des absoluten Herrschaftsanspruchs

WES-115640-405
Hörszene zum Leben am Hof von Versailles

In Versailles, 18 Kilometer von Paris entfernt, ließ sich Ludwig XIV. ab 1661 eine gigantische Schloss- und Gartenanlage errichten. Sie wurde erst nach seinem Tod abgeschlossen. Das Schloss hat etwa 200 Räume; die Fassade ist mehr als einen halben Kilometer lang. Warum lässt sich jemand eine derartig teure Schlossanlage bauen, vor allem, wenn die Finanzlage des Staates ohnehin schon angespannt ist?

M 1 Versailles
Gemälde von Pierre-Denis Martin, um 1722

M 2 Spiegelsaal von Versailles
aktuelles Foto

M 3 Ein König steht auf – Eine Textquelle

Ludwig XIV. hat sich in Versailles einem streng geregelten Leben unterzogen, das er auch seiner Umgebung aufzwang. Die Aufstehzeremonie, das „Lever", beschreibt der am Hofe lebende Herzog von Saint-Simon in seinen Memoiren, die er zwischen 1739 und 1750 verfasste:

Um acht Uhr morgens weckte der erste Kammerdiener den König. Der Leibarzt und der erste Chirurg und, solange sie lebte, die Amme des Königs traten zur gleichen Zeit ein. Die Amme küsste ihn, die anderen rieben ihn mit Tüchern ab, zogen ihm, weil er meist stark schwitzte, ein anderes Hemd an. Um Viertel nach acht rief man den Großkämmerer und in dessen Abwesenheit den ersten Dienst tuenden Kammerherrn, und mit ihnen begannen die großen Entrées. Einer von ihnen öffnete den Bettvorhang, der inzwischen wieder geschlossen worden war, und reichte dem König mit Weingeist vermischtes Wasser aus einem Becken, das über seinem Bett hing; diese Herren verweilten einen Augenblick, sofern sie dem König etwas zu sagen hatten oder ihn um etwas bitten wollten. Derjenige, der den Vorhang geöffnet und das Wasser gereicht hatte, übergab dem König das Gebetbuch des Heilig-Geist-Ordens, dann gingen sie hinüber in den Sitzungssaal. Nach kurzem Gebet rief der König, und sie kamen alle wieder herein. Der Oberkämmerer brachte ihm seinen Morgenrock, während die zweiten Entrées begannen; nun erschien alles, was Rang und Namen hatte, dann der Tross, indes der König sich Strümpfe und Schuhe anzog, denn er kleidete sich fast ohne Hilfe der Diener mit viel Geschick und Anmut stets selber an. Ein um den anderen Tag sah man, wie ihm der Bart geschoren wurde. Er trug dabei eine kleine kurze Perücke, ohne die er sich niemals in der Öffentlichkeit zeigte, auch wenn er am Tag seiner Reinigungskuren im Bett lag. Häufig plauderte er über die Jagd, und manchmal richtete er an diesen oder jenen ein Wort. Er hatte keinen Toilettentisch vor sich stehen, man hielt ihm nur einen Spiegel hin.
Sobald er angekleidet war, kniete er vor seinem Bett nieder und betete, die anwesenden Kleriker knieten ebenfalls nieder, alle Laien blieben stehen, und der Hauptmann der Garde ging während des Gebets auf die Balustrade, von wo aus der König sich dann in sein Arbeitszimmer begab. Alle, die Erlaubnis dazu hatten, und es waren sehr viele, [...] folgten ihm dorthin oder befanden sich schon dort. Alsdann gab er die Tagesordnung bekannt, so wusste man fast auf die Viertelstunde genau, was der König den Tag über tun würde. Nun gingen alle Anwesenden hinaus.

Sigrid von Massenbach (Hg./Übers.), Louis de Rouvroy de Saint-Simon: Die Memoiren des Herzogs von Saint-Simon Bd. 3: 1710–1715, Frankfurt a. M./Berlin/Wien: Ullstein 1977, S. 331f.

M 4 Der Hof als Ausdruck königlicher Macht

Über Ludwig XIV. und die höfische Gesellschaft urteilte der Herzog von Saint-Simon folgendermaßen:

In allem liebte [der König] Pracht, Glanz, verschwenderische Fülle und üppigen Aufwand. [...] Um ihm zu gefallen, stürzte man sich in Riesenausgaben für festliche Gelage, Gewänder, Pferde, Karossen und verausgabte sich bei der Errichtung von Bauwerken und beim Spiel. Das gab ihm den Anlass, mit jemandem zu sprechen; was er in Wirklichkeit erstrebte und auch erreichte, war, die Geldmittel der Gesellschaft zu erschöpfen. Indem er den Luxus zur Ehrenpflicht und teils sogar zur Notwendigkeit machte, gedachte er, allmählich jedermann in vollkommene Abhängigkeit von seinen Gunstbezeugungen und Zuwendungen zu bringen.

Sigrid von Massenbach (Hg./Übers.), Louis de Rouvroy de Saint-Simon: Die Memoiren des Herzogs von Sains-Simon Bd. 3: 1710–1715, Frankfurt a. M./Berlin/Wien: Ullstein 1977, S. 293f.

Aufgaben

1. **Das Schloss in Versailles**
   a) Beschreibe die Schlossanlage von Versailles.
   b) Versetze dich in die Lage eines Besuchers und schildere deine Eindrücke Beginne mit: „Endlich erblicke ich nach der langen Reise das Schloss ..."
   → M1–M2
2. **Leben in Versailles**
   a) Berichte mit eigenen Worten vom Aufstehen des Königs (M3).
   b) Der Herzog von Saint-Simon, dessen Memoiren als eine der wichtigsten Quellen zu Ludwig XIV. und seinem Hof in Versailles gelten, stand dem König durchaus kritisch gegenüber. Erläutere die Strategie, die Saint-Simon hinter dem Verhalten des Königs vermutete (M4).
   c) Erläutere mithilfe deiner bisherigen Kenntnisse die Überschrift des Teilkapitels „Versailles – Sinnbild des absoluten Herrschaftsanspruchs".
   → M3–M4

M 5 **Garten von Versailles**

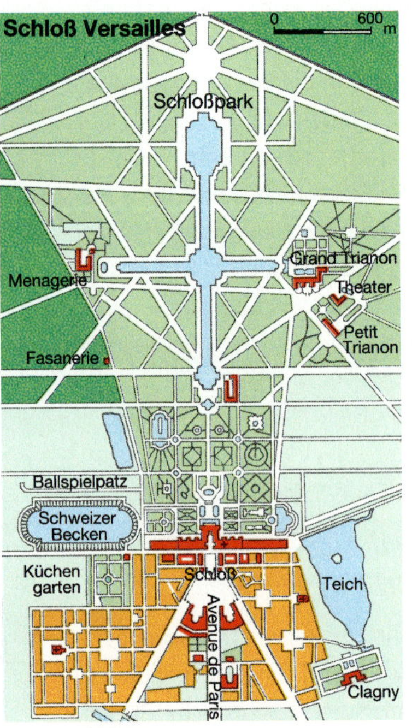

M 6 **Versailles, Grundriss von Schloss und Garten**

M 7 **Sonnensymbol am Gitter vor dem Hof des Schlosses**

Ein beeindruckendes Schloss

Schloss und Gartenanlage stellten das politische, gesellschaftliche und kulturelle Zentrum des französischen Absolutismus dar. Seit 1682 war Ludwig XIV. mit der königlichen Familie und seinem Hofstaat nach Versailles übersiedelt. Seitdem lebten und arbeiteten dort 15 000 Menschen – Hofadel, Militär, Gäste, Handwerker und Dienstpersonal. Im Schloss selbst kamen bis zu 3000 Personen unter, oftmals unter recht beengten und meist wenig hygienischen Bedingungen. Bereits in der Anordnung der Räumlichkeiten konnte man das absolutistische Selbstverständnis ablesen: Im Zentrum befand sich das nach Osten gelegene Schlafzimmer des Monarchen, Schauplatz des täglichen feierlichen Zeremoniells der königlichen Morgen- und Abendtoilette, an der nur ausgewählte Persönlichkeiten teilnehmen durften. Die übrigen Räume waren streng hierarchisch angeordnet: Je höher im Rang oder in der Gunst des Königs ein Höfling stand, desto näher lagen seine Zimmer bei den königlichen Gemächern.

Die Unterwerfung der Natur

Der ebenso wie das Schloss streng geometrisch angelegte große Park hinter dem Schloss war von Alleen und Wasserstraßen strahlenförmig durchzogen. 1400 Springbrunnen, Wasserspiele und künstliche Seen wurden über Leitungen und Pumpsysteme mit Wasser aus der Seine versorgt. Mehr als 1000 Gärtner pflegten die vollkommen symmetrischen Beete, schnitten rund 75 000 exotische Bäume und Buchsbaumhecken in Form. Ein neun Hektar großer Gemüsegarten versorgte den König und seine Hofgesellschaft immer mit frischen Früchten und Gemüse. Der Spaziergang durch die Gärten von Versailles wurde fester Bestandteil des reglementierten Hoflebens.

Dabei ging es Ludwig XIV. wie schon beim Bau der Schlossanlage weniger um das eigene Vergnügen, sondern um eine Darstellung der absoluten Königsmacht: Indem sein Garten- und Landschaftsarchitekt André Le Nôtre die Naturlandschaft in feste geometrische Formen zwang, konnte sich der König als Bezwinger und Beherrscher der Natur und der Elemente inszenieren.

Die Gunst des Königs

Der König hatte seinen Hofstaat auch deswegen nach Versailles verlegt, um gerade die hohen Adligen in seiner unmittelbaren Nähe und damit unter seiner Kontrolle zu haben. Er versprach ihnen Vorteile und Ehrendienste. Auch Pracht und Glanz des Hoflebens lockten viele an. Vorrechte der Geburt waren in Versailles zumeist

M 8 Eine ranghohe Bewohnerin in Versailles: Liselotte von der Pfalz (1652–1722)
Liselotte von der Pfalz heiratete 1671 den Herzog von Orléans, den jüngeren Bruder des französischen Königs. Als Herzogin von Orléans hatte Liselotte eine besondere Stellung am Königshof, denn offiziell war sie nach der Königin die ranghöchste Frau in Versailles. Liselotte verbrachte ihre Zeit am Hof mit den üblichen Vergnügungen der adligen Damen: Sie unterhielt sich, machte Spaziergänge, nahm an den Mahlzeiten teil oder vergnügte sich auf Bällen. Am liebsten aber ging sie auf die Jagd und ins Theater. Zudem zog sie sich auch gerne in ihre Privatgemächer zurück, um Briefe zu schreiben, von denen über 5000 Stück erhalten sind, zeitgenössisches Gemälde von Hyacinthe Rigaud.

zweitrangig: Entscheidend für die Stellung bei Hofe wurde die Nähe zum Herrscher. Die Konkurrenz der Adeligen um Ämter, Positionen, Ehrentitel und Pensionen sollte sie von politischer Mitbestimmung fernhalten und führte gleichzeitig zu einer Atmosphäre der Verstellung, Ruhmsucht und zahlreichen Intrigen. Indem sich viele Prinzen und Adelige im nahe gelegenen Ort Versailles eigene prachtvolle Häuser, sogenannte „Hôtels", bauen ließen, um immer in der Nähe des Hofes sein zu können, verschuldeten sie sich oftmals und gerieten noch weiter in die Abhängigkeit des Königs.

Alles am Hofe war auf die Person des Königs ausgerichtet. So war es beispielsweise verboten, sowohl Ludwig selbst als auch Bildern von ihm den Rücken zuzukehren. Jede Handlung des Königs, bis hin zur unscheinbarsten Geste, war genau geplant und spielte sich in der Öffentlichkeit der Hofgesellschaft ab. Die festlichen Theater-, Opern- und Ballettaufführungen mit Banketten, Feuerwerken, Jagden und Glücksspielen dienten der Repräsentation der Macht: Sie setzen das Gottesgnadentum, die Heiligkeit und Machtfülle des Herrschers in Szene und spielten so eine ähnlich wichtige Rolle wie die Schlossarchitektur selbst.

Der Preis der Prachtentfaltung

Neben den zahlreichen Kriegen Ludwigs XIV. und den Kosten für stehendes Heer und Verwaltung trugen nicht zuletzt die Baukosten und das luxuriöse Leben in Versailles dazu bei, dass der Staat sich hoffnungslos verschuldete. Im Gegensatz zu Prunk und Pracht am Hof stand die bittere Armut, in der große Teile der Bevölkerung lebten, insbesondere die Landbevölkerung und die unteren Schichten in den Städten wie Tagelöhner oder Gesellen. Im 17. und 18. Jahrhundert stieg die Zahl der Bettler mancherorts sogar auf ein Fünftel der Gesamtbevölkerung an.

Aufgaben

1. **Schloss Versailles erkunden**
   a) Erkläre mithilfe des Planes M6 die Ausrichtung der Schlossanlage.
   b) Erläutere die Gründe dafür, dass Versailles so groß geplant wurde.
   c) Suche Passagen im Text, die ausdrücklich darauf hinweisen, dass die Gestaltung des Parks politisch begründet war.
   d) Verfasse einen kurzen Text für ein Kinderlexikon, in dem du Schloss Versailles als Ausdruck der absolutistischen Herrschaft erläuterst.
   M5–M8, Text auf den Seiten 160–161

Die Herrschaft Ludwigs XIV.

Die Prachtentfaltung von Ludwig XIV. und sein Regierungsstil wirken heute befremdend. Das Zeitalter des Absolutismus in Europa im 17./18. Jahrhundert war vom Bemühen des Herrschers geprägt, die ungeteilte und unbeschränkte Staatsgewalt auf sich zu konzentrieren. Welche Mittel setzte er dazu ein? Waren die Maßnahmen erfolgreich und hat die damalige Form von Herrschaft eventuell auch noch Auswirkungen auf den heutigen Staat?

M 1

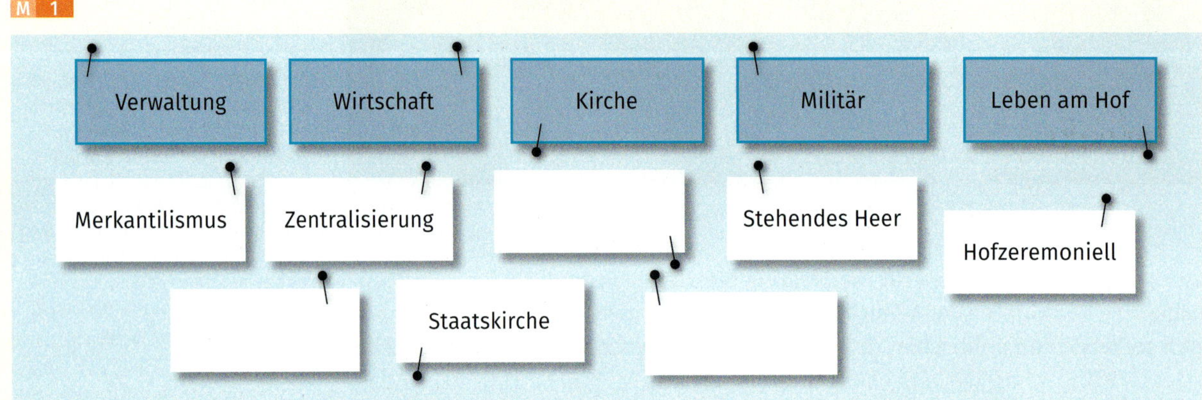

Verwaltung

Ludwig XIV. regierte das Königreich absolutistisch, indem er die Mitwirkung ständischer Gruppen wie Adel, Geistlichkeit und Bürgertum zu beschneiden versuchte. Stattdessen bediente er sich einer von ihm abhängigen Beamtenschaft. Dazu ernannte er vielfach fähige Männer aus dem Bürgertum zu seinen Staatsdienern. Diese fühlten sich allein den Weisungen des Monarchen verpflichtet, verdankten sie ihm doch ihre Position. Mit ihnen beriet er sich bei wichtigen Entscheidungen. In seinem Namen hatten sie dann Befehle und Anordnungen durchzusetzen.

In die Provinzen Frankreichs entsandte der König ihm treu ergebene und allein ihm verantwortliche hohe Beamte, die dort die Justiz, Polizei und Finanzen verwalteten. Sie hießen Intendanten. Sie mussten dafür sorgen, dass die königlichen Beschlüsse ausgeführt und die Steuern eingetrieben wurden. Der Ausbau einer solchen Verwaltung diente dabei vor allem dem Zweck, den König finanziell unabhängig zu machen. Denn die Stände durften bei der Festlegung der Steuern eigentlich mitentscheiden und konnten so auch Macht ausüben.

Gleichwohl bestanden auf allen Ebenen weiterhin Gremien, die politisch mitwirken konnten: Provinzialstände, Stadträte, städtische Gerichte oder Dorfversammlungen hatten nach wie vor Einfluss auf die innenpolitischen Entscheidungen und beschränkten so die absolute Gewalt des Königs. Der Aufbau einer Verwaltung mit eigenen Behörden und treuen Beamten ist ein wesentliches Merkmal eines modernen Staates.

Aufgaben

1. Wie herrschte Ludwig XIV.?

a) Erstelle aus den Informationen des Textes eine grafische Skizze zur Herrschaft im Absolutismus, in der deutlich wird, wie die einzelnen „Säulen“ die Macht des Königs stützten.

b) Erkläre an einzelnen Beispielen das Zusammenwirken der „Säulen der Macht“. Du kannst dies auch grafisch mithilfe von Pfeilen verdeutlichen.

Text auf den Seiten 162–164

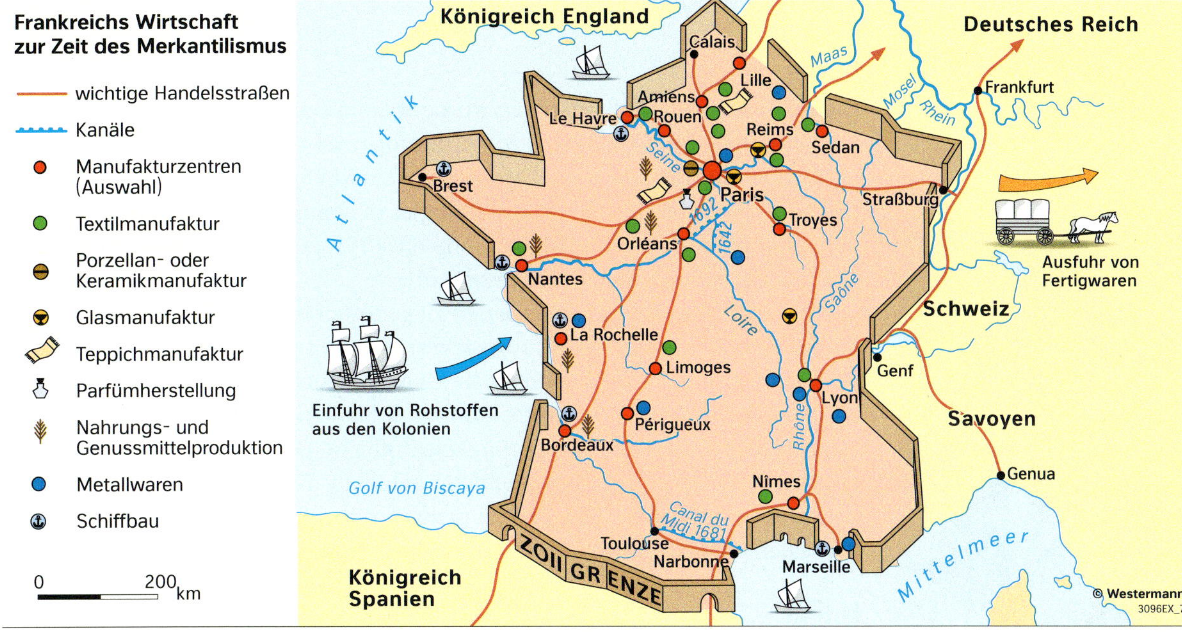

M 2

Wirtschaft

Beamte und Soldaten, Kriege und Hofhaltung kosteten den König sehr viel Geld, das sich allein durch die Steuerzahlungen seiner Untertanen nicht aufbringen ließ. Aus diesem Grund entwickelte der bürgerliche Finanzminister Jean Baptiste Colbert ein System, bei dem der Staat in die wirtschaftlichen Prozesse des Landes eingriff, um die staatlichen Einnahmen zu steigern. Ziel war deshalb eine positive Handelsbilanz, das heißt, wenn mehr exportiert (ausgeführt) als importiert (eingeführt) wird. Deshalb wird dieses Wirtschaftssystem „Merkantilismus" (merkantil = kaufmännisch) genannt. Importe beschränkte man durch Schutzzölle. Das heißt: Alle Waren, die ins Land kamen, wurden durch einen Aufschlag verteuert. Export hochwertiger Produkte förderte man mithilfe von Prämien und Handelsverträgen. Rohstoffe aus den französischen Kolonien in Afrika und Ostindien wurden in Frankreich zu Luxusprodukten verarbeitet und im Land verkauft oder exportiert. In Manufakturen (lat. „manu factum": mit der Hand gemacht) wurden die Güter arbeitsteilig in Handarbeit hergestellt. Dabei stellte der Einzelne nicht mehr einen Gegenstand vollständig her, sondern verrichtete immer einen Teilschritt, weshalb auch ungelernte Arbeitskräfte beschäftigt werden konnten.

Um dieses System zu stützen, schuf Colbert eine starke Handelsflotte, gründete Niederlassungen im Ausland wie die „Ostindische Handelskompanie" und ließ im Innern des Landes Transportwege ausbauen. Einheitliche Maße und Gewichte vereinfachten den Handel innerhalb Frankreichs ebenso wie die Aufhebung der Binnenzölle. Akademien wurden gegründet, um Fachkräfte und Wissenschaftler auszubilden. Die Förderung der Wirtschaft bot wie schon die Besetzung der Verwaltung Aufstiegsmöglichkeiten für das Bürgertum, das den adeligen Einfluss zurückdrängen sollte.

Politik und Wirtschaft bildeten in dieser Wirtschaftsform eine Einheit: Der Staat förderte die Wirtschaft, um seine politische und militärische Macht zu steigern, die Wirtschaft profitierte von der staatlichen Zoll- und Steuerpolitik. Aber trotz etlicher Erfolge brachte der Merkantilismus auf Dauer nicht die erhoffte Entlastung der Staatskasse, dazu waren die Ausgaben des Königs einfach zu hoch.

M 3 Jean Baptiste Colbert

Von 1661 bis 1683 Erster Minister Ludwigs XIV., Gemälde (Ausschnitt) von Claude Lefebvre (1632–1675)

M 4 Ludwig XIV., König von Frankreich (1643–1715)
Gemälde von Hyacinthe Rigaud

Kirche

Die katholische Kirche Frankreichs wurde ebenfalls zunehmend in den Dienst des Königs gestellt. Der Grundsatz „Un roi, une foi, une loi" (Ein König, ein Glaube, ein Gesetz) betonte die Einheit von Monarchie und Kirche, zeigt aber auch, dass Ludwig XIV. verschiedene Glaubensrichtungen in seinem Staat nicht zu tolerieren bereit war. Protestantische Hugenotten – etwa 10 % der Bevölkerung – wurden mit Gewalt zum katholischen Glauben bekehrt.

Das Edikt von Nantes, in dem den Hugenotten freie Religionsausübung und politische Gleichberechtigung zugesichert worden war, hob Ludwig XIV. im Jahr 1685 auf. Etwa 250 000 hugenottische Glaubensflüchtlinge verließen daraufhin Frankreich und fanden in protestantischen Staaten Europas wie Preußen, der Schweiz, den Niederlanden oder England Zuflucht. Durch die Massenauswanderung verlor Frankreich gut ausgebildete Fachleute, die für ihre neuen Heimatländer ein Gewinn waren. Sie brachten nicht nur ihre Kultur und Sprache mit, sondern auch ihr Wissen und ihre Arbeitskraft.

Militär

Außenpolitisch versuchte Ludwig XIV. in mehreren Kriegen, die Vormachtstellung (Hegemonie) Frankreichs auf dem europäischen Kontinent zu erringen. Dafür musste die französische Armee modernisiert und verstärkt werden. Zu diesem Zweck wurde ein jederzeit einsatzbereites, d. h. ein stehendes Heer gebildet. Es unterstand dem König direkt und bestand aus einheitlich uniformierten und bewaffneten Soldaten, die in Kasernen untergebracht wurden. Durch eine strenge Rangordnung und ständige militärischen Übungen wurden sie besser auf den Krieg vorbereitet. Neue Waffen erhöhten darüber hinaus die Schlagkraft. Zwischen 1664 und 1713 wuchs das Heer von 45 000 auf 480 000 Mann. Die französische Armee galt als die modernste und stärkste des europäischen Kontinents. Das hatte allerdings auch seinen Preis: Die Unterhaltung eines stehenden Heeres verschlang den Großteil der Staatseinnahmen.

Absolute Herrschaft?

Neuere Untersuchungen haben ergeben, dass das Ideal einer absoluten monarchischen Herrschaft und die politische Realität meist weit auseinander klafften. Macht und Einfluss der absolutistischen Herrscher waren oftmals bei weitem nicht so umfassend wie lange angenommen wurde – vielen Fürsten fehlten schlicht die Mittel, eine absolute Herrschaft durchzusetzen. Die Stände, d. h. vor allem der hohe Adel, aber auch die regionalen und lokalen Kräfte, verfügten in der Praxis vielfach noch über ein erhebliches Mitspracherecht, das der Allgewalt des Souveräns Grenzen setzte. Gerade in Frankreich war die Macht der Krone deshalb in vielen Bereichen recht schwach. Etliche Maßnahmen Ludwigs XIV. stießen auf Kritik oder lösten sogar heftigen Widerstand aus.

Aufgaben

1. **Der Merkantilismus**
   Erläutere anhand des Schaubildes M2 das System des Merkantilismus.
   → M2, Text auf der Seite 163
2. **Ein moderner Staat?**
   Erläutere an einzelnen Beispielen, inwiefern zur Zeit Ludwigs XIV. bereits Grundlagen des modernen Staats entstanden. Berücksichtige dabei die Säulen der Herrschaft Ludwigs XIV.
   → Text auf den Seiten 162–164
3. **Ein absoluter Herrscher? – Ein Urteil formulieren**
   Gelang es Ludwig, die Macht auf sich zu konzentrieren? Formuliere dein Urteil.
   → Text auf den Seiten 162–164

Ein absoluter Herrscher? – Eine Karikatur deuten

M 5 **„Ludovicus Rex“,** Karikatur von William M. Thackeray nach Rigauds Porträt von Ludwig XIV., London 1840

M 6 Ein Kommentar des Künstlers

In seinem „Paris Sketchbook“, in dem die Karikatur erschien, schreibt William M. Thackeray über Ludwig XIV.:

Man sieht sofort, dass die Majestät aus der Perücke gemacht ist, den hochhackigen Schuhen und dem Mantel, mit der französischen Lilie besetzt. Dem kleinen, hageren, verwelkten Mann von 5,2 Fuß [ca. 1,60 Meter] in Jacke und Kniehosen wohnt keine Majestät inne, und doch ist er gerade aus dieser Kleidung herausgestiegen. Setzt man ihm die Perücke auf und zieht ihm die Schuhe an, ist er 6 Fuß [ca. 1,80 Meter] groß; dazu der andere Flitterkram und er steht vor uns majestätisch, herrschaftlich und heroisch! So stellen Barbiere und Flickschuster die Götter her, die wir anbeten.“

William Makepeace Thackeray, The Paris Sketchbook, London: Smith, Elder & Co. 1870, S. 434 [übers. v. Linda Brüggemann].

Training

Erklärung des Operators „Begründen“

Du sollst Gründe für dir bekannte Sachverhalte (oder eigene Entscheidungen/Positionen/Behauptungen) formulieren: Warum ist es so und nicht anders? Dabei musst du darauf achten, dass deine Begründung zusammenhängend formuliert und für andere nachvollziehbar ist.

Formulierungshilfen

Der Grund/die Ursache für ... ist, dass ..., denn ...
Es ist so, weil ..., denn ...
Es wäre nicht so, wenn ..., weil ...
Das liegt daran, dass ..., denn ...
... ist darin begründet, dass ..., da ...

Aufgaben

1. **Ein absoluter Herrscher? – Eine Karikatur deuten**
   a) Beschreibe die Karikatur M5.
   b) Erläutere die Elemente der Zeichnung, mit denen der Karikaturist den Absolutismus zum Ausdruck brachte.
   c) Erläutere die Kritik des Karikaturisten am Absolutismus.
   d) Arbeite die Aspekte des Absolutismus heraus, die in der Karikatur nicht dargestellt wurden.
   → M5–M6
2. **Absolutismus heute?**
   Begründe, dass die Vorstellung von Herrschaft im Absolutismus der heutigen Vorstellung von Demokratie widerspricht. Verwende dafür den Trainingskasten.
   → M1–M6, Trainingskasten auf dieser Seite

Die Aufklärung

Sexualaufklärung in der Schule oder Verbrechensaufklärung bei der Polizei – mit dem Begriff Aufklärung verbinden sich höchst unterschiedliche Vorstellungen. Er lässt sich auf viele Lebensbereiche anwenden, denn er bezeichnet eine bestimmte Art des Denkens: Durch Anwendung der Vernunft gelangt der Mensch von der Unwissenheit zur Klarheit, tritt aus dem Dunkel ins Licht. Der folgende Auszug aus einem Lesebuch der Aufklärungszeit ermöglicht Einblicke in das aufgeklärte Denken.

M 1 „Der Kinderfreund“

Der preußische Pädagoge Friedrich Eberhard von Rochow (1734–1805) verfasste 1776 ein Lesebuch für die Landschule, das als erstes deutsches Volkslesebuch gilt. Von diesem Buch sind bis 1880 etwa eine Million Exemplare gedruckt worden:

Vorbericht:
Dieses Buch ist der Armen wegen wohlfeil. Denn es muss in jedes Schulkindes Händen seyn. Sonst könnten viel Kinder zugleich daraus nicht lesen lernen.
Ich habe durch dieses Buch Übungen der Aufmerksamkeit, dadurch dass, wenn ein Kind laute liest, ein anderes außer der Reihe, und oft mitten in der Periode, zum Fortlesen aufgerufen wird;
Sprachübungen, in deutlichen und verständlichen Ausdrücken;
Einen leichten Erzählungs- und Gesprächston; und Vorbereitungen zur christlichen Tugend befördern wollen. [...]
Übrigens hat der Verfasser geglaubt, dass dieses Buch so lange, bis ein besseres da ist, geschickt sey, die große Lücke zwischen Fibel und Bibel auszufüllen.[...]
Vom Nutzen des Lesens und Schreibens:
Ein verschuldeter, aber arglistiger Bürger erfuhr, dass Hanns, der weder Schreiben noch Lesen konnte, Geld geerbt hätte, und es gern auf Zinsen ausleihen wollte. Er ging also zu Hanns und versprach ihm sechs Thaler für jedwedes hundert Reichsthaler jährlich an Zinse zu geben, ihm sein Brauhaus zu verschreiben, auch das geliehene Geld in einem Jahr wieder zu bezahlen; doch mit dem Bedinge, dass Hanns es nicht unter die Leute bringen sollte. Das gefiel Hanns wohl; er holte das Geld nebst Feder, Papier und Tinte. Der Bürger schrieb einen ganzen Bogen voll nichtwürdiger Possen hin, und, statt seines Namens, einen Namen, den keiner aussprechen konnte. Der Bauer nahm diesen Bogen sorgfältig, und der Bürger nahm das Geld. Kurz darauf ging der Bürger in die weite Welt. Lass ihn laufen, sprach Hanns, ist mir doch das Haus verschrieben, und das ist mehr werth als die Schuld. Da machte sich Hanns auf den Weg und meldete sich bey dem Rathe der Stadt. Aber als er den Bogen in den Gerichten vorzeigte, so ward er abgewiesen, weil nicht ein Wort von einer Schuldverschreibung darauf stand. Des Bürgers anderweitige Schulden wurden bezahlt, denn die hatten sich besser als Hanns vorgesehn. Nur Hanns ging leer aus. Als er nun traurig nach Hause kam, sprach er: ach hätte ich doch Schreiben und Lesen gelernt! Und von der Zeit an schickte er alle Tage seine Kinder in die Schule, wo sie Schreiben und Lesen lernen konnten.

Hanno Schmitt/Frank Tosch (Hg.), Quellen und Studien zur Berlin-Brandenburgischen Bildungsgeschichte Bd. 1: Friedrich Eberhard von Rochow, Der Kinderfreund. Ein Lesebuch zum Gebrauch in Landschulen (Faksimiledruck der Ausgabe Frankfurt/Eichelberg 1776), Potsdam: Universität Potsdam 1995.

Der
Kinderfreund
Ein
Lesebuch
zum Gebrauch
in Landschulen
Von
Friedrich Eberhard von Rochow,
Erbherrn auf Reckan ꝛc. ꝛc.

Für acht Kreuzer

Frankfurt, 1776
bey den Eichenbergischen Erben.

M 2 **„Schulstunde"**

Gemälde (Ausschnitt) von Georg Melchior Kraus, um 1770

Die Aufklärung

Aufklärung ist nicht nur eine Denkmethode, sondern auch Kennzeichen einer Epoche der europäischen Geistesgeschichte des 17. und 18. Jahrhunderts. Träger dieser Bewegung war das in den absolutistischen Staaten lebende gehobene Bürgertum: Beamte, Geistliche, Gelehrte und Schriftsteller – und damit nur ein kleiner Teil der Bevölkerung.

Toleranz und Emanzipation

Die Aufklärung war eine gesamteuropäische Bewegung, die sich in einzelnen Ländern unterschiedlich ausprägte. In England war sie mehr politisch ausgerichtet, während sie sich in Frankreich eher auf die Gesellschaft bezog. In der deutschen Aufklärung spielten dagegen Religionsfragen eine wichtige Rolle, denn das Land war seit der Reformation konfessionell geteilt. Ihre Kritik an Bibel und Kirche verbanden viele Aufklärer mit der Forderung nach religiöser Toleranz: Weil niemand im Besitz der Wahrheit ist, solle Toleranz herrschen.

Aufgaben

1. Ein Lesebuch der Aufklärungszeit

a) Erläutere Gründe für Rochows Titelwahl „Der Kinderfreund" (M1).

b) Stelle die Ziele dar, die Rochow mit seinem Lesebuch verfolgte.

c) Erkläre den „Nutzen des Lesens und Schreibens".

d) Rochow vermittelt die Vorteile des Lesens mittels einer kleinen Geschichte. Erläutere die Gründe.

→ M1

2. Der Begriff „Aufklärung"

a) Erläutere den Begriff „Aufklärung". Ziehe dazu den Text auf den Seiten 166–168 heran.

b) Nenne einige Veränderungen des Alltagslebens, die im Zusammenhang mit der Aufklärung stehen.

→ Text auf den Seiten 166–168

M 3 **Immanuel Kant (1724–1804)**
Gemälde, um 1768

M 4 **Jean-Jacques Rousseau (1712–1778)**
Gemälde, 1753

Vernunft und Kritik

In seinem berühmten Aufsatz „Was ist Aufklärung?“ aus dem Jahr 1784 forderte der Königsberger Philosoph Immanuel Kant: „Habe Muth, dich deines eigenen Verstandes zu bedienen!“ Jeder Mensch sollte sich seine eigene Meinung bilden und nicht vorgefasste Einstellungen übernehmen. Insofern konnte er auch bislang fraglos akzeptierte Autoritäten wie die Kirche oder die Herrscher infrage stellen. Der Vernunftgebrauch führte so zur Kritik an bestehenden Missständen und damit zu dem damals revolutionären Gedanken, dass der einzelne Mensch frei sei und über angeborene Rechte auf Leben, Streben nach Glück, Denken, Religion und Eigentum verfüge. Um die Vernunft zu benutzen, bedurfte es der Erziehung. Vor allem im Bürgertum verbreitete sich die Einsicht von der Veränderbarkeit des Kindes durch eine „natürliche“, auf seine Bedürfnisse ausgerichtete Erziehung.

Staatslehren der Aufklärung

In diesem Zusammenhang entstanden auch grundsätzliche Überlegungen über eine gute politische Ordnung. Ausgangspunkt war die Idee, dass jeder Mensch grundlegende Rechte besitze, die vom Staat respektiert und geschützt werden müssten.

Der französische Staatstheoretiker Charles de Montesquieu (1689–1755) forderte zum Beispiel, dass die Staatsgewalt, die der König allein ausübte, aufgeteilt werden müsse. Die Trennung der gesetzgebenden, der ausführenden und der rechtsprechenden Gewalt garantiere dem Einzelnen Sicherheit vor der Willkür des Herrschers.

Jean-Jacques Rousseau (1712–1778) war der Meinung, dass das Volk sich selbst eine politische Ordnung geben könne. Ein König sei dafür nicht notwendig. Diese Lehre der Volkssouveränität stellte die Herrschaftsform der Monarchie infrage. In seinem Buch „Der Gesellschaftsvertrag“ aus dem Jahr 1762 vertrat er die Auffassung, dass alle Menschen ihr Recht auf Freiheit und Gleichheit verwirklichen können, wenn sich alle Einzelnen der Gemeinschaft unterwerfen.

Aufgaben

1. „Was ist Aufklärung?“

a) Übertrage den Text von Immanuel Kant (M5) ins heutige Deutsch.

b) Erkläre die Aussage von Immanuel Kant: „Aufklärung ist der Ausgang des Menschen aus seiner selbstverschuldeten Unmündigkeit.“

→ M5

2. Staatslehren der Aufklärung

a) Erkläre den Begriff „Gewaltenteilung“ (M6).

b) Erläutere Montesquieus Begründung (M6) für die Notwendigkeit der Gewaltenteilung.

c) Erkläre Rousseaus Vorstellungen vom Verhältnis zwischen dem Einzelnen und der Gemeinschaft (M7).

d) Erläutere die Unterschiede zwischen beiden Staatslehren.

e) Beurteile die Bedeutung der Grundgedanken der Autoren für die heutigen politischen Verhältnisse. Verwende für die Beurteilung den Trainingskasten auf Seite 169.

→ M6, M7, Trainingskasten auf Seite 169

Die Aufklärung – Mit Textquellen arbeiten

M 5 „Was ist Aufklärung?"

Beginn des berühmten Textes von Immanuel Kant in der „Berlinischen Monatsschrift", Dezember 1784:

Beantwortung der Frage: Was ist Aufklärung?

„Aufklärung ist der Ausgang des Menschen aus seiner selbst verschuldeten Unmündigkeit. Unmündigkeit ist das Unvermögen, sich seines Verstandes ohne Leitung eines andern zu bedienen. Selbst verschuldet ist diese Unmündigkeit, wenn die Ursache derselben nicht am Mangel des Verstandes, sondern der Entschließung und des Muthes liegt, sich seiner ohne Leitung eines andern zu bedienen. Sapere aude! Habe Muth, dich deines eigenen Verstandes zu bedienen! ist also der Wahlspruch der Aufklärung.

M 6 Gewaltenteilung

Der Franzose Charles de Montesquieu (1689–1755) schreibt in seinem Hauptwerk „Vom Geist der Gesetze" 1748 über die Gewaltenteilung:

Die Demokratie und die Aristokratie sind ihrer Natur nach keine freien Staaten. Die politische Freiheit findet sich nur bei den gemäßigten Regierungen. Aber auch in den gemäßigten Staaten ist sie nicht immer vorhanden, sondern nur dann, wenn die Gewalt nicht missbraucht wird; es ist aber eine ständige Erfahrung, dass jeder Mensch geneigt ist, die Gewalt, die er hat, zu missbrauchen, es geht so weit, bis er Schranken findet. Wer sollte es sagen, selbst die Tugend hat Schranken nötig.
Um den Missbrauch der Gewalt unmöglich zu machen, müssen die Dinge so geordnet werden, dass die eine Gewalt die andere im Zaume hält. Eine Verfassung kann nämlich derart sein, dass niemand gezwungen wird, etwas zu tun, wozu ihn das Gesetz nicht verpflichtet, noch etwas zu unterlassen, was das Gesetz ihm erlaubt.

Zit. nach: Alfons Fitzek, Staatsanschauungen im Wandel der Jahrhunderte, Bd. II, Paderborn: Schöningh 1977, S. 87.

M 7 Gesellschaftsvertrag

In seinem Werk „Der Gesellschaftsvertrag" von 1762 schreibt der Philosoph Jean-Jacques Rousseau (1712–1778) Folgendes:

Jeder von uns stellt gemeinschaftlich seine Person und seine ganze Kraft unter die oberste Leitung des allgemeinen Willens, und wir nehmen jedes Mitglied als untrennbaren Teil des Ganzen auf. An die Stelle der einzelnen Person jedes Vertragsabschließers setzt solcher Gesellschaftsvertrag sofort einen geistigen Gesamtkörper, dessen Mitglieder aus sämtlichen Stimmabgebenden bestehen und der durch eben diesen Akt seine Einheit, sein gemeinsames Ich, sein Leben und seinen Willen erhält.
Diese öffentliche Person, die sich auf solche Weise aus der Vereinigung aller übrigen bildet, wurde ehemals Stadt genannt und heißt Republik oder Staatskörper. Seine Mitglieder nennen ihn im [...] Staat, [...] im Vergleiche mit anderen seiner Art Macht.

Zit. nach: Alfons Fitzek, Staatsanschauungen im Wandel der Jahrhunderte, Bd. II, Paderborn: Schöningh 1977, S. 899.

Training

Erklärung des Operators „Beurteilen"

Du hast zu einem historischen Thema umfangreiche Informationen erarbeitet, z. B. unterschiedliche Perspektiven von beteiligten Zeitgenossen und Erkenntnisse von Historikerinnen und Historikern. Nun sollst du selbst eine eigene Beurteilung formulieren. Diese musst du mit passenden Argumenten begründen und durch ebenfalls passende Fakten oder Beispiele belegen.

Der Operator „beurteilen" fordert dich auf, ein historisches **Sachurteil** zu fällen. Das bedeutet, dass du einen historischen Sachverhalt beurteilen sollst: Aus welchen Gründen, mit welchen Absichten und mit welchen Folgen haben die Menschen in der Vergangenheit so gehandelt? Ist die Sichtweise des Textes auf den historischen Sachverhalt zutreffend? In welchen Punkten kann ich zustimmen und in welchen eher relativieren?

Formulierungshilfen

Ich gelange zu dem Urteil, dass ...
Abschließend/Insgesamt lässt sich sagen/beurteilen, dass ...
Ein Grund dafür ist, dass ...
Ein Argument, das für meine Position spricht, ist, dass ...

Verbreitung der Aufklärung

Selbstbewusstsein des gehobenen Bürgertums

Das europäische Bürgertum erlangte in der zweiten Hälfte des 18. Jahrhunderts ein neues Selbstbewusstsein, da es zunehmend an Bedeutung gewann. Ursachen dafür waren zum einen absolutistische Verwaltungsreformen mit ihrem Bedarf an gebildeten Beamten, zum anderen eine Wirtschaftspolitik, die zur Steigerung der Staatseinnahmen Handel und Gewerbe förderte. In der Folge wuchs vor allem im gehobenen Bürgertum das Bedürfnis nach Informationen und Bildung.

Zeitschriften und Gesellschaften

In Deutschland entstanden mehr als 400 sogenannte Lesegesellschaften, in denen man sich zur Lektüre von Zeitungen, Zeitschriften, Reiseberichten oder wissenschaftlichen Texte traf und über wichtige Themen diskutierte. Nach neuesten Forschungen konnten zwar nur ungefähr zehn Prozent der erwachsenen Deutschen lesen, jedoch nahm im letzten Drittel des 18. Jahrhunderts die Lesefähigkeit rasch zu, und es entstand ein Buch- und Zeitungsmarkt. Gerade Letzterer fand bei weiten Kreisen der Bevölkerung Beachtung. Zeitschriften wie die „Moralischen Wochenschriften" richteten sich weniger an Gelehrte als vielmehr an die lesekundige Allgemeinheit, indem sie Fragen der Moral und der praktischen Lebensführung thematisierten. Zu ihrem Publikum gehörten mehr und mehr auch Frauen, für die sogar spezielle Frauenzeitschriften wie „Iris" oder „Pomona" entstanden.

Verbreitung fand die Aufklärung in Deutschland überdies durch Zusammenschlüsse wie die Freimaurer oder die sogenannten patriotischen Gesellschaften, welche Ideen von Gleichheit und Brüderlichkeit propagierten. Die patriotischen Gesellschaften waren auf die Praxis ausgerichtet: Sie förderten landwirtschaftliche Projekte, richteten Schulen, Sparkassen oder Badeanstalten ein und organisierten gemeinsame Veranstaltungen.

Insgesamt zählt man für das Deutsche Reich im 18. Jahrhundert mehr als 1200 aufgeklärte Gesellschaften mit mindestens 100 000 Mitgliedern. Zu ihnen gehörten berühmte Aufklärer, Schriftsteller und Wissenschaftler ebenso wie Ärzte, Lehrer, Kaufleute oder Offiziere. Zudem waren die einzelnen Gesellschaften oft untereinander vernetzt. Durch Mehrfachmitgliedschaften, wechselseitige Besuche oder Briefverkehr intensivierte sich die Kommunikation.

M 1 Rahel Varnhagen von Ense (1771–1833)
Zeitgenössischer Stich

Möglichkeiten der neuen Salonkultur

Wie in allen anderen europäischen Ländern wurden die aufgeklärten Gesellschaften auch in Deutschland zumeist durch Männer dominiert. Obwohl sich Frauen aktiv in Revolten und sozialen Protesten engagierten, waren sie zu ruhigeren Zeiten aus der bürgerlichen Öffentlichkeit eher ausgeschlossen und auch die Universitäten blieben ihnen verwehrt. Trotzdem gelang es gebildeten Frauen aus wohlhabenden Familien wie Rahel Varnhagen oder Henriette Hertz, einflussreiche Salons zu etablieren, in denen die führenden Köpfe der Aufklärung zusammenkamen. Die Salons entwickelten sich zu Treffpunkten zwischen dem wohlhabenden, aufgeklärten Bürgertum und fortschrittlichen Teilen des Adels; hier trafen Wissenschaftler und Schriftsteller mit Politikern zusammen, um Ideen zu diskutieren und Nachrichten auszutauschen. Standesgrenzen zwischen Adel und Bürgertum rückten dabei in den Hintergrund, stattdessen entwickelten sich privat organisiert freie und in be-

M 2 Literarischer Salon Rahel Varnhagens in Berlin
Radierung, 19. Jahrhundert

ständiger Veränderung begriffene Kommunikationsräume. Neben den Salongesprächen fand der Gedankenaustausch auch über eine hoch entwickelte Briefkultur statt – von Rahel Varnhagen sind beispielsweise rund 6000 Briefe überliefert. Dank der Gesellschaften, der Salons, der wachsenden Anzahl an Buchpublikationen und der sich immer stärker verbreitenden Presseerzeugnisse fanden die Gedanken der Aufklärung über die Kreise des wohlhabenden und gebildeten Bürgertums hinaus schließlich auch Eingang in die Gedankenwelt breiterer Bevölkerungsschichten.

Revolution der Wissenschaften

Die französischen Aufklärer Diderot und d'Alembert trugen das gesamte Wissen ihrer Zeit zusammen. Ihre 34 Bände umfassende „Enzyklopädie" enthält ungefähr 60 000 Artikel von mehr als 170 Autoren; sie gilt bis heute als Vorbild für Universallexika. Die Wissenschaft, vor allem die experimentelle Naturwissenschaft, nahm in der Zeit der Aufklärung einen ungeheuren Aufschwung. Hauptmittel, um zu Erkenntnissen zu gelangen, waren die Beobachtung der Natur und das Experiment. Infolge der solcherart gewonnenen Erkenntnisse wurden Erfindungen und Entdeckungen gemacht, die das Leben der Menschen grundlegend verändern sollten. Sie schufen die Voraussetzung für eine moderne Industrie, die bald darauf – von England ausgehend – ihren Siegeszug durch Europa antrat. Zugleich entwickelte sich eine neue Wirtschaftstheorie, die den Merkantilismus ablösen sollte: Der schottische Philosoph Adam Smith gilt als Begründer der modernen Marktwirtschaft, die auf Arbeitsteilung beruht und deren Triebkraft das wirtschaftliche Interesse des Einzelnen ist. Smith behauptete, dass das Gewinnstreben des Einzelnen automatisch zu einer harmonischen und sozialen Gesellschaft führen würde. Diese käme durch die „unsichtbare Hand" des freien Marktes zustande.

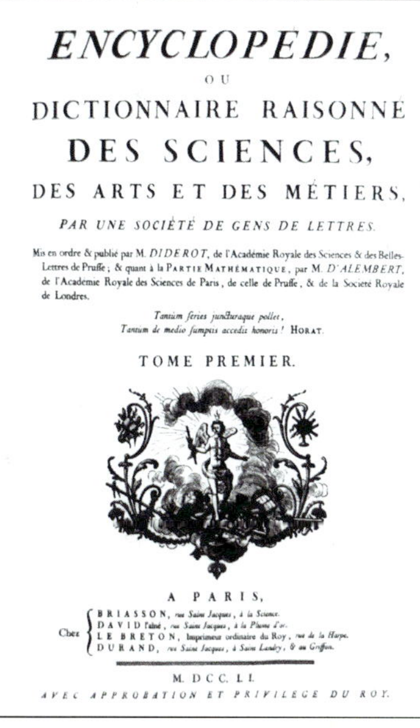

ENCYCLOPEDIE,
OU
DICTIONNAIRE RAISONNE
DES SCIENCES,
DES ARTS ET DES MÉTIERS,
PAR UNE SOCIÉTÉ DE GENS DE LETTRES.

Mis en ordre & publié par M. *DIDEROT*, de l'Académie Royale des Sciences & des Belles-Lettres de Pruſſe; & quant à la PARTIE MATHÉMATIQUE, par M. *D'ALEMBERT*, de l'Académie Royale des Sciences de Paris, de celle de Pruſſe, & de la Société Royale de Londres.

Tantùm ſeries juncturaque pollet,
Tantùm de medio ſumptis accedit honoris! HORAT.

TOME PREMIER.

A PARIS,
Chez BRIASSON, *rue Saint Jacques, à la Science.*
DAVID l'aîné, *rue Saint Jacques, à la Plume d'or.*
LE BRETON, Imprimeur ordinaire du Roy, *rue de la Harpe.*
DURAND, *rue Saint Jacques, à Saint Landry, & au Griffon.*

M. DCC. LI.
AVEC APPROBATION ET PRIVILEGE DU ROY.

M 3 Titelseite der Encyclopédie von Diderot und d'Alembert
Titelblatt des ersten Bandes, 1751

Aufgaben

1. Gesellschaft und „Aufklärung"

a) Übersetzt lautet der Titel der Enzyklopädie (M3) soviel wie „vernünftige, durchdachte Enzyklopädie der Wissenschaften, Künste und Berufe". Lege dar, dass der Titel die Aufklärung spiegelt.

b) Nenne die Personen und Bevölkerungsgruppen, die die Aufklärung vorantrieben.

c) Beurteile die Bedeutung von Zeitschriften, Büchern, Gesellschaften und Salons für die gesellschaftlichen Veränderungen.

d) Informiere dich über Rahel Varnhagen von Ense und recherchiere den Standort ihres literarischen Salons in Berlin.

Text auf den Seiten 170 – 171, M1 – M3, Internet

Woher wissen wir etwas über die Frühe Neuzeit?

Ziel jeder Wissenschaft ist der Erkenntnisgewinn, also die Erweiterung des Wissens durch Forschung. Dabei haben es andere Wissenschaftsdisziplinen in gewisser Weise leichter als die Geschichtswissenschaft, denn sie haben einen direkten Zugang zu dem Gegenstand ihres Interesses: Naturwissenschaftler können beobachten, Dinge unter dem Mikroskop ansehen, Stoffe wiegen oder Temperaturveränderungen messen. Historiker und Historikerinnen hingegen haben es schwerer: Ihr Interesse gilt der Vergangenheit. Ohne Zeitmaschine können sie sich dem Objekt ihres Interesses also nur indirekt nähern. Dieser indirekte Zugang besteht in der Beschäftigung mit Überresten aus der Vergangenheit in der Gegenwart.

Das Vorgehen der Historiker und Historikerinnen

Es ist das das Ziel des Geschichtswissenschaftlers, Überbleibsel aus der Vergangenheit zu finden und zu interpretieren. Während sich die Archäologie mit gegenständlichen Quellen beschäftigt, befasst sich die Geschichtswissenschaft mit den schriftlichen Quellen. Dabei nehmen die erhaltenen schriftlichen Zeugnisse im Verlauf der Frühen Neuzeit immer weiter zu. Viele der schriftlichen Zeugnisse finden sich in Archiven, also Orten, an denen Schriftstücke planvoll gesammelt und aufbewahrt werden. Daneben sind sie auch als Inschriften etwa an Gebäuden oder auf Gräbern erhalten.

M 1 **Johannes Gutenberg**
Kupferstich von 1584, nachträglich koloriert

Buchdruck und Alphabetisierungsgrad

Einen wesentlichen Beitrag zu dieser Zunahme schriftlicher Zeugnisse leistete eine in der Mitte des 15. Jahrhunderts entwickelte technische Neuerung: der Buchdruck mit beweglichen metallenen Lettern (Einzelbuchstaben), erfunden von Johannes Gutenberg. Jetzt konnten Bücher schneller, billiger und in Massen hergestellt werden. Erstmals war die Heilige Schrift (gedruckt 1452 bis 1454) größeren Teilen der Bevölkerung zugänglich.

Da Bücher nun erstmals für immer größere Teile der Bevölkerung erschwinglich wurden, fanden auch immer mehr Menschen Interesse daran, überhaupt lesen zu lernen. Damit vervielfachte sich der Anteil jener, die lesen und schreiben konnten (Alphabetisierungsgrad). Während zum Ende des Mittelalters nur etwa 10 Prozent der Männer und noch weitaus weniger Frauen lesen und schreiben konnten, vervielfachte sich die Anzahl der Lese- und Schreibkundigen vom 16. bis zum 18. Jahrhundert und wird wohl in den meisten Gegenden Europas bei zwei Dritteln bis drei Vierteln der Gesamtbevölkerung gelegen haben.

Der höhere Alphabetisierungsgrad bildete zugleich die Grundlage für eine Ausweitung des Wissens: Konzentrierten sich die Druckerzeugnisse zunächst noch auf den Bereich der Religion, fanden schon bald auch die neuesten Erkenntnisse der Naturwissenschaften und Philosophie, aber auch der Staatslehre durch Bücher größere Verbreitung. Mit dem Buchdruck und der steigenden Lese- und Schreibfähigkeit war so auch die Grundlage dafür gelegt, dass immer breitere Bevölkerungsschichten an der Diskussion über aktuelle Themen teilnehmen konnten.

Flugschriften als Mittel der politischen Auseinandersetzung

So wurde die durch Luthers Veröffentlichung seiner Thesen 1517 ausgelöste Reformation zur ersten mit Massenmedien ausgetragenen Auseinandersetzung der

Geschichte. Beide Seiten, die katholische wie die evangelische, versuchten durch Flugschriften möglichst große Teile der Bevölkerung von der eigenen Sichtweise zu überzeugen.

In der dabei typischen Verbindung von Bild und Text schreckte man auch nicht davor zurück, den Gegner zu verunglimpfen. Als sehr wirkungsvolles Mittel entwickelte sich in dieser Zeit die Karikatur, also die komisch überzeichnete Darstellung von Personen und gesellschaftlichen Zuständen. Viele dieser Flugschriften sind bis heute in den Archiven erhalten. Da sich mit Luthers Übersetzung der Bibel in die Sprache des Volkes das Deutsche endgültig über das Latein als Schriftsprache in Deutschland durchgesetzt hatte, sind uns diese Quellen der Frühen Neuzeit auch sprachlich leichter zugänglich.

M 2 „Luthers und Luzifers einträchtige Vereinigung"

Flugblatt (Holzschnitt) von Petrus Sylvius, Leipzig 1535

Hohe Diplomatie und Alltagsleben

Mit der Entstehung der modernen Diplomatie während der italienischen Renaissance nahm die Anzahl von Gesandten in ganz Europa sehr zu. Diplomatie meint übrigens, dass Verhandlungen zwischen Staaten mit Bevollmächtigten durchgeführt wurden. Diese Gesandten mussten sowohl Anweisungen von ihren Landesherren und Regierungen empfangen als auch Berichte an diese senden. Der Briefverkehr nahm deshalb zu. Auch diese Korrespondenzen sind zu einem großen Teil noch heute in den Archiven zu finden. Eine besondere Rolle spielen dabei die Reichstage des Heiligen Römischen Reiches. Hier trafen sich der Kaiser und die Vertreter der reichsständischen Territorien, um gemeinsam über die Belange des Reiches zu beraten. Nahmen zunächst oft noch die Landesherren persönlich an diesen Versammlungen teil, änderte sich dies spätestens ab 1663 mit der Einrichtung des Immerwährenden Reichstages in Regensburg: Jetzt ließen sich die Großen des Reiches meist durch Gesandte vertreten. Neben den Briefwechseln zwischen diesen Gesandten sind uns auch die auf den Reichstagen entstandenen Akten, also Sammlungen der in den Verhandlungen verfassten Aufzeichnungen, wie Mitschriften der Unterredungen oder geschlossene Verträge, zu einem sehr großen Teil erhalten geblieben.

M 3 Altes Rathaus Regensburg

Sitz des Immerwährenden Reichstags 1663–1806

Die Quellen aus der Frühen Neuzeit erlauben aber nicht nur einen Blick in die hohe Politik, sondern auch in das Alltagsleben des einfachen Volkes. So können wir die Leiden und Nöte der Zivilbevölkerung während des Dreißigjährigen Krieges noch heute in Wort und Bild erahnen. Zahlreiche Holzschnitte und Kupferstiche stellen Schlachten, Überfälle, Brandschatzungen und andere Ereignisse des Krieges dar. Durch diese Druckverfahren gelang es, auch bildliche Darstellungen in größeren Mengen herzustellen. Der berühmte Nürnberger Künstler Albrecht Dürer beschäftigte bereits kurz nach 1500 „Reisediener", die von Stadt zu Stadt reisten und Drucke verkauften. Damit stieg der Bekanntheitsgrad des Künstlers und seine Darstellungen wurden weit verbreitet.

Polizeiordnungen, Schützenscheiben, Rechnungsbücher

In der Zeit des Absolutismus versuchten Fürsten als besorgte Landesväter mit Polizeiordnungen die Moral und den Lebenswandel ihrer Untertanen zu verbessern, diese zugleich aber auch immer mehr zu kontrollieren. Diese Regelungen ermöglichen darüber hinaus interessante Blicke in das Leben der einfachen Leute in Stadt und Land.

Schützenscheiben geben einen interessanten Einblick in das Denken der Bevölkerung seit dem 17. Jahrhundert. Diese bei Schützenfesten und ähnlichen Brauchtumsveranstaltungen eingesetzten Ziele finden sich seit dem Ende des Dreißigjährigen Krieges fast immer in Form von kunstvoll bemalten, hölzernen Schießscheiben. Als Produkte der Volkskunst sollten sie den Geschmack der Zeit treffen und haben sehr oft einen politischen Hintergrund.

M 4 Schützenscheibe
Würzburger Stadtansicht, 1790

Rechnungsbücher lassen hingegen Rückschlüsse auf das Wirtschaften nicht nur einzelner Firmen, sondern auch ganzer Städte und Staaten zu. Diese Verzeichnisse der Geschäfte eines Unternehmens, einer Gemeinde oder eines ganzen Staates wurden bereits im Italien des 14. Jahrhunderts entwickelt und gehören zu den wichtigsten wirtschaftsgeschichlichen Quellen überhaupt.

Aber trotz einer zunehmenden Vielfalt von Quellen gilt: Wir können nur das erschließen, was erhalten geblieben ist. Große Teile der Vergangenheit werden uns daher verborgen bleiben.

Aufgaben

1. **Woher wissen wir etwas über die Frühe Neuzeit? – Medienbildung**
   a) Erläutere den Begriff „Frühe Neuzeit".
   b) Erkläre die Bedeutung des Buchdrucks für unser Wissen über die Vergangenheit.
   c) Erörtere die Vor- und Nachteile für die Arbeit einer Historikerin oder eines Historikers, die sich aufgrund der zunehmend breiteren Überlieferung der Vergangenheit ergeben.
   d) Erkläre die Besonderheit von Flugschriften als historische Quellen. Ziehe dazu ein Beispiel aus diesem Buch heran.
   e) Nenne Beispiele für typische Quellen aus der Frühen Neuzeit und beurteile ihren Quellenwert.
   f) Erarbeite die grundlegenden Unterschiede bei der Erforschung des Mittelalters und der Frühen Neuzeit. Ziehe dazu das entsprechende Kapitel zum Mittelalter in diesem Buch heran (S. 71–73).

Text auf den Seiten 172–174

Erfindungen und Entdeckungen verändern die Welt

Zwischen 1350 und 1650 fanden in Europa zahlreiche Veränderungen statt. Am Anfang stand dabei die Erschütterung der festgefügten Vorstellungen von Mensch und Welt, die man im Mittelalter als unumstößliche Wahrheiten ansah. Die Erfindung des Buchdrucks eröffnete für Bildung, Wissenschaft und Politik völlig neue Perspektiven. Mit der Renaissance und dem Humanismus traten zwei eng verwandte geistige Bewegungen auf, in denen unter Rückbesinnung auf Autoritäten der Antike nicht mehr Gott, sondern der Mensch im Mittelpunkt des Denkens stand. Es entstand ein neues Menschen- und Weltbild.

Durch die „Entdeckung" Amerikas 1492 und Entdeckungsfahrten in andere Regionen der Erde veränderten sich die geografischen Vorstellungen der Menschen in Europa grundlegend. Die europäischen Staaten gründeten überall auf der Welt Kolonien. Die Folgen davon sind auch heute noch spürbar: Die Nachkommen der lokalen Bevölkerung haben oft weniger Rechte in den heutigen Staaten Mittel- und Südamerikas und sind oft sozial benachteilgt.

Reformation, Dreißigjähriger Krieg und der Westfälischer Frieden

Zu Beginn des 16. Jahrhunderts kam es zu einer für die mittelalterliche Gedankenwelt unvorstellbaren Spaltung der abendländischen christlichen Kirche. Reformatoren wie Martin Luther interpretierten in ihrem Kampf gegen die Missstände der Kirche die Aussagen der Bibel neu und wurden zu Gründern eigenständiger, protestantischer Kirchen. Der Katholizismus war nun nur eine unter mehreren christlichen Konfessionen. Auch wegen dieser Veränderungen wird die Zeit um 1500 als Epochenwende und als Beginn der Neuzeit angesehen.

Der Dreißigjährige Krieg im Heiligen Römischen Reich Deutscher Nation, eine konfessionelle wie machtpolitische Auseinandersetzung in der Mitte Europas, stellte eine der größten Katastrophen in der deutschen Geschichte dar. 1648 wurde in Münster und Osnabrück der Dreißigjährige Krieg mit dem Westfälischen Frieden beendet.

Absolutismus und die Aufklärung

Ende des 17. Jahrhunderts gelang es dem französischen König Ludwig XIV., die politische Mitbestimmung von Adel und Ständen zu beseitigen. Ein stehendes Heer, die Beamtenschaft und der Merkantilismus bildeten die wichtigsten Stützen seiner Macht. Ludwig XIV. fühlte sich bei seiner Regierung nur Gott gegenüber verantwortlich und betrachtete sich als losgelöst (lat. = absolutus) von den Gesetzen. Man bezeichnet daher diese Regierungsform, die eine ganze Epoche prägte, als Absolutismus.

Im 18. Jahrhundert übten Aufklärer wie Montesquieu, Rousseau und Voltaire Kritik am Absolutismus. Sie erklärten, jeder Mensch besitze grundsätzliche Freiheitsrechte, und wandten sich gegen Fanatismus, Intoleranz und Unwissenheit.

DATEN

Um 1450:
Buchdruck

1492:
Entdeckung Amerikas

1517:
Beginn der Reformation

1618 – 1648:
Dreißigjähriger Krieg

17./18. Jahrhundert:
Absolutismus in Europa

BEGRIFFE

Neuzeit
Renaissance
Buchdruck
Europäische Entdeckungen
Kolonialismus
Dreieckshandel
Sklaverei
Reformation
Dreißigjähriger Krieg
Westfälischer Frieden
Absolutismus
Aufklärung

1400 1440 1480 1520 1560 1600 1640 1680 1720 1760 1800

um 1450
Buchdruck

1555
Augsburger Religionsfriede

1492
Kolumbus entdeckt Amerika

1517
Beginn der Reformation

1618 – 1648
Dreißigjähriger Krieg

1661 – 1715
Ludwig XIV.

17./18. Jahrhundert: Absolutismus in Europa

Fragebogen zum Thema: Frühe Neuzeit – Aufbruch in eine „neue" Zeit

Hinweis: Die folgende Tabelle dient der Selbsteinschätzung deiner erworbenen Kenntnisse und Kompetenzen. Die Auflistung erhebt nicht den Anspruch, voll-

Ich kann ...	Ich bin sicher. ☺	Ich bin ziemlich sicher. 😐	Ich bin noch unsicher. 😕	Ich habe große Lücken. ☹
... die Begriffe Renaissance und Humanismus und das neue Menschenbild erklären.				
... die Auswirkungen des Buchdrucks auf die Politik und Gesellschaft der Frühen Neuzeit beurteilen.				
... Voraussetzungen, Gründe und Folgen der Entdeckungsreisen und Eroberungen der Europäer erläutern.				
... drei wichtige geografische Entdeckungsfahrten benennen.				
... die Auswirkungen der Entdeckungen für die Ureinwohner Amerikas erläutern.				
... zur Bedeutung des Jahres 1492 Stellung nehmen.				
... die zunehmende wirtschaftliche Vernetzung des globalen Handels in der Frühen Neuzeit erklären.				
... drei Ursachen für die Entstehung der Reformation wiedergeben.				
... die wesentlichen Bestimmungen des Augsburger Religionsfriedens erläutern.				
... die Bedeutung des Westfälischen Friedens erläutern.				
... das politische System des Absolutismus und seine Herrschaftsstützen erläutern.				
... zwei wichtige Vertreter der Philosophie der Aufklärung benennen.				
... die Staatslehren der Aufklärung darlegen.				
...				

ACHTUNG:

bitte nicht beschreiben!

Du findest eine Kopie dieser Seite zur Bearbeitung unter dem Webcode

WES-115640-406

ständig zu sein. Es handelt sich um eine Auswahl, die ggf. erweitert werden kann. In der rechten Spalte findest du Hinweise, wie du eventuell vorhandene Lücken oder auch Unsicherheiten beseitigen kannst.

Auf diesen Seiten kannst du in ANNO nachlesen	Empfehlungen zur Übung, Wiederholung und Festigung
114 – 117	Erkläre mit eigenen Worten die Begriffe für einen Eintrag in ein Schülerlexikon.
118 – 121	Erkläre in drei Sätzen die Bedeutung des Buchdruckes für die Menschen.
122 – 125 126 – 133	Lege eine Tabelle an, in der du die Voraussetzungen, Gründe und Folgen notierst.
122 – 125 126 – 133	Veranschauliche in einer Zeitleiste wichtige geografische Entdeckungen im 15. und 16. Jahrhundert.
122 – 123 126 – 133	Bewerte die folgende Auffassung: „Die Entdeckungen brachten für die Ureinwohner Amerikas fast nur Not und Elend.“
122 – 125 126 – 133	Nimm zu folgendem Satz Stellung: „Die Entdeckungsfahrten von Kolumbus trugen zu einer Veränderung der Weltsicht bei.”
126–133	Beschreibe die zunehmende Vernetzung der Handelsräume anhand der Karte auf Seite 130/131.
134 – 137	Stelle die Situation der katholischen Kirche zu Beginn des 16. Jahrhunderts dar.
138 – 141	Setze dich mit folgender Auffassung auseinander: „Der Augsburger Religionsfrieden schrieb die Glaubensspaltung in Deutschland fest.“
146 – 149 150 – 153	Gliedere die wichtigsten Folgen des Westfälischen Friedens für das Reich in außenpolitische, religiöse und die Reichsverfassung betreffende Folgen.
154 – 157 158 – 161 162 – 165	Verfasse einen Artikel für ein Schülerlexikon zum Thema „Der französische Absolutismus“.
166 – 169	Nenne einen deutschen und einen französischen Aufklärer. Recherchiere im Internet das jeweils wichtigste Werk.
166 – 169	Erkläre mit eigenen Worten den Begriff „Gewaltenteilung”.

05 FRANZÖSISCHE REVOLUTION UND NAPOLEON

M 1 **Sturm auf die Bastille am 14. Juli 1789,** Aquarell nach Angaben des an der Erstürmung beteiligten Leutnants Cholat, 1789

M 2 **Hinrichtung des französischen Königs 1793,** zeitgenössischer kolorierter Stich

M 3 **Ein Freiheitsbaum wird gepflanzt.** Ein Symbol für den Sieg über die absolutistische Herrschaft, zeitgenössische Darstellung, um 1792

M 4 **Weihe des Kaisers Napoleon I. und Krönung der Kaiserin Josephine in der Kathedrale Notre-Dame in Paris am 2. Dezember 1804,** Gemälde von Jacques-Louis David, 1805–1807

M 5 **Rückzug der Grande Armée aus Russland 1812,** Gemälde (Ausschnitt) von Peter Heinrich Lambert von Hess, 1812

Der Ausbruch der Revolution

Der 14. Juli ist der französische Nationalfeiertag. In Paris findet eine große Militärparade statt und im ganzen Land werden Feste gefeiert. Was geschah an diesem Tag im Jahr 1789? Das folgende Bild stellt ein bedeutsames Ereignis dar, an das alljährlich erinnert wird.

M 1 „Die Erstürmung der Bastille zu Paris am 14. Juli 1789"
Kolorierter Kupferstich (Ausschnitt), von Paul Jakob Laminit (1773–1831). Die Bastille diente als Staatsgefängnis.

Aufgaben

1. **Revolution in Frankreich**
   a) Beschreibe das Bild M1 möglichst genau.
   b) Kläre, aus welcher Perspektive (Blickwinkel) das Bild gemalt wurde.
   c) Formuliere Vermutungen über das dargestellte Ereignis.
   d) Informiere dich im Text über das Ereignis und überprüfe deine Vermutungen. Suche gegebenenfalls weitere Informationen zum Thema „Bastille".
   M1, Text auf Seite 181, Lexikon

Der Sturm auf die Bastille

Am 14. Juli 1789 belagern Pariser Bürger das „Bastille“ genannte Staatsgefängnis. Da der hilflose Kommandant nur geringe Kräfte zur Verteidigung zur Verfügung hat, lässt er in die Menge schießen. Etwa 80 Menschen sterben, dann kapituliert die Besatzung: Man öffnet die Tore, die sieben Insassen des Gefängnisses werden befreit, der Kommandant wird gefangen genommen und gelyncht.

Heute existiert das Gebäude schon lange nicht mehr, nur eine U-Bahn-Station erinnert noch an seinen Standort. Die Erstürmung der Bastille gilt als Beginn der Französischen Revolution, welche sich rasch über ganz Frankreich ausbreitete und zum Ende des Absolutismus führte. Bis heute gilt die Französische Revolution als eines der wichtigsten Ereignisse der Weltgeschichte.

Vorgeschichte und Anlass

Dem Sturm auf die Bastille waren längere Entwicklungen vorausgegangen: Für den Mai 1789 hatte der französische König die Generalstände einberufen, die seit 1614 nicht mehr getagt hatten. Hierbei handelte es sich um eine Versammlung der Vertreter des Klerus (Erster Stand), des Adels (Zweiter Stand) und des Dritten Standes, zu dem nominell alle freien Bürger und Bauern gehörten. Da der französische Staat hoch verschuldet war, sollten die Steuern erhöht werden, was die Zustimmung der Generalstände erforderte.

Nach der feierlichen Eröffnung der Versammlung kam es jedoch zum Streit: Die Vertreter des Dritten Standes beanspruchten, für das ganze französische Volk zu sprechen, und erklärten sich im Juni 1789 zur Nationalversammlung. Als der König sie daraufhin aussperren wollte, zogen sie in ein Ballspielhaus und schworen, erst dann wieder auseinanderzugehen, wenn eine Verfassung verabschiedet sei. Dieser „Ballhausschwur“ war eine wichtige Station in der weiteren Entwicklung. Der Versuch des Königs, die finanziellen Schwierigkeiten seiner Herrschaft mithilfe der Generalstände zu bewältigen, war gescheitert. Die Krise hatte sich sogar verschärft.

WES-115640-501 Hörszene zum Ballhausschwur

Das Ergebnis

War bis dahin Versailles der Schauplatz der Ereignisse, so wurde es nun Paris. Aus Angst vor einem militärischen Eingreifen des Königs bildete sich in der Stadt eine Bürgerwehr, die sich bewaffnete und am 14. Juli 1789 die Bastille stürmte. Drei Tage später kam der König nach Paris und gestand den Revolutionären zu, eine Verfassung zu beraten. Aufgrund dieser Ereignisse flohen die ersten Adligen ins Ausland. Die Revolution verbreitete sich in ganz Frankreich.

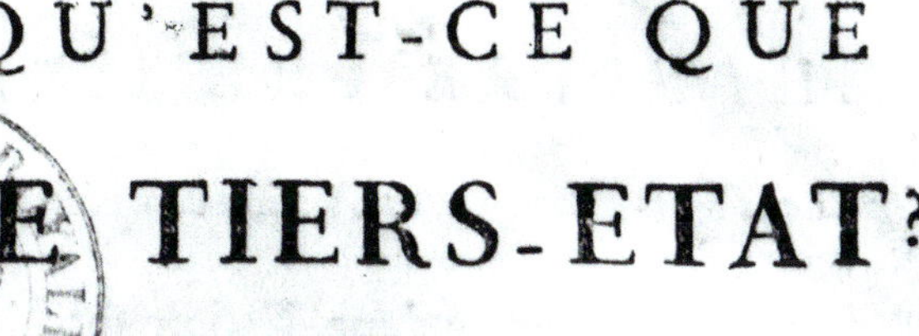

QU'EST-CE QUE

LE TIERS-ETAT?

Le plan de cet Ecrit eſt aſſez ſimple. Nous avons trois queſtions à nous faire.

1°. Qu'eſt-ce que le Tiers-Etat? Tout.

M 2 **„Was ist der Dritte Stand?“**

Erste Seite (Ausschnitt) der berühmten Schrift von Emmanuel Joseph Sieyès aus dem Jahr 1789

Der Ausbruch der Revolution – Umgang mit schriftlichen Quellen

M 3 „Was ist der Dritte Stand?“

Emmanuel Joseph Sieyès (1748–1836), ein Geistlicher aus Chartres, beeinflusste mit seiner im Januar 1789 veröffentlichten Flugschrift „Qu'est-ce que le Tiers Etat?“ („Was ist der Dritte Stand?“) die öffentliche Meinung nachhaltig und spielte eine wichtige Rolle in der Nationalversammlung:

Was ist der Dritte Stand?
Der Plan dieser Schrift ist sehr einfach. Wir müssen uns drei Fragen stellen.
1. Was ist der Dritte Stand? – ALLES.
2. Was ist er bis jetzt in der politischen Ordnung gewesen? – NICHTS.
3. Was verlangt er? – ETWAS ZU SEIN.
Wer wagt also zu behaupten, dass der Dritte Stand nicht alles in sich hat, was erforderlich ist, um eine vollständige Nation zu ergeben? Er ist der starke und kräftige Mann, dessen einer Arm noch angekettet ist. Wenn man den privilegierten Stand wegnähme, wäre die Nation nicht etwas weniger, sondern etwas mehr. Also, was ist der Dritte Stand? Alles, aber ein gefesseltes und unterdrücktes Alles. Was wäre er ohne den privilegierten Stand? Alles, aber ein freies und blühendes Alles. Nichts geht ohne ihn; alles ginge unendlich viel besser ohne die anderen. [...]
Erste Forderung:
Die Vertreter des Dritten Standes sollen nur aus den Bürgern gewählt werden, die wirklich zum Dritten Stand gehören.
Zweite Forderung:
Seine Abgeordneten sollen an der Zahl denen der beiden privilegierten Stände entsprechen.
Dritte und letzte Forderung des Dritten Standes:
Die Generalstände sollen nicht nach Ständen, sondern nach Köpfen abstimmen.

Zit. n.: Chris E. Paschold/Albert Gier (Hg./Übers.), Die französische Revolution. Ein Lesebuch mit zeitgenössischen Berichten und Dokumenten, Stuttgart: Reclam 1989, S. 49, 51.

M 4 Emmanuel Joseph Sieyès (1748–1836)
Gemälde von Jacques-Louis David (1748–1825), Öl auf Leinwand, 1817

Training

Erklärung des Operators „Erläutern“

Du sollst einen komplexen, vielschichtigen Inhalt (ein Phänomen, ein Ereignis, ein Problem, ein Modell, ein Schaubild usw.) in wesentliche Einzelheiten/Bestandteile zerlegen und deren Zusammenhänge deutlich machen.

Deine Erklärung muss für jemanden verständlich und nachvollziehbar sein, der dazu keine Kenntnisse hat. Erläutern heißt erklären mit zusätzlichen Informationen, z. B. mit (eigenen) Beispielen, die deine Erklärung veranschaulichen.

Formulierungshilfen
Der Grund für ... / eine Bedingung/eine Voraussetzung ist, dass ...
Das hängt damit zusammen, dass ...
Eine Ursache für ... ist, dass ... Das Phänomen/das Problem lässt sich damit erklären, dass ...
Es ist zu erkennen, dass ... Daran/es wird deutlich/ersichtlich, dass ...
Das hat zur Folge, dass ...
Daraus folgt/daraus ergibt sich, dass ...
Dies zeigt sich ...

Der Ballhausschwur – Eine Bildquelle analysieren

M 5 Der Ballhausschwur am 20. Juni 1789

Farbige Gemäldefassung, vermutlich von Jean-Pierre-Marie Jazet im Jahr 1825 gemalt, nach einer Zeichnung von Jacques-Louis David aus dem Jahr 1791

Aufgaben

1. **Der Ausbruch der Revolution – Umgang mit schriftlichen Quellen**
   Erschließe die Textquelle „Was ist der Dritte Stand?" Emmanuel Joseph Sieyès. Verwende dafür den Trainingskasten „Eine schriftliche Quelle erschließen" auf Seite 10.
   → M3, Trainingskasten auf Seite 10
2. **Der „Ballhausschwur" – Eine Bildquelle analysieren**
   a) Erläutere mithilfe des Textes auf Seite 181 den Begriff „Ballhausschwur". Verwende dafür auch den Trainingskasten auf Seite 182.
   b) **Medienbildung:** Recherchiere im Internet die ursprüngliche Nutzung des Ballhauses in Versailles.
   c) Erläutere die Gründe für den Auszug der Abgeordneten.
   d) Analysiere die Darstellung der dramatischen Situation auf dem Gemälde. Achte auf den Bildaufbau, die Farbgebung und die Bewegungen der Figuren.
   → M5, Text auf Seite 181, Internet

Die Ursachen der Französischen Revolution

Die Frage nach den Ursachen von Revolutionen ist bis heute aktuell. In der historischen Forschung hat sich die Meinung herausgebildet, dass ein Zusammenwirken vieler Gründe für den Ausbruch und den Verlauf der Französischen Revolution verantwortlich war. Bei der Suche nach den Ursachen geschichtlicher Ereignisse erforschen die Historiker insbesondere zeitgenössische Quellen. Welche Antwort gibt die Karikatur aus dem Jahr 1789?

M 1 „Taille, Impôts et Corvées"
„Kopfsteuer (Taille), Steuern (Impôts) und Fronarbeiten (Corvées)", französische Karikatur von 1789

Aufgaben

1. Revolution in Frankreich

a) Beschreibe die Personen, die in der Karikatur M1 von 1789 dargestellt sind. Achte dabei auf ihre Kleidung.

b) Erläutere das Verhältnis, in dem die Personen zueinander stehen.

c) Erläutere den Standpunkt des Zeichners.

d) Diesem Bild lässt sich eine Erklärung für den Ausbruch der Revolution entnehmen. Fasse sie in einem Satz zusammen: „Wenn man das Bild betrachtet, dann liegt eine der Ursachen für die Revolution ..."

→ M1

2. Ursachen der Französischen Revolution

a) Erläutere die im Text auf Seite 185 – 186 genannten Gründe mit eigenen Worten.

b) Erstelle aus den genannten Gründen eine Übersicht, z. B. in Form einer Tabelle.

c) Unterscheide zwischen Anlass und längerfristigen Ursachen der Französischen Revolution.

d) Erläutere die Schwierigkeiten für Historikerinnen und Historiker, die Ursachen der Revolution zu erklären.

→ Text auf den Seiten 181 und 185 – 186

Schwierigkeiten historischer Erklärungen

Bei der Französischen Revolution handelt es sich nicht um ein einzelnes, relativ leicht überschaubares Ereignis wie z. B. den Sturm auf die Bastille am 14. Juli 1789, sondern um eine Fülle unterschiedlicher Entwicklungen und Vorgänge, die sich über mehrere Jahre erstreckten. Dabei gab es eine große Bandbreite von Beteiligten und Beobachtern: vom König in Versailles bis zum Revolutionsführer in Paris; vom Bauern in Südfrankreich bis zum interessierten Zeitgenossen im Ausland. Von derartigen Zeitzeugen ist eine Vielzahl an Quellen überliefert, u. a. in Form von Zeitungsartikeln, Reden, Briefen, Gesetzen, Liedern oder Bildern.

Die Französische Revolution war von Anfang an heftig umstritten – es gab sowohl glühende Verfechter als auch erbitterte Feinde. Jahrzehntelange Forschungen haben zu dem Ergebnis geführt, dass Ausbruch und Verlauf der Revolution nur durch ein Zusammenwirken verschiedenster Gründe zu erklären sind. Diese Gründe werden im Folgenden systematisch dargestellt.

Wirtschaftliche Gründe

Unmittelbar vor Beginn der Revolution herrschte in Frankreich eine große Hungersnot, was nahelegt, das Elend der Bevölkerung als wichtigste Revolutionsursache anzusehen. Forschungen haben jedoch ergeben, dass die Hungersnot keineswegs ganz Frankreich und auch nicht alle Gruppen der Bevölkerung gleichermaßen betroffen hatte. Überdies beteiligten sich neben sehr armen Bevölkerungsgruppen wie der Unterschicht von Paris auch andere Schichten an der Revolution, insbesondere das aufstrebende Bürgertum.

Insgesamt gesehen war die wirtschaftliche Situation Frankreichs im Vergleich zu anderen europäischen Staaten gar nicht so schlecht. Im Verlauf des 18. Jahrhunderts vollzogen sich in Frankreich jedoch einschneidende Veränderungen: Die Bevölkerung stieg kontinuierlich auf etwa 25 Millionen Menschen an. Diese mussten ernährt werden, was die Bauern bald nicht mehr leisten konnten. Textilimporte aus England gefährdeten zudem die Arbeitsplätze der französischen Spinner und Weber. Schlechte Ernten führten schließlich zur Knappheit von Brot und ließen die Preise explodieren. So kam es zu Hungersnöten.

M 2 **Ein Bauer zahlt Abgaben**
Stich, Mitte 17. Jahrhundert

Soziale Gründe

Die traditionelle Einteilung der Gesellschaft in drei Stände verstellt gelegentlich den Blick auf die zum Teil gravierenden Unterschiede innerhalb dieser Stände selbst.

- Der Erste Stand war der Klerus als Gemeinschaft der kirchlichen Würdenträger. Mit etwa 130 000 Personen umfasste er etwa 0,5 Prozent der Bevölkerung. Die hohen Kirchenämter übten Adlige aus. Sie verfügten als Kardinäle, Bischöfe und Äbte über beträchtlichen Besitz, waren von der Steuer befreit und hatten großen politischen Einfluss. Zur Kirche gehörten aber auch einfache Pfarrer, die aus dem Bürgertum stammten.
- Der Zweite Stand war der Adel, welcher mit etwa 370 000 Personen ca. 1,5 Prozent der Bevölkerung umfasste. Der Adel war zwar politisch die bestimmende Schicht, jedoch in sich nicht einheitlich. Er bestand aus dem „alten Adel“, der seine herausgehobene Stellung noch dem früheren Kriegsdienst verdankte, und dem „neuen Adel“, der durch die Übertragung staatlicher Aufgaben sozial aufgestiegen war. Es gab reiche und arme, mächtige und unbedeutende Familien; solche, die von ihrem großen Grundbesitz lebten oder ihr Geld auch

in der Wirtschaft investierten, und solche, die auf die Gunst des Königs angewiesen waren.

- Der Dritte Stand umfasste das Bürgertum und die Bauern. Ihm gehörten etwa 24,5 Millionen Menschen an, was 98 Prozent der Bevölkerung entsprach. Zum Dritten Stand zählten ganz unterschiedliche Gruppen: An oberster Stelle standen Beamte, Grundbesitzer und Unternehmer sowie freiberufliche Rechtsanwälte und Ärzte. Manche von ihnen strebten nach einem sozialen Aufstieg in den Adel. Unter den Bauern verfügten einige über eigenen Grundbesitz, viele waren jedoch von einem Grundherrn abhängig.
- Unterhalb des Dritten Standes gab es noch die sogenannte Unterschicht, vor allem in Paris und in den anderen großen Städten. Zur Unterschicht zählten u. a. Tagelöhner, Bettler und verschiedene wenig angesehene Berufsgruppen.

Im 18. Jahrhundert verhärtete sich diese Ständegesellschaft: Viele Adlige versuchten, ihre Stellung zu stärken, um die wirtschaftlichen Veränderungen auszugleichen und sich vom aufstrebenden Bürgertum abzugrenzen. Die verschärfte Ausbeutung der Landbevölkerung brachte diese in Opposition zu ihren meist adligen Grundherren. Der Dritte Stand nahm Anstoß an den Vorrechten des Adels und der Kirche und kritisierte die Ungerechtigkeit etwa bei den Steuern. Die allgemeine Unzufriedenheit wuchs.

M 3 Ein Salon in Paris
Ein Schriftsteller liest um 1775 aus seinem Roman im Salon der Madame Necker, Holzstich (Ausschnitt), 19. Jahrhundert.

Politische Gründe

Dem König blieb diese Situation natürlich nicht verborgen. Warum gelang es ihm nicht, diese Entwicklungen zu kontrollieren? Im Absolutismus beanspruchte der König zwar die alleinige Macht, jedoch war er zur Durchsetzung und Überwachung seiner Politik auf andere angewiesen. Die entsprechenden Ämter konnten gekauft werden, was dem König zwar Geld einbrachte, aber eine wirksame Kontrolle erschwerte. So gelang es den französischen Königen und ihren Ministern immer weniger, ihre Entscheidungen durchzusetzen; Adel und Kirche hingegen konnten ihre Vorrechte immer wieder bewahren. Hinzu kam, dass sich der Staat zunehmend verschuldete, da er mehr ausgab als einnahm. Schließlich stand der Staat kurz vor einem Bankrott und seine Unfähigkeit zu Reformen stieß auf immer lautere Kritik.

Kulturelle Gründe

Im 18. Jahrhundert entwickelte sich in Frankreich wie auch in anderen europäischen Ländern die geistige Bewegung der Aufklärung. Ihr Ziel war es, den Menschen aus der „Unmündigkeit" zu befreien und die gesamte Welt auf der Grundlage der Vernunft neu zu denken. Gesellschaftliche Verhältnisse, die diesem Programm widersprachen, wurden infrage gestellt. Dies führte zu Kritik an der Ständegesellschaft und insbesondere an der Stellung der Kirche im damaligen Frankreich.

Die neuen Gedanken der Aufklärung wurden zunächst von Einzelnen formuliert und von nur wenigen gelesen. Mit der Zeit entstanden jedoch verschiedene Zusammenschlüsse, die die Überlegungen der Aufklärer aufgriffen, diskutierten und verbreiteten: In den Salons (franz.: Empfangszimmer) wohlhabender Bürgerhäuser wurden regelmäßige Zusammenkünfte veranstaltet. Man traf sich zumeist auf Einladung und unter der Schirmherrschaft der „Dame des Hauses", um über Kunst, Wissenschaft und Politik zu diskutieren.

Beschwerden des Dritten Standes – Mit einer Textquelle arbeiten

M 4 Beschwerdehefte

Im Frühjahr 1789 wurden die Vertreter der Generalstände gewählt. Die Stimmberechtigten stellten als Grundlage für die Beratungen sogenannte Beschwerdehefte (Cahiers de doléances) zusammen, die die Probleme im jeweiligen Gebiet auflisteten. Aus dem Cahier der Gemeinde Etrépagny (Département Eure) vom 22./25. März 1789:

Das Kriminalgerichtsverfahren soll reformiert werden, der Angeklagte soll einen Rechtsbeistand und das Protokoll seines Verhörs bekommen und nach der Verhandlung volle Akteneinsicht nehmen können, und vor der Vollstreckung des Urteils soll ihm ein Aufschub gewährt werden. [...]
Alle Richterämter sollen nicht mehr käuflich sein; sie sollen nach Verdienst verliehen werden, nach der Entscheidung der Bürger, die dadurch das Recht bekommen, die Richter des Gebiets zu wählen, in dem sie leben. [...]
Alle finanziellen Privilegien des geistlichen Standes und des Adels sollen abgeschafft werden, sodass alle Franzosen durch eine Geldabgabe und Kopfsteuer den Satz entrichten, der für den Grund und Boden festgesetzt wird, und somit jede Steuer für die drei Stände von Bürgern gleich ist. [...]
Kein Bürger im Alter zwischen zwanzig und dreißig Jahren soll davon befreit sein, am Losentscheid über die Einberufung zur Miliz teilzunehmen, es sei denn, er hat eine wichtige Stellung in der Gesellschaft oder ist verheiratet. [...]
Im Abstand von je vier Meilen sollen Balkenwaagen errichtet werden, um die Wagen mit ihrer Ladung zu wiegen, damit sie das festzusetzende Gewicht nicht überschreiten. [...]
Es soll verboten sein, Kaninchen anders als in mit Mauern umgebenen Gehegen zu halten, und die wilden Kaninchen in den Wäldern des Königs sollen ausgerottet werden.
Frankreich soll nur ein einziges Recht, ein Gesetz, die gleichen Maße und Gewichte und eine einheitliche Eichabgabe haben.
Die Generalstände sollen das Recht haben, alle zwanzig Jahre zu tagen, um Missstände zu beseitigen und dem Herrscher ihre Vorstellungen zu unterbreiten.
In allen Provinzen sollen alle drei Jahre Abgeordnete bestimmt werden, um die Generalstände in kleinerem Rahmen zu repräsentieren; sie sollen sich an dem Ort versammeln, den der Herrscher ihnen zuweist, und jeder Bürger soll diesen Abgeordneten seine Ansichten und Beschwerden vortragen können.
Diesen Abgeordneten soll das Recht zugestanden werden, alle Pensionen zu bewilligen oder abzulehnen, die vom Herrscher erbeten werden.

Übers. zit. n.: Chris E. Paschold/Albert Gier (Hg./Übers.), Die französische Revolution. Ein Lesebuch mit zeitgenössischen Berichten und Dokumenten, Stuttgart: Reclam 1989, S. 53 ff.

Training

Erklärung des Operators „Untersuchen“

Du sollst aus einem Material (Text, Bild, Statistik, Karte etc.) gezielt wichtige Informationen herausarbeiten. Der Arbeitsauftrag gibt dir genauere Hinweise dazu, welche Inhalte du aus dem Material herausarbeiten sollst. Anschließend musst du deine Untersuchungsergebnisse zusammenhängend und für andere nachvollziehbar formulieren. Das bedeutet, dass du die Inhalte aus dem Material in eigenen Worten erklären können musst. Dabei solltest du auch darauf achten, dass du die Stellen im Material (z. B. Textstelle bzw. Zeile oder Teil eines Bildes) benennst, aus denen du deine Ergebnisse herausgearbeitet hast.

Formulierungshilfen

Aus dem Bild (der Statistik, der Karte, dem Text) kann man entnehmen, dass ...
Anhand der Aussage ... ist zu erkennen, dass ...
Es ist erkennbar, dass ...
Es wird deutlich, dass ...
Das heißt, dass ... Damit ist gemeint, dass ...

Aufgaben

1. **Beschwerden des Dritten Standes untersuchen**
   Untersuche die Beschwerdehefte (M4) hinsichtlich der dort erhobenen Forderungen und den damit zusammenhängenden Missständen. Verwende dafür auch den Trainingskasten auf dieser Seite.
   M4, Text auf den Seiten 185–186

Der Sieg der Revolution

Dass alle Menschen frei sind und die gleichen Rechte haben, erscheint uns selbstverständlich. Die längste Zeit der Geschichte war dies jedoch nicht so, und auch heute noch ist dies in zahlreichen Ländern nicht gesichert. Die Französische Revolution hat grundlegende Menschenrechte verkündet. Was sind das für Rechte?

M 1 Erklärung der Menschen- und Bürgerrechte

Gemälde von Jean-Jacques-François Le Barbier, 1790

M 2 Erklärung der Menschen- und Bürgerrechte

Die am 26. August 1789 verabschiedete Erklärung hat folgenden Wortlaut:

Daher erkennt und erklärt die Nationalversammlung, in Gegenwart und unter dem Schutz des Höchsten Wesens, folgende Menschen- und Bürgerrechte:

Artikel 1. Die Menschen werden frei und gleich an Rechten geboren und bleiben es für immer. Standesunterschiede [hier: soziale Unterschiede] dürfen nur im allgemeinen Nutzen begründet sein.

Art. 2. Das Ziel jeder politischen Vereinigung ist die Erhaltung der natürlichen und unveräußerlichen Rechte des Menschen. Diese Rechte sind Freiheit, Eigentum, Sicherheit und Widerstand gegen Unterdrückung.

Art. 3. Der Ursprung jeder Souveränität liegt wesentlich in der Nation. Keine Körperschaft, kein Individuum kann eine Gewalt ausüben, die nicht ausdrücklich von ihr ausgeht.

Art. 4. Die Freiheit besteht darin, alles tun zu können, was einem anderen nicht schadet. So haben die natürlichen Rechte jedes Menschen keine anderen Grenzen als die, die den anderen Mitgliedern der Gesellschaft den Genuss der gleichen Rechte sichern. Diese Grenzen können nur durch das Gesetz bestimmt werden. [...]

Art. 6. Das Gesetz ist der Ausdruck des allgemeinen Willens. Alle Bürger haben das Recht, persönlich oder durch ihre Vertreter an seiner Formulierung Anteil zu nehmen. Es soll für alle gleich sein, sowohl wenn es beschützt, als auch wenn es bestraft. Da alle Bürger in seinen Augen gleich sind, sind sie gleichermaßen zu allen Würden, Posten und öffentlichen Ämtern nach ihren Fähigkeiten zugelassen, ohne andere Unterschiede als die, die sich aus ihren Tugenden und Talenten ergeben. [...]

Art. 9. Da jeder Mensch so lange für unschuldig gehalten wird, bis er schuldig gesprochen worden ist, soll, wenn seine Verhaftung als unumgänglich betrachtet wird, jede Härte, die nicht unabdingbar ist, um sich seiner Person zu versichern, durch das Gesetz streng unterdrückt werden.

Art. 10. Niemand darf wegen seiner Meinungen, selbst in religiösen Fragen, behelligt werden, solange ihre Äußerung nicht die durch das Gesetz festgelegte öffentliche Ordnung stört.

Art. 11. Der freie Austausch der Gedanken und Meinungen ist eines der kostbarsten Menschenrechte. Jeder Bürger kann also frei reden, schreiben, drucken, mit der Einschränkung, dass er die Verantwortung für den Missbrauch dieser Freiheit in den durch das Gesetz bestimmten Fällen übernehmen muss.

Art. 16. In einer Gesellschaft, in der die Rechte nicht verbürgt [= garantiert] sind und die Gewaltenteilung nicht gewährleistet ist, gibt es keine Verfassung.

Art. 17. Da das Eigentum ein unverletzliches und heiliges Recht ist, kann es niemandem weggenommen werden, wenn es nicht die nach dem Gesetz festgestellte, öffentliche Notwendigkeit offensichtlich erfordert, und auch dann nur unter der Bedingung einer gerechten Entschädigung im Voraus.

Zit. n.: Chris E. Paschold/Albert Gier (Hg./Übers.), Die französische Revolution. Ein Lesebuch mit zeitgenössischen Berichten und Dokumenten, Stuttgart: Reclam 1989, S. 96ff.

Aufgaben

1. Die Erklärung der Menschenrechte

a) Formuliere für jeden Artikel der Erklärung der Menschenrechte (M2) einen passenden Oberbegriff.

b) Überprüfe, ob die Menschenrechte mit dem Prinzip der Ständegesellschaft vereinbar sind. Begründe dein Ergebnis.

c) Arbeite die Artikel heraus, in denen die Kategorien „Freiheit" und „Gleichheit" besonders berücksichtigt werden. Begründe dein Ergebnis.

d) Interpretiere die bildliche Darstellung der Menschenrechtserklärung (M1). Informiere dich insbesondere über die symbolische Bedeutung des Dreiecks, des Auges, der Steintafel, der roten Mütze und des Rutenbündels.

e) Diskutiert die Bedeutung der Menschenrechte für unsere Gegenwart und bewertet deren Gültigkeit.

f) Recherchiere zu Olympe de Gouges und ihrer „Erklärung der Rechte der Frau und Bürgerin" von 1791. Vergleiche diese mit der „Erklärung der Menschen- und Bürgerrechte" von 1789.

M1, M2, Internet

M 3 **Freiheit, Gleichheit, Brüderlichkeit**
2-Euro-Münze, Frankreich, 2002

Neue politische Kräfte

„Liberté, Égalité, Fraternité – Freiheit, Gleichheit, Brüderlichkeit!", so lautete die Parole der Französischen Revolution. Auf diese allgemeinen Ziele konnten sich alle Revolutionäre einigen. Allerdings zeigte die weitere Entwicklung, dass die konkreten politischen Vorstellungen dann doch weit auseinandergingen.

Zunächst gab es nur zwei Richtungen, Befürworter und Gegner der Revolution, was sich auch in der Nationalversammlung widerspiegelte. Im Unterschied zu heute existierten damals noch keine Parteien, sondern verschiedene Gruppen mit eigenen Zielen, die sich immer wieder veränderten. Um die politischen Richtungen genauer zu bezeichnen, orientierte man sich an der Sitzordnung im Versammlungssaal: Auf der rechten Seite des Vorsitzenden saßen die Gegner der Revolution, die entweder die alte Ordnung wiederherstellen oder nur einzelne Reformen durchführen wollten. Auf der linken Seite saßen die Anhänger der Revolution, die sich mit der Zeit in verschiedenen Gruppen zusammenfanden, die unterschiedliche politische Ziele verfolgten. Die Befürworter der Revolution hatten die Mehrheit, und sie setzten wichtige Entscheidungen durch.

Das Ende des Absolutismus

Nachdem Pariser Bürger am 14. Juli 1789 die Bastille gestürmt hatten, brach die absolutistische Herrschaft Stück für Stück zusammen. Zunächst schaffte die Nationalversammlung die Vorrechte des Adels auf dem Lande ab und befreite so die Bauern. Kurz darauf verabschiedete die Nationalversammlung mit der „Erklärung der Menschen- und Bürgerrechte" ein epochales Dokument, das die Präambel der amerikanischen Unabhängigkeitserklärung von 1776 aufnahm und dessen Wirkung bis zur „Allgemeinen Erklärung der Menschenrechte" der Vereinten Nationen von 1948 reicht.

Doch die Nationalversammlung fasste noch weitere grundlegende Beschlüsse: Die Einführung der Gewerbefreiheit bedeutete, dass jeder Beruf ergriffen und jedes Gewerbe ausgeübt werden durfte. Auch die Kirche wurde entmachtet; ihr Besitz wurde dem Staat zugesprochen und die kirchlichen Würdenträger verloren ihre Vorrechte. Schließlich wurde Frankreich neu gegliedert und in Departements eingeteilt.

Eine Verfassung für Frankreich

Den Abschluss dieser Reformen bildete die Verfassung vom 3. September 1791. Sie beruhte auf dem Prinzip der Gewaltenteilung, an das auch der König gebunden war, und machte Frankreich zur konstitutionellen Monarchie. Wahlberechtigt waren jedoch nur etwa vier Millionen Bürger mit hohem Steueraufkommen, sogenannte Aktivbürger. Ohne Stimmrecht blieben drei Millionen Passivbürger, alle Frauen sowie junge Männer unter 25 Jahren. Die Wahlordnung schloss damit über zwei Drittel der Bevölkerung von politischer Mitwirkung aus.

Aufgaben

1. Die Französische Revolution bis 1791

a) Erläutere grundlegende Veränderungen in Frankreich bis 1791 im Hinblick auf Politik, Wirtschaft und Soziales.

b) Erschließe das Verfassungsschema M4. Verwende dafür den Trainingskasten auf Seite 191.

c) Beurteile, ob die Einteilung in Aktiv- und Passivbürger mit den Menschen- und Bürgerrechten (vgl. mit Art. 1 und 6, Seite 189) vereinbar ist. Diskutiert mögliche Gründe für diese Einteilung.

↝ Text auf Seite 190, M4, Trainingskasten auf Seite 191, M2

Die Verfassung von 1791 – Ein Verfassungsschaubild erschließen

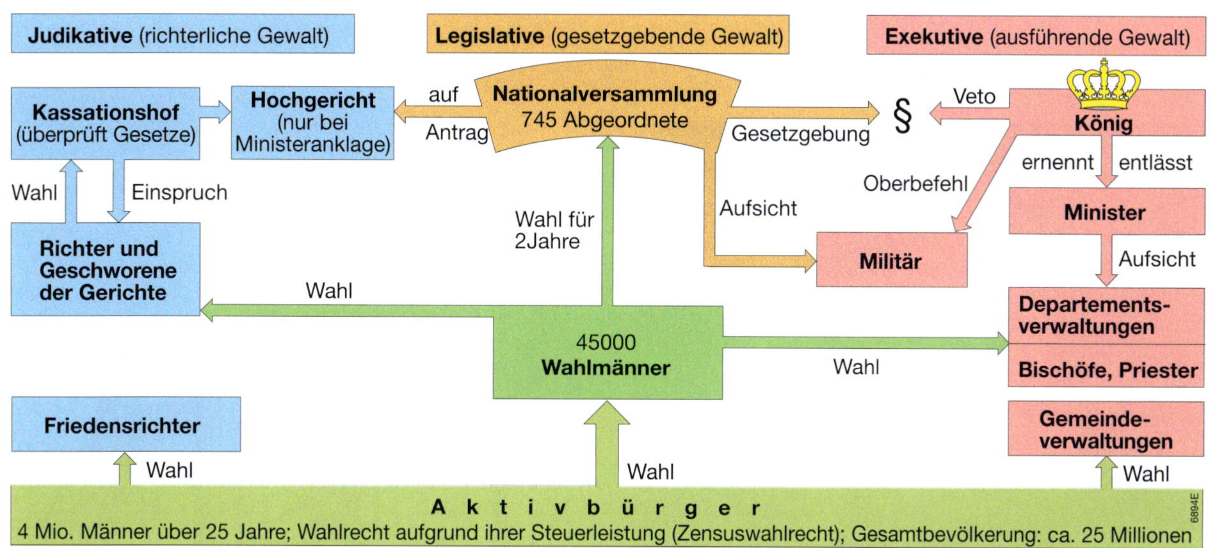

M 4 Die Verfassung von 1791

Training

Ein Verfassungsschaubild erschließen

Ein Verfassungsschaubild ist eine komplexe Darstellung und enthält verschiedene Elemente, die miteinander in Verbindung stehen. Die Vielzahl der Elemente, wie Textkästen, Pfeile, Bezeichnungen, Symbole und auch verschiedenen Farben erschweren es, schnell die Zusammenhänge zu erfassen.
Ebenso ist es notwendig, über historische Sachkenntnisse zu verfügen, um eine solches Schaubild in seine Teilaspekte zerlegen zu können. Gleichzeitig muss dem Betrachter klar sein, dass nicht alle Zusammenhänge in einem solchen Schaubild dargestellt werden können.

Gehe in folgenden Arbeitsschritten vor:

1. Gesamtaufbau und einzelne Elemente beschreiben

a) Kläre die wichtigsten Oberbegriffe des Verfassungsschaubildes.
b) Beschreibe die wichtigsten Einzelelemente und deren Bedeutung.

2. Beziehungen zwischen den Elementen erschließen

a) Untersuche die Verfassungsorgane in Hinblick auf ihren jeweiligen Einfluss.
b) Erörtere die Befugnisse der Verfassungsorgane und ihre Beziehungen zueinander.

3. Politische Prozesse nachvollziehen

a) Erläutere den Prozess der politischen Entscheidungsfindung.
b) Ermittle Gemeinsamkeiten und Unterschiede bei Entscheidungsfindungen.

4. Die Verfassung beurteilen

a) Beurteile kriterienorientiert den Charakter der Verfassung.
b) Vergleiche die Verfassung mit einer anderen Verfassung.

Radikalisierung der Revolution: Die Schreckensherrschaft

War der König 1789 noch Alleinherrscher in Frankreich, so wurde seine Macht 1791 bereits konstitutionell begrenzt. Wie ging die Revolution weiter?

M 1 **König Ludwig XVI.**
Gemälde, um 1777

M 2 **Der König im Käfig der Verfassung**
Karikatur, um 1791

M 3 **Die Hinrichtung Ludwigs XVI. am 21. Januar 1793**
Kolorierter Kupferstich, 1793

Aufgaben

1. **Eine Geschichte erzählen**
   Stelle anhand der Bilder M1–M3 die Veränderung der Stellung Ludwigs XVI. dar. Berücksichtige dabei folgende Aspekte:
   a) Beschreibe die Darstellung Ludwigs XVI. auf den einzelnen Bildern.
   b) Vergleiche die Bilder untereinander. Achte auf die jeweilige Art der Darstellung.
   c) Erkläre den jeweiligen historischen Hintergrund der Bilder. Verwende dafür den Text.
   M1–M3, Text auf den Seiten 193–194

Fortgang der Revolution

Nach der Verabschiedung der Verfassung von 1791 war die Revolution keineswegs beendet. Den größten Einfluss in der neu gewählten Nationalversammlung hatten die sogenannten Jakobiner: eine bedeutende Gruppe von Anhängern der Revolution, die sich regelmäßig im ehemaligen Pariser Kloster St. Jakob trafen, um aktuelle Ereignisse zu besprechen und das weitere Vorgehen zu diskutieren. Sie waren der Meinung, dass die Revolution weitergehen müsse.

Krieg in Europa und das Ende der Monarchie in Frankreich

Eine wichtige Frage war: Kommt es zum Krieg? Die Revolutionäre befürchteten nämlich ein militärisches Eingreifen ausländischer Mächte. Die europäischen Monarchen betrachteten die Entwicklung in Frankreich mit großer Sorge, denn sie sahen nicht nur die Herrschaft des französischen Königs gefährdet, sondern auch ihre eigene. Der französische König Ludwig erhoffte sich von einem Krieg das Ende der Revolution. Aber auch viele Revolutionäre stimmten für einen Angriffskrieg, weil sie die Bedrohung von außen abwehren wollten und eine Ausbreitung der Revolution in Europa erhofften. Im April 1792 erklärte Frankreich Österreich den Krieg, da man dort das Zentrum der Revolutionsgegner sah.

Die zweite wichtige Frage lautete: Was geschieht mit der Monarchie? Seine anfängliche Zusammenarbeit mit gemäßigten Revolutionären hatte der König bald wieder aufgegeben; ein fehlgeschlagener Fluchtversuch im Sommer 1791 und vermutete Kontakte zu Frankreichs Feinden hatten dem Ansehen des Herrschers immens geschadet. Zwar stand Ludwig noch immer formal an der Spitze des Staates, jedoch lehnte er die neue politische Ordnung grundsätzlich ab. Die Kritik am König und an seiner aus Österreich stammenden Frau Marie Antoinette wuchs beständig an, bis sich das Misstrauen der Bevölkerung am 10. August 1792 entlud: Eine aufgebrachte Menge stürmte das Pariser Stadtschloss, die Tuilerien. Es gab viele Tote und Verletzte, die königliche Familie wurde gefangen genommen, die Monarchie kurz darauf abgeschafft. Frankreich war nun eine Republik.

Die Herrschaft des Konvents

Nach der Gefangennahme des Königs wurde die Nationalversammlung aufgelöst und ein neues Parlament, der Nationalkonvent, gewählt, in dem keine Anhänger der Monarchie mehr vertreten waren. Der Konvent begann mit der Ausarbeitung einer neuen Verfassung.

Unter den Anhängern der Revolution hatten sich inzwischen verschiedene politische Gruppen herausgebildet:

- Die gemäßigten Jakobiner wurden nach der Herkunft ihrer Anführer aus der Gironde, einer Landschaft in Südwestfrankreich, „Girondisten" genannt. Sie waren für den Krieg und betrachteten die Revolution mit der Abschaffung der Monarchie als beendet.
- Die radikalen Jakobiner wurden nach ihren Plätzen im oberen Teil des Versammlungssaals als „Montagnards" oder „Bergpartei" bezeichnet. Sie wollten die Revolution fortsetzen. Führende Vertreter waren Danton, Marat und Robespierre, die in der Folgezeit eine entscheidende Rolle spielten.
- Überdies gab es eine Gruppe nicht organisierter Abgeordneter.

M 4 Maximilien de Robespierre (1758–1794)

Die neue Verfassung von 1793, die auf dem Grundsatz der Volkssouveränität beruhte, wurde zwar vom Nationalkonvent verabschiedet und per Volksabstimmung

M 5 **Sansculotten**

Die radikalen Revolutionäre aus den Unterschichten, zeitgenössische Zeichnung

angenommen, trat jedoch aufgrund des Krieges nie in Kraft. Es wurde deshalb auch keine Regierung gebildet, sondern einzelne Ausschüsse des Konvents übten die Macht aus. Vor allem der sogenannte „Wohlfahrtsausschuss“ hatte großen Einfluss.

Krieg, Bürgerkrieg und die Schreckensherrschaft

Nach der Gefangennahme des Königs und der Abschaffung der Monarchie stellte sich die Frage, was mit Ludwig XVI. geschehen solle. Schließlich kam es zu einem Prozess: Der König wurde im Dezember 1792 angeklagt, verurteilt und am 21. Januar 1793 hingerichtet. Die europäischen Herrscher empfanden die Tötung des Monarchen als persönliche Bedrohung und bildeten eine Koalition gegen Frankreich. Zugleich wuchsen die Unruhen im Inneren. Aufstände in den Departements und Machtkämpfe in Paris nahmen die Form eines Bürgerkrieges an. Die Revolutionsregierung war Mitte 1793 sowohl von innen als auch von außen massiv bedroht.

Hinzu kam, dass relevante Teile der Pariser Bevölkerung immer radikalere Maßnahmen forderten und den Konvent unter Druck setzten. Treibende Kraft waren die sogenannten Sansculotten, deren Bezeichnung („sans culottes – ohne Kniebundhosen“) sich an der typischen Beinkleidung der Pariser Arbeiter, Handwerker und Kleinbürger orientierte. Die Sansculotten waren kompromisslose Anhänger der Revolution, die vor allem soziale Umwälzungen zur Verbesserung ihrer wirtschaftlichen Lage forderten. Sie unterstützten die nun entstehende „Schreckensherrschaft“.

WES-115640-502
Film über die französische Königin Marie Antoinette

In dieser Situation griff die Revolutionsregierung zum Mittel des Terrors und richtete das Revolutionstribunal ein. Dieses Gericht verfolgte tatsächliche und vermeintliche Gegner der Revolution. Tausende wurden hingerichtet, Die Todesurteile vollstreckte die Guillotine, ein vom Arzt Guillotin erfundenes Fallbeil.

Zwischen den verschiedenen Revolutionsparteien brach in dieser angespannten Situation ein mörderischer Machtkampf aus. Zuerst wurden die Girondisten verfolgt und größtenteils hingerichtet, danach Danton mit seinen Anhängern sowie weitere Gruppen, sodass schließlich der Kreis um Robespierre die alleinige Macht besaß.

M 6 **Opfer der Terrorherrschaft**

Abtransport von Hingerichteten, Aquarell (Ausschnitt) von 1793

Die angestrebte gesellschaftliche Umwälzung schloss einen Kampf gegen die christliche Religion mit ein. An ihre Stelle sollte eine aufgeklärte Zivilreligion treten, welche ein „Höchstes Wesen“ feierte, das die menschliche Vernunft verkörperte. Mit dem Sturz und der Hinrichtung Robespierres im Juli 1794 endete sowohl der kurzlebige Kult des höchsten Wesens als auch die „Terreur“.

Die Bewertung der Schreckensherrschaft war stets umstritten. Gegner der Revolution sahen in ihr eine logische Fortsetzung der Entwicklung seit 1789, Anhänger hingegen erblickten darin einen Verrat an den ursprünglichen Idealen.

Die Herrschaft des Direktoriums

Nach der Schreckensherrschaft kehrte allmählich Ruhe ein. Die Verhältnisse normalisierten sich. 1795 bekam Frankreich eine neue Verfassung, die wieder eine Gewaltenteilung vorsah. Sie machte das Wahlrecht der Bürger aber erneut vom Einkommen abhängig und beschränkte den Einfluss ärmerer Bevölkerungsschichten. Somit profitierten vor allem reiche Bürger vom Sturz des Terrorregimes. An der Spitze des Staates stand nun ein fünfköpfiges Direktorium. Nach dem Ende der radikalen revolutionären Phase wurde das Bürgertum zur bestimmenden politischen Kraft.

M7 „The Zenith of French Glory"

Auf dem Banner über der Guillotine steht: „Es lebe die Gleichheit". Die Schrift am unteren Bildrand heißt übersetzt: „Die Blütezeit französischer Herrlichkeit – Der Gipfel der Freiheit. Religion, Gerechtigkeit, Loyalität und all die Schrecken unaufgeklärter Geister, lebt wohl!", englische Karikatur von James Gillray, 17. Februar 1793.

Aufgaben

1. Die Revolution ufert aus

a) Erläutere die Ursachen dafür, dass große Teile des französischen Volkes mit den erreichten Ergebnissen der Revolution nicht zufrieden waren.

b) Beurteile, ob Krieg und Bürgerkrieg zwangsläufig zur Schreckensherrschaft Robespierres führen mussten.

→ Text auf den Seiten 193 – 194

2. Die Französische Revolution bis 1795

a) Fertige eine kleine Zeitleiste mit wichtigen Stationen der Französischen Revolution von 1791 bis 1795 an.

b) Erläutere die Rolle des Königs in diesem Prozess.

c) Informiere dich über die wichtigsten Revolutionäre und erstelle dazu kurze Steckbriefe.

→ Text auf den Seiten 193 – 194, Internet

3. Eine Karikatur interpretieren

a) Beschreibe die einzelnen Elemente der Karikatur M7.

b) Erläutere die Bedeutung der einzelnen Elemente.

c) Ordne die Karikatur in den Verlauf der Revolution ein.

d) Erkläre den Titel der Karikatur und arbeite die Grundaussage des englischen Karikaturisten heraus.

e) Beurteile die Kritik des Karikaturisten an den Revolutionären unter Berücksichtigung der Kategorien Freiheit und Gleichheit.

→ M7, Text auf den Seiten 193 – 194

Die Bedeutung der Französischen Revolution

Die Französische Revolution gilt als eines der wichtigsten Ereignisse der Weltgeschichte, sie war aber immer auch heftig umstritten. Wie ist sie zu beurteilen?

M 1 Beurteilungen der Revolution

a) Der englische Politiker Thomas Paine (1737–1809) hatte sich für die amerikanische Unabhängigkeit eingesetzt und äußerte sich zur Französischen Revolution (1791):

In der Einleitung, welche der Erklärung der [Menschen-]Rechte vorhergeht, sehen wir den feierlichen und majestätischen Anblick einer Nation, die ihre Vollmacht, eine Regierung zu gründen, unter dem Schutz ihres Schöpfers eröffnet. Dieses Schauspiel ist so neu, und so durchaus ohne Beispiel in der europäischen Welt, dass es mehr als eine Revolution, dass es eine Regeneration [Wiederherstellung] des Menschen genannt zu werden verdient.

Übers. zit. n.: Thomas Paine, Die Rechte des Menschen. Eine Antwort auf Herrn Burke's Angriff auf die Französische Revolution (übers. v. Meta Forkel-Liebeskind), Berlin: Vossische Buchhandlung 1792, S. 137 [bearbeitet].

b) Der französische Politiker Joseph de Maistre (1753–1821) emigrierte 1792 nach London und schrieb dort:

Was die Französische Revolution kennzeichnet und zu einem einzigartigen Ereignis in der Geschichte macht, ist, dass sie durch und durch böse ist; nicht eine Spur von Gutem mag den Schmerz des Betrachters zu mildern; sie hat den höchsten Grad der Verderbtheit erreicht, sie ist reinster Schmutz. Auf welcher Seite der Geschichte findet man eine derartige Fülle von Lastern verzeichnet, die sich auf dem gleichen Schauplatz austoben? Welch grauenvolle Ansammlung von Gemeinheit und von Grausamkeit! Welch äußerste Sittenlosigkeit!

Übers. zit. n.: Joseph Marie de Maistre, Betrachtungen über Frankreich. Über den schöpferischen Urgrund der Staatsverfassungen (übers. v. Friedrich v. Oppeln-Bronikowski u. Peter Richard Rohden), Berlin: Reimar Hobbing 1924, Kap. IV [bearbeitet].

c) Der deutsche Schriftsteller Ernst Moritz Arndt (1769–1860) äußerte sich zur Französischen Revolution (1806):

Ich lasse es mir daher nicht nehmen, dass die ersten Jahre der Revolution wirklich ein höherer und enthusiastischer [= schwärmerischer, göttlich begeisterter] Geist im Volke war, dass viele entschlossen waren und hofften, es werde und solle eine besondere und glückliche Verfassung aus dem Chaos der Verwirrung und dem Kampf so mancher Ideen hervorgehen. [...]

Der Geist des Bösen, der so reichlich in allen Revolutionen ist und aus so wenigen wirklich das Gute und Große kommen lässt, begann nach einigen Jahren zu herrschen und herrschte bis 1795 wütend. Er fuhr in das große Volk und versteckte sich hinter einer Masse von Millionen. Nachdem Thron, Adel und Priestertum und der Bau der ersten losen Verfassung mit allem Alten gestürzt und vernichtet war, da machte die Revolution den Pöbel zum Herrn, jenes Ungeheuer, [...] das zuweilen mit hunderttausend Armen alles umwirft, zuweilen mit hunderttausend Füßen nur kriecht. Es ist unmöglich, aus jener abscheulichen Zeit Licht und Klarheit zu finden und Schuld und Unschuld auseinander zu flechten und zu enträtseln.

Ernst Moritz Arndt, Geist der Zeit Bd. 1, Berlin: Königliche Realschulbuchhandlung 1806, S. 172ff.

Verfassung als Vorbild

Neben der epochalen „Erklärung der Menschen- und Bürgerrechte“ von 1789 war die Französische Revolution auch im Hinblick auf die Verfassung von außerordentlicher Bedeutung: Insbesondere die Verfassung von 1791, welche die Königsherrschaft als „konstitutionelle Monarchie“ regelte und begrenzte, wurde oft zum Vorbild für nachfolgende Verfassungen genommen. Überdies übte die Revolution einen großen Einfluss auf die Entwicklung des Wahlrechts und die Teilnahme des Volkes an der Politik aus, auch wenn es im Verlauf des 19. Jahrhunderts zu ganz unterschiedlichen Entwicklungen kam.

M 2 **Nationalfeiertag in Paris**

Foto von der Militärparade am 14. Juli 2003

Politische Strömungen

Die Ereignisse in Frankreich ab 1789 haben nicht nur die Zeitgenossen aufs Heftigste bewegt. Bis heute rufen sie viele Fragen hervor: Ist eine Revolution ein geeignetes Mittel, um Veränderungen herbeizuführen? Darf im Namen von Freiheit und Gleichheit auch Gewalt angewendet werden? Die unterschiedlichen Antworten auf derartige Fragen haben politische Strömungen und später Parteien entstehen lassen, welche das 19. und 20. Jahrhundert bestimmten:

- Die Konservativen waren Gegner der Revolution und überzeugte Anhänger einer starken Monarchie. Für sie waren Veränderungen, wenn überhaupt, nur im Rahmen der bestehenden Verhältnisse auf reformerischem Weg zulässig. Die zunehmende Religionsfeindlichkeit im Zuge der Revolution wurde als Verrat an der abendländischen Identität gewertet.
- Die Liberalen bekannten sich zu den Zielen der Anfangsphase der Revolution. Für sie war eine konstitutionelle Monarchie, wie sie die Verfassung von 1791 vorsah, das Ideal. Die Menschen- und Bürgerrechte sollten dem Einzelnen vor allem politische, wirtschaftliche und individuelle Freiheiten sichern.
- Die Sozialisten wollten nicht nur politische Freiheit, sondern auch soziale Gleichheit erreichen. Ihrer Meinung nach hätte in der Französischen Revolution für die Masse der Menschen viel mehr erreicht und gesichert werden müssen. Zur Durchsetzung dieser Ziele wurde von einem Teil der Sozialisten auch die Anwendung revolutionärer Gewalt befürwortet. Hier verwies man auf die radikale Phase der Revolution.

Nation als Wert

Neben umfassenden kulturellen Veränderungen (aufgeklärte und politisierte Öffentlichkeit, Presse, neue Kleidersitten, Bedeutung von Symbolen und Liedern etc.) gewannen die Begriffe „Vaterland“ und „Nation“ an Bedeutung. Waren in Zeiten des Absolutismus alle Menschen in erster Linie Untertanen des Königs, so setzte sich im Gefolge der Revolution immer stärker die Meinung durch, dass die Menschen einer Nation angehören.

Aufgaben

1. Beurteilung der Revolution

a) Ordne die drei Autoren (M1) in einer Tabelle den folgenden Positionen zur Französischen Revolution zu: ablehnend, befürwortend, abwägend. Belege deine Entscheidungen mit Zitaten aus den Texten (Zeilenangabe).

b) Stelle die wichtigsten Folgen der Französischen Revolution in einem Schaubild zusammen.

c) Beurteile die Bedeutung der Französischen Revolution aus heutiger Sicht.

→ M1, M2, Text auf der Seite 197

Napoleon – Vom Landadligen zum Kaiser

Was bedeutet dieses Bild? Wer sind die Personen, was ist das für ein Bauwerk? – Die Bildquelle enthält zahlreiche Informationen zu einer der bekanntesten Persönlichkeiten der Geschichte: Napoleon Bonaparte.

M 1 Aufstieg und Fall Napoleons

Radierung von Johann Michael Voltz, 1814.
Die Bezeichnungen der einzelnen Stufen (von links nach rechts) lauten: Knabe auf Korsika, Schüler zu Brienne (Militärschule), Lieutnant zu Toulon, Bürger General zu Arcola, Erster Konsul der Republik, Kaiser des großen Reiches, Abschied von Spanien, Heimkehr aus Russland, Flucht aus Deutschland, Sturz in Frankreich,
Napoleon auf der Insel Elba hat die Inschrift: Sic transit gloria mundi (= So vergeht der Ruhm der Welt); er spielt mit den Seifenblasen der Bezeichnungen der ehemalig von ihm regierten Länder.

Aufgaben

1. Ein Bild erschließen

a) Beschreibe anhand des Bildes M1 die einzelnen Stufen beim Aufstieg und Fall Napoleons.

b) Ergänze Informationen aus dem Text auf den Seiten 199–200 sowie aus dem Teilkapitel „Das Ende Napoleons“ auf den Seiten 206–207.

c) Erschließe die Aussageabsicht des Künstlers.

M1, Text auf den Seiten 199–200 und 206–207

Aufstieg Napoleons zur Zeit der Revolution

Napoleon Bonaparte wurde 1769 auf Korsika geboren. Seine Familie gehörte zum Kleinadel. Im Alter von zehn Jahren erhielt er ein Stipendium für eine Militärschule in Brienne, anschließend besuchte er die Militärakademie in Paris. Im Zuge der Französischen Revolution erhielt Napoleon ein militärisches Kommando und eroberte die Hafenstadt Toulon von den Royalisten, also von den Anhängern der Monarchie, zurück. Aufgrund seiner militärischen Leistungen beförderte ihn Robespierre 1794 – also mit 25 Jahren – zum General.

Militärische Erfolge

Da auch das Direktorium fähige Offiziere brauchte, erhielt Napoleon 1796 den Oberbefehl über die Italienarmee. Nachdem der von seinen Truppen verehrte, charismatische General die österreichischen Truppen aus Norditalien verdrängt hatte, schloss er ohne Rücksprache mit dem Direktorium 1797 Frieden und errichtete in Oberitalien Republiken. Dieser Sieg und die ihm treu ergebene Italienarmee bildeten die Grundlage von Napoleons Macht.

1798 begab sich Napoleon auf einen Feldzug nach Ägypten, um Englands Handel mit Indien zu unterbinden. Zum Gefolge seiner Armee zählten auch zahlreiche Wissenschaftler zur Erforschung der altägyptischen Kultur.

Napoleon wird Konsul

Inzwischen geriet Frankreich jedoch wieder in Bedrängnis: Während österreichische und russische Truppen Erfolge erzielten, war das Innere des Landes von Aufständen und einer Wirtschaftskrise erschüttert. Die äußeren und inneren Probleme ließen eine Machtübernahme der Royalisten befürchten – ein Szenario, dem man mit einem Staatsstreich zuvorkam: Am 9. November 1799 traten drei

M 2 Napoleon als General

Auf der Brücke von Arcole, 1796, Gemälde (Ausschnitt) von Antoine-Jean Gros, 1796

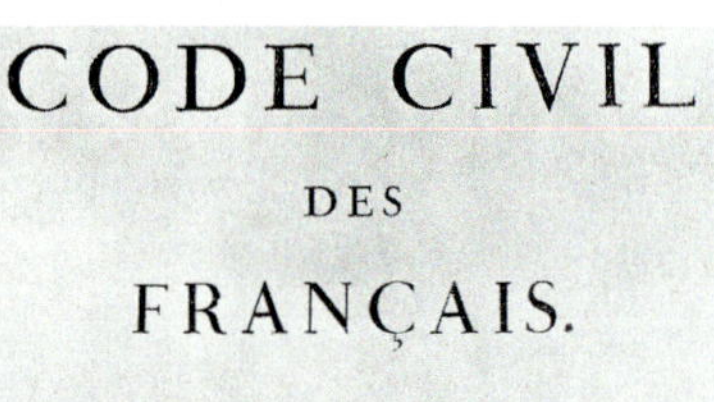
CODE CIVIL

DES

FRANÇAIS.

ÉDITION ORIGINALE ET SEULE OFFICIELLE.

À PARIS,

DE L'IMPRIMERIE DE LA RÉPUBLIQUE.

AN XII. 1804.

M 3 „Code civil"
Ausgabe von 1804

Direktoriumsmitglieder zurück, zwei wurden verhaftet. Die Nationalversammlung wurde evakuiert und Napoleon übernahm als „Erster Konsul" die praktische Alleinherrschaft, da er das Ernennungsrecht für Minister und Mitkonsuln sowie ein Vorschlagsrecht für Gesetze erhielt. In der Bevölkerung regte sich kaum Widerstand gegen die Machtübernahme. Das wohlhabende Bürgertum („Bourgeoisie") war an einer starken Regierung interessiert, die den Schutz des Eigentums garantierte.

Eine Politik des Ausgleichs

Durch verschiedene Maßnahmen gelang es Napoleon, sowohl Befürworter als auch Gegner der Revolution für sich zu gewinnen:

- Mit dem „Code civil" (Code Napoleon) entstand ein fortschrittliches Gesetzbuch, das revolutionäre Errungenschaften wie Freiheitsrechte des Einzelnen und Rechtsgleichheit sicherte.
- Das Verbot von Arbeitervereinigungen, die Wiedereinführung der Sklaverei in den Kolonien, die Einführung von Schutzzöllen sowie günstige Kredite für Betriebe erfüllten die Forderungen der wohlhabenden Bürger.
- Ein Konkordat (Vertrag) mit dem Papst führte zum Ausgleich mit der Kirche: Der katholische Glaube wurde als offizielle Staatsreligion anerkannt, aber der Staat behielt die Kontrolle über die Kirche. Die Geistlichen mussten einen Eid auf die Verfassung leisten und die Bischöfe wurden von Napoleon eingesetzt.
- Geflohene Adlige erhielten das Rückkehrrecht.
- Staatliche Arbeitsbeschaffungsmaßnahmen z. B. im Straßenbau linderten die wirtschaftliche Not vieler Franzosen.

Napoleon wird Kaiser

Schließlich ließ sich Napoleon 1804 zum „Kaiser der Franzosen von Gottes Gnaden und aufgrund der Konstitution der Republik" krönen. Mit dieser Formel kam er den Anhängern einer Republik entgegen. Um seine Macht zu sichern, erhob er verdiente Personen wie Minister, Militärs und Bischöfe in den Adelsstand.

Napoleon nutzte die Umbruchsituation der Französischen Revolution für seinen persönlichen politischen Aufstieg. Dies gelang ihm, weil er militärisch außerordentlich erfolgreich war und durch politische Maßnahmen einen Ausgleich herbeiführte. Als Kaiser wollte Napoleon seine Macht weiter steigern, die Vorrangstellung Frankreichs in Europa ausbauen und die Errungenschaften der Revolution verbreiten.

Aufgaben

1. **Der Aufstieg Napoleons**
   a) Nenne die Gründe für den Aufstieg Napoleons.
   b) Erläutere die Probleme, die Napoleon vor seiner Kaiserkrönung lösen musste.
   → Text auf den Seiten 199–200
2. **Die Politik Napoleons**
   a) Vergleiche die von Napoleon durchgeführten Maßnahmen mit den Idealen der Aufklärung und erkläre mögliche Unterschiede.
   b) Beurteile, ob Napoleon Vollender oder Zerstörer der Französischen Revolution war.
   → Text auf den Seiten 199–200
3. **Kaiser Napoleon – Ein Herrscherporträt erschließen**
   Erschließe das Bild M4. Verwende dafür den Trainingskasten „Umgang mit Bildern".
   → M4, Trainingskasten auf Seite 201

Kaiser Napoleon – Ein Herrscherporträt erschließen

M 4 Napoleon als Imperator

Im Krönungsornat, Gemälde von François Gérard, 1810,

255 x 151 cm.

Das Gemälde Gérards – wie auch die etwa 20 Kopien durch seine Werkstatt – zählt zu den offiziellen Bildnissen Napoleons I., die dieser an verbündete Regenten, verdiente Marschälle und Minister verschenkte.

Herrschaftszeichen:

Thron (mit Monogramm „N“);

Tisch mit den **Krönungsinsignien: Lorbeerkrone** und **Adlerzepter** sind die Insignien des römischen Kaisertums;

Goldenen Bienen auf dem roten Ornat, die man damals auf die frühmittelalterlichen Frankenkönige der Merowinger zurückführte;

„Hand der Gerechtigkeit“: Zeichen der Gerichtshoheit der französischen Könige;

die Farbe Blau der französischen Könige auf dem Fußboden (**„bleu royal“**);

für die Farbkombination wurde weder die Trikolore noch das bourbonische Blau-Weiß verwendet, sondern das **imperiale Rot-Weiß**;

Der **Reichsapfel** verweist auf Karl den Großen;

zu den Krönungsinsignien gehören weiterhin der mit Hermelin gefütterte goldbestickte **rote Samtmantel** und das darunter vorschauende **Schwert**;

Ordenskette der Ehrenlegion in der Form aneinandergereihter Adler.

Training

Umgang mit Bildern

Bildquellen gibt es in unterschiedlichsten Formen, z. B. als Gemälde, Fotografie oder Karikatur. Auch wenn jede dieser Gattungen besondere Merkmale hat, die bei der Erschließung zu berücksichtigen sind, gibt es doch grundsätzliche Fragen, die an jedes Bild gestellt werden sollten.

1. Urheber und Adressat ermitteln

a) Sammle die wichtigsten Informationen über den Ersteller des Bildes.
b) Ordne den Ersteller in das historische Umfeld ein.
c) Informiere dich über den möglichen Auftraggeber des Bildes und seine Intentionen.

2. Beschaffenheit und Gattung ermitteln

a) Stelle die wichtigsten Daten (Größe, Technik etc.) zusammen.
b) Informiere dich über die Kunstgattung.

3. Bildelemente und deren Bedeutung erläutern

a) Beschreibe die Einzelheiten des Bildes genau.
b) Erläutere die Bedeutung der einzelnen Bildelemente. Ziehe dazu ggf. ein Lexikon oder das Internet heran.

4. Darstellungsabsicht und Wirkung beurteilen

a) Erläutere die möglichen Gründe für die Art und Weise der Gestaltung des Bildes.
b) Beschreibe begründet die Wirkung des Bildes auf dich.
c) Nimm Stellung zur möglichen politischen Absicht des Erstellers.

Napoleon herrscht über Europa

Als Kaiser beanspruchte Napoleon weit mehr als nur die Herrschaft über Frankreich: Er wollte die Machtverhältnisse in ganz Europa umgestalten. Gelang es ihm, seine Pläne umzusetzen?

M 1 **Europa zur Zeit Napoleons 1812**

Training

Erschließung von Geschichtskarten

Geschichtskarten stellen Räume und historische Zeiträume dar. Diese Räume werden verkleinert abgebildet, worüber die Maßstabsleiste Aufschluss gibt. Sie stellt das Verhältnis zwischen den Entfernungen in der Realität und der Darstellung auf der Karte dar. Aus Geschichtskarten lassen sich, je nach Gestaltung, verschiedene Informationen entnehmen, z. B. politische, wirtschaftliche, soziale oder kulturelle Ereignisse. Dies geschieht oft mithilfe von Symbolen, Pfeilen und auch angegebenen Jahreszahlen.

Gehe in folgenden Arbeitsschritten vor:

1. Bestandteile der Karte nennen und erläutern

a) Nenne das Thema der Karte.

b) Erkläre die Legende und mache Angaben zum Maßstab.

c) Beschreibe die einzelnen Elemente der Karte.

2. Informationsgehalt der Karte herausarbeiten und beurteilen

a) Informiere dich über die historischen Ereignisse, die der Karte zugrunde liegen.

b) Erläutere die Informationen der Karte.

c) Prüfe den Grad der Vollständigkeit der Informationen.

d) Beurteile den Informationsgehalt.

e) Erkläre zusammenfassend die Informationen der Karte.

Die Umgestaltung Deutschlands – Geschichtskarten erschließen

M 2 Deutschland 1789

M 3 Deutschland 1807

Aufgaben

1. Napoleon herrscht über Europa

Erschließe die Karte M1 mithilfe des Trainingskastens auf Seite 202. Beachte dabei besonders folgende Aspekte:

a) Informiere dich über die angegebenen Schlachten: beteiligte Akteure, Sieger, Verlierer.

b) Benenne die heutigen Länder, die Napoleon bzw. seine Verwandten damals beherrschten.

c) Arbeite aus der Karte die Mächte heraus, die Napoleon noch Widerstand leisten konnten.

d) Begründe anhand der Karte, dass Napoleon eine Hegemonie (Vorherrschaft) über Europa ausübte.

e) Erörtere die Probleme, die mit einer solchen Hegemonie verbunden waren.

→ M1, Trainingskasten auf Seite 202

2. Die Umgestaltung Deutschlands – Geschichtskarten erschließen

Erschließe die Karten M2 und M3 mithilfe des Trainingskastens auf Seite 202. Beachte dabei besonders folgende Aspekte:

a) Beschreibe die staatliche Ordnung Deutschlands im Jahr 1789.

b) Erläutere die grundsätzliche Wandlung der Situation in Deutschland um 1807. Gehe dabei vom Gesamteindruck der beiden Karten aus.

c) Benenne die wichtigsten deutschen Staaten nach 1807.

d) Die dargestellten Veränderungen gehen auf Napoleon zurück. Erläutere die Vorteile, die die neue Ordnung für Napoleon brachte.

→ M2, M3, Trainingskasten auf Seite 202

M 4 Jerôme Bonaparte (1785–1860)

König von Westfalen, jüngster Bruder Napoleons, Gemälde von François Baron Gérard, 1811

Europa verändert sein Gesicht

Im Laufe weniger Jahre gelang es Napoleon durch Feldzüge, Verträge und Bündnisse, Frankreich zur führenden Macht auf dem europäischen Kontinent zu machen. Viele Staaten Europas wurden von Frankreich abhängig, allerdings musste Napoleon seine Herrschaft über dieses gewaltige Gebiet auch sichern, was ihm nur bedingt und zeitweilig gelang.

Heiratspolitik

Um seine Herrschaft in Europa zu sichern, griff Napoleon auf ein traditionelles Mittel zurück: Er verheiratete Familienangehörige mit Mitgliedern führender Fürstenhäuser. Da er selbst eine Dynastie gründen wollte, trennte er sich von seiner ersten Frau Josephine, mit der er keine Kinder hatte, und heiratete Marie-Luise, eine Tochter des österreichischen Kaisers. Nun stand er mit einem der vornehmsten und mächtigsten europäischen Herrscherhäuser auf gleicher Stufe.

Reformpolitik

Um die Bevölkerungen in den besetzten Gebieten für sich zu gewinnen, drängte Napoleon die verbündeten und abhängigen Herrscher zur Einführung des Code civil sowie zu Reformen. Das neu gegründete Königreich Westfalen, über das sein Bruder Jerôme herrschte, sollte als Musterstaat von den Vorzügen der Französischen Revolution überzeugen – hier wurde die erste Verfassung auf deutschem Boden erlassen und der Code civil eingeführt. Allerdings war der Adel bei der Machtausübung unverzichtbar. So blieb die Reformpolitik Napoleons widersprüchlich: einerseits gesellschaftliche Neuerungen, andererseits Erhaltung der privilegierten Stellung des Adels.

Wirtschaftskrieg gegen England

England blieb Napoleons großer Gegner. Da nach der vernichtenden Niederlage der französischen Flotte in der Seeschlacht von Trafalgar 1805 ein militärisches Vorgehen ausschied, wurde der Kampf auf wirtschaftlichem Gebiet geführt: Napoleon verhängte eine Wirtschaftsblockade gegen England, die Kontinentalsperre. Die französische Wirtschaft sollte davon profitieren, dass die Verbündeten nun verstärkt französische Waren kaufen mussten, was allerdings durch einen regen Schmuggel mit englischen Waren unterlaufen wurde. Zugleich schirmte Napoleon die heimische Wirtschaft vor der Konkurrenz verbündeter Staaten durch Schutz-

M 5 Verbrennung geschmuggelter Waren in Frankfurt am Main 1810

Geschmuggelt wurden neben Erzeugnissen aus englischen Kolonien (Kaffee, Zucker, Tee, Rum, Arrak, Tabak oder Seide) englische Tuche und hochwertige Stahlerzeugnisse wie zum Beispiel Rasiermesser. Aquarell (Ausschnitt), 1810.

zölle ab. Seine Politik zielte darauf, die Kriegsbelastung der Franzosen zu verringern und die Bündnispartner wirtschaftlich abhängig zu machen.

Aufstände in den besetzten Staaten

Vor allem in den besetzten Staaten regte sich Widerstand gegen Napoleon. Ein Zentrum bildete Spanien, in dessen Unabhängigkeitskampf der Begriff „Guerillakrieg“ entstand. In Tirol führte Andreas Hofer einen Aufstand gegen die französische Herrschaft an, wofür ihn Napoleon 1810 hinrichten ließ.

Neuordnung Deutschlands

Das Heilige Römische Reich deutscher Nation bestand aus einer Vielzahl von Herrschaften. Österreich war die bedeutendste Macht. Um diese Situation zu verändern und Österreich zu schwächen, suchte Napoleon nach Verbündeten in Deutschland.

Alle Gebiete links des Rheins wurden Frankreich eingegliedert. Diejenigen Fürsten des Reiches, die dabei Gebiete verloren, wurden durch Ländereien rechts des Rheins entschädigt. Eine Kommission des Reichstags, eine sogenannte Reichsdeputation, setzte die entsprechenden Vorgaben Napoleons um und beschloss 1803 eine grundlegende Neuordnung Deutschlands. Von den mehr als 300 eigenständigen Herrschaften blieben nur noch 40 übrig. Baden, Württemberg und Bayern wurden beträchtlich vergrößert, um künftig ein Gegengewicht zu Österreich und Preußen zu bilden. Die genannten drei Staaten waren von Napoleon abhängig, denn sie verdankten ihm ihren Machtzuwachs. Die Umgestaltung erfolgte durch zwei parallele Prozesse:

- Die Auflösung kirchlicher Herrschaften, in denen ein Bischof oder Abt die politische Macht ausübte, wird Säkularisation genannt. Dabei wurde kirchlicher Besitz enteignet.
- Die Beseitigung kleinerer weltlicher Herrschaften wie zum Beispiel der Reichsstädte wird als Mediatisierung bezeichnet. Die betroffenen Gebiete wurden größeren Herrschaften zugeschlagen.

M 6 Der Rheinbund
Silbermedaille von 1806

Das Ende des Heiligen Römischen Reiches

1806 sagte sich eine Reihe von Staaten, die unter dem Einfluss Napoleons standen, vom Reich los, um einen Bündnisvertrag mit Frankreich zu schließen: den Rheinbund. Dies war das Ende des Heiligen Römischen Reiches. Kaiser Franz II. legte die deutsche Kaiserkrone nieder und nahm als Franz I. den Kaisertitel für Österreich an, um Napoleon ebenbürtig zu bleiben.

Aufgaben

1. Napoleon herrscht über Europa

a) Erkläre die Ursachen für die napoleonische Eroberungspolitik.

b) Erläutere die Gründe für den Wirtschaftskrieg Napoleons gegen England.

→ Text auf den Seiten 204–205

2. Die Neuordnung Deutschlands

a) Erkläre mit eigenen Worten die Begriffe Säkularisation, Mediatisierung und Rheinbund.

b) Stelle kurz den Prozess der Neuordnung Deutschlands dar.

c) Erörtere die Chancen und Probleme, die mit der Auflösung des Heiligen Römischen Reiches verbunden waren.

→ Text auf den Seiten 204–205

M 1 Das Massaker von Madrid

Am 3. Mai 1808 wurden 800 spanische Freiheitskämpfer von französischen Soldaten erschossen, zeitgenössisches Gemälde von Francisco José de Goya.

Das Ende Napoleons

Guerillakrieg in Spanien

Der heute oft benutzte Begriff „Guerilla“, das heißt wörtlich „kleiner Krieg“, geht auf die Zeit Napoleons zurück. Als Napoleon 1808 Spanien besetzte, um die Kontinentalsperre gegen England besser überwachen zu können, zwang er den spanischen König zum Rücktritt und setzte an dessen Stelle seinen Bruder Joseph Bonaparte auf den Thron. Die Unzufriedenheit der Spanier entlud sich in einem Aufstand, den britische Truppen unter dem Herzog von Wellington unterstützten.

Trotz brutaler Unterdrückung gelang es den Aufständischen, Joseph Bonaparte zu vertreiben. Sie formierten sich dabei nicht als große Armee, sondern in kleinen beweglichen Kampfverbänden. Es kam nicht zu Schlachten, sondern zu einem „kleinen Krieg“ mit begrenzten Gefechten, dem die Franzosen nichts entgegensetzen konnten.

So wurde das Jahr 1808 zu einem Wendepunkt für Napoleons Herrschaft: Ein spanischer Volksaufstand hatte sich gegen die französische Fremdherrschaft erhoben und der Kaiser erlitt erstmals eine militärische Niederlage. Napoleons Ruf der Unüberwindbarkeit war dahin.

Widerstand in Tirol

Der Versuch Österreichs, Napoleons Niederlage in Spanien auszunutzen, schlug fehl: Alle wichtigen deutschen Staaten gehörten dem Rheinbund an und Preußen litt noch unter seiner Niederlage. Allerdings kam es in Tirol zu einem Volksaufstand.

Tirol gehörte damals zu Bayern, das dieses Gebiet von Napoleon als Dank für seine Unterstützung im Kampf gegen Österreich erhalten hatte. Verschiedene Maßnahmen der bayerischen Regierung provozierten die Einheimischen zum Widerstand. Unter ihrem Anführer Andreas Hofer gelang es den Tirolern, die französischen und bayerischen Truppen mehrfach zu schlagen, doch unterlagen sie schließlich der französischen Übermacht. Andreas Hofer wurde durch Verrat gefangen genommen und 1810 in Mantua erschossen.

M 2 Rückzug der Grande Armée 1812

Gemälde (Ausschnitt) von Peter Heinrich Lambert von Hess, 1812

Katastrophe in Russland

Der Russlandfeldzug 1812 führte zum endgültigen Scheitern Napoleons. Er griff an, um Russland zum Wirtschaftsboykott gegen England zu zwingen, denn der Zar erlaubte die Getreideausfuhr nach England, da das französische Exportverbot die russischen Bauern stark belastete. Napoleon bildete die „Große Armee" mit 610 000 Mann aus 20 Nationen, mit der er im Juni 1812 in Russland einmarschierte. Nach der Einnahme Moskaus im September musste er jedoch den Rückzug antreten, da die Russen Moskau in Brand steckten und kein Winterquartier mehr zur Verfügung stand.

Auf dem Rückmarsch erlitt Napoleons Armee gewaltige Verluste, denn der harte Winter forderte zahlreiche Opfer und russische Reitertruppen griffen ständig an. Besonders die Überquerung des Flusses Beresina geriet zur Katastrophe. Nur 40 000 Soldaten kehrten zurück.

Die Befreiungskriege

Nach dem Untergang der „Großen Armee" schlossen sich Russland, Österreich, Preußen, England und andere Staaten zu einer antifranzösischen Koalition zusammen. Auch der Rheinbund löste sich rasch auf. Die nun ausbrechenden Befreiungskriege wurden von einer patriotischen Begeisterung getragen, die alle Volksschichten ergriff. Viele Freiwilligenverbände beteiligten sich an den Kämpfen.

Nach der Niederlage in der Völkerschlacht bei Leipzig 1813, in der über 500 000 Soldaten aus vielen verschiedenen Ländern kämpften, floh Napoleon nach Paris. Dort zwangen ihn einrückende Armeen zur Abdankung und er wurde auf die Insel Elba verbannt.

Napoleons Versuch, 1815 noch einmal zurückzukehren, scheiterte. Die Alliierten besiegten ihn in der Schlacht bei Waterloo. Danach wurde er auf die ferne Insel St. Helena im Atlantik verbannt, wo er 1821 starb. Seit 1840 befindet sich Napoleons Grab im Pariser Invalidendom.

Der Russlandfeldzug – Ein Zeitzeuge berichtet

M 3 Soldaten der Grande Armée auf dem Ruckzug
Anonymes Gemälde, 1812

M 4 Bericht über den Feldzug

Der bayerische Soldat Joseph Deifel nahm an Napoleons Russlandfeldzug teil. In seinem Tagebuch schildert er den Rückzug der Grande Armée:

Hier in Wilna muß alles verlassen werden. Tote und Halbtote, alles Gepäck, Kanonen und Munitionswägen, die ehrenvollen baierischen 7 Regimentsfähn, wo viele die Türkenkriege mit beygewohnt haben: es sind 22 an der Zahl. Sie waren alle in einem Wagen gebackt gewesen; sie sollen samt dem Wagen verbrannt worden sein, sind nicht mehr zurückgekommen. Uralte baierische Ehre muß zu Staub und Aschen werden hier in dem öden wilden kalten Norden. Und durch wen? Ich sage: durch den Stolz und Herrschsucht fremder Nation.

Kamerathen müssen verlassen werden in dem allergrößten Elend, Hunger, Blöße und Kälte und aller Krankheit preisgegeben. Wer mag wohl das alles beschreiben? Alle wehklagenden Stimmen werden gleichgültig angehört, denn alle Herzen waren vor lauter Elend versteinert; alle Menschenfreundlichkeit hatte unter uns aufgehört. Keine Träne sieht man fließen. Das war der größte Trost: dahs die Sterbenden zumeist lächelnd in ihrer Phantasi gestorben sind, die Erbarmungswürdigen. An vielen und von vielen wird solches bemerkt; selbst ein Doktor, N. jaut, bewundert solch Wunderbares, da er sagt: „alle die ich sterben sah, sind lächelnd gestorben."

Auf dem Rückweg begibt sich alles Kowno zu, wo eine Brücke über die Memel war. Der Weg war mit Leichen bezeichnet, tote Pferdluder [Aas] waren so viel, dahs jeder glaubte, sie seien seit zehn Jahren hierher gebracht worden, denn selbe sahen so aus, weil schon beim Hineinmarsch sehr viele sind dort umgestanden. Doch wird aus Mangel an Proviant noch Fleisch davon genommen und gar oft solches roh gegessen. Geht man in eine Hütte hinein, da traf man tote Soldaten aller Nationen, vier bis zehn oder noch mehr, denn aus Hunger, Kälte und Mattigkeit schüren sie Feuer und kochen Luderfleisch, aber sie erloschen mit dem Feuer. Einige wollen gesehen haben, dahs sich einige selbst angenagt sollen haben.

Die Verfolgung von den Russen-Kosacken ist immer noch, doch sind sie auch Menschen und Bedurften einer Erholung, die ihnen in der Stadt Wilna zuteil wurde, denn hier gabs Broviant und Schätze genug zu vertheilen. Doch waren immer Kosacken, Tragoner hinter uns, aber was machen sie mit uns Elenden? Sie nehmen uns nur das erbeutete Geld, wer sowas erbeutet hat bei der Kasse in Wilna; dann sagten sie zu einem solchen: Guti na domoy, Kamerrath, ody Mosqua. Das heißt: Geh hin, Kamerath, wo du willst, nach Haus oder nach Rußland! Nicht einmal die Armentur [Waffen] nehmens einem ab, wenn einer noch solche hat.

Es war gar oft der Fall, dahs einer lieber gefangen wollt werden, wenn er ein wenig versorgt würde, aber es ist auch sehr gefährlich, denn es sind Gefangene zu viel, als dahs sie nur ein wenig unterhalten werden könnten.

Mit Napoleon nach Russland. Tagebuch des Infanteristen Joseph Deifel. Mit einer Einführung von Julia Murken, Regensburg: Pustet 2012, S. 55f.

Napoleon im Urteil der Zeitgenossen und der Nachwelt

M 5 Urteile über Napoleon

a) Der französische Politiker und Schriftsteller François René de Chateaubriand schrieb 1814:

Geboren, um zu zerstören, trägt Bonaparte das Böse so natürlich in sich wie eine Mutter ihr Kind, mit Freuden und einem gewissen Stolz.

Übers. zit. nach: https://www.wissen.de/lexikon/urteile-ueber-napoleon [Zugriff: 09.02.2022].

b) Der deutsche Dichter Johann Wolfgang von Goethe äußerte 1828 in einem Gespräch:

Sein Leben war das Schreiten eines Halbgotts von Schlacht zu Schlacht und von Sieg zu Sieg.

Zit. n.: Franz Deibel (Hg.), Goethes Gespräche mit Eckermann, Leipzig: Insel-Verlag 1923, S. 376f. (Eintrag v. 11. März 1828).

c) Der Historiker und SPD-Politiker Franz Mehring schrieb 1903 in der Leipziger Volkszeitung:

Ein fremder Eroberer hat in Deutschland die alten Zwingburgen der Feudalherren und die Klöster der Ordensherren in Trümmer geschlagen und die Grundlagen des nationalen Staates geschaffen.

Zit. n.: Irmgard und Paul Hartig (Hg.), Die französische Revolution im Urteil der Zeitgenossen und der Nachwelt, Stuttgart: Klett 1988, S. 68f.

d) Der deutsche Historiker Martin Göhring schrieb Ende der 1950er-Jahre eine Biografie über Napoleon:

Er wird der große Zerstörer. Eine überalterte Welt zerbricht unter seinen Schlägen. Aber der Urkraft gleich schaffte er aus dem Chaos eine neue Welt, eine andere Daseinsordnung, alles auf seine Person ausrichtend, allem den Stempel seines Willens und seines Genies aufdrückend.

Martin Göhring, Napoleon, Göttingen/Berlin/Frankfurt a.M.: Musterschmidt 1959, S. 140.

e) Der britische Historiker David Chandler schrieb in einer militärgeschichtlichen Darstellung 1974:

Napoleon ist als der überragende Soldat der modernen Geschichte zu verstehen. Man muss ihn unter die vier größten Heerführer aller Zeiten rechnen: Mit Alexander dem Großen, Hannibal, und Dschingis Khan teilt er sich in die höchsten Ehren der Walhall.

David Chandler, Napoleon (übers. v. Wilhelm Höck), München: List 1974, S. 13.

Aufgaben

1. **Das Ende Napoleons**
   a) Erkläre die Ursachen für den Widerstand gegen die napoleonische Herrschaft.
   b) Informiere dich über den Russlandfeldzug Napoleons und erkläre die Ursachen für seine Niederlage.
   c) Setze dich mit dem Begriff „Befreiungskriege" auseinander und belege, dass die Interessen der Völker und der Herrscher oft auseinandergingen.
   → Text auf den Seiten 206–207, Internet
2. **Der Russlandfeldzug – Ein Zeitzeuge berichtet**
   a) Erläutere die Situation der französischen Armee.
   b) Beschreibe die Auswirkungen des Krieges auf das Zusammenleben der Menschen.
   c) Joseph Deifel (M4) wundert sich über das Verhalten der Kosaken. Erkläre dieses Verhalten.
   d) Beurteile folgende Aussage: „Krieg führt oft dazu, dass Menschen sich nicht mehr menschenwürdig verhalten."
   → M4, Text auf den Seiten 206–207
3. **Napoleon im Urteil der Zeitgenossen und der Nachwelt**
   a) Gib die Grundaussagen der Urteile (M5) mit eigenen Worten wieder.
   b) Vergleiche die Urteile. Finde dafür zuerst Kategorien, nach denen du die Urteile vergleichen willst.
   → M5

1770 1775 1780 1785 1790 1795 1800 1805 1810 1815 1820

Ständegesellschaft

14.7.1789
Sturm auf die Bastille

1793
Hinrichtung Ludwigs XVI.

1804
Kaiserkrönung Napoleons

Kontinentalsperre

DATEN

1789:
Erstürmung der Bastille

1791:
Französische Verfassung

1804:
Kaiserkrönung Napleons

1806:
Ende des Heiligen Römischen Reiches

1813–1815:
Befreiungskriege

1815:
Sturz Napoleons

BEGRIFFE

- Revolution
- Menschenrechte
- Gewaltenteilung
- konstitutionelle Monarchie
- Nation
- Bürgertum
- Volkssouveränität
- Terror
- Guillotine
- Napoleon
- Säkularisation

Die Französische Revolution

Die 1789 beginnende Französische Revolution bildet einen tiefen Einschnitt und hat weltgeschichtliche Bedeutung. Die Ursachen waren vielfältig: Fehlende politische Mitsprache, eine ungerechte Gesellschaftsordnung, wirtschaftliche Krisen und die Ideen der Aufklärung führten zum Umsturz. Die Revolution wurde immer radikaler, bis schließlich die Königsherrschaft (Monarchie) abgeschafft und der König hingerichtet wurde. Große Errungenschaften waren die Erklärung der Menschenrechte und die Verabschiedung einer Verfassung.

Das Kaisertum Napoleons

Im Zuge der Revolution gelang es Napoleon, die Macht auf sich zu konzentrieren und sich schließlich zum Kaiser zu krönen. Es gelang ihm, große Teile Europas unter seine Herrschaft zu bringen und umzugestalten. Sein Versuch, Russland zu erobern, scheiterte vollkommen und leitete seinen Sturz ein. Europas Staaten verbündeten sich, besiegten ihn 1813 in der Völkerschlacht bei Leipzig und verbannten ihn auf die Insel Elba. Nach einer kurzen Rückkehr wurde er 1815 in der Schlacht bei Waterloo endgültig besiegt und schließlich 1815 auf die Insel St. Helena verbannt.

Die Neuordnung Deutschlands

Die Vorherrschaft Napoleons führte auch zu einer Neuordnung Deutschlands. Das Heilige Römische Reich löste sich auf und es kam zu einer umfassenden Neuordnung: Manche Herrschaftsgebiete verloren ihre Eigenständigkeit, andere Staaten wurden größer und mächtiger. Insbesondere wurden die Herrschaften, die von Geistlichen regiert wurden, aufgelöst (Säkularisation). Der Zusammenschluss der neuen Staaten im Rheinbund löste sich mit dem Sturz Napoleons auf.

Französische Revolution und Napoleon

Hinweis: Die folgende Tabelle dient der Selbsteinschätzung deiner erworbenen Kenntnisse, Fähigkeiten und Kompetenzen. Die Auflistung erhebt nicht den Anspruch, vollständig zu sein. Es handelt sich um eine Auswahl, die ggf. erweitert werden kann. In der rechten Spalte findest du Hinweise, wie du eventuell vorhandene Lücken oder auch Unsicherheiten beseitigen kannst.

Ich kann ...	Ich bin sicher. ☺	Ich bin ziemlich sicher. 😐	Ich bin noch unsicher. 😕	Ich habe große Lücken. ☹	Auf diesen Seiten kannst du in ANNO nachlesen	Empfehlungen zur Übung, Wiederholung und Festigung
... zwischen kurzfristigem Anlass und längerfristigen Ursachen der Französischen Revolution unterscheiden.					180–183 184–187	Erstelle ein Schaubild zu den verschiedenen Ursachen der Revolution.
... wichtige Menschen- und Bürgerrechte, die in der Französischen Revolution verkündet worden sind, benennen.					188–191	Erstelle eine Tabelle und finde Oberbegriffe für die einzelnen Rechte der Erklärung der Menschen- und Bürgerrechte.
... den Begriff der Schreckensherrschaft während der Französischen Revolution erklären und deren Gründe, Verlauf und Ende erläutern.					192–195	Löse die Aufgabe 1 auf Seite 195.
... Anspruch und Wirklichkeit der Menschen- und Bürgerrechte von 1789 vor dem Hintergrund der letzten Phase der Französischen Revolution bewerten.					188–191 192–195 196–197	Beurteile die Bedeutung der Französischen Revolution aus heutiger Sicht. Vergleiche hierzu die Erklärung der Menschen- und Bürgerrechte mit den ersten 20 Artikeln unseres Grundgesetzes.
... Gründe für den Aufstieg Napoleons zum Ersten Konsul der Republik Frankreich und später zum Kaiser der Franzosen benennen.					198–201	Stelle zusammenfassend die Situation Frankreichs vor dem Aufstieg Napoleons dar.
... mithilfe von Arbeitsschritten ein Bild interpretieren.					180–183 201	Interpretiere das Bild M5 auf Seite 183. Verwende dafür den Trainingskasten „Umgang mit Bildern“ auf Seite 201.
...						

ACHTUNG:

bitte nicht beschreiben!

Du findest eine Kopie dieser Seite zur Bearbeitung unter dem Webcode

WES-115640-503

Frühling

Sommer

Herbst

06

DEUTSCHLAND ZWISCHEN RESTAURATION UND REVOLUTION

M 1 **Zug zum Hambacher Fest,** anonymer kolorierter Stich, 1832

M 2 **19. März 1848 in Berlin,** Lithografie von Anton Klaus, 1848

M 3 **Der Michel und seine Kappe im Jahr 1848,** Karikatur, 1848

M 4 **Erschießung des Revolutionärs Robert Blum am 9. November 1848 bei Wien,** kolorierte Lithografie von A. Fay, um 1848/49

1815: Neuordnung Europas auf dem Wiener Kongress

Mit dem Beginn der Französischen Revolution wurde 1789 eine Phase von tief greifenden Umbrüchen eingeleitet, die über 25 Jahre andauerte und die das Gesicht Europas vollständig veränderte. Nach blutigen Kriegen und dem Sturz Napoleons war schließlich eine politische Neuordnung des Kontinents notwendig. In der Hauptstadt des Kaiserreichs Österreich versammelten sich Staatsoberhäupter, Minister und Diplomaten, um über die Zukunft Europas zu beraten. Ein Ergebnis war die Neuordnung Deutschlands, über die die folgende Geschichtskarte Auskunft gibt.

M 1 Deutscher Bund

Aufgaben

1. Deutschland nach dem Wiener Kongress

a) Erschließe und erläutere die Karte M1 mithilfe des Trainingskastens „Erschließung von Geschichtskarten" auf Seite 202.

b) Erstelle eine Tabelle, in der du folgende Punkte erläuterst: Wiener Kongress – Deutscher Bund – „Heilige Allianz" – Kräfteverhältnisse zwischen den einzelnen Staaten. Nutze den Text auf den Seiten 214–217 und die Karte M1.

c) Trage die Ergebnisse in deiner Lerngruppe vor oder erläutere sie deinem Lernpartner oder deiner Lernpartnerin.

→ M1, Text auf den Seiten 214–217

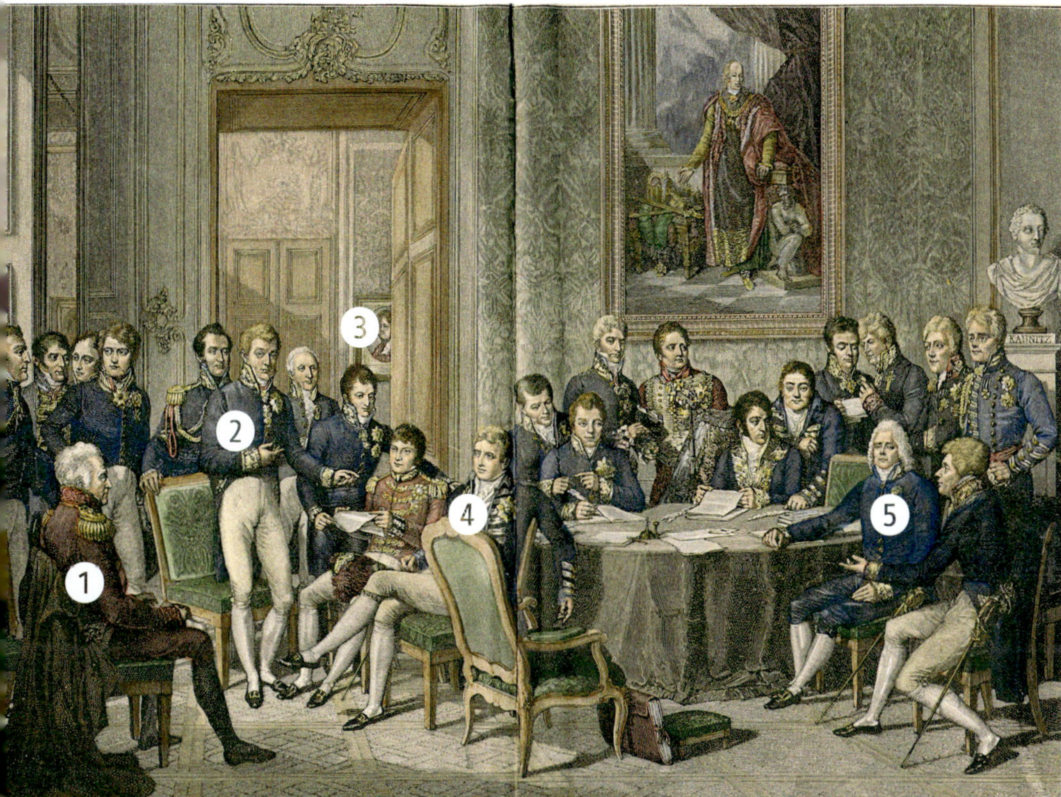

M 2 Der Wiener Kongress

Holzstich nach einer Kreidezeichnung von Jean-Baptiste Isabey, um 1880.

Der Pariser Hofkünstler Jean Baptiste Isabey (1767–1855) war mit der französischen Delegation nach Wien gekommen. Dort fertigte er 23 Portraits von wichtigen Kongressteilnehmern an. Diese Portraits bildeten die Grundlage für ein Ölgemälde, nach dessen Vorlage der oben gezeigte Holzstich angefertigt wurde.

1 Karl August von Hardenberg (Preußen)

2 Klemens Wenzel Lothar v. Metternich (Österreich)

3 Karl Robert von Nesselrode (Russland)

4 Robert Stewart, Viscount Castlereagh (England)

5 Charles-Maurice de Talleyrand (Frankreich)

Info

Bilder von Konferenzen

Heutzutage stellen sich Regierungschefs zu Beginn oder am Ende einer Konferenz zu einem Gruppenfoto auf. Im 19. Jahrhundert, als die Fotografie noch nicht erfunden war oder noch in den Anfängen steckte, erhielten dagegen Künstler den Auftrag, wichtige Konferenzen im Bild darzustellen. Oft waren sie selbst bei dem Ereignis gar nicht anwesend, oder die Bilder wurden mit größerem zeitlichen Abstand angefertigt. Ob ein Ereignis, z. B. ein bedeutendes politisches Zusammenreffen, sich tatsächlich so abgespielt hat, wie der Künstler es darstellte, ist zu hinterfragen. Das Ergebnis waren dennoch Bilder mit besonderer Aussage und großer Symbolkraft.

Eine internationale Konferenz

Mit dem Sturz Napoleons bot sich die Chance auf eine dauerhafte Friedensregelung für Europa. Die siegreiche Allianz aus England, Russland, Österreich und Preußen ließ das unterlegene Frankreich als Großmacht fortbestehen: Trotz ihrer eigenen Machtinteressen verloren die Herrscher den Gesichtspunkt des europäischen Gleichgewichts nicht aus den Augen. Die Neuordnung Europas wurde auf dem Wiener Kongress vollzogen, der von September 1814 bis Juni 1815 in der prachtvollen Hauptstadt des österreichischen Kaiserreichs stattfand. Welche Gestalt sollte Deutschland im Zentrum Europas erhalten? Welche Ordnung sollte fortan herrschen und welche Grundsätze sollten gelten?

WES-115640-601 Hörszene zum Wiener Kongress

M 3 Fürst von Metternich (1773–1859)

Gemälde von Thomas Lawrence, 1815

Grundsätze der Neuordnung

Dass die meist in Einzelgesprächen geführte Konferenz wichtige Ergebnisse erzielen konnte, lag vor allem am österreichischen Staatskanzler Fürst Metternich (1773–1859). Metternich wollte eine „Restauration" in Politik und Gesellschaft, also eine weitgehende Wiederherstellung der alten, vorrevolutionären Verhältnisse, welche in Europa durch die Französische Revolution infrage gestellt worden waren.

Ein weiterer Grundsatz seiner Politik war die „Legitimität" der Herrschaft: Metternich ging davon aus, dass nur diejenige Herrschaft legitim (rechtmäßig) wäre, die sich auf die alten, fürstlichen Familien stützte. Er vertrat damit die Idee des Gottesgnadentums.

Darüber hinaus waren sich die Kongressteilnehmer einig in ihrem Kampf gegen alle Bestrebungen, die auf politische Freiheit und auf nationale Einheit zielten. Der Grundsatz, nach dem die Herrscher sich wechselseitig verpflichteten, überall gegen revolutionäre Bestrebungen vorzugehen, wird als „Solidarität" bezeichnet.

Die Umsetzung der Neuordnung

Die drei Grundsätze „Restauration", „Legitimität" und „Solidarität" wurden aber nicht vollständig umgesetzt – die Veränderungen, die in Europa seit 1789 stattgefunden hatten, waren zu tiefgreifend. Dies galt sowohl für die territorialen Gegebenheiten als auch für die Regierungsformen. Nur dort, wo ein Fürst über die nötige Macht verfügte, ließ sich auch wieder eine absolute Regierung aufrichten.

Das wichtigste Ziel des Wiener Kongresses bestand darin, ein politisches Gleichgewicht in Europa herzustellen. Da hierfür politisch überlebensfähige Staaten unabdingbar waren, durften Bayern, Württemberg und Baden ihre territoria-

M 4 „Heilige Allianz"

Vor einer gotischen Fassade vereinigen sich die drei Monarchen Zar Alexander I., Franz I. von Österreich und Friedrich Wilhelm III. von Preußen, Gemälde (Ausschnitt) von Heinrich Olivier, 1815.

len Gewinne weitgehend behalten. Preußen gewann Teile Sachsens und große Gebiete am Rhein hinzu. Österreich erhielt Gebiete in Norditalien, verzichtete aber auf Besitzungen in Südwestdeutschland. Russland erhielt Teile Polens, die man als „Kongresspolen" bezeichnete, da der Wiener Kongress dieses Gebilde geschaffen hatte. Ein eigenständiger Staat Polen existierte somit auch weiterhin nicht.

Die „Heilige Allianz"

Um ihrem Kampf gegen die Ideale der Französischen Revolution Ausdruck zu verleihen, schlossen der preußische König, der österreichische Kaiser und der russische Zar die sogenannte „Heilige Allianz". Sie verpflichteten sich zu gegenseitigem Beistand im Falle revolutionärer Erhebungen. Diesem Bündnis traten nach und nach die meisten europäischen Herrscher bei.

Der Deutsche Bund

Entsprechend den Grundsätzen des Wiener Kongresses entstand kein deutscher Nationalstaat, den sich viele erhofft hatten, sondern nur ein lockerer Zusammenschluss unter der Bezeichnung Deutscher Bund. Dieser Staatenbund von 35 Fürsten und vier Freien Städten besaß keine zentrale Regierungsgewalt. Sein einziges Organ war der Bundestag in Frankfurt, ein Gesandtenkongress, der die Politik koordinieren sollte. Die einzelnen Staaten waren grundsätzlich gleichberechtigt und blieben souverän, mussten also keine Rechte an eine übergeordnete Instanz abgeben.

Preußen und Österreich gehörten allerdings nur mit einem Teil ihres Gebietes dem Bund an. Zudem waren auch der König von England für Hannover, der König von Dänemark als Landesherr in Holstein und der König der Niederlande als Regent in Luxemburg Mitglieder im Deutschen Bund.

Mehr als dieses Bündnis war aufgrund der beginnenden Rivalität zwischen Preußen und Österreich und wegen des Widerstands der süddeutschen Staaten nicht möglich. Zudem hätte ein deutscher Nationalstaat in der Mitte Europas das mühsam erreichte Machtgleichgewicht empfindlich gestört.

Trotz aller berechtigten Kritik an der Neuordnung ist festzuhalten, dass der Deutsche Bund den Föderalismus, das heißt die Eigenständigkeit der einzelnen deutschen Staaten, festigte, und dass Europa in der Folgezeit eine außergewöhnlich lange Friedenszeit erlebte.

Aufgaben

1. Die Beschlüsse des Wiener Kongresses

a) Erläutere die politischen Grundsätze, die den Wiener Kongress leiteten.

b) Beschreibe die Veränderung der Machtverhältnisse durch den Wiener Kongress.

c) Nimm zu folgender Auffassung Stellung: „Der Wiener Kongress war erfolgreich."

↝ Text auf den Seiten 214–217

2. Der Wiener Kongress – Ein Bild analysieren – Zusatzaufgabe

a) Beschreibe das Konferenzbild M2. Nutze dazu auch die Erläuterungen im Infokasten auf Seite 215.

b) Stelle Vermutungen über die Botschaft bzw. Aussageabsicht des Gemäldes an. Begründe deine Ergebnisse anhand einzelner Bildelemente.

↝ M2, Text auf den Seiten 214–217

Wartburgfest und Deutsche Burschenschaft

Am 18. Oktober 1817 versammelten sich Hunderte Studenten verschiedener deutscher Universitäten auf der Wartburg bei Eisenach zu einer politischen Kundgebung. Wer waren diese jungen Menschen, worum ging es ihnen und was konnten sie erreichen?

M 1 Wartburgfest am 18. und 19. Oktober 1817
Zeitgenössischer Holzstich

Aufgaben

1. **Das Wartburgfest – Ein Bild analysieren**
   a) Beschreibe die in M1 dargestellte Szene und schildere die Atmosphäre.
   b) Informiere dich mithilfe des Textes über das Ereignis. Erläutere kurz den Ablauf und die Bedeutung des Festes. Erkläre insbesondere, warum das Fest auf der Wartburg sowie zu dem angegebenen Datum stattfand.
   c) Untersuche die Einstellung, die gegenüber dem Ereignis auf dem Bild M1 zum Ausdruck kommt.
   M1, Text auf Seite 219

2. **Die Folgen**
   a) Stelle die Folgen des Wartburgfestes dar.
   b) Beurteile die Reaktion der Obrigkeit.
   Text auf Seite 219

3. **Burschenschaften**
   a) Erkläre den Begriff „Burschenschaft".
   b) Informiere dich über heute noch bestehende Burschenschaften. Arbeite ihre Ziele heraus und erkläre die Rolle, die sie heute in der Gesellschaft spielen.
   Text und Infokasten auf Seite 219, Internet

Das nicht eingelöste Verfassungsversprechen

Zwar sah Artikel 13 der Bundesakte für alle Staaten des Deutschen Bundes „landständische" Verfassungen vor, jedoch war nicht festgelegt worden, was dies konkret bedeuten sollte. Zudem waren die Fürsten nicht bereit, ihre Macht von gewählten Volksvertretern einschränken zu lassen. Immerhin erließen einige deutsche Fürsten in ihren Ländern Verfassungen, zum Beispiel 1816 der Herzog von Sachsen-Weimar, unter dem Johann Wolfgang von Goethe ein Ministeramt bekleidete, oder der König von Bayern, der 1818 eine „Verfassungsurkunde" ausstellte. Preußen und Österreich als größte deutsche Staaten ließen hingegen bis 1848 keine Verfassungen zu.

Ein nationales Fest auf der Wartburg

Für den 18. und 19. Oktober 1817 lud die Jenaer Burschenschaft Gleichgesinnte aus ganz Deutschland zu einem Fest auf die Wartburg ein. Datum und Ort des geplanten Treffens waren sorgfältig ausgewählt worden: Am 18. Oktober jährte sich der Sieg der Verbündeten über Napoleon in der Völkerschlacht bei Leipzig zum vierten Mal. Zudem waren 1817 genau 300 Jahre vergangen, seit Martin Luther mit seinem Thesenanschlag in Wittenberg die Reformation eingeleitet hatte. 1521 hatte Luther auf der Wartburg Zuflucht gefunden und das Neue Testament ins Deutsche übersetzt. Der Reformator galt als Vorkämpfer nationaler Einheit.

Annähernd 500 Teilnehmer aus elf Universitäten kamen auf der Wartburg zusammen. Der französische Historiker Etienne François beschreibt die Vorgänge folgendermaßen: „Alle zogen am Vormittag des 18. Oktober 1817 nach oben auf den Berg, und das war eine Art von säkularer (weltlicher) Prozession, es gab auch eine große Fahne. Und diese Fahne war eine schwarz-rote Fahne, und an den Seiten waren goldene Fäden. Das war im Grunde die erste Vorform der modernen deutschen Fahne." Während der Feier wurden zahlreiche patriotische Reden gehalten. Die Studenten – Frauen waren damals noch nicht an den Universitäten zugelassen – forderten bürgerliche Freiheitsrechte und ein vereintes Deutschland anstelle des Deutschen Bundes mit seinen zahllosen Kleinstaaten. Am Abend entzündeten die Studenten dann ein Feuer und verbrannten symbolisch als „undeutsch" und „reaktionär" bezeichnete Schriften, darunter auch Bücher wie der von Napoleon eingeführte „Code civil", der den Studenten als Inbegriff der Fremdherrschaft galt, und die „Germanomania" des Berliner jüdischen Philosophen Saul Ascher (1767–1822), der sich kritisch über deutschnationale Schriftsteller geäußert hatte. Zudem verbrannten die Studenten Symbole von Obrigkeitsstaat und Reaktion wie militärische Gegenstände, einen Zopf oder Uniformstücke, um gegen Fürstenwillkür zu protestieren.

Die Obrigkeit greift durch

Während das Wartburgfest von den teilnehmenden Studenten als Akt des Aufbegehrens und als ein Fanal (weithin sichtbares Zeichen) der Freiheit angesehen wurde, sahen die staatlichen Mächte darin „revolutionäre Umtriebe", die die herrschenden Zustände in Deutschland infrage stellten. Entsprechend handelten die Polizeibehörden in den führenden Staaten des Deutschen Bundes: In Preußen und Österreich wurden Teilnehmer des Wartburgfestes verhört, Polizeiakten wurden angelegt. Zwei Jahre später wurden die studentischen Burschenschaften verboten, die Universitäten überwacht und Hunderte von Studenten verhaftet oder von den Hochschulen entfernt.

M 2 Wartburgfest

Beim Wartburgfest verbrennen Studenten u.a. die Wiener Bundesakte und den Schnürleib einer preußischen Ulanenuniform.

Info

Die Burschenschaft

Viele der Studenten, die als Freiwillige gedient und gegen Napoleon gekämpft hatten, waren nach dem Wiener Kongress bitter enttäuscht: Der erhoffte deutsche Einheitsstaat war nicht Wirklichkeit geworden, die erwarteten Verfassungsreformen waren ausblieben und die Obrigkeit verweigerte die Gewährleistung von Meinungs-, Presse- und Versammlungsfreiheit.

Als Reaktion darauf gründeten Studenten in der Universitätsstadt Jena 1815 die erste deutsche Burschenschaft. Diese verstand sich, getreu ihrem Motto „Ehre, Freiheit, Vaterland", als Zusammenschluss freiheitlich gesinnter Patrioten mit einer betont deutschnationalen Ausrichtung. Am 18. Oktober 1818, auf den Tag genau ein Jahr nach dem Wartburgfest, versammelten sich in Jena Studenten von 14 Universitäten und schlossen sich zur „Allgemeinen Deutschen Burschenschaft" zusammen.

Die Karlsbader Beschlüsse

„Der Denker-Club", so lautet der Titel einer bissigen Karikatur, in der ein unbekannter Zeichner um 1820 seinen Zeitgenossen eine merkwürdige Männerrunde vorstellt. Trugen die Menschen damals wirklich einen Maulkorb? Worauf spielt der Zeichner an? Was war das für eine „neue deutsche Gesellschaft", der der Karikaturist mit seiner satirischen Zeichnung einen Spiegel vorhalten wollte? Und was steckte hinter alldem?

M 1 **Der Denker-Club,** anonyme Karikatur, um 1820

Aufgaben

1. Reaktion in Deutschland – Eine Karikatur erschließen

a) Entziffere die Aufschriften der Karikatur „Der Denker-Club" (M1) und erkläre deren Bedeutung.

b) Vergleiche die Aussage der Texttafeln in der Karikatur mit dem Verhalten und den Gesten der Clubmitglieder.

c) Formuliere in einem Satz die Grundaussage der Karikatur.

→ M1

2. Meinungs- und Pressefreiheit heute – Zusatzaufgabe

a) Heute regelt der Artikel 5 des Grundgesetzes (M3) die Meinungs- und Pressefreiheit in der Bundesrepublik. Erläutere im Einzelnen die Bestimmungen des Artikels 5.

b) Bewerte die Bedeutung der Meinungsfreiheit als Wert für eine freiheitliche Lebensgestaltung.

→ M3

M 2 Attentat auf August von Kotzebue am 23. März 1819

Der Dramatiker und konservative Politiker August von Kotzebue (geb. 1761) hatte sich in seinem reaktionären „Literarischen Wochenblatt" abfällig über die Burschenschaften geäußert, zeitgenössische Lithografie (Ausschnitt) in einer Beilage zum Bundeslied der Jenaer Burschenschaft.

Ein politischer Mord und die Folgen

Am 23. März 1819 erstach der Theologiestudent Carl Ludwig Sand den Schriftsteller August von Kotzebue in dessen Wohnung in Mannheim. Für Sand war der als Gegner revolutionärer Bestrebungen bekannte Kotzebue ein „russischer Spion und Vaterlandsverräter", dessen Tod den Weg für Deutschlands Einheit und Freiheit ebnen sollte. Das Attentat entzweite die Zeitgenossen: Den einen galt der für den Mord hingerichtete Sand als Symbolfigur der Nationalbewegung, die die politische Einheit Deutschlands forderte. Für andere war Sand ein Mörder und Umstürzler, der die auf dem Wiener Kongress beschlossene Ordnung zerstören wollte.

Nach dem Wiener Kongress wurde immer deutlicher, dass sich die Erwartungen auf Gewährung von Freiheitsrechten wie Presse- oder Versammlungsfreiheit und auf politische Mitbestimmung nicht erfüllten. Aus Enttäuschung über den Deutschen Bund machten vor allem Studenten Front gegen die Restauration und das sogenannte „System Metternich". Ihre politische Einstellung war durch die Befreiungskriege gegen Napoleon geprägt. Da sie sich als Deutsche fühlten und vom Gedanken des Nationalismus erfüllt waren, schlossen sie sich als nationale „Deutsche Burschenschaft" zusammen.

Die Karlsbader Beschlüsse

Der Mord an Kotzebue bot dem österreichischen Staatskanzler Metternich die Gelegenheit zur systematischen Überwachung und Verfolgung nationaler und liberaler Bestrebungen. Bürger, die Freiheitsrechte und Mitbestimmung forderten, galten als Vertreter des Liberalismus, was vom lateinischen Wort „liber" (= frei) abgeleitet ist. Hierzu zählten vor allem Studenten, Professoren, Journalisten und Schriftsteller.

Metternich berief noch im selben Jahr die Karlsbader Konferenzen ein. Hier wurden Beschlüsse gefasst (Karlsbader Beschlüsse), die für den ganzen Deutschen Bund Gültigkeit hatten und alle liberalen und nationalen Bestrebungen unterdrückten. Betroffen waren vor allem Universitäten, Professoren und Studenten, denn die Freiheit der Lehre wurde eingeschränkt. Die Burschenschaften und die von Friedrich Ludwig Jahn (1778–1852) angeregten, national eingestellten „Turnvereine" wurden verboten, Presse und Bücher unterlagen der Zensur. Oppositionelle verunglimpfte man als „Demagogen", also als Volksverhetzer. Umgekehrt wurden die regierenden Fürsten und andere antidemokratische Kräfte als „Reaktionäre" bezeichnet.

M 3 Grundgesetz der Bundesrepublik

Art 5

(1) Jeder hat das Recht, seine Meinung in Wort, Schrift und Bild frei zu äußern und zu verbreiten und sich aus allgemein zugänglichen Quellen ungehindert zu unterrichten. Die Pressefreiheit und die Freiheit der Berichterstattung durch Rundfunk und Film werden gewährleistet. Eine Zensur findet nicht statt.

(2) Diese Rechte finden ihre Schranken in den Vorschriften der allgemeinen Gesetze, den gesetzlichen Bestimmungen zum Schutze der Jugend und in dem Recht der persönlichen Ehre.

https://www.gesetze-im-internet.de/gg/BJNR000010949.html [letzter Zugriff: 09.02.2022].

Auf dem Weg zur Revolution – Das Hambacher Fest

Am 27. Mai 1832 versammelten sich über 30 000 Bürger, Arbeiter und Bauern an der Ruine des Schlosses Hambach im heutigen Bundesland Rheinland-Pfalz. Was war das Ziel dieser Versammlung? Eine damals gehaltene Rede gibt Auskunft.

M 1 Das Hambacher Fest

Aus der Festrede des demokratischen Publizisten Johann Georg August Wirth vom 27. Mai 1832 auf dem Hambacher Schloss:

Das Land, das unsere Sprache spricht, das Land, wo unsere Hoffnung wohnt, wo unsere Liebe schwelgt, wo unsere Freuden blühen, das Land, wo das Geheimnis aller unserer Sympathien und all unserer Sehnsucht ruht, dieses schöne Land wird verwüstet und geplündert, zerrissen und entnervt, geknebelt und entehrt. Reich an allen Hilfsquellen der Natur, sollte es für alle seine Kinder die Wohnung der Freude und der Zufriedenheit sein, allein ausgesogen von 34 Potentaten, ist es für die Mehrzahl seiner Bewohner der Aufenthalt des Hungers, des Jammers und des Elends. [...]
Die Ursache der namenlosen Leiden der europäischen Völker liegt einzig und allein darin, dass die Herzöge von Österreich und die Kurfürsten von Brandenburg den größten Teil von Deutschland an sich gerissen haben und unter dem Titel der Kaiser von Österreich und der Könige von Preußen nicht nur ihre eigenen Länder nach orientalischen Formen beherrschen und deren Kräfte zur Unterdrückung der Freiheit und Volkshoheit der europäischen Nationen verwenden, sondern auch ihr Übergewicht über die kleineren Länder Deutschlands benützen, um auch die Kräfte dieser dem Systeme fürstlicher Alleinherrschaft und despotischer Gewalt dienstbar zu machen.
Bei jeder Bewegung eines Volkes, welche die Erringung der Freiheit und einer vernünftigen Staatsverfassung zum Ziel hat, sind die Könige von Preußen und Österreich durch Gleichheit der Zwecke, Gesinnungen und Interessen an Russland geknüpft, und so entsteht jener furchtbare Bund, der die Freiheit der Völker bisher immer noch zu töten vermochte. [...]
In dem Augenblick, wo die deutsche Volkshoheit in ihr gutes Recht eingesetzt sein wird, in dem Augenblick ist der innigste Völkerbund geschlossen, denn das Volk liebt, wo Könige hassen, das Volk verteidigt, wo die Könige verfolgen, das Volk gönnt das, was es selbst mit seinem Herzblut zu erringen trachtet, und, was ihm das Teuerste ist, die Freiheit, Aufklärung, Nationalität und Volkshoheit, auch dem Brudervolk: Das deutsche Volk gönnt daher diese hohen, unschätzbaren Güter auch seinen Brüdern in Polen, Ungarn, Italien und Spanien.
Wenn also das deutsche Geld und das deutsche Blut nicht mehr den Befehlen der Herzöge von Österreich und der Kurfürsten von Brandenburg, sondern der Verfügung des Volkes unterworfen sind, so werden Polen, Ungarn und Italien frei, weil Russland dann der Ohnmacht verfallen ist und sonst keine Macht mehr besteht, welche zu einem Kreuzzug gegen die Freiheit der Völker verwendet werden könnte.

Zit. n.: Wolfgang Hardtwig/Helmut Hinze (Hg.), Deutsche Geschichte in Quellen und Darstellung Bd. 7: Vom Deutschen Bund zum Kaiserreich 1815–1871, Stuttgart: Reclam 1997, S. 95 ff.

Aufgaben

1. Das Hambacher Fest – Eine Rede untersuchen
  a) Gib Johann Georg August Wirths Einschätzung über Deutschland (M1) wieder.
  b) Nenne die Ursachen, die er für diese Lage verantwortlich macht.
  c) Erläutere die Grundprinzipien der von ihm geforderten neuen Ordnung.
  → M1

2. Auf dem Weg zur Revolution
  a) Erläutere die Bedeutung des Hambacher Fests für die Entwicklung des Nationalstaatsgedankens.
  b) Informiere dich über das Wirken von Johann Georg August Wirth und Jakob Siebenpfeiffer und berichte über deine Ergebnisse.
  c) **Zusatzaufgabe:** Vergleiche die Zielsetzung des Hambacher Festes und des Wartburgfests.
  → Text auf Seite 223; Seite 218/219 zum Wartburgfest

M 2 Zug zum Hambacher Fest

Anonymer kolorierter Stich, 1832.

Die Farben der schwarz-rot-goldenen Flagge werden mit den Uniformfarben des Lützow'schen Freikorps während der Befreiungskriege in Zusammenhang gebracht. Die Lützow'schen Jäger trugen einen schwarzen Rock mit roten Säumen und goldenen Knöpfen. Auf dem Wartburgfest 1817 dienten diese Farben als Erkennungszeichen der deutschen Burschenschaft. Im Revolutionsjahr 1848 bestimmte die Frankfurter Nationalversammlung Schwarz-Rot-Gold zur Fahne des Deutschen Bundes.

Das Hambacher Fest

Hambach lag in der Rheinpfalz, die erst durch den Wiener Kongress an Bayern gefallen war. Über ein Jahrzehnt hatte die Region zur Französischen Republik gehört, sodass die Bevölkerung mit politischen Freiheitsrechten vertraut war. Die bayerische Verfassung entsprach daher nicht den Vorstellungen der Einwohner. Als im April 1832 in einigen Blättern Aufrufe zu einer Verfassungsfeier am Hambacher Schloss erschienen, nutzten die liberalen Journalisten Johann Georg August Wirth (1798–1848) und Jakob Siebenpfeiffer (1789–1845) die Gelegenheit, um zu einer Gegenveranstaltung aufzurufen. Sie luden in Flugblättern zu einem Volksfest „Der deutsche Mai" ein. Aus Angst vor revolutionären Umtrieben zunächst verboten, ließ die Obrigkeit dieses Fest schließlich doch zu. Wie befürchtet, entwickelte sich die Veranstaltung zu einer Demonstration: Um die Verbundenheit mit den polnischen Aufständischen des Jahres 1830 zu zeigen, hissten die Teilnehmer die polnische Flagge. Auch zogen sie die schwarz-rot-goldene Fahne auf und forderten die Gründung eines deutschen Nationalstaates. Dieser sollte auf Volkssouveränität und auf einer Verfassung basieren und in ein friedliches und geeintes Europa eingebettet sein. Aus Angst vor einer revolutionären Bewegung reagierten die deutschen Staaten auf das Hambacher Fest äußerst scharf, indem sie alle tatsächlichen oder vermeintlichen Anhänger der liberalen Nationalbewegung rigoros verfolgten.

Nationale Symbole – Nationalhymne und Bundesflagge

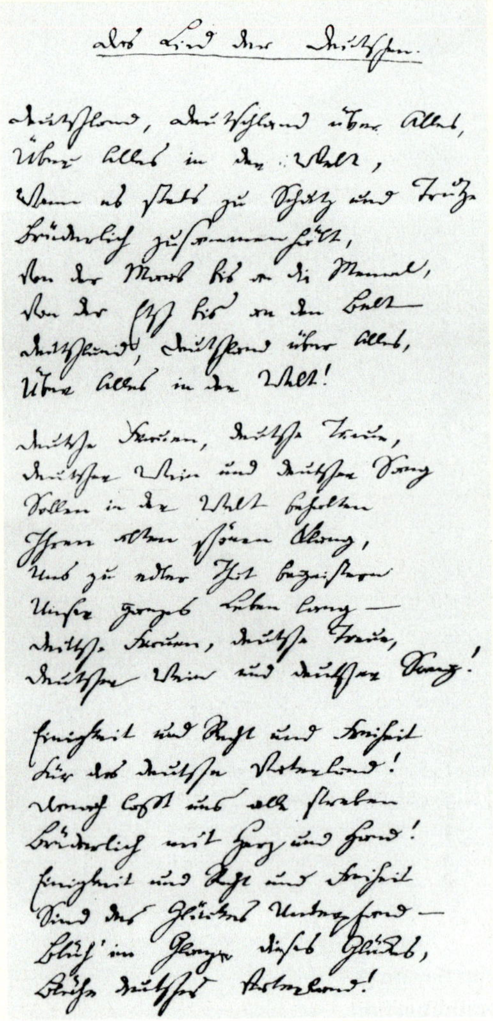

M 1 Das Lied der Deutschen

Faksimile mit Handschrift von Heinrich Hoffmann von Fallersleben, 1841

M 2 Das Lied der Deutschen

Heinrich Hoffmann von Fallersleben (1798–1874) dichtete das „Lied der Deutschen" 1841:

Deutschland, Deutschland über alles,
über alles in der Welt,
Wenn es stets zu Schutz und Trutze
brüderlich zusammenhält.
Von der Maas bis an die Memel,
von der Etsch bis an den Belt:
Deutschland, Deutschland über alles,
über alles in der Welt!

Deutsche Frauen, deutsche Treue,
deutscher Wein und deutscher Sang
Sollen in der Welt behalten
ihren alten schönen Klang.
Uns zu edler Tat begeistern,
unser ganzes Leben lang:
Deutsche Frauen, deutsche Treue,
deutscher Wein und deutscher Sang!

Einigkeit und Recht und Freiheit
für das deutsche Vaterland!
Danach lasst uns alle streben
brüderlich mit Herz und Hand!
Einigkeit und Recht und Freiheit
sind des Glückes Unterpfand:
Blüh' im Glanze dieses Glückes,
blühe, deutsches Vaterland!

Hoffmann von Fallersleben, Werke. Erster Teil: Lyrische Gedichte, Berlin/Leipzig/Wien/Stuttgart: Deutsches Verlagshaus Bong & Co. 1912, S. 275

Aufgaben

1. Nationalsymbole verstehen

a) Fasse den Inhalt der drei Strophen des „Liedes der Deutschen" mit eigenen Worten zusammen.

b) Arbeite die Vorstellungen von Deutschland heraus, die Hoffmann von Fallersleben in seinem Lied vermittelt. Belege deine Ergebnisse mit geeigneten Textstellen.

c) Hoffmann von Fallersleben vertritt in seinem „Lied der Deutschen" nationale und liberale Vorstellungen und Zielsetzungen. Belege dies anhand des Textes der drei Strophen.

d) Erläutere die Gründe dafür, dass heute nur noch die dritte Strophe des „Liedes der Deutschen" bei offiziellen Anlässen gesungen wird.

e) Erläutere die Stationen der Geschichte der deutschen Farben Schwarz-Rot-Gold.

f) Erkläre folgenden Satz: „Gerade für die Bundesrepublik war es wichtig, sich bei der Flaggenwahl auf demokratische Traditionen zu beziehen."

M1–M2, Infokästen auf Seite 225

M 3 **Heinrich Hoffmann von Fallersleben**

Zeichnung, 1841

Biografie

Heinrich Hoffmann von Fallersleben (1798–1874)

August Heinrich Hoffmann, der sich seit seiner Studentenzeit „von Fallersleben" nannte, wurde 1798 als Sohn eines Gastwirts in Fallersleben geboren. Nach der Schulausbildung studierte Hoffmann Klassische Philologie, Archäologie sowie Deutsche Sprache und Literatur. Während des Studiums schloss er sich der Burschenschaft an. 1830 zum außerordentlichen Professor für Deutsche Sprache und Literatur an der Universität Breslau ernannt, publizierte Hoffmann kritische Gedichte zur politischen und gesellschaftlichen Lage in Deutschland. Sein „Unpolitische Lieder" betiteltes Buch hatte einen beachtlichen Erfolg.

Aufgrund seiner politischen Einstellung wurde Hoffmann 1842 als Professor entlassen und in Preußen und Hannover polizeilich verfolgt. Politische Tätigkeiten im Rahmen der Märzrevolution 1848 lehnte er ab. Erst 1848 wurde er rehabilitiert. Nach einem Aufenthalt in Weimar nahm er schließlich eine Anstellung als Bibliothekar in der Schlossbibliothek von Corvey bei Höxter an, die er bis zu seinem Tod am 18. Januar 1874 ausübte.

Heute ist Hoffmann hauptsächlich für sein „Lied der Deutschen" bekannt, das am 26. August 1841 auf der damals zu Großbritannien gehörenden Insel Helgoland entstanden ist. Noch im selben Jahr wurde es veröffentlicht und mit der Melodie der „Kaiserhymne" Joseph Haydns kombiniert. 1922 erklärte Friedrich Ebert (1871–1925), der sozialdemokratische Präsident der Weimarer Republik, das Lied zur deutschen Nationalhymne. Erst 1952 wird in der Bundesrepublik Deutschland das ganze Lied erneut zur Hymne erklärt, aber nur die dritte Strophe gesungen. In der DDR gab es eine andere Hymne. Nach der Wiedervereinigung 1990 wurde die dritte Strophe zur Nationalhymne erklärt.

Info

Die Bundesflagge

Die Flaggenfarben Schwarz-Rot-Gold sind im Grundgesetz der Bundesrepublik Deutschland festgeschrieben. Historisch gesichert ist die Verwendung dieses Farbschemas seit den Kriegen gegen das napoleonische-Frankreich (1813–1815). Es wird auf die Uniformen des damals äußerst populären „Lützowschen Freikorps" zurückgeführt; hierbei handelte es sich um eine Freiwilligentruppe, die schwarze Uniformen mit roten Verzierungen an den Stoffkanten und goldfarbenen Messingknöpfen trug. Die Burschenschaften nahmen das Farbschema als Symbol für ihre Forderung nach nationaler Einheit auf. Beim Hambacher Fest 1832 wurde die schwarz-rot-goldene Flagge als Zeichen für Einheit und politische Freiheit mitgeführt. Die Frankfurter Nationalversammlung erklärte Schwarz-Rot-Gold zu den offiziellen Reichsfarben. Dem folgte auch 1919 die Verfassung der Weimarer Republik. Schwarz-Rot-Gold gilt heute als Symbol für die demokratischen Traditionen in Deutschland.

Die Revolution von 1848/49 – Der Ausbruch der Revolution

Die vom Mitorganisator des Hambacher Festes Johann Georg Wirth herausgegebene Zeitschrift „Deutsche Tribüne" prophezeite 1832, dass bis zum Jahr 1850 ein Kampf zwischen Reaktion und Liberalismus stattfinden werde: „1819: untätiges Murren; 1832: Widerstand; 1840 oder 1850: Sieg. So wird es kommen!" Und tatsächlich brachen 1848 in Deutschland revolutionäre Unruhen aus.

M 1 Die Ereignisse in Berlin
am 18. und 19. März 1848 sind in Bildern des zeitgenössischen „Neuruppiner Bilderbogens" festgehalten: Erster Angriff der Kavallerie auf das unbewaffnete Volk vor dem königlichen Schloss in Berlin

Aufgaben

1. **Die Revolution beginnt**
   Schildere mithilfe der Bilder M1–M3 aus dem Neuruppiner Bilderbogen die Stationen der Revolution in Berlin im März 1848.
   → M1–M3

2. **Der Verlauf der Revolution**
   Erstelle mithilfe des Textes auf Seite 228–229 eine Zeitleiste zu den Ereignissen der Jahre 1848/49.
   → Text auf den Seiten 228–229

M 2 Barrikade
in der Neuen Königs-Straße am 19. März 1848

M 3 Der preußische König Friedrich Wilhelm IV.
verkündet am 21. März 1848 in den Straßen seiner Hauptstadt die Einheit der deutschen Nation.

Info

Neuruppiner Bilderbogen

Benannt nach dem Herkunftsort Neuruppin, einer brandenburgischen Kleinstadt nördlich von Berlin, waren die gedruckten und kolorierten Bilderfolgen vor allem im 19. Jahrhundert in Deutschland beliebt und weit verbreitet. Als Massenmedium der damaligen Zeit vermittelten die Bilder einem breiten Publikum Informationen zu wichtigen Tagesereignissen.

WES-115640-602
Hörszene zum 18. März 1848

M 4 Straßenschild am Brandenburger Tor in Berlin
Aktuelles Foto

Der Ausbruch der Revolution

Missernten führten nach 1840 in ganz Europa zu Teuerung und Hungersnöten. Daraufhin ausbrechende Unruhen wurden von Polizei und Militär niedergeschlagen. In dieser explosiven Situation brach am 23. Februar 1848 in Paris ein großer Aufstand aus: Kleinbürger, Arbeiter und Bauern forderten das allgemeine Wahlrecht und stürmten das Schloss. „Bürgerkönig" Louis Philippe (1773–1850), der 1830 selbst durch eine Revolution an die Macht gelangt war, floh nach England. In Frankreich wurde die Republik ausgerufen und eine provisorische Regierung eingesetzt. Diese Nachricht verbreitete sich in ganz Europa.

Ein „heißer März"

Auch in Deutschland flammten überall Aufstände auf. Die Menschen forderten Freiheitsrechte, politische Mitwirkung und die schon 1815 zugesagten Verfassungen. In den deutschen Klein- und Mittelstaaten fanden im März Volksversammlungen und Demonstrationen statt. Die Fürsten reagierten hilflos und überrascht auf die sogenannten Märzforderungen und gaben nach: Fast ohne Gewalt und Blutvergießen wurden in vielen deutschen Staaten politische Ziele durchgesetzt, allerdings war Deutschland noch nicht geeint. Alles hing davon ab, ob sich die Revolution auch in Preußen und Österreich durchsetzen konnte.

Revolutionen in Europa

In Wien kam es am 13. März zu Unruhen mit Toten und Verletzten. Noch in der Nacht erklärte Metternich seinen Rücktritt und floh ins Londoner Exil. Am 15. März

M 5

Revolutionen und Verfassungen in Europa (1814 – 48)

Absolute Monarchien
Konstitutionelle Monarchien:
Verfassungen nach 1814
Verfassungen 1830-47
Parlamentarische Monarchie
Republiken
Liberale und nationale Aufstände 1830/31
Liberale und nationale Aufstände 1848/49
Grenze des Deutschen Bundes 1815

0 100 200 km

ließ der Kaiser verkünden, dass die Zensur (das Verbot von Schriften) abgeschafft werde. Er versprach eine Verfassung, die Aufstellung einer Nationalgarde und die Einberufung einer Ständeversammlung aus allen Landesteilen der Habsburger Monarchie.

Am 16. März erreichte die Nachricht der Kapitulation der Wiener Regierung Berlin. Daraufhin brachen auch hier blutige Straßenkämpfe aus. Nach 254 Todesopfern – darunter acht Frauen und drei Kinder – lenkte König Friedrich Wilhelm IV. (1795–1861) ein. Der preußische Herrscher versprach, alle Forderungen der Aufständischen zu erfüllen, Preußen in einem geeinten Deutschland aufgehen zu lassen und selbst die politische Führung zu übernehmen.

Aber nicht nur im Deutschen Bund gärte es. Im Habsburgerreich erkannten vor allem die nichtdeutschen Nationalitäten in der Revolution die Chance auf Unabhängigkeit: Ungarn, Tschechen und Italiener erhoben sich gewaltsam gegen Habsburgs Herrschaft. Da die österreichische Monarchie damit erheblich gefährdet war, setzte der kaiserliche Hof das Militär ein. Mit Unterstützung des russischen Zaren wurden die Unabhängigkeitsbestrebungen zerschlagen.

Hier zeigt sich eine Besonderheit der Revolution von 1848: Die Monarchen wichen zwar zurück, jedoch gaben sie die militärische Gewalt nie aus der Hand. Den Revolutionären hingegen gelang es nicht, eine eigene Armee aufzubauen oder Unterstützung von außerhalb Deutschlands zu finden.

Auf dem Weg zu Verfassung und Nationalstaat

Anderes gelang jedoch durchaus: Ende März 1848 versammelten sich in Frankfurt am Main Abgeordnete aus den einzelnen Landtagen und weitere bekannte Politiker. In einer als „Vorparlament“ bezeichneten Versammlung beschlossen sie das Zusammentreten eines deutschen Nationalparlaments für den Mai 1848. Die Abgeordneten dafür wurden in allgemeinen, freien und gleichen Wahlen bestimmt.

M 6 Frankfurter Paulskirche

Am 30. März 1848 treffen sich die Delegierten zum Frankfurter „Vorparlament“ in der Paulskirche, Lithografie, um 1848.

Die Revolution von 1848/49 – Die Arbeit des Parlaments

Am 18. Mai 1848 kamen erstmals über 600 frei gewählte Vertreter des deutschen Volkes zu einem Parlament in der Frankfurter Paulskirche zusammen. Die Abgeordneten der Nationalversammlung standen vor einer Anzahl schwieriger Fragen. Zwei Hauptaufgaben waren zu bewältigen: die Erarbeitung einer Verfassung mit einem Katalog von Grundrechten und die Entscheidung über die zukünftige politische Gestalt Deutschlands.

M 1 **Nationalversammlung in der Frankfurter Paulskirche**
Lithografie nach einer Zeichnung von Fritz Bamberger, 1848

Aufgaben

1. **Die Nationalversammlung in der Frankfurter Paulskirche**
   Beschreibe und erläutere die auf der zeitgenössischen Bildquelle M1 dargestellte Szene in der Frankfurter Nationalversammlung. Gehe insbesondere ein auf
   - die Gestaltung des Raumes,
   - die verschiedenen Personengruppen,
   - die politischen Symbole.

   → M1
2. **Der weitere Verlauf der Revolution – Eine Zeitleiste**
   Ergänze die für das vorherige Teilkapitel angefertigte Zeitleiste mithilfe des Textes.

   → Text auf den Seiten 230 – 232

Die Anfänge politischer Parteien

Zunächst waren die Beratungen des Parlaments für drei bis vier Monate geplant. Das war angesichts der grundsätzlichen Fragen, die geklärt werden mussten, keine lange Dauer – selbst einfache Gesetze benötigen heute ein Vielfaches an Beratungszeit. Allerdings verfügten die wenigsten damaligen Abgeordneten über praktische politische Erfahrungen. Überdies stammten die Parlamentarier aus sehr unterschiedlichen gesellschaftlichen und staatlichen Traditionen.

Das Jahr 1848 gilt als wichtige Etappe für die Entwicklung politischer Parteien in Deutschland, da sich diese erstmals in den Debatten in der Paulskirche herausbildeten. Neben der Beschäftigung mit dem Text der Verfassung war es für die Politiker der Paulskirche ein wichtiges Anliegen, das Volk durch parlamentarische Reden aufzuklären, welche über die Zeitungen weite Verbreitung fanden.

Von der „großdeutschen“ zur „kleindeutschen“ Lösung

Dass die Nationalversammlung allerdings politisch ohnmächtig war, zeigte sich in Schleswig-Holstein: Im dänischen Lehen Schleswig hatte sich im Frühjahr 1848 eine provisorische Regierung gebildet, die in Opposition zur dänischen Herrschaft stand. Als es zum Krieg kam, musste die Frankfurter Nationalversammlung, welche über keine eigene Armee verfügte, die militärische Initiative Preußen überlassen. Im August 1848 stimmte die Nationalversammlung dann einem ohne ihre Mitwirkung ausgehandelten Waffenstillstand zu.

Ende Oktober 1848 geriet die Nationalversammlung weiter unter Druck: Nachdem kaiserliche Truppen einen neuen Aufstand in Wien niedergeschlagen hatten, stellte auch der preußische König Friedrich Wilhelm IV. die Herrschaft in seinem eigenen Land wieder her. Im Dezember 1848 erließ er eine Verfassung, die zwar einen Grundrechtekatalog besaß, nach der die letzte Entscheidungsgewalt jedoch weiterhin beim König lag.

Als besonders problematisch erwies sich die künftige Stellung Österreichs in einem geeinten Deutschland. Große Teile der Habsburger Monarchie gehörten nicht zum Deutschen Bund, sodass der Vielvölkerstaat hätte aufgelöst werden müssen. Andererseits war es nur schwer vorstellbar, auch Italiener, Kroaten, Ungarn und Tschechen in einen deutschen Nationalstaat mit einzubeziehen. Zwi-

M 2 Die klein- und großdeutsche Lösung entsprechend den Vorschlägen von 1848/49 im Vergleich

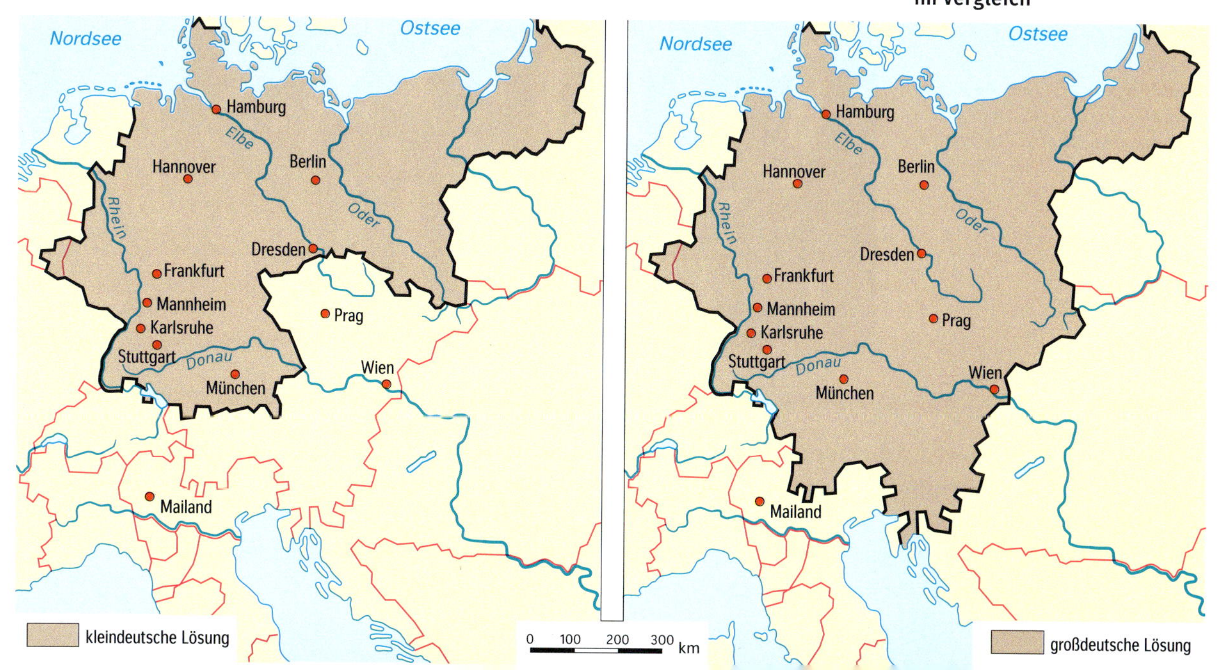

M 3 Robert Blum (1807–1848)

Aus Köln stammender Abgeordneter der Nationalversammlung, wurde beim Versuch, die österreichischen Revolutionäre vor Ort zu unterstützen, am 9. November 1848 von österreichischen Truppen erschossen, Porträt um 1845.

schen Befürwortern und Gegnern der als „großdeutsche Lösung" bezeichneten Einbeziehung Österreichs gab es heftige Diskussionen. Nach dem Sieg der Gegenrevolution in Wien verlor die großdeutsche Idee an Ausstrahlung, zumal Österreich an einem ungeteilten Vielvölkerstaat festhielt. Die einzig mögliche Alternative schien vielen Parlamentariern nun nur noch die Zusammenarbeit mit Preußen. Die Beratungen über eine solche „kleindeutsche Lösung" waren langwierig und ebenfalls von heftigen Auseinandersetzungen geprägt.

Die Verfassung von 1849

In der Schlusssitzung im März 1849 verabschiedeten die Parlamentarier eine Verfassung, die erstmals in der deutschen Geschichte sogenannte Bürgerrechte verankerte, welche sich auf das Verhältnis zwischen Bürger und Staat beziehen (u. a. Freiheit der Person, Gleichheit vor dem Gesetz). In derselben Sitzung setzten sich die Befürworter eines „kleindeutschen" Kaiserreichs, also ohne Einbeziehung Österreichs, endgültig durch. Deutscher Kaiser und Staatsoberhaupt sollte der preußische König werden.

Entstanden war eine erstaunlich demokratische Verfassung, bei der sich das Volk, das hieß Männer ab 25 Jahren, durch allgemeine, gleiche und geheime Wahlen an der Politik beteiligen konnte. Der Grundrechtekatalog der Paulskirchenverfassung beeinflusste im Weiteren auch die demokratischen Verfassungen der Jahre 1919 und 1949.

Die Ablehnung der Kaiserkrone

Die Paulskirchenverfassung trat allerdings nie in Kraft, da der preußische König die von der Nationalversammlung angebotene Kaiserkrone im April 1849 ablehnte. Er berief sich dabei auf die fehlende Zustimmung der anderen deutschen Fürsten, erklärte aber in einem vertraulichen Brief, die Krone trage für ihn den „Ludergeruch der Revolution" und sei „ein Reif aus Dreck und Letten" (Lehm). Möglicherweise schreckte der König auch vor außenpolitischen Konsequenzen zurück, insbesondere vor Spannungen mit Österreich und dem absolutistischen Russland.

M 4 Ablehnung der Krone

Eine Abordnung der Frankfurter Nationalversammlung trägt am 3. April 1849 König Friedrich Wilhelm IV. von Preußen die Würde eines Kaisers der Deutschen an, zeitgenössischer kolorierter Holzstich aus dem Neuruppiner Bilderbogen (Ausschnitt).

Aufgaben

1. **Revolution 1848/49 – Die Arbeit des Parlaments**
   a) Nenne wichtige Arbeitsthemen und Ergebnisse des Frankfurter Paulskirchenparlaments.
   b) Erläutere die sogenannte „kleindeutsche" bzw. „großdeutsche Lösung" der deutschen Frage. Nutze dazu auch die Karten M2 auf Seite 231.
   c) Erläutere die Gründe dafür, dass am Ende die bereits beschlossene deutsche Verfassung nicht in Kraft treten konnte und es nicht zur Gründung eines deutschen Nationalstaates kam.

→ Text auf den Seiten 230–232

Die Ablehnung der Kaiserkrone – Mit einer Karikatur arbeiten

M 5 Ablehnung der Kaiserkrone

Borussia fragt Heinrich von Gagern: „Wat heulst'n, kleener Hampelmann?"

„Ick habe Ihr'n Kleenen 'ne Krone jeschnitzt, nu will er se nich!",

Karikatur von Ferdinand Schröder aus den „Düsseldorfer Monatsheften", 1849

Erläuterungen zur Karikatur:

Der **weinende Junge** links trägt die Gesichtszüge von Heinrich von Gagern, des Präsidenten der Frankfurter Nationalversammlung.

Bei der **Frauengestalt in der Bildmitte** handelt es sich um Borussia, die Verkörperung (Allegorie) und Schutzgöttin Preußens (Pickelhaube, preußischer Adler auf Wappenschild und Helm).

Der **kleine, dicke Junge** rechts im Bild, der mit einem Bären spielt, ähnelt mit seinen Gesichtszügen und in seiner Leibesfülle dem preußischen König Friedrich Wilhelm IV. (Pickelhaube).

Der **Bär mit der Peitsche** steht für das Russische Zarenreich, das als besonders despotisch uns politisch rückständig galt.

Die **kopflose Statue** verkörpert Germania bzw. den 1815 gegründeten Deutschen Bund (doppelköpfiger Adler auf dem Wappenschild), einen Staatenbund ohne eigenes Staatsoberhaupt.

Aufgaben

1. **Die Ablehnung der Kaiserkrone – Mit einer Karikatur arbeiten**
   a) Ordne die drei abgebildeten Personen mithilfe der Informationen historisch ein.
   b) Erkläre die Bedeutung der kopflosen Statue im Hintergrund.
   c) Beschreibe die am Boden liegenden Objekte und erkläre ihre Funktion.
   d) Erläutere abschließend die Bewertung des Frankfurter Parlaments durch den Zeichner.
   → M5

Die Revolution von 1848/49 – Das Scheitern der Revolution

Wie endete die Revolution? Eine zeitgenössische Karikatur kommentiert den Fortgang der Revolution im Jahr 1849 kritisch.

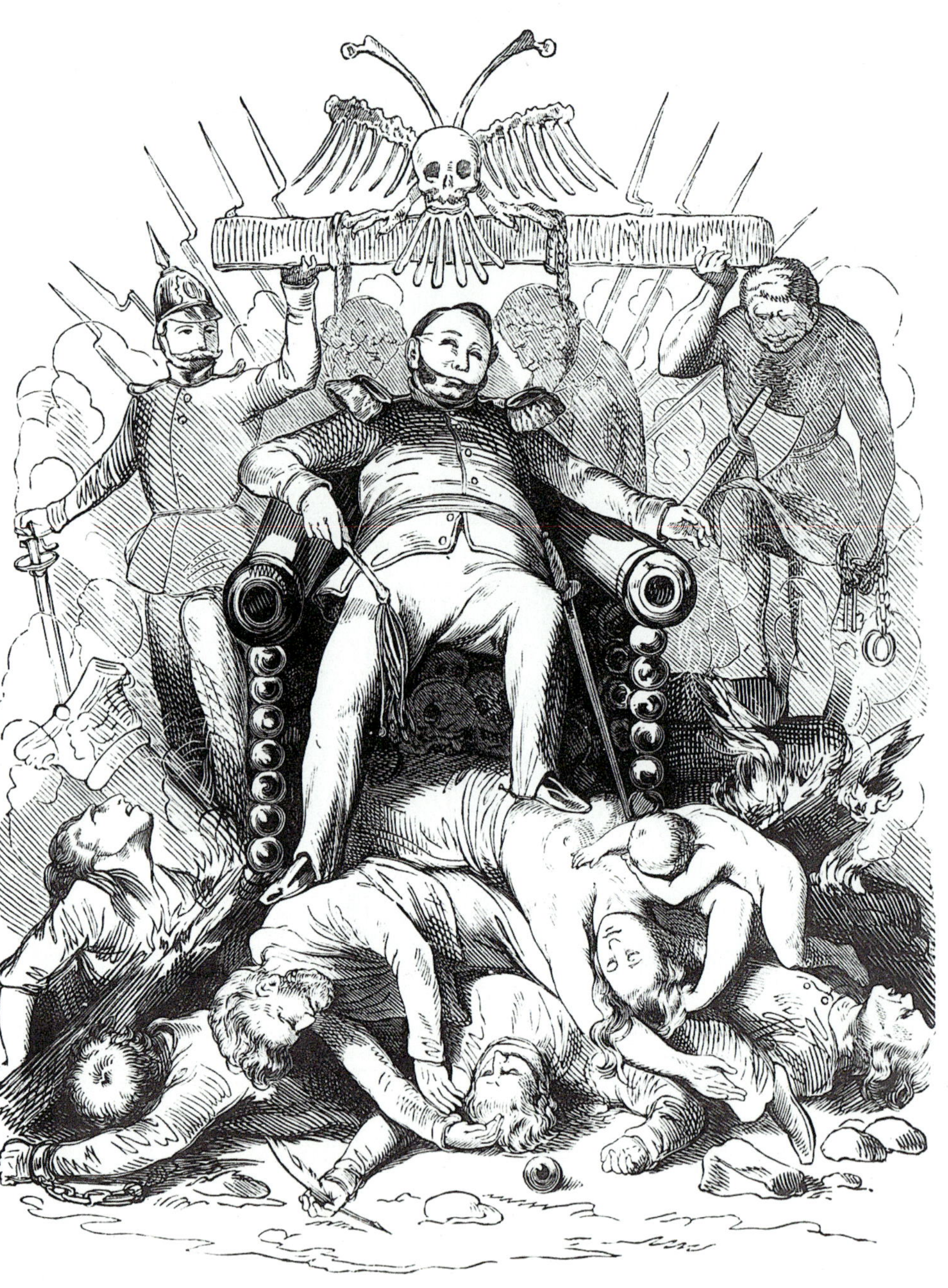

M 1 „Die rote Monarchie"

Anonyme Karikatur, erschienen im Sommer/Herbst 1849 in der „Deutschen Reichs-Bremse"

Die Karikatur mit dem ironischen Titel „Die rote Monarchie" erschien nach der Niederschlagung des badischen Aufstandes durch die preußische Armee im Juli 1849 und zeigt den preußischen König Friedrich Wilhelm IV. auf seinem Thron.

Die „Deutsche Reichs-Bremse" war eine in den Jahren 1849/50 in Leipzig erscheinende satirische Zeitung. Der Titel nutzt den Begriff Bremse im Sinne eines lästigen, Blut saugenden Insekts.

Aufgaben

1. Das Scheitern der Revolution

Untersuche die Karikatur „Die rote Monarchie".

Verwende dazu den Trainingskasten auf der Seite 235.

→ M1, Trainingskasten

Das Nachspiel

Nach der Ablehnung der Kaiserkrone durch den preußischen König löste sich die Nationalversammlung im April 1849 auf. Eine kleine Gruppe radikaler Demokraten bildete daraufhin in Stuttgart zwar ein „Rumpfparlament", jedoch wurde dies schon im Juni 1849 vom württembergischen König gewaltsam aufgelöst.

In anderen Gegenden Deutschlands wie in Sachsen oder Baden kam es zu bewaffneten Aufständen, die militärisch niedergeschlagen wurden, obwohl die Revolutionäre in Baden sogar ein „Volksheer" aufgestellt hatten. Nach der Erstürmung der Festung Rastatt durch preußische Truppen am 23. Juli 1849 wurden zahlreiche Aufständische standrechtlich erschossen. In Sachsen vertrieben die Dresdner kurzzeitig ihren König, der seine Rückkehr ebenfalls nur der preußischen Armee verdankte.

Die Enttäuschung des liberalen Bürgertums über die gescheiterte Revolution war groß, doch hatte sich der Wille des Volkes nach politischer Mitbestimmung und nationaler Einheit deutlich offenbart. Auf Dauer ließen sich diese Forderungen fortan nicht mehr unterdrücken.

Training

Umgang mit Karikaturen

Eine Karikatur ist ein zugespitzter gezeichneter Kommentar. Mit ihr nimmt der Karikaturist zu einem Zustand oder einem Geschehen, zu einem Problem oder einer Person kritisch Stellung. Zum Wesen von Karikaturen gehört es, dass sie den Gegenstand der Kritik überzeichnen, eine Person der Lächerlichkeit preisgeben, dass sie entlarvend, manchmal sogar verletzend sind.
Zu bedenken ist, dass Karikaturen oft anonym erscheinen mussten, da der Urheber möglicherweise Konsequenzen zu befürchten hatte. Deshalb sind Karikaturen nur im historischen Zusammenhang zu betrachten. Politische Zustände spielen oft eine entscheidende Rolle bei der Gestaltung der Karikatur.

Gehe in folgenden Arbeitsschritten vor:

1. Die Karikatur vorstellen

a) Nenne, soweit möglich, den Autor der Karikatur.
b) Informiere dich über den Zeitpunkt des Entstehens und die erstmalige Publikation.
c) Erläutere den Adressaten der Karikatur.

2. Die Karikatur beschreiben und erklären

a) Beschreibe die einzelnen Elemente der Karikatur und achte dabei auf die Zusammenhänge der Elemente.
b) Erläutere die Funktion der einzelnen Elemente und ihren Platz auf der Karikatur.
c) Erkläre die Bedeutung der einzelnen Elemente.

3. Die Karikatur deuten

a) Erkläre die Stilmittel des Karikaturisten.
b) Erläutere die Aussageabsicht des Karikaturisten.
c) Beurteile die Wirkung der Karikatur aus der zeitgenössischen Sicht auf die Betrachter. Achte dabei auf die jeweilige soziale Position.
d) Beurteile die Aussagekraft der Karikatur aus unserer heutigen Sicht mit Blick auf die mögliche beabsichtigte Wirkung der Karikatur.

Das Scheitern der Revolution – Darstellungen analysieren

M 2 Warum scheiterte die Revolution?

a) In der historischen Forschung sind die Gründe für das Scheitern der Revolution umstritten. Der Historiker Thomas Nipperdey schreibt:

Es ist die Vielzahl der Probleme und ihrer Unlösbarkeiten gewesen, die zum Scheitern der Revolution geführt hat. Man wollte einen Staat gründen und eine Verfassung durchsetzen, beides zugleich, und das angesichts gravierender sozialer Spannungen.

Auch in Frankreich, wo die Probleme einfacher waren, und auch in Italien ist die Revolution gescheitert; diese Tatsachen muss jedes Urteil über die deutsche Revolution mitreflektieren. Wenn man unter den einzelnen Ursachen für das Scheitern in Deutschland gewichten will, so muss man meiner Meinung nach sagen, dass es das großdeutsch/kleindeutsche Problem und das Problem des österreichischen Nationalitätenstaates und seiner nationalen Konflikte waren, die am meisten zählten. Sie haben schon eine schnelle Entscheidung im Sommer unmöglich gemacht, [...] haben die Einheit der Revolution seit dem Herbst so erschüttert, dass ein gemeinsames Handeln nicht mehr möglich war. [...]

Sie letzten Endes haben die Revolution in den Wettlauf mit der Zeit gebracht, den sie nicht gewinnen konnte.

Thomas Nipperdey, Deutsche Geschichte 1800–1866: Bürgerwelt und starker Staat, München: C. H. Beck 1998, S. 669.

b) Der Historiker Wolfgang J. Mommsen begründet das Scheitern der Revolution wie folgt:

Die bürgerlichen Schichten waren nicht auf eine revolutionäre Entwicklung eingestellt. Mit Ausnahme verschwindend kleiner Randgruppen verfügten sie nicht über eine überzeugende revolutionäre Strategie. Sie betrachteten die Ereignisse des Frühjahrs 1848, als der revolutionäre Funke von Frankreich ausgehend überraschend auf ganz Kontinentaleuropa übersprang, als eine „ungewollte Revolution“. Dies hat ihr Verhalten in der Folge maßgeblich bestimmt.

Von seiten der Unterschichten mangelte es nicht an weitreichenden Forderungen, die von den Zeitgenossen als revolutionär aufgefasst wurden, z. B. das „Recht auf Arbeit“ [...] und vor allem das allgemeine Wahlrecht, aber darüber hinaus gingen die Forderungen zumeist nicht. [...]

Vielmehr fehlte den sozialen Forderungen der Unterschichten in der Revolution von 1848/49 jegliche Kohärenz [Geschlossenheit]; sie waren diffus und vielfach rückwärtsgewandt. [...] Davon abgesehen fehlte es auch hier an konkreten Vorstellungen, wie denn die Gesellschaft der Zukunft, wenn einmal die Willkürherrschaft der Fürsten und Könige und ihrer gefügigen Beamtenregierungen abgeschüttelt sei, aussehen solle.

Wolfgang J. Mommsen, 1848 – Die ungewollte Revolution, Frankfurt/M.: S. Fischer 1998, S. 16 f.

Aufgaben

1. Die Sichtweise von Historikern

a) Fasse die Gründe für das Scheitern der Revolution zusammen, die die beiden Historiker Thomas Nipperdey und Wolfgang J. Mommsen (M2) jeweils anführen. Erstelle hierzu eine Tabelle.

b) Nimm zu den beiden Positionen Stellung.

→ M2

2. Die Beurteilung der Revolution

a) Vervollständige die Zeitleiste zur Revolution 1848/49.

b) Markiere die Stellen, an denen aus deiner Sicht Höhe- und Tiefpunkte der Entwicklung liegen.

c) Formuliere einen Eintrag für ein Jugendlexikon, in dem du die Ereignisse der Revolution 1848/49 knapp schilderst und aus deiner Sicht beurteilst.

→ Text auf Seite 235

Die Frankfurter Paulskirche – Ein Ort der Demokratiegeschichte

M 1 Die Paulskirche

Erst 1833 wurde die Paulskirche als evangelisch-lutherische Hauptkirche der Stadt Frankfurt am Main geweiht. Da der elliptische Zentralbau aus Rotsandstein der größte und modernste Saal Frankfurts war, bot er sich am 18. Mai 1848 als Sitz für das erste gesamtdeutsche Parlament an. In den folgenden Monaten erarbeitete die Nationalversammlung hier die erste demokratische Verfassung für Deutschland. Später fanden in der Paulskirche nationale Gedächtnisfeiern statt, wie 1913 zum Gedenken an die Freiheitskriege. Nach ihrer Zerstörung 1944 wurde die Paulskirche sofort wieder aufgebaut und am 18. Mai 1948 anlässlich der Hundertjahrfeier der deutschen Nationalversammlung wieder eingeweiht. Die Dauerausstellung „Die Paulskirche – Symbol demokratischer Freiheit und nationaler Einheit“ widmet sich der wechselhaften Entwicklung von deutscher Einheit und Demokratie.

M 2 „Was Bestand und Zukunft haben soll, muss erinnert werden.“

Aus einer Rede des Bundespräsidenten Frank-Walter Steinmeier in der Paulskirche (2019):

Was sich nicht wiederholen soll, darf nicht vergessen werden. Aber auch an das, was Vorbild war, was Bestand und Zukunft haben soll, muss erinnert werden. Nicht nur Diktatur und Verbrechen bieten demokratisches Lernpotenzial, auch der Kampf für Freiheit und Demokratie in unserer Geschichte sollte uns leiten. Demokratiegeschichte kann zeigen, was Einzelne zu leisten vermögen, wie Gleichheit erstritten und wie demokratische Institutionen entwickelt wurden. Und auch beim Erinnern an die Diktatur darf unser Interesse nicht bei den Tätern haltmachen. [...]
Ein aufmerksamerer Blick für unsere Demokratiegeschichte bedeutet beileibe keine nationale Nabelschau. Im Gegenteil, er verbindet uns immer wieder mit unseren Nachbarn in Europa und unseren Partnern in der Welt. Beim Hambacher Fest wehten nicht nur schwarz-rot-goldene, sondern auch polnische und französische Flaggen. Ein demokratischer Patriotismus in Deutschland weiß: 1789, 1848, 1918, 1949 und 1989 sind allesamt auch hoffnungsvolle Wendemarken der europäischen Geschichte. Sie führen uns in Europa nicht auseinander, sondern zusammen.

Deutsch und frei. Ein Gastbeitrag von Frank-Walter Steinmeier; in: DIE ZEIT Nr. 12/2019 (14. März 2019), https://www.zeit.de/2019/12/demokratie-nationalismus-tradition-gedenktage-geschichtsunterricht [letzter Zugriff: 09.02.2022].

Aufgaben

1. **Die Paulskirche – Ein Ort der Demokratiegeschichte**
   a) Fasse die Aussagen des Bundespräsidenten (M2) zusammen.
   b) Erläutere die Ereignisse, auf die Frank-Walter Steinmeier mit den Jahreszahlen verweist.
   c) Begründe seinen Standpunkt, dass es sich bei den genannten Jahreszahlen um „hoffnungsvolle Wendemarken der europäischen Geschichte“ handelt.
   d) Suche im Internet nach Informationen zu Geschichte und gegenwärtiger Nutzung der Paulskirche in Frankfurt (M1).
   e) Stelle Informationen zusammen, z. B. für einen gleichaltrigen Gast bei einem Schüleraustausch oder einen Besucher aus dem Ausland. Erkläre die Bedeutung der Paulskirche in der deutschen Geschichte.

   M1 – M2, Internet

DATEN

1815:
Wiener Kongress

1817:
Wartburgfest

1832:
Hambacher Fest

1848/49:
Revolution in Deutschland

BEGRIFFE

Deutscher Bund

Restauration

Nationalbewegung

Liberalismus

Karlsbader Beschlüsse

Revolution

Frankfurter Paulskirche

Parlament

Grundrechte

Verfassung

Der Wiener Kongress – Europäische Neuordnung und Deutscher Bund

Nach der endgültigen Niederlage Napoleons stellte der Wiener Kongress die vorrevolutionären Verhältnisse wieder her. Das Heilige Römische Reich ließ sich jedoch nicht wiederbeleben und wurde durch den Deutschen Bund – einen lockeren Staatenbund – ersetzt.

Restauration, liberale und nationale Bewegung

Gegen liberale und nationale Strömungen gingen die Regierungen mit aller Härte vor, z. B. durch die Polizeimaßnahmen der Karlsbader Beschlüsse. Vor allem im Bildungsbürgertum wirkten die neuen, gegen Fürstenwillkür gerichteten Ideen von Freiheit, Recht und Vaterland fort. Sie äußerten sich in politischen Schriften, Liedern und Demonstrationen wie dem Wartburgfest (1817) und dem Hambacher Fest (1832). All dies zeigte, dass sich die Völker mit der Restauration überkommener Verhältnisse nicht abfinden wollten. Ausgehend von Frankreich entluden sich die Spannungen 1830 und 1848 in zwei Revolutionswellen, die nahezu ganz Europa erfassten.

Die Revolution von 1848/49

Die Revolution von 1848/49 zielte im Deutschen Bund auf einen Nationalstaat. Nachdem die Fürsten vor den Liberalen zurückgewichen waren und deren Forderungen akzeptiert hatten, wählte das Volk eine Nationalversammlung, die in der Frankfurter Paulskirche tagte. Hier entstand eine Verfassung, die bürgerliche Grundrechte verankerte und ein demokratisch gewähltes Parlament mit einem Kaiser als Staatsoberhaupt vorsah. Die Frage, ob Österreich mit seinen zahlreichen Nationalitäten einbezogen werden sollte („großdeutsche Lösung"), wurde zugunsten einer „kleindeutschen Lösung" (ohne die Habsburger Monarchie) entschieden.

Die Bestrebungen der Nationalversammlung, ein neues deutsches Kaiserreich auf parlamentarischer Grundlage zu schaffen, blieben jedoch erfolglos. Der preußische König lehnte die ihm angebotene Kaiserkrone ab, was die Abgeordneten der Paulskirche resignieren ließ. Damit scheiterte die so hoffnungsvoll begonnene Revolution und die Fürsten setzten ihre Herrschaft erneut durch.

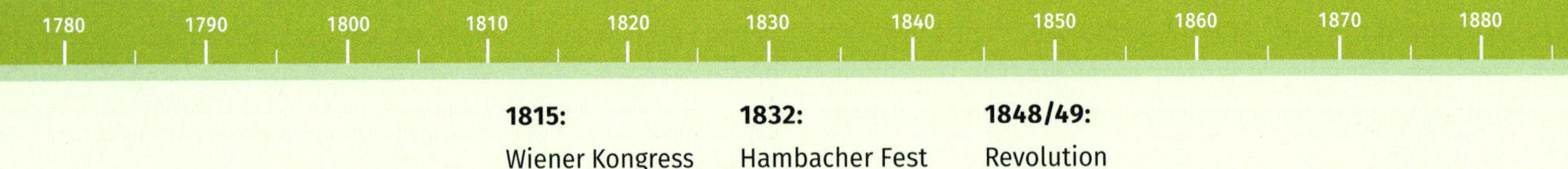

Deutschland zwischen Restauration und Revolution

Hinweis: Die folgende Tabelle dient der Selbsteinschätzung deiner erworbenen Kenntnisse, Fähigkeiten und Kompetenzen. Die Auflistung erhebt nicht den Anspruch, vollständig zu sein. Es handelt sich um eine Auswahl, die ggf. erweitert werden kann. In der rechten Spalte findest du Hinweise, wie du eventuell vorhandene Lücken oder auch Unsicherheiten beseitigen kannst.

Ich kann ...	Ich bin sicher. ☺	Ich bin ziemlich sicher. 😐	Ich bin noch unsicher. 😕	Ich habe große Lücken. ☹	Auf diesen Seiten kannst du in ANNO nachlesen	Empfehlungen zur Übung, Wiederholung und Festigung
... die Ergebnisse des Wiener Kongresses erläutern.					214–217	Notiere die wichtigsten Beschlüsse des Wiener Kongresses.
... den Begriff „Deutscher Bund“ erklären und seine Gründung erläutern.					214–217	Erkläre die Merkmale des Deutschen Bundes als Staatenbund. Verwende dazu insbesondere die Karte auf Seite 214.
... am Beispiel des Hambacher Festes die Anfänge der deutschen Nationalbewegung erklären.					222–223	Stelle in einer Tabelle die Forderungen des Hambacher Festes dar. Erkläre anschließend die nationale Bedeutung des Hambacher Festes.
... den Verlauf der Revolution von 1848/49 zusammenfassen.					226–229 230–233 234–236	Erstelle zur Revolution von 1848/49 eine Zeitleiste.
... mich mit den Ursachen für das Scheitern der Revolution von 1848/49 auseinandersetzen.					234–237	Arbeite aus den Historikerurteilen auf Seite 236 die Gründe das Scheitern der Revolution heraus. Prüfe folgenden Satz: „Die Revolution ist an der Vielzahl ihrer Aufgaben gescheitert.“
... grundlegende Schritte der Interpretation von Karikaturen anwenden.					235	Erschließe mithilfe des Trainingkastens auf Seite 235 die Karikatur M5 auf Seite 233.
...						

ACHTUNG:

bitte nicht beschreiben!

Du findest eine Kopie dieser Seite zur Bearbeitung unter dem Webcode

WES-115640-603

Hotel Behrens.
Privat-Salons
CAFE BAUER
HOTEL BEHRENS
Berlin.

07 DAS DEUTSCHE KAISERREICH

M 1 Feldgottesdienst zum Empfang der siegreichen deutschen Truppen nach Ende des Deutsch-Französischen Krieges, Foto, 16.06.1871

M 2 Berlin Unter den Linden, Foto, um 1895

M 3 Telefonistin, Fernsprechvermittlung im Deutschen Reich, um 1900

M 4 Jüdisches Leben

Nach dem Gottesdienst vor der 1866 eingeweihten Synagoge in der Oranienburger Straße in Berlin, undatiertes Foto, vermutlich um 1910

M 5 Neuer Mittelstand, technische Angestellte in einem Büro bei der Entwicklung von Maschinen, Foto, Nürnberg, um 1890

M 6 Kaiser Wilhelm II. beim Flottenmanöver

Illustration von Willy Stöwer, 1912

Die Gründung des Deutschen Reiches 1871

Heute spricht man ganz selbstverständlich von Deutschland als einem Nationalstaat. Die längste Zeit der deutschen Geschichte war dies jedoch nicht so. Von zentraler Bedeutung für die deutsche Nationalgeschichte ist das Jahr 1871, in dem das Deutsche Kaiserreich entstand. Die Reichsgründung beendete die jahrzehntelangen Debatten seit der gescheiterten Revolution von 1848/49 um eine Neuordnung des deutschen Raumes. Auf welchem Wege erfolgte die Gründung des Deutschen Reiches?

M 1 Die Proklamierung des deutschen Kaiserreiches

Die sogenannte „Friedrichsruher Fassung“ (167 cm x 202 cm) des Gemäldes des Hofmalers Anton von Werner von 1885, die im Auftrag des Kaisers Wilhelm I. Otto v. Bismarck zum 70. Geburtstag als Geschenk überreicht wurde. Die weiße Uniform hat er in Wirklichkeit nicht getragen und auch den Orden Pour le Mérite bekam er erst 1884 verliehen.

M 2 Die Proklamierung des deutschen Kaiserreiches

Dies ist die erste, die sogenannte „Schlossfassung" (434 cm x 732 cm) des Gemäldes von 1877 von Anton von Werner, der als Hofmaler bei der Ernennung des Kaisers in Versailles anwesend war. Sie entstand im Auftrag des Großherzogs von Baden und war ein Geschenk für Kaiser Wilhelm I. zum 80. Geburtstag. Sie wurde im Zweiten Weltkrieg zerstört und ist nur noch als Schwarz-Weiß-Fotografie erhalten.

Aufgaben

1. **Die Proklamierung des deutschen Kaiserreiches – Historiengemälde vergleichen**
   a) Erschließe die beiden Gemälde (M1 und M2). Nutze dazu den Trainingskasten „Umgang mit Bildern" auf Seite 201. Formuliere abschließend jeweils eine Deutung.
   b) Nenne das historische Ereignis, das auf den Bildern festgehalten ist.
   c) Vergleiche die beiden Gemälde insbesondere in Hinblick auf die Position Otto von Bismarcks und Wilhelms I. Erläutere die Unterschiede.
   d) Prüft, ob Personengruppen auf den Gemälden fehlen, die im Laufe des 19. Jahrhunderts an politischem Einfluss gewonnen haben.
   M1, M2, Trainingskasten auf Seite 201

M 3 Otto von Bismarck (1815–1898)

Fotografie aus dem Jahr 1862, kurz vor Bismarcks Berufung zum Ministerpräsidenten

Der Einfluss einzelner Personen auf die Geschichte

Können große Persönlichkeiten die Geschichte beeinflussen? Diese Frage, bei der man zumeist an Gestalten wie Alexander den Großen, Caesar oder Napoleon denkt, hat die Historiker schon immer beschäftigt. In diesem Zusammenhang fällt zumeist auch der Name des preußisch-deutschen Politikers Otto von Bismarck (1815–1898). Die Entstehung des deutschen Nationalstaats im 19. Jahrhundert – also der Zusammenschluss aller Deutschen in einem Staat – ist eng mit Bismarcks Namen verbunden.

Der Aufstieg Bismarcks

Bismarck stammte aus einer alten preußischen Adelsfamilie, für die Treue zum Königshaus einen wichtigen Wert darstellte. Er war ein Gegner der Revolution von 1848/49 und lehnte die Forderungen des liberalen Bürgertums ab. Allerdings sah er in der Errichtung eines deutschen Nationalstaats eine Chance zur Machterweiterung für Preußen.

Als Otto von Bismarck 1862 durch den preußischen König Wilhelm I. zum Ministerpräsidenten ernannt wurde, stand Preußen gerade vor einem Problem: Der König stritt mit der Mehrheit des preußischen Abgeordnetenhauses darüber, ob er bei der von ihm gewünschten Heeresreform auf die Zustimmung des Parlaments angewiesen war. Der Konflikt spitzte sich auf die Frage zu, wer tatsächlich die Macht im Staat habe. Als einziger namhafter Politiker erklärte sich Bismarck dazu bereit, den Kampf mit dem Parlament aufzunehmen und die Forderung des Königs durchzusetzen. Aus diesem Grund wurde er von den liberalen Abgeordneten scharf kritisiert.

Die deutsche Frage nach 1850

Nach der gescheiterten Revolution von 1848/49 hatte sich in Mitteleuropa die Herrschaft der Fürsten gegen die nationalen und liberalen Bestrebungen des deutschen Bürgertums durchgesetzt – der 1815 gegründete Deutsche Bund wurde reaktiviert. Diese Lösung der „deutschen Frage“ stieß in der Öffentlichkeit aber zunehmend auf Kritik. Die Konkurrenz der beiden Großmächte Preußen und Österreich um die Vorherrschaft im Deutschen Bund machte die Situation noch komplizierter. Zwar besaß Österreich noch eine Vormachtstellung, aber immer deutlicher zeichneten sich die Schwächen des Habsburgerreiches ab und die Konflikte zwischen den verschiedenen Nationalitäten im Vielvölkerstaat Österreich nahmen zu. Auf der anderen Seite gewann Preußen an wirtschaftlichem und politischem Einfluss und wollte sich nicht mehr mit der bisherigen untergeordneten Rolle begnügen. Die vielen mittleren und kleinen deutschen Fürstentümer wollten ihre Unabhängigkeit gegenüber den beiden großen Mächten nach Möglichkeit erhalten, entschieden also je nach Lage, ob sie Preußen oder Österreich zuneigten.

Krieg gegen Dänemark

Eine erste Möglichkeit, sich als nationaler Politiker zu profilieren, erhielt Bismarck im Jahr 1864, als es zu einem Konflikt um Schleswig-Holstein kam. Als Dänemark entgegen einem internationalen Abkommen Schleswig von Holstein trennen und sich einverleiben wollte, rief das in der deutschen Nationalbewegung helle Empörung hervor. Bismarck ergriff die günstige Gelegenheit: Im Deutsch-Dänischen Krieg von 1864 besiegte Preußen mit Unterstützung Österreichs Dänemark.

Schleswig und Holstein wurden in der Folgezeit gemeinsam von Preußen und Österreich regiert.

Deutscher Krieg

Die nächsten Jahre waren vom Streit zwischen Preußen und Österreich darüber geprägt, was mit den beiden norddeutschen Herzogtümern geschehen sollte. 1866 führte der immer aggressiver ausgetragene Konflikt schließlich zum Krieg zwischen Preußen und Österreich. Obwohl die meisten mittleren und kleinen Staaten auf die Seite Österreichs traten, gelang Preußen der entscheidende Sieg in der Schlacht von Königgrätz im Norden Böhmens. Österreich verlor im Friedensschluss zwar keine Gebiete, musste jedoch der Auflösung des Deutschen Bundes und seinem Ausscheiden aus Deutschland zustimmen. Einige deutsche Staaten wie Hannover und Kurhessen wurden Teil des Königreiches Preußen. Die restlichen Länder nördlich des Mains mussten dem neuen Norddeutschen Bund unter Preußens Vorherrschaft beitreten.

Die im Süden Deutschlands gelegenen Staaten blieben unabhängig, um den Sicherheitsinteressen Österreichs und Frankreichs Rechnung zu tragen. Allerdings waren sie gezwungen, sogenannte Schutz- und Trutzbündnisse (Militärbündnisse) mit Preußen zu schließen. Mit diesem militärischen und politischen Erfolg gewann Bismarck die Zustimmung großer Teile der liberalen Nationalbewegung.

M 4 „Deutschlands Zukunft“, „Kommt es unter einen Hut? Ich glaube, 's kommt eher unter eine Pickelhaube!“, Österreichische Karikatur, 1870

M 5 Der Weg zum Deutschen Reich 1866–1871

M 6 Siegessäule in Berlin

Zur Erinnerung an die Siege von 1864, 1866 und 1870 wurde am 2. September 1873 auf dem Königsplatz in Berlin diese Säule errichtet.

Die Gründung des deutschen Kaiserreiches

In Frankreich wuchs das Misstrauen gegenüber dem immer mächtiger werdenden Preußen. Die sich verstärkenden diplomatischen Spannungen zwischen beiden Staaten führten schließlich 1870 zum Krieg. Auslöser war ein Konflikt um die spanische Thronfolge: Der als König vorgesehene Prinz aus einer Nebenlinie des preußischen Königshauses der Hohenzollern stieß in Frankreich auf heftige Ablehnung. Obwohl die Hohenzollern ihren Kandidaten zurückzogen, wollte Frankreich einen „ewigen" Verzicht erreichen.

Der preußische König wies diese Forderung zurück, worüber er Bismarck in einem Telegramm aus seinem Kurort Bad Ems informierte. Bismarck kürzte diese „Emser Depesche" jedoch vor der Veröffentlichung auf eine Weise ein, dass die deutsche Öffentlichkeit über das Verhalten Frankreichs empört war und die Bevölkerung Frankreichs das preußische Vorgehen als Beleidigung der französischen Nation empfinden musste. Die darauf folgende Kriegserklärung Frankreichs führte in ganz Deutschland – also auch in den süddeutschen Staaten – zu einer nationalen Aufwallung. Innerhalb kurzer Zeit war Frankreich besiegt, der französische Kaiser Napoleon III. wurde gefangen genommen.

Der Sieg aller verbündeten deutschen Staaten im Krieg gegen Frankreich ermöglichte die Errichtung eines deutschen Nationalstaats: Am 18. Januar 1871 wurde der preußische König Wilhelm im Spiegelsaal des Schlosses von Versailles zum Kaiser ausgerufen. Im Herzen Frankreichs war damit das Deutsche Kaiserreich gegründet worden.

Die Rolle Bismarcks

Historiker sind sich einig, dass Bismarck bei dieser Entwicklung eine entscheidende Rolle spielte. Die Meinung, dass er gleichsam allein die deutsche Einigung herbeiführte, wird heute allerdings differenzierter gesehen, denn die Entstehung von Nationalstaaten stellte eine allgemeine Entwicklung in Europa dar. Die europäische Mächtekonstellation, die politische und wirtschaftliche Entwicklung in Deutschland und insbesondere von Preußen und Österreich, der Einfluss der liberalen Nationalbewegung und die Rolle der Öffentlichkeit bildeten unverzichtbare Voraussetzungen und Grundlagen für das entschiedene Handeln Bismarcks. Gleichwohl muss Bismarcks Anteil an der Reichsgründung hoch veranschlagt werden.

Aufgaben

1. Die historische Persönlichkeit Otto von Bismarck

a) Stelle wichtige Daten zu Bismarcks Leben zusammen. Ergänze die Angaben im Buch durch weitere Informationen aus Lexika oder dem Internet.

b) Beurteile den folgenden Satz des Historikers Heinrich von Treitschke: „Männer machen Geschichte."

→ Text auf den Seiten 244–246, Lexikon, Internet

2. Einigung des Deutschen Reiches

a) Erstelle eine Tabelle der Ereignisse, die zur Gründung des deutschen Kaiserreichs führten.

b) Bismarcks Politik zur Reichseinigung wird als „Blut- und Eisen-Politik" bezeichnet. Begründe.

c) Erschließe die Karte M5. Nutze hierfür den Trainingskasten auf Seite 202. Vergleiche die Karte mit der auf Seite 214 zum Deutschen Bund.

→ Text auf den Seiten 244–246, M5

3. Der Sedantag

a) Erkläre den Begriff „Sedantag".

b) Zeige anhand der beiden Bilder M7 und M8 die Bedeutung des deutsch-französischen Krieges für das nationale Verständnis im Kaiserreich. Berücksichtige dabei insbesondere die Quellenart und das Datum der Entstehung.

→ M7, M8, Text auf den Seiten 244–246

Der Sedantag – Die Bedeutung des deutsch-französischen Krieges in Deutschland

Info

Das Sedantag

Während des deutsch-französischen Krieges erlitt die französische Armee bei Sedan (Nordfrankreich) am 2. September 1870 eine schwere Niederlage. Als Folge begab sich der französische Kaiser Napoleon III. in deutsche Gefangenschaft, was auch das Ende des französischen Kaiserreiches bedeutete. Obwohl sich unter der neuen französischen Regierung die Kämpfe noch Monate fortsetzten und der Krieg erst im Mai 1871 offiziell beendet wurde, war aus deutscher Sicht der Erfolg bei Sedan der entscheidende Sieg in diesem Krieg.

M 7 Sedan 1870

„General Reille überreicht Wilhelm I. auf dem Schlachtfeld von Sedan das Kapitulationsschreiben Napoleons III., 1.9.1870“, Lithografie nach dem 1944/45 zerstörten Wandgemälde von Carl Steffeck aus dem Jahr 1884 für die „Ruhmeshalle“ in Berlin (eine Dauerausstellung zum „Ruhme Preußens“ im dafür umgebauten Zeughaus gegenüber dem Stadtschloss).

M 8 Illumination des Brandenburger Tores zum 25. Jahrestag der Schlacht bei Sedan

Mit einem Zitat Kaiser Wilhelms I.:

„Welch eine Wendung durch Gottes Führung“, Foto, 2. September 1895

Die politische Ordnung des Kaiserreiches

Das Deutsche Reich war eine konstitutionelle Monarchie: Die Macht des Monarchen war an eine Verfassung gebunden, sodass dieser nicht mehr uneingeschränkt regieren konnte. Haben sich mit der Gründung des Kaiserreiches die Forderungen der Revolution von 1848/49 nach „Einigkeit und Recht und Freiheit" erfüllt?

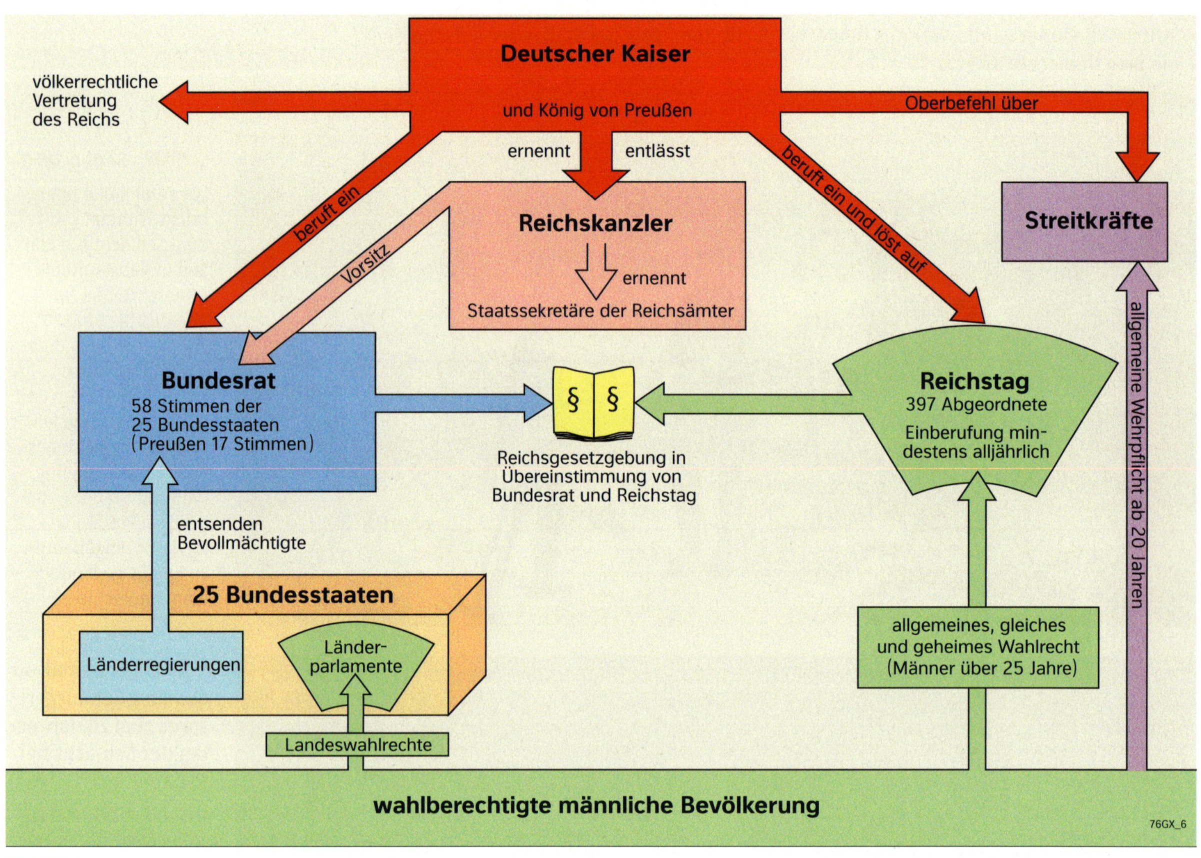

M 1 Die Verfassung des Deutschen Reiches

Aufgaben

1. **Das deutsche Kaiserreich – Mit einem Verfassungsschaubild arbeiten**
   a) Nenne mithilfe von M1 die Befugnisse von Kaiser, Reichskanzler, Reichstag und Bundesrat.
   b) Erläutere die demokratischen Elemente der Verfassung.
   c) Erstelle einen Informationstext, der das Wahlrecht erklärt.
   d) Der Historiker Heinrich von Sybel schrieb 1871: „Wir haben eine konstitutionelle Monarchie, aber keine parlamentarische Regierung." Erläutere diese Aussage.
   → M1

2. **Verfassungsschaubilder vergleichen: Frankreich 1791 – Deutschland 1871**
   1791 erhält Frankreich im Verlauf der Französischen Revolution erstmals eine Verfassung, die es zur konstitutionellen Monarchie machte.
   a) Vergleiche die Entstehungsgeschichte der beiden Verfassungen.
   b) Erarbeite Gemeinsamkeiten und Unterschiede. Achte besonders auf die Rolle des Königs bzw. Kaisers und des Parlaments (Nationalversammlung bzw. Reichstag).
   → M1; Seiten 190/191 (zur Verfassung von 1791)

Die Reichsverfassung

Das 1871 im Spiegelsaal des Versailler Schlosses gegründete deutsche Kaiserreich war der erste deutsche Nationalstaat mit einer Verfassung. Die Basis bildete aber nicht der Verfassungsentwurf der Paulskirche von 1848/49, sondern die Verfassung des 1866 errichteten Norddeutschen Bundes. Der neue Staat galt als Bündnis der Fürsten der Einzelstaaten und nicht – wie 1848/49 gefordert – als Ausdruck des Volkswillens. Die Bundesstaaten des neuen Reiches besaßen eine große Selbstständigkeit. Preußen, das rund zwei Drittel der Bevölkerung und des Gebiets des neuen Reiches stellte, hatte dabei eine Sonderstellung inne: Der preußische König war zugleich deutscher Kaiser, der preußische Ministerpräsident meist auch gleichzeitig Reichskanzler, und im Bundesrat, der Vertretung der Einzelstaaten, konnte Preußen wichtige Entscheidungen blockieren.

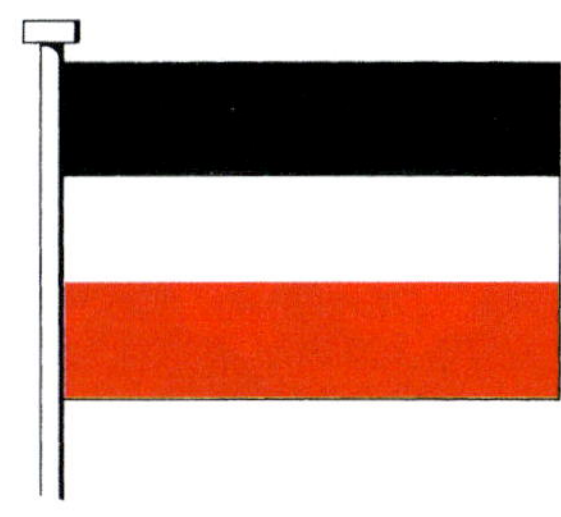

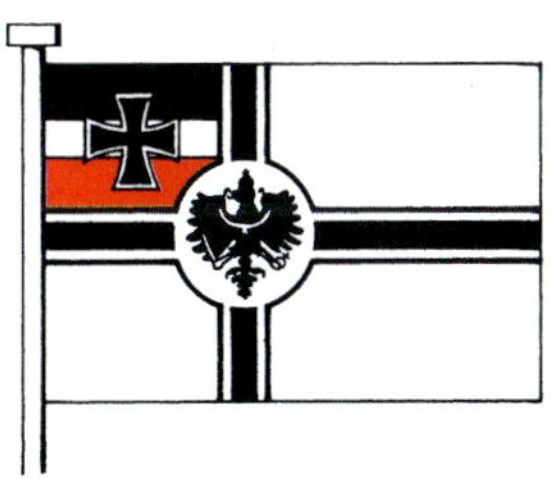

M 2 Nationalflagge und Reichskriegsflagge

Die Nationalflagge des Kaiserreichs bestand aus den Farben Preußens (Schwarz-Weiß) und der alten Reichsstädte (Rot), besonders der Hansestädte. Im Kriegsfall wehte die Reichskriegsflagge mit Eisernem Kreuz und Reichsadler.

Der Reichstag

Der Reichstag bildete innerhalb der Reichsverfassung die Vertretung des Volkes. Seine Abgeordneten wurden in freier, gleicher und geheimer Wahl von allen Männern ab 25 Jahren gewählt. Dies war im europäischen Vergleich fortschrittlich. Gewählt wurde nach dem Mehrheitswahlrecht: Als gewählt galt derjenige, der die Mehrheit der Stimmen in einem Wahlkreis auf sich vereinte. Die Stimmen der unterlegenen Kandidaten spielten für die Zusammensetzung des Reichstags keine Rolle.

Nach der Reichsgründung wurde das Reichsgebiet in annähernd gleich große Wahlkreise eingeteilt. Dass diese, trotz erheblicher Bevölkerungsverschiebungen, bis 1912 unverändert blieben, hatte zur Folge, dass die städtischen Ballungsräume mit überwiegend sozialdemokratischer Wählerschaft im Parlament unterrepräsentiert waren. In diesen Gegenden verloren die einzelnen Stimmen also von Wahl zu Wahl immer mehr an Gewicht.

Auf die Regierungsbildung hatte der Reichstag keinen Einfluss, da der Reichskanzler allein vom Kaiser berufen oder entlassen wurde und nur ihm verantwortlich war. Außerdem konnte der Kaiser den Reichstag jederzeit auflösen und Neuwahlen anberaumen.

Der Reichstag besaß allerdings das Recht der Gesetzesinitiative und musste jedem Reichsgesetz zustimmen, insbesondere dem für die Regierung wichtigen Haushalt. Als beschlossen galt ein Gesetz aber nur, wenn der Bundesrat – die Vertretung der Einzelstaaten – ebenfalls zugestimmt hatte. Um Gesetze verabschieden zu können, war der Reichskanzler auf die Mehrheit des Reichstags angewiesen, die er sich immer wieder neu suchen musste. Die öffentlichen Debatten im Reichstag wurden für die politische Meinungsbildung in Deutschland immer wichtiger.

M 3 Das Reichstagsgebäude in Berlin

Architekt: Paul Wallot, errichtet 1884 bis 1894, Foto, um 1895

M 4 Reichsadler

Das Wappen des Deutschen Reichs war der Reichsadler mit preußischem Wappenschild und der Krone des Heiligen Römischen Reiches Deutscher Nation.

Die politischen Parteien

In den Parlamenten der Bundesstaaten schlossen sich Abgeordnete gleicher politischer Meinung zu Gruppen zusammen. Es handelte sich dabei um lockere Verbindungen einflussreicher und in der Bevölkerung angesehener Persönlichkeiten – sogenannter „Honoratioren". Diese Honoratiorenparteien besaßen noch keine Parteiorganisation. Erst nach und nach kam es zu einer intensiveren Zusammenarbeit über die Grenzen der Einzelstaaten hinweg, da die Notwendigkeit bestand, reichsweit aufzutreten, um bei Reichstagswahlen Erfolg zu haben. So entwickelten sich allmählich im gesamten Deutschen Reich einheitliche Parteien. Vier politische Richtungen waren für das Kaiserreich prägend:

- Die Liberalen forderten den Schutz der Bürgerrechte, politische Mitsprache der Bevölkerung sowie möglichst große Freiheit im wirtschaftlichen Bereich. Unter dem Eindruck von Bismarcks Reichseinigung spaltete sich die liberale Bewegung aber in zwei Richtungen. Während den Linksliberalen die demokratischen Rechte des Volkes besonders am Herzen lagen und sie Bismarck eher ablehnend gegenüberstanden, rückte bei den Nationalliberalen die Forderung nach nationaler Größe in den Mittelpunkt. Sie waren zu einer Zusammenarbeit mit dem Reichskanzler bereit. Die liberalen Parteien fanden vor allem im Bildungs- und Besitzbürgertum Anhänger.
- Die Konservativen organisierten sich nur notgedrungen als Partei, da sie der Demokratie skeptisch gegenüberstanden und demokratisch legitimierte Parlamente als Entscheidungsorgane ablehnten. Sie setzten auf die alleinige Regierungsgewalt des Monarchen. Ihre Wähler waren Adlige, aber auch andere traditionell königstreu eingestellte Bevölkerungsschichten.
- Das Zentrum war die Partei der Katholiken. Es verdankte seine Gründung den konfessionellen Verhältnissen im Kaiserreich, da die Katholiken nach dem Ausschluss Österreichs nur etwa ein Drittel der deutschen Bevölkerung bildeten. Zudem war Preußen als führender Einzelstaat protestantisch geprägt. Das Zentrum vereinte Katholiken aus allen Schichten, um für deren Rechte und Überzeugungen und gegen den anscheinend übermächtigen Protestantismus einzutreten.
- Die Sozialdemokraten vertraten die im Zuge der Industrialisierung immer größer werdende Arbeiterschicht. Seit 1891 verfolgte die Sozialdemokratische Partei Deutschlands (SPD) das Ziel, die soziale Situation der Arbeiterschaft zu verbessern und dem Volk eine größere demokratische Mitsprache zu sichern. In Anknüpfung an die Theorien von Marx und Engels lehnten die Sozialdemokraten die Gesellschaftsordnung des Kaiserreiches grundsätzlich ab und setzten auf eine revolutionäre Veränderung der Gesellschafts- und Wirtschaftsordnung.

M 5 Obrigkeitsstaat

Ein ostelbischer Junker zu seinen Dorfbewohnern nach der Wahl: „Es ist eine liberale Stimme abgegeben worden. Der Schulmeister kriegt von heute ab keine Kartoffeln mehr." Undatierte Zeichnung von Eduard Thöny (1866–1950).

Der „Obrigkeitsstaat"

Ein zentraler Unterschied zwischen dem Kaiserreich und dem heutigen Deutschland bestand in der Einstellung der Bevölkerung zum Staat. Das Kaiserreich war ein Obrigkeitsstaat: Die „Obrigkeit" – d. h. die Repräsentanten des Staates – galt für viele als Autorität, deren Entscheidungen man hinzunehmen hatte. Hohe Wertschätzung besaß auch das Militär, das in der preußischen Geschichte und bei der deutschen Einigung eine wichtige Rolle gespielt hatte. Disziplin, Ordnung und Gehorsam galten daher als wichtige Werte. Kritiklose Unterordnung unter die staatliche Autorität bestimmte das politische Klima.

Zusatzmaterial: Ergebnisse der Reichstagswahlen – Arbeit mit einer Statistik

M 6 **Wahlen zum Reichstag 1871 bis 1912**

Wahl	Wahlbeteiligung (in %)	Konservative		Liberale		Zentrum		Sozialdemokraten	
		Stimmenanteil (in %)	Anzahl der Sitze	Stimmenanteil (in %)	Anzahl der Sitze	Stimmenanteil (in %)	Anzahl der Sitze	Stimmenanteil (in %)	Anzahl der Sitze
1871	50,78	23,0	94	46,6	202	18,6	63	3,2	2
1874	60,89	14,1	55	39,7	208	27,9	91	6,8	9
1877	60,39	17,6	78	38,2	180	24,8	93	9,1	12
1878	63,14	26,6	116	33,6	138	23,1	94	7,6	9
1881	56,08	23,7	78	37,8	162	23,2	100	6,1	12
1884	60,35	22,1	106	36,9	125	22,6	99	9,7	24
1887	77,19	25,0	121	36,4	131	20,1	98	10,1	11
1890	71,25	19,1	93	34,3	118	18,8	106	19,8	35
1893	72,20	19,2	100	27,8	101	19,1	96	23,3	44
1898	67,76	15,5	79	23,6	95	18,8	102	27,2	56
1903	75,78	13,5	75	23,2	87	19,8	100	31,7	81
1907	84,35	13,6	84	25,4	103	19,4	105	28,9	43
1912	84,53	12,2	57	26,1	87	16,4	91	34,8	110

Nach: Gerhard A. Ritter (Hg.), Das Deutsche Kaiserreich 1871–1914. Ein historisches Lesebuch, Göttingen: Vandenhoeck und Ruprecht 1977 (3. Aufl.), S. 78.

Aufgaben

1. Die politische Ordnung des Kaiserreiches

a) Erstelle eine Tabelle mit den jeweiligen Parteien, ihren Zielen und ihrer Wählerschaft.

b) Ordne die Parteien den politischen Strömungen Sozialismus, Katholizismus, Liberalismus und Konservatismus zu.

c) Informiere dich im Internet über die heutigen Funktionen der Parteien (z. B. https://www.hanisauland.de, hier: unter Lexikon) und vergleiche sie mit der Funktion von Parteien im Kaiserreich.

d) Erläutere mithilfe der Karikatur M5 den Begriff „Obrigkeitsstaat“.

Text auf den Seiten 249–250, M5, Internet

2. Ergebnisse der Reichstagswahlen: Arbeit mit einer Statistik – Zusatzaufgabe

a) Erläutere die Bedeutung des Begriffs „Wahlbeteiligung“ (M6).

b) Untersuche die sich verändernde Wahlbeteiligung. Stelle Vermutungen über die Gründe für die Veränderungen an.

c) Erstelle ein Diagramm, in das du die Wahlergebnisse der einzelnen politischen Richtungen einträgst. Trage auf der x-Achse die Jahreszahlen ein und auf der y-Achse den Prozentanteil der Stimmen.

d) Erstelle ein weiteres Diagramm, in das du auf der y-Achse die Anzahl der Sitze einträgst.

e) Verfasse einen kurzen Sachtext zu den wesentlichen Ergebnissen deiner erstellten Diagramme.

 M6

Die Innenpolitik im Zeitalter Bismarcks

Krankenversicherung, Unfallversicherung, Rentenversicherung – jeder Arbeitnehmer kennt diese Einrichtungen, die ihn im Krankheitsfall, bei Unfall und im Alter absichern sollen. Sie bilden heute die Grundlage unseres staatlichen sozialen Sicherungssystems. Ihre Ursprünge haben sie in den 1880er-Jahren. Neben wichtigen Weichenstellungen auf dem Weg zum modernen Sozialstaat gab es in dieser Zeit jedoch auch Repression gegen die Arbeiterbewegung und gegen die katholische Kirche. Welche Rolle spielte dabei Bismarck und welche Ziele verfolgte er?

Reichs-Gesetzblatt.

№ 34.

Inhalt: Gesetz gegen die gemeingefährlichen Bestrebungen der Sozialdemokratie. S. 351.

(Nr. 1271.) Gesetz gegen die gemeingefährlichen Bestrebungen der Sozialdemokratie. Vom 21. Oktober 1878.

Wir Wilhelm, von Gottes Gnaden Deutscher Kaiser, König von Preußen rc.

verordnen im Namen des Reichs, nach erfolgter Zustimmung des Bundesraths und des Reichstags, was folgt:

§. 1.

Vereine, welche durch sozialdemokratische, sozialistische oder kommunistische Bestrebungen den Umsturz der bestehenden Staats- oder Gesellschaftsordnung bezwecken, sind zu verbieten.

Dasselbe gilt von Vereinen, in welchen sozialdemokratische, sozialistische oder kommunistische auf den Umsturz der bestehenden Staats- oder Gesellschaftsordnung gerichtete Bestrebungen in einer den öffentlichen Frieden, insbesondere die Eintracht der Bevölkerungsklassen gefährdenden Weise zu Tage treten.

Den Vereinen stehen gleich Verbindungen jeder Art.

M 1 Reichsgesetzblatt

Faksimile (Ausschnitt), 1878

M 2 Das Sozialistengesetz

August Bebel berichtet in seinen Memoiren über die Auswirkungen des Sozialistengesetzes:

Sobald das Gesetz verkündet und in Kraft getreten war, fielen die Schläge hageldicht. Binnen wenigen Tagen war die gesamte Parteipresse mit Ausnahme des Offenbacher Tageblatts und der Fränkischen Tagespost in Nürnberg unterdrückt. [...] Auch war der Verband der Buchdrucker, abgesehen von den Hirsch-Dunckerschen Vereinen, die einzige Gewerkschaftsorganisation, die von der Auflösung verschont blieb. Alle übrigen fielen dem Gesetz zum Opfer. Ebenso verfielen der Auflösung die zahlreichen lokalen sozialdemokratischen Arbeitervereine, nicht minder die Bildungs-, Gesang- und Turnvereine, an deren Spitze Sozialdemokraten standen [...].

Das Trümmerfeld des Zerstörten wurde erweitert durch die Verbote der nicht periodisch erscheinenden Literatur. [...] Während wir so in voller Tätigkeit waren, aus den Trümmern, die das Sozialistengesetz uns bis dahin geschaffen hatte, zu retten, was zu retten möglich war, wurden wir am 29. November mit der Nachricht überrascht, dass am Abend zuvor der „Reichsanzeiger" eine Proklamation des Ministeriums veröffentlichte, wonach der kleine Belagerungszustand über Berlin verhängt wurde. Dieser Hiobsbotschaft folgte am nächsten Tage die Mitteilung, dass 67 unserer bekanntesten Parteigenossen, [...] bis auf einen sämtliche Familienväter, ausgewiesen worden seien. Einige mussten binnen 24 Stunden die Stadt verlassen [...].

Damals gingen die Gerichte noch nicht so weit, Sammlungen für die Ausgewiesenen zu bestrafen, später aber, als die Behörden solche Sammlungen ausdrücklich auf Grund des Sozialistengesetzes verboten, wurde die Rechtsprechung eine andere. Wir mussten jetzt die Sammlungen ausschließlich für die Familien der Ausgewiesenen vornehmen [...]. Die fortgesetzten Ausweisungen und die Schikanierung der Ausgewiesenen durch die Polizei hatten aber einen Erfolg, den unsere Staatsretter nicht vorausgesehen. Durch die Verfolgungen aufs Äußerste erbittert, zogen sie von Stadt zu Stadt, suchten überall die Parteigenossen auf, die sie mit offenen Armen aufnahmen, und übertrugen jetzt ihren Zorn und ihre Erbitterung auf ihre Gastgeber, die sie zum Zusammenschluss und zum Handeln anfeuerten. Dadurch wurde eine Menge örtlicher geheimer Verbindungen geschaffen, die ohne die Agitation [politische Werbung] der Ausgewiesenen kaum entstanden wären.

August Bebel, Aus meinem Leben. Dritter Teil (herausgeg. v. Karl Kautsky), Stuttgart: J.H.W. Dietz Nachfahren 1914, S. 20ff.

Die Rolle Bismarcks

Nach der Reichsgründung spielte Bismarck bis zum Jahr 1890 als Reichskanzler und preußischer Ministerpräsident in der deutschen Politik die entscheidende Rolle. Von Kaiser Wilhelm I. eingesetzt und nur diesem verantwortlich, besaß er einen großen Entscheidungsspielraum. Allerdings brauchte er nach der Verfassung eine Mehrheit im Reichstag, um Gesetze und den wichtigen Haushalt beschließen zu können. In der täglichen Politik musste er also im Reichstag um die notwendigen Stimmen werben.

Bismarcks Strategie bestand darin, die Parteien einerseits mit lockenden Angeboten zur Zusammenarbeit zu bewegen, ihnen aber andererseits auch mit Nachteilen zu drohen, wenn sie sich seiner Politik verweigerten. Diese Politik von „Zuckerbrot und Peitsche" erwies sich als sehr wirkungsvoll. Die Parteien, die sich einer Zusammenarbeit verweigerten, erklärte er zu „Reichsfeinden".

M 3 Bismarck als Steuermann

Karikatur aus der deutschen Satirezeitschrift „Kladderadatsch", 15. Juni 1879

Der Kulturkampf gegen die Katholiken

Erste Opfer von Bismarcks Strategie wurden gleich nach der Reichsgründung die katholische Kirche und die Zentrumspartei, die politische Vertretung des deutschen Katholizismus. Bismarck unterstellte ihnen, im Zweifelsfall nicht loyal zum neuen Kaiserreich zu stehen, sondern sich an der Autorität des Papstes zu orientieren („Ultramontanismus").

Angesichts der nationalen Begeisterung, die zur Zeit der Reichsgründung aufgeflammt war, war dies ein ungeheuerlicher Vorwurf. Zu beachten ist jedoch, dass die Kirchen damals tatsächlich großen Einfluss auf die Gläubigen ausübten und dass das Wort eines Pfarrers gerade in ländlichen Gebieten auch im politischen Bereich viel galt. Die liberalen Abgeordneten im Reichstag unterstützten Bismarcks Politik, da sie für eine strikte Trennung von Kirche und Staat eintraten.

Als Bismarck versuchte, den Einfluss der katholischen Kirche durch eine Reihe von Maßnahmen einzuschränken, kam es zum sogenannten Kulturkampf. In Preußen wurde die Aufsicht über die Schulen den Kirchen entzogen und dem Staat übertragen. Ab 1874 hatte im ganzen Reich nur noch die auf einem Standesamt geschlossene Ehe Gültigkeit; die kirchliche Ehe wurde damit zur Privatangelegenheit. Der sogenannte „Kanzelparagraf" verbot den Pfarrern, in Predigten staatliche Angelegenheiten „in einer den öffentlichen Frieden gefährdenden Weise" zu erörtern. Insbesondere Preußen legte diese Vorschrift sehr streng aus; zeitweise waren alle katholischen Bischöfe Preußens entweder in Haft oder ins Ausland geflohen.

WES-115640-701
Hörszene zum Kulturkampf

Aufgaben

1. Das Sozialistengesetz

a) Erkläre den Titel „Gesetz gegen die gemeingefährlichen Bestrebungen der Sozialdemokratie" (M1).
b) Fasse den §1 des Sozialistengesetzes zusammen.
c) Analysiere anhand von M2 die Wirkung des Sozialistengesetzes.
d) Bestimme die politische Position August Bebels.
e) Gib die Ursache dafür an, dass trotz Verbots der Sozialdemokratie Sozialdemokraten im Reichstag saßen.

M1–M2

2. Bismarcks Innenpolitik

a) Fasse mit eigenen Worten das Verhältnis Bismarcks zu den Parteien zusammen.
b) Erläutere den Begriff „Kulturkampf".
c) Diskutiert, ob diese Auseinandersetzung als innenpolitische Niederlage Bismarcks zu beurteilen ist.
d) Erläutere die Ursachen für den Rücktritt Bismarcks.
e) Zusatzaufgabe: Erschließe die Karikaturen M3 und M4 mithilfe des Trainingskastens auf Seite 235. Vergleiche die Karikaturen im Hinblick auf deren jeweilige Aussageabsicht.

Text auf den Seiten 253–254, M3, M4

Der als besonders gefährlich angesehene Jesuitenorden wurde vollständig verboten, seine Mitglieder wurden aus dem Reich ausgewiesen. Dennoch oder gerade deshalb wurde die Zentrumspartei bei den Reichstagswahlen immer stärker.

Die politische Trendwende 1878

Der nur begrenzte Erfolg des Kulturkampfes und wirtschaftspolitische Fragen führten 1878 zu einem politischen Kurswechsel. Zum Schutz der Landwirtschaft und der Industrie vor ausländischer Konkurrenz wurden Zölle eingeführt. In der Folge verteuerten sich ausländische Waren derart, dass deutsche Produkte konkurrenzfähig blieben. Gefordert hatten diese Schutzzölle vor allem die Konservativen, während die Liberalen für den freien Handel eintraten. Zwei Attentate auf Kaiser Wilhelm I., für die Bismarck die Sozialdemokraten verantwortlich machte, boten dem Reichskanzler die Gelegenheit, den Reichstag aufzulösen und Neuwahlen anzusetzen. Diese brachten ihm die gewünschte Mehrheit für seine neue Politik.

Aufgrund der neuen politischen Situation beendete Bismarck den Kulturkampf durch Zugeständnisse an die katholische Kirche. Die Zivilehe, der Kanzelparagraf und die staatliche Schulaufsicht blieben zwar erhalten, jedoch verzichtete Bismarck auf eine weitere Verfolgungen.

Der Kampf gegen die Sozialdemokraten und die Sozialgesetzgebung

Als neue „Reichsfeinde" galten nun die Sozialdemokraten. Zwar war deren Stimmanteil bei den Reichstagswahlen um 1870 noch gering, doch galten Funktionäre und Wähler dieser Partei als revolutionäre Staatsfeinde. Die Attentate auf Kaiser Wilhelm I. im Frühjahr 1878 boten einen Anlass für das „Gesetz wider die gemeingefährlichen Bestrebungen der Sozialdemokratie", das sogenannte Sozialistengesetz, das weitreichende Überwachungs- und Kontrollmaßnahmen einführte. Politische Versammlungen wurden verboten, Aktivisten wurden mit Repressionen und Ausbürgerungen verfolgt, sozialdemokratische Zeitungen und Zeitschriften wurden zensiert. Trotz dieses faktischen Parteiverbots konnten Sozialdemokraten aber weiter in den Reichstag gewählt werden, da die Kandidaten als Einzelpersonen zu den Wahlen antraten.

Neben der „Peitsche" der Sozialistengesetze bot der Reichskanzler den Arbeitern auch ein „Zuckerbrot": Um die soziale Lage der Arbeiter zu verbessern und sie von revolutionären Bestrebungen abzubringen, führte Bismarck eine neue Sozialgesetzgebung ein: 1883 wurde die Krankenversicherung der Arbeiter, 1884 die Unfallversicherung und 1889 die Alters- und Invaliditätsversicherung verabschiedet. Sowohl Arbeitgeber als auch Arbeitnehmer zahlten in die Sozialversicherungen ein. Obwohl die Leistungen dieser Versicherungen noch gering blieben, war eine derartige Absicherung der Arbeiter durch den Staat neu und beispielhaft. Bismarcks Ziel indes, die Arbeiter der Sozialdemokratischen Partei zu entfremden, misslang. Seit 1880 nahm der Stimmanteil der Sozialdemokraten ständig zu. 1890 wurde das Sozialistengesetz schließlich nicht mehr verlängert.

M 4 **„Dropping the Pilot"**
Karikatur aus der englischen Zeitschrift „Punch", 1890

Der Rücktritt Bismarcks

Als Wilhelm I. 1888 starb, trat sein Sohn Friedrich die Nachfolge an. Nach dessen Tod noch im selben Jahr folgte Wilhelm II. Der junge Kaiser hatte nicht nur andere politische Vorstellungen als der alte Reichskanzler, er wollte die Politik auch viel stärker selbst bestimmen als seine Vorgänger. Der Konflikt zwischen Wilhelm und Bismarck führte 1890 zum Rücktritt des Reichskanzlers.

Die Sozialgesetzgebung – Mit einem Plakat arbeiten

Die deutsche Sozialversicherung
steht in der ganzen Welt vorbildlich und unerreicht da.

Die Krankenversicherung

ist seit ihrer Einführung im Jahre 1885 rund 18 Millionen Menschen zugute gekommen. Seit der Reichsversicherungsordnung von 1913 erstreckt sie sich sogar auf etwa die doppelte Anzahl.

1885 1900 1913

Für ärztliche Hilfe und Medikamente wurden 1885 18 Mio Mark aufgewendet, dagegen im Jahre 1913 171 Mio. Mark

Invaliden-Fürsorge

16 Millionen Invaliden der Arbeit wurde in den Jahren von 1893 bis 1913 eine Summe von 1805 Millionen Mark ausbezahlt.

Neben der Unterstützung im Invaliditätsfall hat Deutschland durch den Gewerbeschutz auch vorbeugend Grosses geleistet.

11 Milliarden Mark

wurden in der deutschen Arbeiterversicherung-Sozialfürsorge - in der Zeit von 1885 bis 1913 aufgewendet.

Krankenversicherung 1912 in	Deutschland	England	Frankreich
Beiträge in Millionen Mark	464	besitzt	41
Leistungen in Millionen Mark	426	ähnliche	24
Verhältnis von Leistung zu Beitrag	92%	Einrichtungen	59%
Leistung pro Fall in Mark	65	erst seit 1912	40

Altersversicherung

Seit der Errichtung dieses Zweiges der Sozialversicherung hat das Alter auch für den besitzlosen Arbeiter seine Schrecken verloren.

480 1/2 Millionen Mark kamen in der Zeit von 1891 bis 1913 528 000 Altersrentnern zugute. Versichert sind 16 Millionen.

Hinterbliebenen-Fürsorge

ist ein neuer Zweig der Arbeiter- und Angestellten-Fürsorge Millionen Mark ausgezahlt.

Alle diese Massnahmen haben zu vermehrter Arbeitsfreudigkeit und Leistungsfähigkeit der deutschen Arbeiterschaft geführt.

L & P / 1012

M 5 Die deutsche Sozialversicherung
Plakat von 1913

Aufgaben

1. Die Sozialgesetzgebung

a) Liste anhand von M5 die Einzelversicherungen, die die Sozialversicherung umfasste, tabellarisch auf.

b) Sammelt Argumente für eine Diskussion hinsichtlich der Stärken und Schwächen der Sozialversicherung. Stichpunkte können hier sein: Zielgruppen, Leistungen der Versicherung, Reichweite.

c) Erstelle eine Tabelle über die Veränderungen in der deutschen Sozialversicherung seit ihrer Einführung.
→ M5, Lexikon, Internet

2. „Zuckerbrot und Peitsche"

Bismarcks Innenpolitik wird auch als Politik mit „Zuckerbrot und Peitsche" charakterisiert. Erläutere die Bedeutung dieser Redewendung und prüfe deren Angemessenheit.
→ Text auf den Seiten 253–254, M1–M5

Das Deutsche Reich unter Wilhelm II.

Der britische König Edward VII., Onkel des deutschen Kaisers Wilhelm II., bezeichnete seinen Neffen einmal als „brillantesten Versager der Geschichte". War dies nur eine boshafte Bemerkung oder doch eine realistische Einschätzung? Unter Wilhelm II. trieb das deutsche Kaiserreich der „Urkatastrophe des 20. Jahrhunderts", dem Ersten Weltkrieg, zu. Angesichts einer sich abzeichnenden deutschen Niederlage wurde Wilhelm am Ende dieses Krieges 1918 zur Abdankung gezwungen. Zuvor hatte er jedoch einer ganzen Epoche auch seinen Stempel aufgedrückt, wovon zeitgenössische Karikaturen zeugen.

M 1 „... und dann müsst ihr bedenken, als Zivilisten seid ihr hergekommen und als Menschen geht ihr fort."
Karikatur von Olaf Gulbransson, in „Simplicissimus", 1910

M 2 „Im Bad"
„Herr Lieutenant tragen das Monocle im Bad?"
„Äh, befürchte, sonst für Civilisten gehalten zu werden."
Karikatur aus dem Simplicissimus, 1897

Aufgaben

1. Karikaturen zum Deutschen Reich unter Wilhelm II.

a) Beschreibe die beiden Karikaturen M1 und M2.

b) Erläutere die Grundaussagen der beiden Karikaturen.

c) Erörtere mit Blick auf die beiden Karikaturen, inwiefern der berühmte Ausspruch, den der Graf von Mirabeau ein Jahrhundert zuvor über Preußen geprägt haben soll, auch für das deutsche Kaiserreich zutrifft: „Die preußische Monarchie ist nicht ein Land, das eine Armee hat, sondern eine Armee, die ein Land hat, in welchem sie gleichsam nur einquartiert steht".

d) Erkläre den Begriff „Militarismus".

→ M1, M2

Wilhelm II. und der „Wilhelminismus“

Die zweite Hälfte der Zeit des Deutschen Kaiserreiches ab etwa 1890 wird oft als Zeit des Wilhelminismus bezeichnet. Mit diesem Begriff werden insbesondere die gesellschaftlichen Verhältnisse unter der Herrschaft des letzten deutschen Kaisers charakterisiert. Wilhelm II. (1859–1941) war ein Sohn des Kronprinzen Friedrich und der Enkel Kaiser Wilhelms I. Im Drei-Kaiser-Jahr 1888, als kurz nacheinander sein Großvater und sein Vater starben, wurde er mit nur 29 Jahren deutscher Kaiser und König von Preußen. Er regierte etwa 30 Jahre bis zum Ende des Kaiserreiches 1918. Im Unterschied zu seinem Großvater, der Bismarck weitgehend freie Hand gelassen hatte, beanspruchte Wilhelm II. die Entscheidungsgewalt für sich: Er wollte, wie es damals hieß, ein „persönliches Regiment“ führen. Dies führte zum Konflikt mit Bismarck, der 1890 aufgrund dieser Meinungsverschiedenheiten um seine Entlassung bat.

Der Verantwortung dieses „persönlichen Regiments“ war der Kaiser aber nur bedingt gewachsen. Er bevorzugte persönliche Berater aus seiner Jugendzeit und aus der militärischen Führung, die eine Art Nebenregierung des Reiches bildeten. Trotz seines Anspruchs gelang es Wilhelm nicht, sich gegen die regulären Verfassungsorgane wie den Reichstag oder den Reichskanzler durchzusetzen. Viele innenpolitische Vorhaben des Kaisers schlugen daher fehl.

Das prunkvolle und herrische Auftreten des Kaisers blieb jedoch nicht ohne Wirkung. Seine Begeisterung für alles Militärische stieß in weiten Teilen der Bevölkerung auf Widerhall. Wilhelm II. gilt als Repräsentant der damaligen Verhältnisse; seine Regierungszeit ist bis heute als „wilhelminische Epoche“ bekannt.

M 3 Wilhelm II.
Deutscher Kaiser (1888–1918), Farbfotografie, 1906

Die innenpolitische Entwicklung

Während der Herrschaft Wilhelms II. erreichte ein Prozess seinen Höhepunkt, der bereits unter Bismarck begonnen hatte: Immer mehr Menschen interessierten sich für politische Fragen. Die Debatten und Abstimmungen im Reichstag rückten in den Mittelpunkt des öffentlichen Interesses und es bildeten sich verschiedene

M 4 Wilhelm II. (erste Reihe links) mit seinen sechs Söhnen
Vor dem Berliner Schloss auf dem Weg zur Parade anlässlich des Geburtstages des Kaisers am 27. Januar 1913, Postkarte

M5 **Wilhelm II.**
Gemälde von Ludwig Noster, 1900

Organisationen, die die politische Meinung der Bevölkerung zu beeinflussen suchten. Bei den Wahlen verschoben sich die politischen Gewichte zugunsten der SPD, die kontinuierlich anwuchs und schließlich die meisten Abgeordneten im Reichstag stellte. Der Kaiser und seine Regierung betrachteten das als Gefahr für den Staat. Ähnlich wie zuvor mit dem Sozialistengesetz reagierte man mit dem Versuch der Unterdrückung. Dies scheiterte allerdings am Widerstand des Reichstags. Zwischen der Mehrheit des Parlaments und der Regierung des Kaisers war eine Zusammenarbeit immer weniger möglich.

Aufgrund dieser Gegensätze konnten selbst notwendige Reformen wie eine Demokratisierung der Reichsverfassung nicht durchgeführt werden. Während Deutschland zu einer modernen Industriegesellschaft heranwuchs, wurde die staatliche Ordnung den neuen Verhältnissen nicht angepasst. Manche Neuerungen gelangen dennoch. So wurde im Jahr 1900 das bis heute gültige Bürgerliche Gesetzbuch (BGB) verabschiedet, das für Deutschland eine einheitliche Rechtsgrundlage schuf.

Militarismus und Nationalismus

In der Öffentlichkeit spielte das Militär eine immer größere Rolle, was zu einer generellen Militarisierung der Gesellschaft führte. Die Ableistung des Wehrdienstes und der Rang eines Reserveoffiziers waren für das berufliche und gesellschaftliche Fortkommen außerordentlich wichtig.

Große Bedeutung hatten auch entsprechende Interessenverbände. Im Alldeutschen Verband setzten sich Lehrer, Professoren und Journalisten dafür ein, die nationale Gesinnung der Bevölkerung zu heben. Mehr als eine Million Mitglieder zählte der Flottenverein. Er unterstützte das kaiserliche Ziel, eine große deutsche Kriegsflotte zu bauen, die es mit der britischen Flotte aufnehmen konnte. Noch größer war der Kyffhäuserbund: ein Zusammenschluss von 32 000 Kriegervereinen mit 2,8 Millionen Mitgliedern. Militarismus und Nationalismus waren im Reich also weit verbreitet.

Aufgaben

1. Kaiser Wilhelm II. und der Wilheminismus

a) Beschreibe die Darstellung Wilhelms II. auf dem Gemälde M5 in seinen einzelnen Elementen.

b) Erläutere den Gesamteindruck, den das Gemälde vermittelt.

c) Fasse ausgehend von deinen Ergebnissen das Selbstverständnis Wilhelms II. zusammen.

d) Erläutere den Begriff „Wilhelminismus“.

M5, Text auf den Seiten 257–258

Zusatzmaterial: Wilhelm II. – Mit Biografien arbeiten

M 6 Kaiser Wilhelm II.

a) Der Schriftsteller Emil Ludwig veröffentlichte 1925 eine Biografie über Wilhelm II. Zur „harten Jugend" Wilhelms schreibt Ludwig:

Erst am dritten Tage [nach der schweren Geburt] bemerkte man, der linke Arm war gelähmt, das Schulterkugelgelenk zerrissen, die umgebende Muskelpartie so schwer beschädigt, dass im Stande damaliger Chirurgie kein Arzt sich an die Heilung des Gliedes wagen durfte [...].
Wer wollte dem Knaben sein Mitgefühl wehren, wie er nun unter eigener Zucht und in der Strenge seiner Lehrer mit allen Kräften zu ersetzen suchte, was ihm die Natur versagte! Unter heftigen Schmerzen wurde ihm der verkrüppelte Arm elektrisiert, bis man es aufgab, das gelähmte Glied zu stärken, und nun den Jungen zwang, den Schein des Gebrauches zu erwecken. Geschickt lernte er, die Linke in den Gürtel, in die Tasche zu stützen.
[...] Die ehrgeizige [Mutter] Victoria, Tochter der mächtigen Königin von England und ihres klugen Gatten, verzieh nicht einem Kind, das unvollkommen war [...], statt Mitleid trug sie heimliche Vorwürfe gegen den entstellten Sohn im Herzen, gerade weil er der Erstgeborene war, und zog ihre anderen, schöner erwachsenden Kinder in unverhüllter Parteinahme vor. [...]
Und doch rühmt ihn sein Lehrer laut. Denn was den Prinzen, besonders als Offizier, auszeichnete, das war der Kampf gegen sein Gebrechen. Hier lag sein ganzer Ehrgeiz und Erfolg [...]. In Wahrheit ist der moralische Sieg über die Physis sein Verderben geworden. Wenn dies der größte Tag des jungen Prinzen war, in glänzender Uniform auf galoppierendem Pferde im Morgensonnenscheine an der Spitze seines Regimentes den Vätern zu imponieren, so war dies nur das Vorspiel zahlloser Auftritte und Einzüge, klirrender Reden und drohender Fäuste, mit denen er sich jahrzehntelang vor seinem Selbstgefühl zu legitimieren suchte.

Emil Ludwig, Wilhelm der Zweite, Berlin: Ernst Rowohlt 1925, S. 11ff.

b) Im Vorwort der Biografie beschreibt Ludwig seine Intention:

Hier ist der Versuch gemacht, aus den Charakterzügen eines Monarchen unmittelbar die weltpolitischen Folgen, aus seinem Wesen das Schicksal seines Volkes zu entwickeln.

Emil Ludwig, Wilhelm der Zweite, Berlin: Ernst Rowohlt 1925, S. 7.

c) Der Historiker Imanuel Geiss kommentiert um 1964 die Biografie von Emil Ludwig:

Emil Ludwigs Biografie des letzten deutschen Kaisers stellt [...] eine psychologisch glänzende Analyse dar [...]. Von einem gewissen Punkt an verwandelt sich allerdings Ludwigs Stärke – seine psychologische Einfühlungsgabe – zu einer Schwäche. Die heute nicht mehr allein befriedigende individuell-psychologisierende Methode gibt nämlich kaum einen Begriff von Wilhelms Stellung in der deutschen Geschichte, von seiner historischen Funktion.

Imanuel Geiss, Nachwort; in: Emil Ludwig, Wilhelm der Zweite, München: Rütten und Loening 1964, S. 332f.

d) Der englische Historiker John C. G. Röhl bilanziert im ersten Band seiner umfangreichen Biografie über Wilhelm II. 1993:

Jeder aber, der aufgrund des Familiennachlasses diese [ärztliche] Behandlung näher untersucht, die, wenngleich in der besten Absicht verordnet, einer grauenhaften Kindesmisshandlung gleichkam, wird zur Erkenntnis gezwungen, dass hierin – mehr noch, als Ludwig [...] ahnen konnte – eine der wichtigsten Ursachen für die gestörte Charakterbildung des letzten deutschen Kaisers zu sehen ist.

John Charles Gerald Röhl, Wilhelm II. Die Jugend des Kaisers 1859–1888, München: C. H. Beck 1993, S. 38.

Aufgaben

1. Wilhelm II. – Eine Biografie – Zusatzaufgabe

a) Fasse mit eigenen Worten die Ausführungen Emil Ludwigs (M6a) über die „harte Jugend" Wilhelms II. zusammen.

b) Erläutere anhand von Textbeispielen die Intention, die der Biografie über Wilhelm II. zugrunde liegt.

c) Erkläre die Einwände des Historikers Imanuel Geiss (M6c) gegenüber dem Vorgehen Emil Ludwigs.

d) Nimm Stellung zu folgender Auffassung: „Einzelne Menschen können den Verlauf der Geschichte erheblich beeinflussen.

→ Text auf den Seiten 257–258, M6

M 1 **Als Arbeiter verkleidete Beamte der Hamburger Politischen Polizei posieren für ein Foto**
um 1895

Woher wissen wir etwas über das 19. Jahrhundert?

Ein Kneipengespräch über Pferde- und Hundefleisch

Am Morgen des 25. Mai 1899 unterhielten sich die Gäste des Lokals Eckelmann in der Bartholomäusstraße 2 in Hamburg über das Essen von Pferde- und Hundefleisch. Sie waren sich einig, dass die Wirtshäuser der Stadt ihren Gästen immer öfter billiges Pferdefleisch vorsetzten, es aber als teureres Rindfleisch ausgaben. Einer behauptete gar, Ärzte hätten Lungenkranken Hundefleisch als Genesungsmittel empfohlen. Die anderen fanden das zwar ziemlich eklig, waren aber überzeugt, dass viele Schlachter heimlich Hundefleisch zu Wurst verarbeiteten – schließlich seien in letzter Zeit immer mehr Hunde gestohlen worden.

Polizeispitzel und „Berichte ohne Wert“

Dieses Gespräch fand vor weit über 100 Jahren in einer hauptsächlich von Arbeitern besuchten Hamburger Kneipe statt. Und dennoch wissen wir davon. Wie ist das möglich? Sehr einfach: Die Arbeiter wurden durch einen Beamten der Hamburger Politischen Polizei belauscht, den Schutzmann Erxleben. Dieser war Mitglied einer sechs Mann starken Truppe, die von 1892 bis 1910 Hamburger Wirtshäuser, Bierhallen und andere wichtige Treffpunkte von Arbeitern überwachte. Die Regierenden der Stadt wollten auf diese Weise sicherstellen, dass sie frühzeitig von gefährlichem Unmut oder gar Aufstandsplänen der Arbeiterschaft erfuhren. Jeden Morgen verkleideten sich die Beamten als Arbeiter und schwärmten in die ihnen zugeteilten Bezirke aus, wo sie dann den Tag verbrachten. Am Abend verfassten sie dann Berichte über die Unterhaltungen, die sie belauscht hatten, und reichten sie an ihre Vorgesetzten weiter. Auf diese Weise entstanden in 18 Jahren ungefähr 20 000 handgeschriebene Meldungen. Die meisten wanderten im Laufe der Jahre in das Staatsarchiv Hamburg. Weil dort niemand etwas mit den Akten anzufangen wusste, erhielten sie den Titel „Berichte ohne Wert“ und verstaubten.

Die Fragen der Historikerinnen und Historiker

Erst 70 Jahre später begannen Historikerinnen und Historiker zu erkennen, dass diese Berichte sehr wohl einen Wert hatten. Gewiss, hier handeln nicht Kaiser und Könige, Minister und Militärs, aber die Texte öffnen den Blick auf die Folgen, die deren Politik für die Mehrheit der Bevölkerung hatte. Das Gespräch über Pferde- und Hundefleisch zeigt dies beispielhaft: Die Regierung des Kaiserreichs hatte in den 1890er-Jahren die Einfuhr von ausländischem Fleisch ins Land erschwert, um die heimischen Bauern zu unterstützen. Deswegen wurde Fleisch immer teurer, für viele einfache Arbeiter war es nun unerschwinglich. Diese sogenannte „Fleischnot“ versuchten Betrüger und Geschäftemacher auszunutzen. Das wiederum stellte die Städte vor neue Herausforderungen, denn sie mussten für die Sicherheit der Lebensmittel sorgen.

Die Berichte helfen uns demnach, die Hoffnungen und Ängste, die Ansichten und Erwartungen der einfachen Menschen zu verstehen, die sonst kaum Schriftliches hinterlassen haben und die deswegen für die Historikerinnen und die Historiker so schwer zu greifen sind. Wir erkennen den Wert dieser Überlieferung aber nur, wenn wir geeignete Fragen stellen und zugleich Interesse für die möglichen Antworten entwickeln. Sonst bleiben die Texte tatsächlich „Berichte ohne Wert“.

Wenn also in diesem Kapitel gefragt wird, woher wir etwas über das 19. Jahrhundert wissen, dann gehört zur Antwort nicht nur ein Überblick über mögliche Quellenarten, sondern ganz besonders auch die Feststellung, dass erst die Fragen und Interessen der Historikerinnen und Historiker diese Quellen zum Sprechen bringen. Und natürlich gilt diese Beobachtung auch für jede andere Epoche.

Der Staat als Quellenlieferant

Das Hamburger Kneipengespräch ist noch aus einem anderen Grund beispielhaft für Quellen aus dem 19. Jahrhundert: Es ist überliefert, weil die Obrigkeit, in diesem Fall die Stadt Hamburg, aktiv geworden ist. Gerade dies ist typisch für das 19. Jahrhundert: Das Reich, die einzelnen deutschen Länder, die Städte und Gemeinden dehnten in dieser Epoche ihre Zuständigkeiten immer weiter und wie nie zuvor aus: Sie kümmerten sich um Schul- und Wehrpflicht, um Straßen- und Schienenbau, um Kranken- und Rentenversicherung, um Steuern und Statistiken, ganz allgemein kann man sagen: um Kontrolle und Fürsorge. Und natürlich befassten sie sich mit Kriegen, Krisen und Revolutionen.

M 2 Im Archiv

Ein Archivar hält im Brandenburgischen Landeshauptarchiv in Potsdam ein Grundbuch von 1900 in den Händen. Das Archiv ist die zentrale Anlaufstelle für alle Fragen der Orts- und Landesgeschichte, Foto, 2008.

Jede dieser obrigkeitlichen Handlungen hinterließ eine mehr oder weniger breite Spur von Akten, Amtsbüchern und Urkunden, die schließlich in die Archive wanderten und seither von Historikerinnen und Historikern ausgewertet werden können.

Goethe schrieb über 15 000 Briefe

Hinzu kommt: Telefone kamen erst in den 1880er-Jahren allmählich auf, und viele Mittel, mit denen wir uns heute verständigen, wie SMS, E-Mail, Twitter, Facebook, Whats-App, Instagram, existierten damals natürlich noch gar nicht. Deshalb wurde alles auf Papier aufgeschrieben. Das erklärt auch, weshalb Briefe im 19. Jahrhundert eine ganz wichtige Rolle spielten und für Historiker eine bedeutende Quelle sind. Zwei Beispiele: Johann Wolfgang von Goethe (1749 – 1832) hat mehr als 15 000 Briefe geschrieben und rund 21 000 erhalten. Die Korrespondenz König Johanns von Sachsen (1801 – 1873) aus den Jahren 1850 bis 1873 mit seiner Tochter Elisabeth, verheiratete Herzogin von Genua (1830 – 1912), umfasst mehr als 1000 Briefe, die alle in einem Turiner Archiv liegen.

M 3 Der eifrige Briefeschreiber Goethe
Gemälde von Josef Stieler, 1828

Wer sich mit dem 19. Jahrhundert beschäftigt, hat daher meist keine Probleme, geeignete Quellen zu finden. Allenfalls das Lesen und Entziffern ist nicht immer leicht: Das meiste aus dem 19. Jahrhundert ist handschriftlich überliefert; die Schreibmaschine begann sich in deutschen Amtsstuben und im Privatgebrauch erst nach 1900 allmählich durchzusetzen. Viele wichtige Quellen stehen aber natürlich mittlerweile gedruckt als Buch und manchmal auch zusätzlich als Online-Datenbank zur Verfügung, wie zum Beispiel die eben erwähnten Briefe Goethes.

Presse und Zensur

Bereits im Original gedruckt wurden Zeitungen, Zeitschriften und Flugblätter. Die Presse erlebte im 19. Jahrhundert einen gewaltigen Aufschwung. Das hat drei Gründe: Papier wurde billiger, die Druckmaschinen vor allem seit den 1840er-Jahren schneller, besser und billiger, und vor allem konnten immer mehr Menschen lesen. Da es Radio und Fernsehen noch nicht gab, war die Presse die zentrale Informationsquelle für alle nur denkbaren Lebensbereiche. Viele Blätter sind erhalten und können von Historikerinnen und Historikern mit ganz unterschiedlichen Fragestellungen ausgewertet werden. Dabei ist aber immer zu bedenken, dass die Presse im 19. Jahrhundert nicht so frei war wie heute. Vor allem in der ersten Jahrhunderthälfte galt in den deutschen Staaten eine strenge Vorzensur. Jeder Artikel musste vor dem Druck dem Zensor vorgelegt werden, der Passagen streichen oder verändern konnte. Dem gedruckten Exemplar ist dieser Eingriff aber meist nicht mehr anzusehen. Ganz selten glücken Zufallsfunde der originalen handschriftlichen Manuskripte, in denen die Eingriffe des Zensors sichtbar sind.

Aufgaben

1. Woher wissen wir etwas über das 19. Jahrhundert?

a) Stelle die wichtigsten Quellen für die Geschichte des 19. Jahrhunderts in einer Übersicht zusammen. Hebe dabei begründet die Quellenart hervor, die dir besonders bedeutsam erscheint.

b) Erkläre anhand eines selbst gewählten Beispiels wie durch unterschiedliche Interessen und Fragestellungen einer Historikerin oder eines Historikers an eine Quelle diese auch unterschiedliche Antworten liefern kann.

c) Belege, dass die weit verbreitete Zensur im 19. Jahrhundert unser Wissen über das 19. Jahrhundert beeinflusst.

→ Text auf den Seiten 260 – 262, M1 – M3

M 1 Potsdamer Platz in Berlin

Südliche Randbebauung mit „Hotel Fürstenhof“, „Haus Vaterland“, Potsdamer Bahnhof und „Pschorr-Bräuhaus“, Fotopostkarte, koloriert, um 1915

Gesellschaftlicher Wandel in Deutschland

Deutschland gehört heute zu den stärksten Wirtschaftsnationen weltweit. Bereits in der zweiten Hälfte des 19. Jahrhunderts entwickelte sich Deutschland durch die fortschreitende Industrialisierung und Modernisierung zu einer modernen Industriegesellschaft. Wie wirkte sich der wirtschaftliche Wandel auf die Gesellschaft des Kaiserreiches aus? Wie veränderten sich die einzelnen Gesellschaftsschichten und ihre Stellung zueinander?

M 2

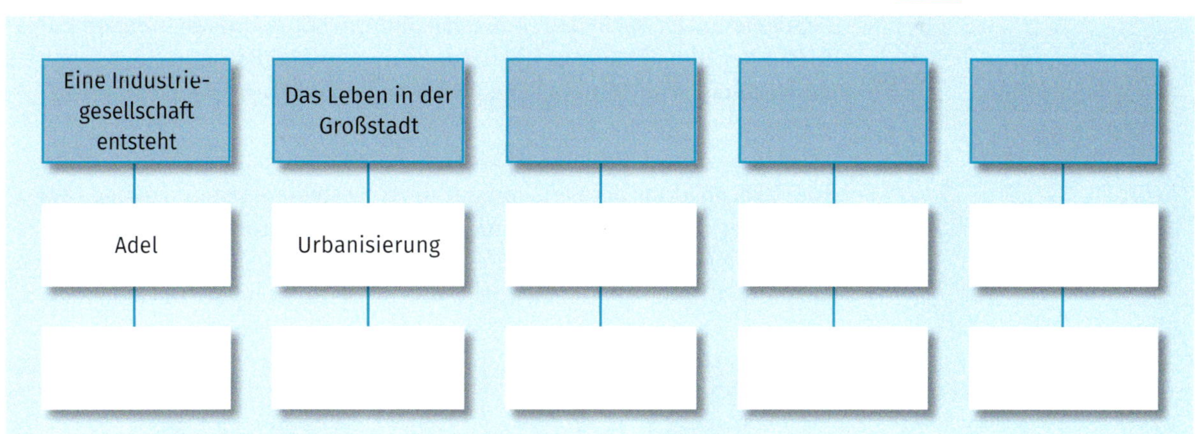

Aufgaben

1. **Gesellschaftlicher Wandel in Deutschland**
   a) Erstelle aus den Informationen des Textes eine grafische Skizze zum gesellschaftlichen Wandel in Deutschland. Orientiere dich dabei an der Grafik M2.
   b) Erläutere anhand deiner Grafik die wichtigsten gesellschaftlichen Veränderungen im Kaiserreich.
   c) Stelle die wichtigsten gesellschaftlichen Gruppen im Kaiserreich zusammen und beschreibe deren soziale Stellung.
   d) Setze dich kritisch mit der These auseinander, dass im Kaiserreich von einer „Gesellschaft der Unterschiede“ gesprochen werden kann.
   → Text auf den Seiten 263–266, M2

M 3 **Bürgerliche Familie in der „Guten Stube“**
Zeitgenössische Fotografie

WES-115640-702
Film über die Gründerzeit

Eine Industriegesellschaft entsteht

Die Industrialisierung führte zu einem grundlegenden gesellschaftlichen Wandel: Deutschland entwickelte sich zu einer modernen Industriegesellschaft. Diese Entwicklung war mit einem starken Bevölkerungsanstieg verbunden. Von 1866 bis 1914 wuchs die Bevölkerung von rund 40 auf 68 Millionen Menschen. Aber auch die einzelnen Schichten der Gesellschaft und ihre Stellungen zueinander veränderten sich:

- Der Adel behauptete zunächst seine Vorherrschaft und besetzte auch weiterhin die führenden Stellen in Politik und Militär. Gesellschaftlicher Mittelpunkt war der Kaiser mit seinem Hof.
- Das Bürgertum untergliederte sich in zahlreiche Gruppen, die sich in Lebensweise und Einkommen stark voneinander unterschieden. Das sogenannte Bildungsbürgertum umfasste z. B. Ärzte, Juristen, Lehrer oder Professoren. Von größerer politischer und gesellschaftlicher Bedeutung war jedoch das sogenannte Besitzbürgertum, das durch die Industrialisierung reich geworden war: Fabrikanten, Bankiers und Großkaufleute. Im Unterschied zu den Arbeiterfamilien mussten die Frauen und Kinder des Bürgertums in der Regel kein Geld verdienen; sie standen lediglich dem oft aus zahlreichen Kindern und Dienstboten bestehenden Hauswesen vor. Auch wenn die Frauen das gesellschaftliche Leben der Familie organisierten, verblieb die letzte Entscheidungsgewalt bei den Männern. Weiterhin ist das Kleinbürgertum zu nennen, zu dem z. B. Handwerker, kleine Kaufleute, Beamte und Angestellte zählten. Diese orientierten sich an Idealen wie Pflichttreue, Pünktlichkeit, Unbestechlichkeit und Leistungsbereitschaft.
- Die Industrialisierung führte zur Entstehung einer neuen Bevölkerungsgruppe: der Arbeiterschaft, die vor allem aus Industriearbeitern bestand. Diese suchten ihr Auskommen in den ständig neu aus dem Boden schießenden Fabriken und lebten in den Arbeitersiedlungen der rasant wachsenden Industriestädte. Allmählich entstand bei den Arbeitern das Bewusstsein, zu einer durch gemeinsame Arbeits- und Lebensbedingungen geprägten Klasse zu gehören.
- Dass eine wachsende Zahl von Menschen in der Verwaltung tätig war, führte zur Herausbildung der Berufsgruppe der Angestellten. Deren typische Tätigkeitsfelder waren die Unternehmensverwaltung sowie der Dienstleistungssektor von Handel, Banken und Versicherungen. Während es 1882 in Deutschland etwa 610 000 Angestellte gab, waren es 1907 schon fast zwei Millionen.

M 4 **Neuer Mittelstand**
Technische Angestellte in einem Büro bei der Entwicklung von Maschinen, Foto, Nürnberg, um 1890

Das Leben in der Großstadt

Die Entstehung von schnell wachsenden Großstädten hatte beträchtliche Auswirkungen auf die soziale Struktur der Bevölkerung. Der Prozess der Verstädterung wird als Urbanisierung bezeichnet, abgeleitet von „urbs“ (lat.) für „Stadt“. Berlin war 1871 mit 827 000 Einwohnern bereits die drittgrößte Stadt Europas, 1905 wurde die Einwohnerzahl von zwei Millionen überschritten. Der soziale Zusammenhalt, wie ihn das Land und die Kleinstadt kannten, wich in den neuen Ballungszentren der Anonymität. Die Bedeutung familiärer und verwandtschaftlicher Beziehungen ging zurück und wurde durch lockere Kontakte im Stadtviertel oder im Betrieb ersetzt.

Zum Ende des 19. Jahrhunderts boten viele Großstädte bereits alles, was auch heutige Großstädte attraktiv macht: die Gleichzeitigkeit verschiedenster Lebensbereiche, die Simultanität und Vielfalt der Angebote, die aus der Anonymität erwachsende Freiheit und das Nebeneinander starker Gegensätze. Eine neu entstehende Kultur- und Freizeitindustrie bot mit Theatern und Ballsälen vielfältige Möglichkeiten der Zerstreuung und des Vergnügens. Die Wandlung der Stadt bedeutete auch eine Wandlung der Lebensweise und des Bewusstseins ihrer Bewohner.

M 5 **„Mittag bei Borsig“**
Ehefrauen und Kinder bringen das Mittagessen an das Fabriktor, Gemälde, 1911.

Eine neue Familienform breitet sich aus

Die heute typische Familienform aus Eltern und Kindern, also aus nur zwei Generationen, hat sich als solche erst im Kaiserreich durchgesetzt. Die Angehörigen des Bürgertums lebten in den Städten zumeist in einer Drei-Generationen-Familie, welche sich erst im Laufe der Zeit immer mehr zur Klein- oder „Kernfamilie“ entwickelte. Vor der Industrialisierung war auf dem Land die bäuerliche Großfamilie die Regel gewesen, zu der mehrere Generationen sowie die unverheirateten Geschwister des Hoferben gehörten. Durch die einsetzende Abwanderung vieler Menschen vom Land in die Städte lösten sich diese Großfamilien auf. In den unterbürgerlichen Schichten der Städte waren nicht-eheliche Kinder und Lebensgemeinschaften weit verbreitet.

Die veränderte Rolle der Frau

Den rechtlichen Status der Frau definierte das Kaiserreich als „Frau und Mutter“. Auch die 1900 erfolgte Neufassung des Bürgerlichen Gesetzbuches kannte keine Gleichberechtigung der Frau, die weiterhin der Vormundschaft des Vaters bzw. des Ehemannes unterstand. Der Mann bestimmte, wo und wie die Familie lebte, wie das Geld verwendet wurde und ob die Frau berufstätig sein durfte oder nicht.

M 6 **Telefonistin**
Fernsprechvermittlung im Deutschen Reich, um 1900

WES-115640-703
Film über die Erfindung des Telefons

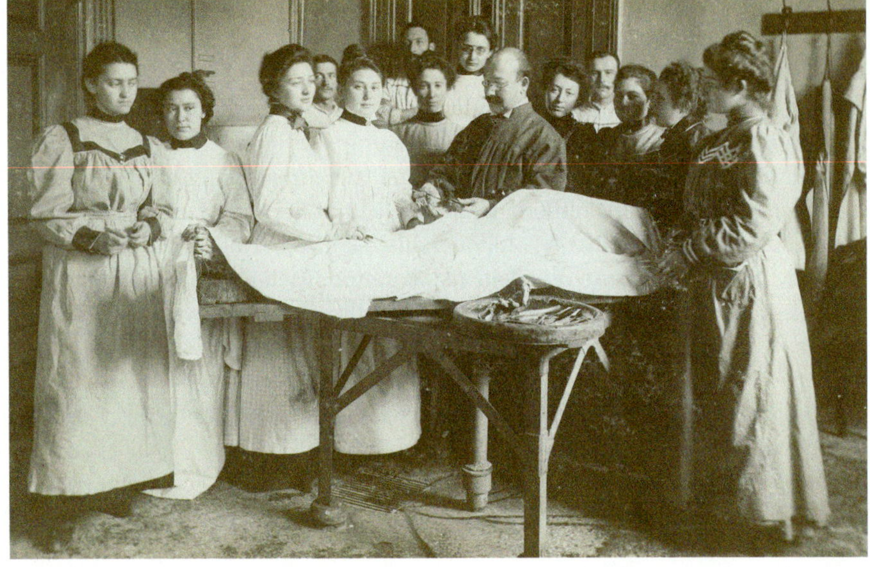

M 7 Ein Berliner Professor mit Medizinstudentinnen
Foto, 1910

Da die Notwendigkeit einer standesgemäßen Beschäftigung stieg, machten sich junge Frauen bzw. deren Väter zunehmend Gedanken um eine gute Schulbildung. Ab 1900 durften Mädchen Gymnasien und schließlich auch Hochschulen besuchen. Das Selbstbewusstsein der Frauen stieg und es entstanden verschiedene Frauenvereine, die sich 1894 im Bund Deutscher Frauenvereine zusammenschlossen. Der Bund forderte eine bessere Ausbildung für Mädchen, volle politische und bürgerliche Rechte – insbesondere das Wahlrecht – sowie Zugang zu allen Berufen. Ab 1908 durften Frauen politischen Vereinen und Parteien beitreten, das Wahlrecht erhielten sie jedoch erst 1918.

Auch im Alltag zeigten sich Veränderungen. So war es für Frauen zunächst undenkbar, eine Badeanstalt oder ein Strandbad zu besuchen. Später gab es Badeabteilungen nur für Frauen, die durch hohe Wände von denen der Männer getrennt waren. Schließlich wurde das gemeinsame Baden von Männern und Frauen akzeptiert.

M 8 Kaiser Wilhelm II. mit dem jüdischen Reeder Albert Ballin, dem Generaldirektor der Hamburg-Amerika-Linie
Foto, 1913

Die Stellung der Bürger jüdischen Glaubens

Im Verlauf des 19. Jahrhunderts erhielten Juden nach und nach staatsbürgerliche Rechte; allerdings wurden sie im Staatsdienst, an den Universitäten und in der Armee auch weiterhin stark benachteiligt. Sie waren vor allem in freien Berufen, zum Beispiel als Ärzte oder Rechtsanwälte, im Handel- und Dienstleistungssektor oder im künstlerischen Bereich tätig. Viele Juden organisierten sich ab 1893 im „Centralverein deutscher Staatsbürger jüdischen Glaubens“. Dieser Verein forderte in seinem Programm nicht nur die Gleichberechtigung, sondern bekannte sich auch zum Ziel der Integration.

Trotz rechtlicher Gleichstellung und gesellschaftlicher Anpassung blieben Vorurteile gegenüber jüdischen Bürgern bestehen. Neu am Antisemitismus, also der Judenfeindschaft, im Kaiserreich war, dass Juden nicht mehr wie früher wegen ihrer Religion, sondern nun zusehends wegen angeblicher rassischer Unterschiede angegriffen wurden: Man behauptete, Juden wären „von Natur aus“ betrügerisch, raffgierig und ohne Moral. Derartige Vorurteile waren weit verbreitet – bis in die höchsten Kreise. Der Antisemitismus der Nationalsozialisten lässt sich teilweise bis ins Kaiserreich zurückverfolgen.

Frauen im Kaiserreich – Mit zeitgenössischen Textquellen arbeiten

M 9 Dürfen Frauen Medizin studieren?

a) Theodor L. W. von Bischoff (1807–1882), Anatom und Physiologe, hat mit seinem Buch „Das Studium und die Ausübung der Medicin durch Frauen" von 1872 die zeitgenössische Diskussion nachhaltig beeinflusst:

Es fehlt dem weiblichen Geschlechte nach göttlicher und natürlicher Anordnung die Befähigung zur Pflege und Ausübung der Wissenschaften und vor allem der Naturwissenschaften und der Medicin. Die Beschäftigung mit dem Studium und der Ausübung der Medicin widerstreitet und verletzt die besten und edelsten Seiten der weiblichen Natur, die Sittsamkeit, die Schamhaftigkeit, Mitgefühl und Barmherzigkeit, durch welche sich dieselbe vor der männlichen auszeichnet.
Die Bildung weiblicher Ärzte lässt sich mit unseren staatlichen Einrichtungen auf Schulen und Universitäten nicht vereinigen. Ihre Teilnahme an dem an denselben erteilten Unterricht stört und hindert denselben in unerträglicher Weise und gefährdet das sittliche Wohl der männlichen Teilnehmer auf das Allerschlimmste.
Die Überladung des ärztlichen Standes mit unbefähigten, halbgebildeten weiblichen Handwerkern, wie sie allein von dem weiblichen Geschlechte zu erziehen sind, hemmt und stört die Fortbildung der ärztlichen Wissenschaft und Kunst auf das Schädlichste.
Diese Überladung mit weiblichen ärztlichen Handwerkern, unter gleichzeitiger unausbleiblicher Verdrängung männlicher Ärzte, gefährdet das sanitätliche Wohl des Staates im Frieden und Kriege auf die bedenklichste Art.

Zit. n.: Hadumod Bußmann (Hg), Stieftochter der Alma Mater? 90 Jahre Frauenstudium in Bayern am Beispiel der Universität München, München: Kunstmann 1993, S. 22 f.

b) Hedwig Dohm (1833–1919), Schriftstellerin, Theoretikerin des Feminismus, entgegnet in ihrem Buch „Die wissenschaftliche Emancipation der Frau":

Sie, Herr v. Bischoff, sind gewiss ein eminenter Anatom. Nun stellen Sie sich vor, Sie wären in einer Schule, dem Abbild einer gewöhnlichen Mädchenschule, erzogen worden. Mit kaum sechzehn Jahren hätte man Sie dieser Bildungsanstalt enthoben, an den Nähtisch gesetzt, hinter das Plättbrett gestellt und in die Küche geschoben. Wie und wann, Herr v. Bischoff, glauben Sie nun wohl, wäre Ihr anatomischer Genius zum Durchbruch gekommen? Ob mit dem Bereiten eines Puddings der Verdauungsprozess des Puddings in Ihrem Körper sich Ihrem ahnungsvollen Geiste physiologisch und anatomisch dargestellt hätte? [...] Ich möchte es bezweifeln; ich möchte eher glauben, dass Sie eine ebenso tüchtige Nähmamsell geworden wären, als Sie jetzt ein hervorragender Anatom sind.

Zit. n.: Hadumod Bußmann (Hg), Stieftochter der Alma Mater? 90 Jahre Frauenstudium in Bayern am Beispiel der Universität München, München: Kunstmann 1993, S. 22 f.

M 10 „Die moderne Frau"

Die deutsche Frauenrechtlerin Helene Stöcker (1869–1943) schreibt über die „moderne Frau" 1893:

Was Sie auch sagen mögen, ich weiß es ganz genau: die moderne Frau ist etwas, das noch nicht in dieses Jahrhundert hineingehört – für die es noch keinen Namen und – keinen Mann gibt, keine Stellung in der Gesellschaft; denn ihrem ganzen, innersten Wesen nach gehört sie in ein Zeitalter der Zukunft [...]. Sie denkt nicht, dem Manne absolut „gleich" zu werden – aber sie will ein glücklicher – und das bedeutet auch für sie: ein freier Mensch werden und sich zugleich in ihrer Weibart immer höher entwickeln. Sie beklagt es längst nicht mehr – wie sie das als Kind vielleicht getan –, dass sie kein Mann ist; im Gegenteil, sie ist bereits zu einem wohligen Gefühl ihrer Weib-Vorzüge gekommen. Dazu das Bewusstsein ihres Selbstmenschentums – ihr Zukunftsgefühl, da sie noch etwas Seltenes, Alleinstehendes ist, das in keine der Kategorien mehr passt, das noch ganz die Wonne des Individuums empfinden darf. [...] Aber nun sie frei und unabhängig mitten im Herzen der Weltstadt lebt – nun ihr das, was sie glühend begehrte: Leben im Verkehr mit geistig ebenbürtigen Menschen – in reichem Maße zuteil geworden [...].

Helene Stöcker, Die moderne Frau; in: Freie Bühne (Jg. 4), Berlin: S. Fischer 1893, S. 1215 ff.

Aufgaben

1. **Frauen im Kaiserreich**
   a) Arbeite die Argumente, die in der Quelle M9 für und gegen das Medizinstudium von Frauen angeführt werden, heraus und nimm dazu Stellung.
   b) Erläutere und bewerte die Argumentation von Helene Stöcker (M10).
   → M9–M10

Freizeit- und Konsumkultur – Besuch im Kaufhaus Wertheim in Berlin um 1900

M 11 Kaufhaus Wertheim in Berlin-Mitte
Leipziger Straße, 1896–1906 erbaut von Alfred Messel, im Zweiten Weltkrieg zerstört, Innenansicht, Fotopostkarte, 1899

Aufgaben

1. **Freizeit- und Konsumkultur**
   a) Untersuche den Bericht über den Besuch im Kaufhaus (M12). Analysiere die Haltung des Verfassers zum Kaufhaus. Verwende dafür auch den Trainingskasten auf Seite 269.
   b) Versuche, einige der im Text M12 genannten Gegebenheiten auf dem Foto M11 zu finden.
   c) Informiere dich über die Gründungsdaten großer Geschäfte in deinem Wohnort bzw. in deiner Umgebung und finde den „ältesten" Laden.
   M11–M12, Recherche vor Ort

M 12 Besuch im Kaufhaus

Bericht des Journalisten Fedor von Zobeltitz über einen Besuch im Berliner Kaufhaus Wertheim (1903):

Neulich habe ich Wertheim zum ersten Male besucht. [...] Da habe ich den Berliner Louvre [großes und prächtiges Museum in Paris] kennen gelernt. Zuerst musste ich mir an einer der Hauptkassen ein „Sammelbuch" kaufen; die Kassen waren umdrängt, aber nach einer kleinen halben Stunde hatte ich mein Buch und konnte nun losziehen. Doch ich zog nicht. Ich versuchte zunächst einmal, mich zu orientieren. Ich bin nicht ganz ohne Findigkeit; hier jedoch verließ mich jedwede topografische Begabung. Die strömende Menschenmenge schob mich hin und her; ich wollte zu den Parfüms und geriet zu den Kurzwaren, und plötzlich stand ich vor einer Dame, die mir Taschentücher zeigte, und eine halbe Minute später war ich mitten unter das Emaillegeschirr geraten. Nun dachte ich, das Parfüm bis zuletzt zu lassen und mich den Korbwaren zuzuwenden, wo ich einen Triumphstuhl als höchsten Triumph der Madonna della Sedia erstehen wollte. Da musste ich aber in den dritten Stock. Einer der offiziellen Führer, ein Herr, der wie ein Legationssekretär aussah, sagte mir, ich solle doch den Fahrstuhl benutzen oder die Rutschbahn. Der Gedanke an die Rutschbahn lockte mich; so etwas kannte ich eigentlich nur von Jahrmärkten oder aus der Hasenhaide; in den Berliner Geschäften war das Rutschen bisher nicht üblich [...].
Das tat ich denn auch; aber zu den Korbwaren gelangte ich doch nicht; ich weiß nicht, woher es kam – ich befand mich plötzlich in einer Gemäldeausstellung. Da gab es denn mancherlei Hübsches zu sehen, nur keinen Triumphstuhl. Jetzt fasste mich der Grimm; ich beschloss, die Korbwaren zu suchen, koste es was es wolle. Ich unternahm Gebirgspartien, stieg hinauf in luftige Höhen, geriet unvermutet in einen Menschenknäuel hinein, der die photografischen Apparate umdrängte, und sah mich dann wieder von wallenden Schleiern, farbigen Bändern, von Spitzen und Rüschen umgeben. Ein Herr, der wie ein Geheimrat aus dem Kultusministerium aussah, möchte meine Verlegenheit bemerken und fragte nach meinem Begehr. „Oben", meinte er lächelnd und wies auf den Lift. Aber ich hatte nicht aufgepasst: der Lift ging nicht hinauf, sondern hinunter – und als ich mich umschaute, weilte ich in einem prachtvollen Saale mit Lapislazulisäulen und hörte eine Fontäne rauschen. Jetzt war ich wirklich schon müde. Ich schlenderte mit schweren Schritten weiter, kam in einen Palmengarten und an ein Büfett, wo ein niedliches Mädchen mir ein Glas Limonade kredenzte, kam dann in ein Gewirr von Kinderwäsche, von Hemdchen, Höschen und Röckchen, hierauf zu den Phonographen und endlich zu den ersehnten Parfüms.
Gott sei dank – so weit war ich nun! Aber ich merkte doch, wir sind alle von des Tantalus Geschlecht. Ich spürte den Duft des Parfüms, sah auch die gelben, grünen, roten, amarantfarbenen und safrangelben Flacons – aber heran kam ich nicht. Ganze Menschenringe umballten die Verkaufstische; ich berechnete, dass ungefähr fünfviertel Stunden verfließen würden, ehe ich an die Reihe käme.

Zit. n.: Gerhard A. Ritter/Jürgen Kocka, Deutsche Sozialgeschichte 1870–1914. Dokumente und Skizzen, München: C. H. Beck 1982 (3. Aufl.), S. 108 f.

Training

Erklärung des Operators „Analysieren"

Du sollst ein Material (Text, Bild, Statistik, Karte etc.) gezielt auf einzelne Merkmale (z. B. Inhalt, Sprache) hin untersuchen. Der Arbeitsauftrag gibt dir genauere Hinweise dazu, worauf du genau achten bzw. welche Aspekte du genau erforschen, prüfen und herausarbeiten sollst.

Anschließend musst du die Ergebnisse deiner Analyse zusammenhängend und für andere nachvollziehbar formulieren. Das heißt, du musst sie in eigenen Worten erklären und mit geeigneten Stellen aus dem Material (z. B. Textstelle/Zeile bzw. Zitat) belegen und erläutern können. Wörtliche Zitate werden an- und abgeführt („Zitat") und mit Hinweisen auf die Zeile versehen (siehe Zeilenzähler).

Formulierungshilfen

Aus dem Text (der Statistik, der Karte, dem Bild) kann man entnehmen, dass ..., weil ...
Anhand der Aussage ... ist zu erkennen, dass ..., weil ...
Die Textstelle ... zeigt, dass ..., weil ...
Es ist erkennbar, dass ..., weil ...
Es wird deutlich/ersichtlich, dass ..., weil ...
Das heißt, dass ...
Damit ist gemeint, dass ...

Deutsches Judentum im „langen“ 19. Jahrhundert

Die deutschen Juden, die in dem Zeitabschnitt lebten, der von Historikern als „langes“ 19. Jahrhundert bezeichnet wird (von der Französischen Revolution 1789 bis zum Ausbruch des Ersten Weltkriegs 1914), waren keine in sich geschlossene, gleichbleibende Minderheit. Ihre rechtliche Stellung, politischen Mitbestimmungsmöglichkeiten und religiösen Vorstellungen veränderten sich stark.

Zeitstrahl

1789–1815 erste Schritte auf dem Weg zur Emanzipation
- 1791: Verleihung der uneingeschränkten Bürgerrechte durch die Französische Nationalversammlung
- 1812: Emanzipationsgesetz für das Königreich Preußen

1815–1848 rechtliche Rückschritte – kultureller Wandel
- 1819: „Hep-Hep-Unruhen“
- 1848/49: Grundrechtekatalog der Frankfurter Nationalversammlung

1848–1871 der Weg zur rechtlichen Gleichstellung
- 1869: Norddeutscher Bund: „Gesetz betreffend die Gleichberechtigung der Konfessionen in bürgerlicher und staatsbürgerlicher Beziehung“
- 1871: Reichsverfassung

1871–1914 gesellschaftlicher Aufstieg – wachsender Antisemitismus
- 1879–1881: „Berliner Antisemitismusstreit“
- Erster Weltkrieg: von ca. 550.000 deutschen Juden nahmen 100.000 Männer am Krieg teil

Blick in die Oranienburger Straße (in Berlin) mit der Synagoge. Gemälde, Öl auf Leinwand (1865), von Emile Pierre Joseph de Cauwer (1827–1873)

Das Gemälde der 1866 eingeweihten „Neuen Synagoge“ in der Oranienburger Straße in Berlin zeigt auf den ersten Blick, dass die Juden in der bürgerlichen Gesellschaft angekommen waren. Der Schriftsteller Theodor Fontane hob in einem in der konservativen „Neuen Preußischen Zeitung“ veröffentlichten Artikel anerkennend hervor, dass das „jüdische Gotteshaus“ an „Pracht und Großartigkeit“ die christlichen Kirchen der Stadt in den Schatten stelle. Der von der Berliner Gemeinde bewusst gewählte sogenannte „maurische Stil“ sollte an das spanische Mittelalter erinnern. Diese Epoche galt als Beispiel eines einträchtigen Zusammenlebens der Juden mit ihrer Umwelt. Viele Synagogen in Deutschland wurden in diesem Stil erbaut, der auch auf die orientalische Herkunft der Juden anspielte. Im Kaiserreich wurden allerdings auch judenfeindliche Stimmen immer lauter. So beschwerte sich der Historiker Heinrich von Treitschke in einer öffentlichen Debatte im Jahr 1879, „dass das schönste und prächtigste Gotteshaus der deutschen Hauptstadt eine Synagoge ist“.

Internet-Links zu den Daten der Zeitleiste
Friedrich Battenberg, Judenemanzipation im 18. und 19. Jahrhundert, in: Europäische Geschichte Online (EGO), hrsg. vom Institut für Europäische Geschichte (IEG), Mainz 2010:
http://ieg-ego.eu/de/threads/europaeische-netzwerke/juedische-netzwerke/friedrich-battenberg-judenemanzipation-im-18-und-19-jahrhundert

Tobias Jaecker, Judenemanzipation und Antisemitismus im 19. Jahrhundert:
https://www.jaecker.com/2002/03/judenemanzipation-und-antisemitismus-im-19-jahrhundert/

Themen der Expertengruppen

1. Gabriel Riesser und der Kampf um die Gleichstellung der Juden – ein jüdischer Politiker in der ersten Hälfte des 19. Jahrhunderts
Freunde und Förderer des Leo Baeck Instituts e.V. (Hrsg.):
http://www.gabrielriesser.de/frameset_intro_01.html

2. Antisemitismus im Kaiserreich und die Geschichte des Centralvereins deutscher Staatsbürger jüdischen Glaubens (gegründet 1893) – vergebliche Appelle an die Vernunft?
Katja Deinhardt, Central Verein deutscher Staatsbürger jüdischen Glaubens, in: LeMO – Lebendiges Museum Online, 09.09.2015:
https://www.dhm.de/lemo/kapitel/kaiserreich/antisemitismus/centralverein.html

Centralverein.net (ohne Verfasserangabe), Otto-Friedrich-Universität Bamberg, Professur für Judaistik: https://centralverein.net/geschichte-des-c-v/

3. Albert Ballin und das Wohlwollen des Kaisers. Geschichte eines gesellschaftlichen Aufstiegs nach der Reichsgründung
Johannes Gerhardt, Der Kaiser, die Honoratioren und die Presse zu Besuch bei Albert Ballin, in: Hamburger Schlüsseldokumente zur deutsch-jüdischen Geschichte, 22.09.2016:
https://dx.doi.org/10.23691/jgo:article-17.de.v1

Dirk Hempel, Albert Ballin. Der Mann, der die Hapag prägte, in: www.ndr.de, 13.8.2017:
https://www.ndr.de/geschichte/chronologie/Der-Mann-der-die-Hapag-war-Albert-Ballin,ballin116.html

4. Rahel Hirsch und die Überwindung traditioneller Rollenmuster. Eine Jüdin als erste deutsche Medizinprofessorin.
Udo Schagen, Rahel Hirsch:
https://gedenkort.charite.de/menschen/rahel_hirsch/
Laura Seibert, Gedenktafel für die erste Medizin-Professorin Preußens, Rahel Hirsch. In: AVIVA-BERLIN.de (Online-Magazin für Frauen), Beitrag vom 09.06.2016:
https://www.aviva-berlin.de/aviva/content_Juedisches%20Leben.php?id=14191931

letzter Zugriff auf alle Adressen im Internet: 05.01.2022

Aufgaben

1. Deutsches Judentum im „langen" 19. Jahrhundert
a) Informiert euch im Lexikon der Fachbegriffe in diesem Buch über den Begriff „Emanzipation".
b) Bearbeitet in Kleingruppen den Zeitstrahl auf Seite 234: Jede Gruppe wählt ein Datum aus. Sucht in den angegebenen Internetadressen gezielt nach Informationen zu eurem Datum und schreibt diese heraus.
c) Stellt eure Ergebnisse in der Klasse vor.

2. Deutsches Judentum im „langen" 19. Jahrhundert – Expertengruppen
Bildet vier Expertengruppen. Jede Gruppe wählt ein Spezialthema aus. Nutzt die angegebenen Internetadressen und erstellt ein Lernplakat. Verwendet dafür den Trainingskasten auf Seite 295.

Das Kyffhäuserdenkmal in Thüringen – Ein Bauwerk aus dem Kaiserreich

Das Kyffhäuserdenkmal in Thüringen gibt nicht nur Auskunft darüber, wie die Gesellschaft im Deutschen Reich am Ende des 19. Jahrhunderts über Wilhelm I. dachte bzw. ihn sehen wollte, sondern es zeigt auch auf, welche Vorstellungen über die Geschichte in der Gesellschaft verbreitet waren.

M 1 Das Kyffhäuserdenkmal

entstand in den Jahren 1890 bis 1896 nach Planungen des Architekten Bruno Schmitz (1856–1916). Ausgeführt wurden die Planungen von den Bildhauern Nikolaus Geiger (1849–1897) und Emil Hundrieser (1846–1911). An der Einweihungsfeier am 18. Juni 1896, dem sogenannten Kaisertag, nahmen über 30 000 Menschen teil, unter ihnen auch Kaiser Wilhelm II. Das Reiterdenkmal zeigt Kaiser Wilhelm I. (1797–1888). Unterhalb dieses Reiterdenkmals befindet sich eine in Stein gehauene Abbildung des schlafenden Kaisers Friedrich I. Barbarossa (1122–1190).

Das Kyffhäusergebirge ist nicht erst seit der Einweihung des Denkmals ein besonderer Ort: Unter Kaiser Heinrich IV. (1050–1106) wurde hier die Reichsburg Kyffhausen errichtet. Nachdem Kaiser Friedrich I. Barbarossa die Burganlage erweitert hatte, war diese eine der größten Reichsburgen im deutschsprachigen Gebiet. Als 1871 das Deutsche Kaiserreich gegründet wurde, rückte die in Ruinen liegende Reichsburg wieder ins Interesse der politisch Mächtigen des Deutschen Reiches. Nach dem Tod Wilhelms I. im Jahr 1888, der als „Wiederverkörperung Barbarossas" galt, entstanden schnell Pläne, ein entsprechendes Denkmal zu errichten.

M 2 Die Sage von König Rotbart

Die Gebrüder Grimm haben die Sage über Friedrich Barbarossa aufgezeichnet:

Friedrich Rotbart auf dem Kyffhäuser

Von diesem Kaiser gehen viele Sagen im Schwange. Er soll nicht tot sein, sondern bis zum Jüngsten Tage leben, auch kein rechter Kaiser nach ihm mehr aufkommen. Bis dahin sitzt er verhohlen in dem Berg Kyffhausen und wenn er hervorkommt, wird er seinen Schild hängen an einen dürren Baum, davon wird der Baum grünen und eine bessere Zeit werden. Zuweilen redet er mit den Leuten, die in den Berg kommen, zuweilen lässt er sich auswärts sehen. Gewöhnlich sitzt er auf der Bank an dem runden steinernen Tisch, hält den Kopf in der Hand und schläft, mit dem Haupt nickt er stetig und zwinkert mit den Augen. Der Bart ist ihm groß gewachsen, nach einigen durch den steinernen Tisch, nach andern um den Tisch herum, dergestalt, dass er dreimal um die Rundung reichen muss bis zu seinem Aufwachen, jetzt aber geht er erst zwei Mal darum.

Heinz Rölleke (Hg.), Deutsche Sagen. Herausgegeben von den Brüdern Grimm, Frankfurt/M. 1994, S. 55 f.

Der alte Barbarossa,
Der Kaiser Friederich,
Im unterird'schen Schlosse
Hält er verzaubert sich.

Er ist niemals gestorben,
Er lebt darin noch jetzt,
Er hat im Schloß verborgen
Zum Schlaf sich hingesetzt.

Sein Bart ist nicht von Flachse,
Er ist von Feuersglut,
Ist durch den Tisch gewachsen,
Worauf sein Kinn ausruht.

Er spricht im Schlaf zum Knaben:
„Geh' hin vor's Schloß, o Zwerg,
Und sieh' ob noch die Raben
Herfliegen um den Berg.

Und wenn die alten Raben
Noch fliegen immerdar,
So muß ich auch noch schlafen
Verzaubert hundert Jahr".

M 3 Postkarte von 1910

Bildpostkarte mit Ansicht des Denkmals sowie ein Bild zur „Barbarossa"-Legende und dem Gedicht „Der alte Barbarossa" von 1817.

M 4 „Träger der Geschichtskultur"

Die Historikerin Maria Würfel schreibt über die Funktion von Denkmälern des 19. und 20. Jahrhunderts:

Politische Denkmäler dieser Zeit haben mit allen anderen gemeinsam, dass sie Träger der Geschichtskultur einer Epoche sind. [...] Gerade die Spiegelung des kollektiven Gedächtnisses – der Gesamtheit des gesellschaftlichen Denkens – ist ein verlässliches Kriterium für die Abgrenzung dieser gezielt errichteten Denkmäler von den Bau- und Kunstdenkmälern, die ohne eine solche Ausrichtung auf uns gekommen sind. [...] Beim Denkmal wurde und wird nichts dem Zufall überlassen, weder das, was das Denkmal sagt, noch das, was es – verschweigt. Es kann sehr wortkarg, ja nahezu stumm bleiben, wenn der Betrachter seine Sprache nicht versteht.

Maria Würfel, „Denkmäler im Geschichtsunterricht"; in: Geschichte für heute. Zeitschrift für historisch-politische Bildung (2. Jg.) 1/2009, Frankfurt/M: Wochenschau Verlag, S. 6f.

Aufgaben

1. **Das Kyffhäuserdenkmal in Thüringen – Ein Bauwerk aus dem Kaiserreich**
   a) Trage Informationen zum Kyffhäuserdenkmal zusammen.
   b) Gib den Inhalt der Barbarossa-Legende wieder.
   c) Arbeite den Zusammenhang heraus, der im Denkmal zwischen Wilhelm I. und der Barbarossa-Legende hergestellt wird und erläutere die damit verbundenen Absichten.
   d) Erläutere ausgehend von den Ausführungen der Historikerin Maria Würfel (M4) wichtige Auffassungen der „Geschichtskultur" im Kaiserreich, die dem Denkmal zugrundeliegen.
   → M1–M4

DATEN

1871:
Reichsgründung

1890:
Entlassung Bismarcks

BEGRIFFE

Deutsches Kaiserreich

Bismarck

Sozialgesetzgebung

Kulturkampf

Antisemitismus

Reichstag

Konsum

Telefon

Großstadtleben

Reichsgründung

Dass Deutschland in einem einheitlichen Nationalstaat vereinigt wird, war eine Forderung, die seit Beginn des 19. Jahrhunderts immer wieder erhoben wurde. Diese Hoffnung wurde allerdings erst 1871 – nach einer Reihe von Einigungskriegen – mit der Gründung des Deutschen Kaiserreiches erfüllt.

Die politische Ordnung des Deutschen Kaiserreiches

Der neue Staat war eine konstitutionelle Monarchie, die dem Kaiser und dem von ihm abhängigen Reichskanzler zwar große Macht einräumte, die aber auch dem vom Volk gewählten Reichstag einigen Einfluss zugestand. Das Parlament und die in ihm vertretenen politischen Richtungen (Konservative, Liberale, Sozialdemokraten und Katholiken) gewannen zunehmend an Bedeutung; jedoch wurde die deutsche Politik bis 1890 maßgeblich durch den Reichskanzler Otto von Bismarck bestimmt.

Die Innenpolitik im Zeitalter Bismarcks

Bismarck versuchte, die Katholiken und die immer stärker werdenden Sozialdemokraten politisch zu unterdrücken, was ihm jedoch nur begrenzt gelang. Die Einführung einer für die damalige Zeit modernen Kranken-, Renten- und Unfallversicherung verbesserte die soziale Absicherung von Arbeitnehmern.

Das Deutsche Reich unter Wilhelm II.

Nach Bismarcks Rücktritt versuchte der junge Kaiser Wilhelm II., ein „persönliches Regiment“ auszuüben und die politische Entscheidungsgewalt für sich zu beanspruchen. Innenpolitisch wurden wichtige Reformen versäumt, sodass die inzwischen entstandene moderne Industriegesellschaft in zunehmenden Widerspruch zu der seit der Reichsgründung beibehaltenen politischen Ordnung geriet.

Das Deutsche Kaiserreich

Hinweis: Die folgende Tabelle dient der Selbsteinschätzung deiner erworbenen Kenntnisse, Fähigkeiten und Kompetenzen. Die Auflistung erhebt nicht den Anspruch, vollständig zu sein. Es handelt sich um eine Auswahl, die ggf. erweitert werden kann. In der rechten Spalte findest du Hinweise, wie du eventuell vorhandene Lücken oder auch Unsicherheiten beseitigen kannst.

Ich kann ...	Ich bin sicher. ☺	Ich bin ziemlich sicher. 😐	Ich bin noch unsicher. 😕	Ich habe große Lücken. ☹	Auf diesen Seiten kannst du in ANNO nachlesen	Empfehlungen zur Übung, Wiederholung und Festigung
... die Bedeutung des deutsch-französischen Krieges für das nationale Selbstverständnis im Kaiserreich erklären.					242 – 247	Weise anhand der beiden Bilder auf Seite 247 das Selbstverständnis des Sieges über Frankreich nach.
... die politische Ordnung des Kaiserreiches im Hinblick auf den demokratischen Gehalt beurteilen.					248 – 251	Löse die Aufgaben 1 a) und b) auf Seite 248.
... das „Sozialistengesetz" und dessen gesellschaftliche Auswirkungen erläutern.					252 – 255	Nimm zu folgender Aussage Stellung: „Bismarck scheiterte mit seinem Sozialistengesetz."
... die Entstehung des Sozialversicherungssystems erläutern.					252 – 255	Halte einen Kurzvortrag zum Thema: „Das deutsche Sozialversicherungssystem – eine Antwort auf die Soziale Frage?"
... die Ursachen für die Militarisierung des öffentlichen Lebens in Deutschland erläutern.					242 – 243 246 – 247 256 – 258	Beurteile die Stellung des Militärs in der deutschen Öffentlichkeit.
... den gesellschaftlichen Wandel im Kaiserreich an Beispielen erläutern und im Hinblick auf Fortschritt und Rückständigkeit beurteilen.					263 – 269	Wähle eine der folgenden Aufgaben aus, entweder Seite 263, Aufgabe 1 a) bis c) oder Seite 267, Aufgabe 1 a) und Seite 268, Aufgabe 1 a).
...						

ACHTUNG:

bitte nicht beschreiben!

Du findest eine Kopie dieser Seite zur Bearbeitung unter dem Webcode

WES-115640-704

08

INDUSTRIALISIERUNG UND SOZIALE FRAGE

M 1 **Borsig's Maschinenbau-Anstalt zu Berlin“,** Gemälde von Eduard Biermann, 1847

M 2 **Lokomotiv- und Wagenräderbau in der Gussstahlfabrik von Friedrich Krupp in Essen,** Foto, um 1900

M 3 **Villa Hügel der Unternehmerfamilie Krupp in Essen,** aktuelles Foto

M 4 **Unfall in der Fabrik,** Gemälde von Johann Bahr, 1889

M 5 **Karl Marx und Friedrich Engels, Bronzestatuen in Berlin,** aktuelles Foto

Der Beginn der Industriellen Revolution in England

Die Industrielle Revolution gilt als einer der wichtigsten Einschnitte in der Weltgeschichte, da sie die Lebensbedingungen der Menschen grundlegend veränderte. Oft wird die Erfindung der Dampfmaschine als entscheidend angesehen. War dies der einzige Grund? Und: Warum begann die Industrialisierung in England?

Hinweis

Im Internet findest du verschiedene Videos, die dir die Funktionsweise der Dampfmaschine erklären, z. B. das Funktionieren einer Einzylinderdampfmaschine von 1903 in der Tuchfabrik Müller im LVR Industriemuseum Euskirchen. Schaue dir ein solches Video an und berichte über das Gesehene.

M 1 Modell der Dampfmaschine von James Watt

Die Dampfkraft wird auf Arbeitsmaschinen übertragen. Die einzelnen Schritte:
Ein Ofen (1) erhitzt Wasser im Kessel (2). Der entstehende Wasserdampf wird so in den Zylinder (3) geleitet, dass er dort den Kolben (4) auf- und abdrückt. Diese Bewegung wird durch das Gestänge (5) auf zwei Zahnräder (6) übertragen, die das große Schwungrad (7) antreiben. Von dort wird die Energie über Treibriemen (8) an die Maschinen weitergeleitet.

Aufgaben

1. Die Funktionsweise der Dampfmaschine

a) Erkläre, ausgehend vom Modell M1, das Grundprinzip der Dampfmaschine.

b) Benenne die Vorteile der Dampfmaschine gegenüber den bisherigen Energiequellen.

→ M1

2. Die Veränderung der Textilproduktion

a) Erläutere anhand der Abbildungen M2 und M3 die Vor- und Nachteile der Mechanisierung in der Textilproduktion aus unterschiedlichen Perspektiven: Unternehmer, Konsumenten, ehemalige Weber, Textilarbeiter.

b) Beschreibe und beurteile die Auswirkungen dieser Produktionsform auf das Leben.

→ Text auf den Seiten 279–281

M 2 Heimarbeit an einem Handspinnrad um 1750
zeitgenössische Darstellung

M 3 Webstühle in einer englischen Tuchfabrik, angetrieben von einer Dampfmaschine
Holzstich um 1840, spätere Kolorierung

Wirtschaft und Gesellschaft vor der Industrialisierung

Die vorindustrielle Welt gründete auf landwirtschaftlicher Arbeit. Das Dorf war die Lebenswelt der meisten Menschen, wobei das Land in der Regel Adligen oder der Kirche gehörte. Diese ließen den Boden durch zumeist unfreie Bauern gegen Abgaben bewirtschaften. Das System der Grundherrschaft blieb bis zur Industrialisierung im 19. Jahrhundert grundsätzlich erhalten.

Handwerkliche Arbeiten wurden vom Großteil der Bevölkerung meist selbst erledigt; spezielle Berufe wie Bäcker, Metzger, Schneider oder Goldschmiede bildeten sich im Mittelalter erst nach und nach heraus. Alle Produkte entstanden in Handarbeit: Es gab Werkzeuge, aber noch keine Maschinen. Die Gesellschaft war eine Ständegesellschaft, d. h. die Geburt bestimmte über die soziale Stellung der Menschen: Bauernkinder wurden wieder Bauern, Adelskinder waren automatisch adlig. Ein sozialer Aufstieg war selten. In den Städten entstand jedoch eine neue Lebenswelt – Stadtbewohner waren frei und verwalteten sich weitgehend selbst.

Diese vorindustrielle wirtschaftliche und soziale Ordnung, die über Jahrhunderte Bestand hatte, begann sich im 18. Jahrhundert im Zuge der Industrialisierung grundlegend zu wandeln.

England – Mutterland der Industrialisierung

Die Industrielle Revolution begann in England. Hier hatte sich bereits zur Mitte des 18. Jahrhunderts ein Übergang von der traditionellen handwerklichen Fertigung in Kleinbetrieben zu einer modernen industriellen Produktion in Fabriken vollzogen. Dabei entstanden erste industrielle Ballungszentren.

War früher ein Produkt meist vollständig von Einzelnen hergestellt worden, so herrschte in den Manufakturen des Absolutismus bereits Arbeitsteilung. Nun kam der Einsatz von Maschinen und eine Mechanisierung der Produktion hinzu. Die Veränderungen in der Produktionsweise betrafen zuerst die Textilindustrie, welche die weitere Entwicklung in England maßgeblich bestimmen sollte: Zum einen steigerten neu entwickelte Spinnmaschinen, die zunächst per Hand, später mit Pferde- und Wasserkraft angetrieben wurden, die Menge und die Qualität der erzeugten Garne. Zum anderen ermöglichten bessere Webstühle die Herstellung hochwertiger Stoffe in kürzerer Zeit. Diese wurden durch die neuen Dampfmaschinen betrieben, die unabhängig vom Standort eine gleichbleibende Energieversorgung ermöglichten.

M 4 James Watt (1736–1819)
trieb die Entwicklung der Dampfmaschine entscheidend voran, Gemälde (Ausschnitt) von Carl Fredrik von Breda, 1792.

WES-115640-801
Film über James Watt und die Dampfmaschine

Der Einsatz von Dampfmaschinen trieb die Mechanisierung und Industrialisierung in ganz Großbritannien voran. Dampfmaschinen senkten die Kosten und ermöglichten eine mechanisierte Großproduktion, die von der Textilindustrie bald auch auf andere Industriesparten übergriff, insbesondere auf Bergwerke, Kohlenzechen, Hüttenwerke und später auch auf die Landwirtschaft. Neben der Textilindustrie erlangte die Schwerindustrie eine große wirtschaftliche Bedeutung. Der Abbau von Eisenerz, die Gewinnung von Eisen und die Weiterverarbeitung etwa im Maschinenbau spielten bei der Industrialisierung eine zentrale Rolle.

Gründe für Englands Vorsprung bei der Industrialisierung

England profitierte von zahlreichen Faktoren, die das Emporwachsen einer Industrielandschaft förderten:

- Zunächst ermöglichte eine lange Friedensperiode den Ausbau der Infrastruktur, d. h. den Bau von Straßen und Kanälen.
- Kohle- und Eisenerzvorkommen in vorteilhafter Lage begünstigten zusammen mit einem leistungsfähigen Fluss- und Kanalsystem die Entstehung von Schwerindustrie und Maschinenbau.
- Rohstofflieferanten wie Nordamerika mit seinen von Sklaven bewirtschafteteten Baumwollplantagen dienten zugleich als Absatzmarkt für englische Maschinen und Fertigprodukte.
- Die Insellage war für diese Entwicklung von Vorteil: Ein- und Ausfuhren wurden dadurch erleichtert, dass England nicht nur über gute Häfen verfügte, sondern bereits seit dem 17. Jahrhundert mit seiner Flotte auch die Weltmeere beherrschte.
- In der ersten Phase der Industrialisierung lieferten wasserreiche Flüsse und Bäche die Antriebsenergie.
- Auch Veränderungen in der Landwirtschaft schufen günstige Voraussetzungen: Seit der Mitte des 18. Jahrhunderts verbesserte sich die Nahrungsmittel-

M 5 Einsatz der Dampfmaschine
Im Bergbau trieben Dampfmaschinen Wasserpumpen und Förderanlagen an, Gemälde, um 1800.

versorgung für die ständig wachsende Bevölkerung. Die Züchtung widerstandsfähiger Nutztiere und die intensive Nutzung des Bodens steigerten die Produktion landwirtschaftlicher Erzeugnisse. Die Grundbesitzer, meist Adlige, waren bestrebt, ihre Erträge kontinuierlich zu erhöhen. Viele Bauern konnten dieser Konkurrenz nicht standhalten und verloren ihre Selbstständigkeit. So standen sie nun den neu entstehenden Fabriken als Arbeitskräfte zur Verfügung.

- Günstig für die Industrialisierung war auch Englands innenpolitische Lage. Es erwies sich als vorteilhaft, dass das Parlament – anders als in anderen Staaten Europas – auf die Gesetzgebung Einfluss nehmen und so die Interessen der neuen Schicht von Unternehmern durchsetzen konnte. Die ökonomische und politische Freiheit des vermögenden Einzelnen und der bedingungslose Schutz des Privateigentums, aus dem keinerlei Verpflichtung erwuchs, förderten unternehmerische Initiativen, die auf eine rigorose Profitsteigerung abzielten. Der Staat spielte dabei nur eine untergeordnete Rolle – er setzte lediglich Rahmenbedingungen und vollzog ansonsten keinen Eingriff in das „freie Spiel der Kräfte des Marktes“ (z. B. keine Einfuhr- bzw. Ausfuhrbeschränkungen). Dies führte zu immensen sozialen Verwerfungen, die als „Pauperismus“ (von lat.: pauper – arm) bezeichnet werden. Da diese Entwicklung ab den 1830er-Jahren hauptsächlich von der englischen Industriestadt Manchester ausging, entstand der Begriff „Manchesterkapitalismus“ oder auch „Manchesterliberalismus“.
- Die Entwicklung besaß aber auch eine religiöse Komponente: Vor allem Puritaner verbinden wirtschaftlichen Erfolg mit göttlichem Segen, nach dem es zu streben gelte. So stieg England zur führenden Industrienation auf und behauptete diese Stellung für eine längere Zeit.

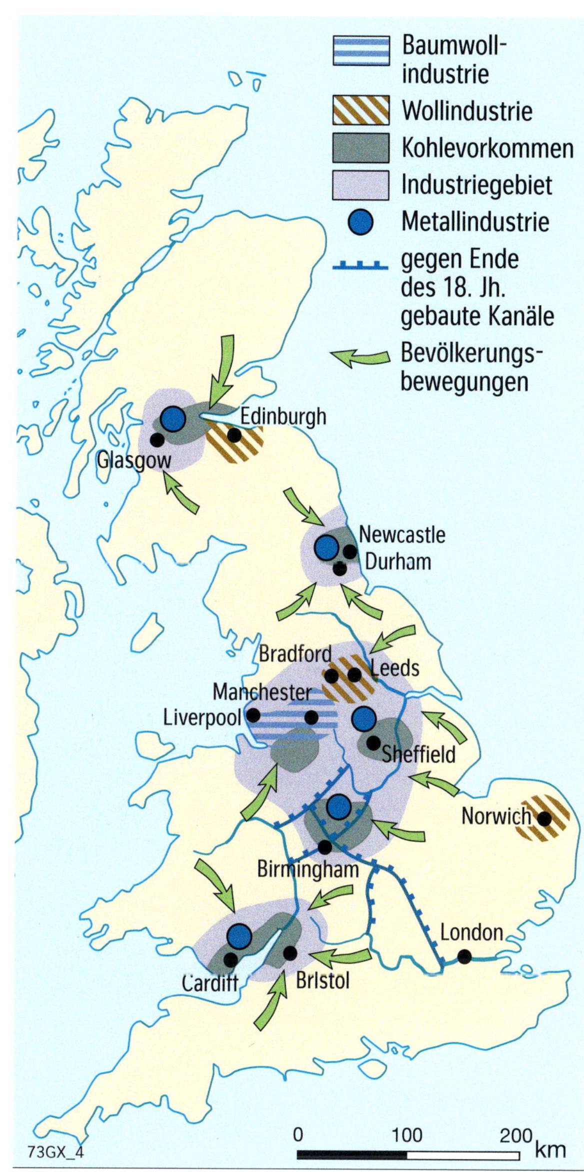

M 6 **Die Industrialisierung Großbritanniens im 18. Jahrhundert**

Aufgaben

1. Die Industrielle Revolution in England

a) Suche die im Text genannten Rohstoffvorkommen auf der Karte M6.

b) Erläutere den Zusammenhang zwischen Rohstoffvorkommen und industriellen Standorten in Großbritannien.

c) Arbeite Faktoren heraus, die den überseeischen Warenaustausch vereinfachten.

d) Erläutere die Gründe dafür, dass die Industrialisierung zuerst in England stattfand.

M6, Text auf den Seiten 279–281

Die Anfänge der Industrialisierung in Deutschland

Im Vergleich zu England erfolgte die Industrialisierung in Deutschland zeitlich verzögert. Die Phase der sogenannten Frühindustrialisierung dauerte bis Mitte des 19. Jahrhunderts. Erst ab 1850 erfolgte der umfassende Ausbau der Industrie; um 1900 schließlich war Deutschland eine Industriegesellschaft. Warum war das so?

M 1 Der Deutsche Zollverein (bis 1842)

Die schlechte Ausgangslage

Die territoriale Zersplitterung Deutschlands erwies sich lange Zeit als Hemmnis der industriellen Entwicklung. Unterschiedliche Rechtssysteme und Zollgrenzen lähmten den wirtschaftlichen Verkehr zwischen den einzelnen Territorien. Zwar gab es in Städten wie Augsburg, Nürnberg oder Solingen Schwerpunkte handwerklicher Fertigung und in einigen Mittelgebirgen Zentren mit Heimarbeitern, doch blieb die Zahl der dort Beschäftigten eher gering. Die überwiegende Mehrheit der Bevölkerung arbeitete nach wie vor in der Landwirtschaft. In den Städten regelten zu Beginn des 19. Jahrhunderts die Zünfte die handwerkliche Produktion, was sich ebenfalls hemmend auswirkte.

Der Staat greift ein

Einen wichtigen Schritt in die Zukunft bildeten Reformen, die Länder wie Preußen oder Sachsen einleiteten. Die Bauernbefreiung beendete die jahrhundertelange Erbuntertänigkeit, ermöglichte den Bauern die Selbstständigkeit oder zwang sie zur Lohnarbeit. Weitere Gesetze hoben den Zunftzwang auf und gewährten allen Bewohnern Freizügigkeit und Gewerbefreiheit. So konnte jeder einen Betrieb mit beliebigen Produkten oder Dienstleistungen eröffnen. Durch Gewerbe- und Industrieausstellungen, durch Bankgründungen, die neuen Unternehmern Kapital zur Verfügung stellten, sowie durch zahlreiche Einzelmaßnahmen unterstützte der Staat die Industrialisierung. Mit Schulgründungen, die der Ausbildung neuer technischer Eliten dienten, wurde der Staat auch im Bereich der Erziehung aktiv. 1868 wurde zum Beispiel in München die Technische Hochschule eröffnet, um Fachkräfte heranzubilden.

Die Gründung des Deutschen Zollvereins

Auch die Handelspolitik trug entscheidend zum Wandel der deutschen Wirtschaftsstruktur bei. 1818 schaffte Preußen die Zölle zwischen seinen Provinzen ab. Die süddeutschen Staaten reagierten 1828 mit der Gründung eines eigenen Zollvereins. 1834 schuf der Deutsche Zollverein schließlich einen einheitlichen deutschen Wirtschaftsraum, der den Mitgliedsstaaten durch die Ausweitung des Handels eine kräftige Belebung der Wirtschaft einbrachte. Viele Historiker betrachten die Gründung des Deutschen Zollvereins als entscheidenden Schritt zur nationalen Einheit Deutschlands.

Die Rolle der Unternehmer

Eine nicht zu unterschätzende Rolle bei der Industrialisierung Deutschlands spielten Unternehmerpersönlichkeiten. So brachte der Industrielle Friedrich Harkort (1793–1880) von einer Informationsreise durch England Facharbeiter und Techniker mit. Es gelang ihm, Kredite zu erhalten und 1819 die „Mechanischen Werkstätten Harkort u. Co." in Wetter an der Ruhr zu gründen. 1820 produzierte die Fabrik ihre ersten Dampfmaschinen. Harkort errichtete Kupfer- und Eisenwalzwerke und förderte die Eisenbahn und die Binnenschifffahrt. Bis 1871 war er zudem politisch als Liberaler tätig.

M 2 Friedrich Harkort (1793–1880)

Der Industrielle gründete große Fabriken, bemühte sich um soziale Einrichtungen und war ein führender Politiker im preußischen Abgeordnetenhaus, Gemälde von Wilhelm Volkhart, um 1850.

Aufgaben

1. Der Deutsche Zollverein

a) Erschließe die Karte M1. Verwende dafür den Trainingskasten auf Seite 202. Kläre unbekannte Begriffe auch mithilfe des Textes auf dieser Doppelseite.

b) Nenne die Zeitpunkte des Beitritts der einzelnen Länder zum Deutschen Zollverein.

c) Erkläre die Bedeutung des Deutschen Zollvereins.

→ M1, Text auf den Seiten 282–283

2. Industrialisierung in Deutschland

a) Erläutere die Maßnahmen, die verschiedene Länder ergriffen, um die Industrialisierung Deutschlands voranzutreiben.

b) Arbeite die Rolle der Unternehmer bei der Industrialisierung heraus.

→ Text auf den Seiten 282–283

Der Durchbruch der Industrialisierung in Deutschland

Eine Fahrt mit der Eisenbahn ist heute keine Besonderheit. Damals war dies eine Sensation. Ein solches Verkehrsmittel war völlig unbekannt. Aber die Eisenbahn war nicht nur als neue Form der Fortbewegung bedeutsam.

M 1 „Die Eisenbahnbrücke über den Rhein bei Ehrenbreitstein“

Der Maler Paul Meyerheim (1842–1915) erstellte im Auftrag des Unternehmers und Maschinenfabrikanten Albert Borsig zwischen 1873 und 1876 sechs großformatige Gemälde (jeweils etwa 360 x 270 cm) zum Thema „Werdegang einer Lokomotive“. Eines der Bilder zeigt eine Eisenbahn beim Überqueren der Eisenbahnbrücke über den Rhein bei Ehrenbreitstein/Koblenz. Im Hintergrund ist die Festung auf der rechten Rheinseite zu erkennen. Die Firma Borsig stellte nicht nur Lokomotiven her, sondern auch Brückenkonstruktionen aus Eisen.

Aufgaben

1. **„Die Eisenbahnbrücke über den Rhein bei Ehrenbreitstein“**
   a) Beschreibe alle Bildelemente des Gemäldes M1 und erläutere deren Aussagen über die verschiedenen Transport- und Reisemöglichkeiten der damaligen Zeit.
   b) Formuliere eine mögliche Darstellungsabsicht des Gemäldes. Begründe deine These.
   c) Beschreibe die Wirkung, die das Bild auf einen zeitgenössischen Betrachter ausgeübt haben könnte. Nimm dazu unterschiedliche Perspektiven ein.
   d) Beschreibe die Wirkung, die das Bild auf dich heute hat.
   e) Wählt Bildmotive aus, die für ein heutiges Bild ausgewählt werden könnten und diskutiert eure Auswahl.

M1

Der Durchbruch der Industrialisierung

Nach zögerlichem Beginn vollzog sich zwischen 1850 und 1870 in Deutschland der Durchbruch zur Industriegesellschaft. Diese Periode wird in der Wissenschaft oft als „Take-off-Phase“, als Phase des „Abhebens“ bezeichnet. Die Industrialisierung breitete sich in regional unterschiedlicher Geschwindigkeit aus, zuerst in Schlesien, Sachsen und im Rheinland, später in Westfalen, Hessen, Baden, Württemberg und Bayern. Daneben gab es aber auch von wirtschaftlichen Neuerungen weitgehend unberührte Gebiete. Während die politischen und sozialen Veränderungen durch das Scheitern der Revolution von 1848/49 gehemmt wurden, setzte sich der Prozess der Industrialisierung beschleunigt fort.

Der Eisenbahnbau als Leitsektor

Wesentliche Triebkraft hinter der Industrialisierung war der Eisenbahnbau, dessen Anfänge in der ersten Hälfte des 19. Jahrhunderts liegen. Um die neue Technik zu voranzutreiben, wurde Geld in bisher ungekanntem Ausmaß investiert. Der Staat unterstützte den Ausbau eines Eisenbahnnetzes und genehmigte die Gründung von Aktiengesellschaften: Gegen Einlage einer Geldsumme konnten Anteilscheine an Unternehmen (Aktien) erworben werden, was den Unternehmen Kapital verschaffte. Die Aktionäre hofften auf Gewinn, mussten bei schlechtem Geschäft aber auch die Verluste tragen. Die Eisenbahn setzte sich in schnellen Schritten durch:

- Nachdem George Stephenson 1814 eine betriebstaugliche Dampflokomotive entwickelt hatte, wurden 1820 erstmals Eisenbahnschienen aus gewalztem Stahl hergestellt.
- 1825 ging die erste öffentliche Bahnstrecke in England zwischen Stockton und Darlington in Betrieb.
- Am 7. Dezember 1835 wurde die erste deutsche Eisenbahnstrecke mit 6,5 km Länge zwischen Nürnberg und Fürth eröffnet.

In der Folgezeit bestimmten zunehmend die Deutschen das Eisenbahnwesen: In Berlin gründete August Borsig (1804–1854) eine Eisengießerei und Maschinenbauanstalt, die schon bald Lokomotivreparaturen ausführte und 1841 die ersten eigenen Lokomotiven produzierte. 1875 zählte Borsig neben Baldwin in den USA zu den größten Lokomotivfabriken der Welt und belieferte Staatsbahnen im In- und Ausland.

WES-115640-802 Hörszene über die erste Bahnfahrt

M 2 Erste Eisenbahnstrecke

Am 7. Dezember 1835 wurde zwischen Nürnberg und Fürth die erste deutsche Eisenbahnstrecke eröffnet. Ihre Länge betrug 6,5 km, die Lokomotive „Adler“ stammte aus England.

Die weitere Entwicklung verlief rasant: Die Bahn erwies sich als großer finanzieller Erfolg und beförderte immer mehr Personen. Durch das „Eisenbahnfieber“ schnellte die Zahl der eisen- und stahlverarbeitenden Betriebe in die Höhe, wodurch auch der Bedarf an Arbeitskräften sprunghaft anstieg. Das sich stetig ausweitende Streckennetz verbilligte den Transport von Menschen und Gütern, die Reisedauer zwischen den Städten verkürzte sich beträchtlich und die neue Mobilität veränderte das Lebensgefühl der Menschen entscheidend.

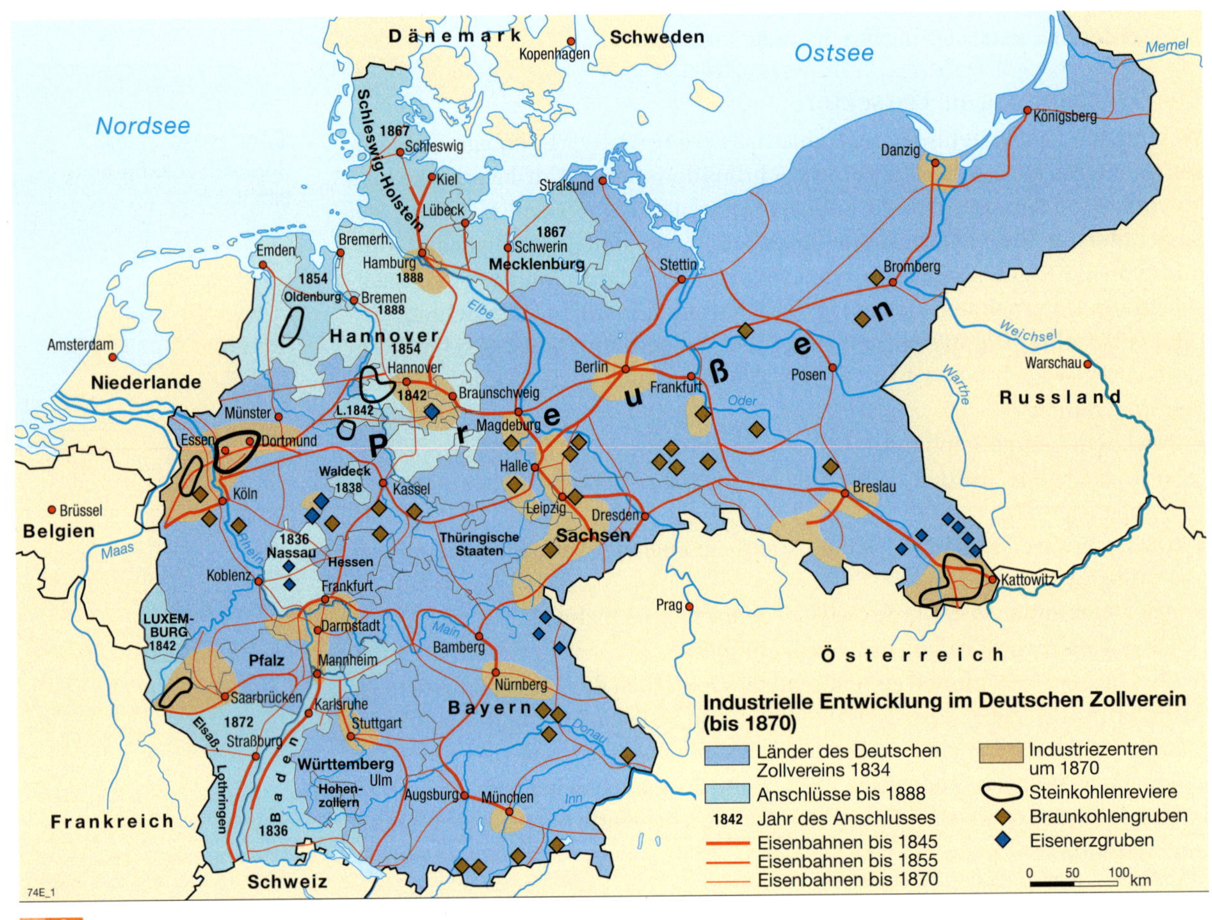

M 3

M 4 **Länge der Eisenbahnstrecken in Deutschland**

Jahr	1845	1850	1855	1860	1870	1875	1880	1885	1890	1895	1900	1905
km	2131	5822	7781	11026	18560	27795	33865	37572	41818	45203	49878	54680

Nach: Werner Sombart, Die deutsche Volkswirtschaft im 19. Jahrhundert und im Anfang des 20. Jahrhunderts (photomech. Nachdr. d. Ausgabe v. 1903), Darmstadt: Wissenschaftliche Buchgesellschaft 1954, S. 493.

Aufgaben

1. Der Eisenbahnbau in Deutschland

a) Berechne den prozentualen Zuwachs der Streckenlängen zwischen 1845 und 1875 (M4).

b) Erläutere die Rückschlüsse, die sich daraus auf die industrielle Entwicklung Deutschlands ziehen lassen.

c) Nenne Auswirkungen des Eisenbahnbaus auf das Leben der Menschen.

→ M3, M4, Text auf den Seiten 285–286

Die Eisenbahn – Erfahrungen von Zeitgenossen

M5 Die Eisenbahn, ein „heulendes Ungeheuer"?

Im 19. Jahrhundert rief die Eisenbahn als neues und revolutionäres Verkehrs- und Transportmittel ganz unterschiedliche Reaktionen hervor.

a) Thomas Gray, englischer Eisenbahnpionier, 1822:

Den Gefahren des gegenwärtigen Kutschensystems (wie z. B. mangelhafte Beherrschbarkeit der Pferde, Unachtsamkeit der Kutscher, Tierquälerei, schlechter Zustand der Straßen usw.) würde man auf dem Schienenweg nicht begegnen, denn dessen solider Unterbau macht es unmöglich, dass ein Fahrzeug umstürzt) oder vom Weg abkommt; da der Schienenweg vollkommen eben und glatt sein muss, droht auch bei erhöhter Geschwindigkeit keine Gefahr, denn die mechanische Kraft wirkt gleichförmig und regelmäßig, im Unterschied zur Pferdekraft, die bekanntlich genau das Gegenteil ist.

Übers. zit. n.: Wolfgang Schivelbusch, Geschichte der Eisenbahnreise. Zur Industrialisierung von Raum und Zeit im 19. Jahrhundert, Frankfurt/M.: Fischer-Taschenbuch-Verlag 2011 (5. Aufl.), S. 17, ©Hanser Verlag, München.

b) Kommentar in „The Fingerpost", englische Zeitschrift, 1825:

Es steht zu erwarten, dass in nicht allzu langer Zeit der nervöse Mensch einen von einer Lokomotive gezogenen Wagen besteigen und sich dabei wesentlich sicherer fühlen wird als noch zu der Zeit, da er in einem Wagen reist, der von vier Pferden gezogen wird, die alle verschieden stark und verschieden schnell, eigensinnig und unkontrollierbar sowie mit allen Schwächen des Fleisches behaftet sind.

Übers. zit. n.: Wolfgang Schivelbusch, Geschichte der Eisenbahnreise. Zur Industrialisierung von Raum und Zeit im 19. Jahrhundert, Frankfurt/M.: Fischer-Taschenbuch-Verlag 2011 (5. Aufl.), S. 19, ©Hanser Verlag, München.

c) Hermann von Pückler-Muskau in einem Brief im Jahre 1827:

Höre, was das erwähnte Ungetüm alles leistet. Als erstes ist seine Nahrung die wohlfeilste, denn es frisst nichts als Holz und Kohlen. Es braucht aber gar keine, sobald es nicht arbeitet. Es wird nie müde und schläft nie. [...] Endlich ist es so folgsam, obgleich seine Stärke der von hundert Pferden gleichkommt, dass ein Kind von vier Jahren mit dem Druck seines kleinen Fingers [...] seine ungeheure Arbeit zu hemmen imstande ist."

Zit. n.: Hermann von Pückler-Muskau, Briefe eines Verstorbenen. Ein fragmentarisches Tagebuch. Band 4 , Stuttgart: Hallberg'sche Verlagshandlung 1831, S. 251 f. (Zwanzigster Brief, 23. November) [Rechtschreibung angepasst].

d) Thomas de Quincy, englischer Schriftsteller, 1849:

Wenn wir in der alten Postkutsche saßen, brauchten wir zur Feststellung der Geschwindigkeit keinen Beleg außer uns selbst. [...] Die lebendige Erfahrung unserer Sinne ließ keinen Zweifel über unsere Geschwindigkeit zu; wir hörten die Geschwindigkeit, wir sahen sie, wir spürten sie als Erregungszustand; diese Geschwindigkeit war nicht das Produkt blinder und empfindungsloser Kräfte, die in keinem Einklang mit uns standen, sondern sie lebte in den feurigen Augen des edelsten Tieres, in seinen erweiterten Nüstern, seinem Muskelspiel, seinen donnernden Hufen.

Übers. zit. n.: Wolfgang Schivelbusch, Geschichte der Eisenbahnreise. Zur Industrialisierung von Raum und Zeit im 19. Jahrhundert, Frankfurt/M.: Fischer-Taschenbuch-Verlag 2011 (5. Aufl.), S. 17, ©Hanser Verlag, München.

e) Victor Hugo, französischer Schriftsteller, in einem Brief 1837:

Die Blumen am Feldrain sind keine Blumen mehr, sondern Farbflecken, oder vielmehr rote und weiße Streifen; es gibt keinen Punkt mehr, alles wird Streifen; die Getreidefelder werden zu langen gelben Strähnen; die Kleefelder erscheinen wie lange grüne Zöpfe; die Städte, die Kirchtürme und die Bäume führen einen Tanz auf und vermischen sich auf verrückte Weise mit dem Horizont.

Übers. zit. n.: Wolfgang Schivelbusch, Geschichte der Eisenbahnreise. Zur Industrialisierung von Raum und Zeit im 19. Jahrhundert, Frankfurt/M.: Fischer-Taschenbuch-Verlag 2011 (5. Aufl.), S. 54, ©Hanser Verlag, München.

Aufgaben

1. **Die Eisenbahn – Erfahrungen von Zeitgenossen**
   Arbeite aus den Quellenauszügen (M5) die Einstellungen der jeweiligen Verfasser zum neuen Verkehrsmittel Eisenbahn heraus.
   → M5

Industrielandschaften entstehen: Beispiel Ruhrgebiet

Das Ruhrgebiet galt für Jahrzehnte als wichtigste Industrieregion Deutschlands. Um die Mitte des 19. Jahrhunderts war es allerdings noch weitgehend ländlich geprägt. Wieso kam es gerade dort zu einer solch einschneidenden Veränderung?

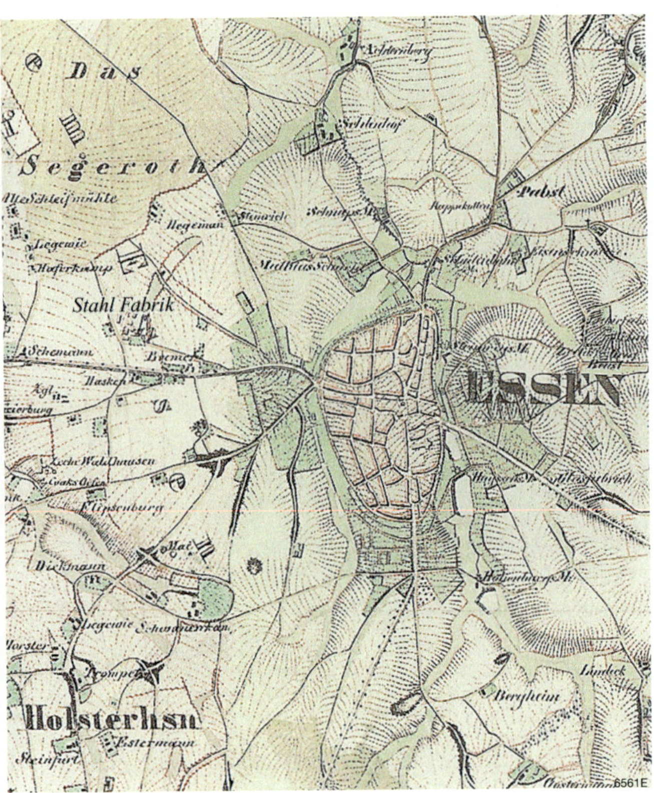

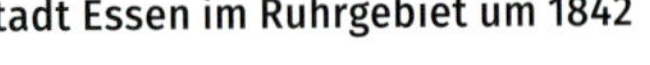
M 1 Die Stadt Essen im Ruhrgebiet um 1842

M 2 Die Stadt Essen im Ruhrgebiet um 1892

Aufgaben

1. **Die Stadt Essen im Ruhrgebiet**
   a) Arbeite anhand der beiden Karten M1 und M2 drei Veränderungen heraus, die sich in Essen zwischen 1842 und 1892 ergeben haben.
   b) Erläutere die Veränderungen, die sich im Ruhrgebiet insgesamt aufgrund der Industrialisierung ergeben haben.
   ⤳ M1, M2

Das Ruhrgebiet entsteht

Durch die Kohlevorkommen entwickelte sich das Ruhrgebiet zum industriellen Ballungszentrum. Da die Eisenindustrie große Mengen von Kohle verschlang, musste sie dem Kohlebergbau folgen. Das war notwendig, da das dürftige Straßennetz und die wenigen Pferdebahnen und Treidelschiffe größere Transportleistungen nicht bewältigen konnten. Die Verklammerung von Bergbau und Schwerindustrie machte das Ruhrgebiet zur wichtigsten Industrieregion Deutschlands, die ein Heer von Arbeitskräften anzog. Sie kamen aus allen Teilen Deutschlands.

Zehntausende von Arbeitern benötigten mit ihren Familien nun eine Unterkunft, sodass neben den Industriebetrieben große Arbeitersiedlungen entstanden. Kleine Orte wie Essen, Bochum, Dortmund oder Gelsenkirchen wuchsen innerhalb kurzer Zeit zu Großstädten heran. Nach und nach wurde die notwendige Infrastruktur, also Straßen, Wasserversorgung und Schulen errichtet. Bis dahin gestalteten sich die Wohn- und Lebensverhältnisse außerordentlich schlecht und besserten sich nur sehr langsam.

Staaten	Bevölkerung			Zunahme in %
Jahr	1816	1871	1910	1816–1910
Preußen	13708978	24689352	40165219	193,0
– Schlesien	1942063	3707167	3225962	169,1
– Ostpreußen	886174	1822934	2064175	132,9
– Rheinland	1909932	3579347	7121140	272,9
Bayern	3607036	4863450	6887291	90,9
Württemberg	1410684	1818539	2437574	72,8
Baden	1005899	1461562	2142833	113,0
Sachsen	1194010	2556244	4806681	302,6
Mecklenburg-Schwerin	308166	552897	639958	107,7
Deutsches Reich	24833396	41058792	64925993	161,5

Nach: Hubert Kiesewetter, Industrielle Revolution in Deutschland. Regionen als Wachstumsmotoren, Stuttgart: Franz Steiner Verlag 2004, S. 126.

M 3 Bevölkerungswachstum ausgewählter deutscher Bundesstaaten und preußischer Provinzen 1816–1910

Training

Umgang mit Statistiken

Statistiken sind heute allgegenwärtig. Fast alles wird zahlenmäßig erfasst. Dies ist jedoch eine relativ junge Methode. Bei Statistiken handelt es sich um Daten, die nach bestimmten Gesichtspunkten ausgewählt und geordnet wurden. Sie werden meist in Tabellen zusammengestellt. Häufig veranschaulicht man statistische Ergebnisse auch grafisch in einem Diagramm.
Es gibt dabei verschiedene Formen: So informieren Kreisdiagramme über die Anteile an einem Ganzen. Kurvendiagramme geben eine kontinuierliche Entwicklung wieder. Balken- oder Säulendiagramme sind sinnvoll, wenn Daten zu verschiedenen Zeitpunkten miteinander verglichen werden sollen. Es gibt eine Reihe von Sachverhalten, die aus Statistiken entnommen werden können.

Gehe in folgenden Arbeitsschritten vor:

1. Die Statistik vorstellen

a) Erläutere den Titel der Statistik.
b) Informiere dich über den Autor bzw. Herausgeber.
c) Erkläre die möglichen historischen Daten, die der Statistik zugrundliegen.

2. Die Statistik auswerten

a) Informiere dich über die wichtigsten inhaltlichen Zusammenhänge, die in der Statistik dargestellt werden.
b) Erläutere wichtige Zusammenhänge und Entwicklungen.
c) Gib die Ursachen für diese Entwicklungen an.

3. Die Statistik beurteilen

a) Erläutere die Grundaussagen, die auf Basis der Statistik getroffen werden können.
b) Beurteile die Aussagekraft der Statistik hinsichtlich des dargestellten historischen Zusammenhangs.
c) Erläutere weitere eventuell notwendige statistische Angaben für eine umfassende Beurteilung der historischen Ereignisse.

Aufgaben

1. Wachstum der Bevölkerung – Umgang mit einer Statistik

a) Verorte die in der Statistik M3 genannten Staaten auf der Karte M3 auf Seite 286.
b) Erläutere die Anlage der Statistik M3 und erschließe zentrale Aussagen. Nutze für die Arbeit den Trainingskasten auf dieser Seite.
→ M3, Trainingskasten

Deutschland – Ein Industriestaat

Im 19. Jahrhunderts stieg Deutschland zu einer der größten Industrienation auf. Das lag zunächst an der sogenannten Schwerindustrie: Eisen und Stahl waren die wichtigsten Produkte. Dann kamen neue Industriezweige hinzu, die das Leben bis heute maßgeblich bestimmen.

M 1 **Werbeplakat für die „Allgemeine Elektricitäts-Gesellschaft Berlin" (AEG)**
Berlin, 1888

Aufgaben

1. **Ein Werbeplakat erschließen**
   a) Beschreibe das Werbeplakat der AEG von 1888.
   b) Erkläre die Bedeutung der einzelnen Bildelemente.
   c) Arbeite die Grundaussage der Werbung heraus und beurteile, ob diese deiner Meinung nach gelungen ist.
   →M1

Neue Leitsektoren

War zunächst die Eisenbahn Motor des Wirtschaftswachstums, so entwickelten sich in rascher Folge neue Industriezweige, die die Industrialisierung vorantrieben. Am Ende des 19. Jahrhunderts übernahmen die Elektro- und die Chemieindustrie die Rolle der sogenannten Leitsektoren. Um 1900 war Deutschland endgültig zum Industriestaat geworden und kein Agrarland mehr.

Elektrizität verändert das Leben

Die Telegrafie hatte als moderne Kommunikationstechnik bereits im amerikanischen Bürgerkrieg und in den deutschen Einigungskriegen eine bedeutende Rolle gespielt und fand nun zunehmend auch zivile Anwendung. Das von Alexander Bell 1876 erfundene Telefon, über das schon ein Jahr später von Berlin aus das erste kontinentaleuropäische Gespräch geführt wurde, erleichterte die Kommunikation über große Entfernungen. Die Erfindung der Glühbirne durch Thomas Alva Edison 1879 löste in den Industriestaaten zunehmend Gaslaternen und Petroleumlampen ab.

Voraussetzung all dieser Entwicklungen war das 1866 von Werner von Siemens entdeckte dynamoelektrische Prinzip, das die Grundlage für die Umwandlung mechanischer in elektrische Energie bildet. Die Elektrizitätswerke dienten zunächst vor allem der Erzeugung von Strom für die Beleuchtung; zukunftweisend war jedoch die Verwendung des Stroms für den Betrieb von Elektromotoren. Diese verdrängten bald die Dampfmaschine aus den Fabriken und ermöglichten es auch kleineren Betrieben, moderne Produktionsweisen einzuführen. Besondere Bedeutung erlangte der Elektromotor auch im Verkehr, so konnten zum Beispiel die Wohnungen der Arbeiter dank der elektrischen Straßenbahn in größerer Entfernung von der Arbeitsstätte errichtet werden. 1913 stand bereits der Hälfte der deutschen Bevölkerung Strom zur Verfügung.

M 2 Arbeitstrupp der AEG beim Verlegen von Leitungen in Berlin

Holzstich (Ausschnitt) von E. Thiel, um 1890

Aufstieg der Chemieindustrie

In der zweiten Hälfte des 19. Jahrhunderts führten verschiedene Entdeckungen zu einem rasanten Aufstieg der Chemie- und Farbenindustrie. Die deutsche Chemieindustrie errang mit ihrer Produktion und ihren Innovationen sogar die internationale Vorherrschaft. An großen Flüssen gelegene Städte wurden zu Produktionszentren, da dort die Rohstoffversorgung einfacher war und genügend Kühlwasser zur Verfügung stand. Allerdings begann damals auch die Einleitung von Schadstoffen in die Flüsse.

Ab 1900 wirkten Elektrizität und Chemie immer stärker zusammen, besonders im Bereich der Metallverarbeitung. Deutschland war zu einer wirtschaftlichen Weltmacht und zum größten Industrieproduzenten nach den USA aufgestiegen.

Die Entstehung von Großbetrieben

In dieser Phase bildeten sich im Bereich der neuen Leitsektoren sowie im Bergbau und in der Schwerindustrie immer mehr Großbetriebe wie Siemens, Krupp, Thyssen, AEG, BASF oder Bayer. Sie entstanden im Zuge des enormen Wirtschaftswachstums oder durch Zusammenlegung bisher selbstständiger Firmen. Solche durch Kapitalbeteiligung miteinander verflochtene Firmen unter einheitlicher Leitung bezeichnet man als Konzerne. Der Konzentrationsprozess brachte es nicht selten mit sich, dass auf bestimmten Sektoren die Konkurrenz ausgeschaltet wurde und Großunternehmen die Preise weitgehend allein diktierten.

M 3 Waschmittel

Werbeplakat, Anfang 20. Jahrhundert

Länge der Eisenbahnstrecken in Deutschland und den Thüringischen Staaten in Kilometern		
Jahr	Deutschland	Thüringische Staaten
1870	18560	575
1880	33865	1102
1890	41818	1554
1900	49878	1950
Fläche in km²		
Deutsches Reich		540858
Thüringische Staaten		12332

Nach: Werner Sombart, Die deutsche Volkswirtschaft im 19. Jahrhundert (1903), Darmstadt 1954, S. 493 und Günter Fromm, Thüringer Eisenbahnstreckenlexikon, Bad Langensalza 1996, S. 104–131.

M 4

Die Industrialisierung in Thüringen

Das Leben in den Thüringer Staaten und in den preußischen Gebieten Thüringens war zu Beginn des 19. Jahrhunderts noch stark von der Landwirtschaft geprägt. Die geografische Lage Thüringens – zentrale Handelsstraßen wie die Nord-Süd-Route von den Hansestädten nach Nürnberg und die West-Ost-Route von Frankfurt/Main nach Breslau kreuzten sich hier – begünstigte die gewerbliche Produktion. Fertigwaren der Textilherstellung aus Gera und Schleiz fanden rasch Abnehmer in Süddeutschland und sogar in Übersee, Tuchmacher aus Lobenstein lieferten ihre Waren bis in die Schweiz. Der entscheidende Impuls für die Industrialisierung Thüringens ging aber – wie in anderen Gegenden auch – vom Eisenbahnbau aus. Bereits 1841 unterzeichneten Preußen und verschiedene thüringische Staaten einen Staatsvertrag über den Bau und Betrieb einer Thüringer Eisenbahn. Die Anbindung der Städte an das Eisenbahnnetz trug daraufhin entscheidend zur Verbesserung der Handelsmöglichkeiten und zur Ansiedlung neuer Gewerbe bei. Besonders deutlich wird dies an der Entwicklung Gothas. Die Stadt wurde schon 1847 an die Eisenbahnlinie Leipzig–Frankfurt/Main angebunden. Überdies verfügte Gotha frühzeitig über Gas und Elektrizität, was eine kontinuierliche Energieversorgung für die sich entwickelnden Unternehmen garantierte. Einige Gothaer Betriebe erlangten deutschlandweite Bedeutung, zum Beispiel die von Fritz Bothmann 1883 eröffnete erste Karussellfabrik Deutschlands.

Auch Erfurt, Jena, Gera und Apolda entwickelten sich zu Zentren der thüringischen Industrialisierung. Im Unterschied zu anderen Teilen Deutschlands entstanden in Thüringen jedoch deutlich weniger Aktiengesellschaften. Die Thüringer Industrie bestand vor allem aus Klein- und Mittelbetrieben.

M 5 Christian Zimmermann & Sohn in Apolda

Bereits 1866 baute die Firma „Christian Zimmermann & Sohn" an der Dornburger Straße das erste große Fabrikgebäude Apoldas, ausgestattet mit einer Gasbeleuchtung und einer Dampfmaschine zum Betreiben der Wirkstühle. Das Foto von 1881 zeigt die Fertigstellung der erweiterten Fabrik in der Bahnhofstraße (heute Landratsamt).

Aufgaben

1. **Die Hochindustrialisierung in Deutschland**
   a) Nenne die für die Hochindustrialisierung wichtigen Industriezweige.
   b) Erläutere deren Bedeutung.
   Text auf Seite 291
2. **Industrialisierung in Thüringen**
   a) Erläutere die Schwierigkeiten, die sich aus der Vielzahl von Staaten in Thüringen für den Eisenbahnbau ergaben.
   b) Vergleiche die Entwicklung des Eisenbahnbaus im Deutschen Reich mit dem in Thüringen.
   M4, Text auf Seite 291–292
3. **Industrie und Umweltverschmutzung**
   a) Gib die beiden Positionen aus den Texten (M5) wieder und verfasse dazu einen Kommentar aus der Sicht eines Zeitgenossen.
   b) Recherchiere nach aktuellen Beispielen für Umweltverschmutzungen. Vergleiche sie mit dem hier dargelegten Fall von 1905.
   M6, Internet

Industrie und Umweltverschmutzung – Ein Beispiel von 1905

M 6 Fischsterben in der Nahe

a) In einem Zeitungsartikel von 1905 wird über ein Fischsterben in der Nähe von Sobernheim (im heutigen Landkreis Bad Kreuznach) berichtet:

Ein widerlicher Anblick bot sich am Himmelfahrtstage den zahlreichen Spaziergängern dar, die ihre Schritte nach den jenseits der Nahe gelegenen Waldanlagen gelenkt hatten, um dort Ruhe und Erholung zu suchen. In kalkmilchartiger Färbung floss das Wasser der Nahe langsam dahin – die lange Dürre hat das Nahebett an manchen Stellen nahezu trocken gelegt – und Tausende und Abertausende toter und sterbender Fische, darunter Hechte und Forellen bis zu 3 Pfund bzw. 1 Pfund Schwere trieben in der Flut. Viele Leute machten sich diesen Umstand zunutze und holten die Tiere heraus, um sie zum Verspeisen mit nach Hause zu nehmen, – ein nicht unbedenkliches Unterfangen, war es doch dem Urteilsfähigen sofort klar, dass die arme Tiere einer Vergiftung zum Opfer gefallen sein konnten. Eine nähere Besichtigung ergab noch die betrübende Tatsache, dass neben den vielen anderen Fischarten die unter Aufwand von 100 Mk. Kosten vor längerer Zeit hier eingesetze Forellenbrut, welche in ihrer Entwicklung schönste Erfolge versprach, größtenteils – wenn nicht ganz – vernichtet ist. [...]

Die Angelegenheit ist der Staatsanwaltschaft zur näheren Untersuchung übergeben. Hoffentlich gelingt es dieser, hier endlich einmal Wandel zu schaffen. Ist doch der Gedanke nicht abzuweisen, dass auch die nicht eingegangenen Fische infolge des Kalkwassers krank und der menschlichen Gesundheit leicht von Schaden sein können. Außerdem ist der Flusslauf durch die Kalk- usw. Rückstände in Form eines grau-weißen stinkenden Niederschlags auf eine lange Strecke derart besudelt, dass ein Bad im Flusse nur unter Überwindung eines großen Ekelgefühls möglich ist. [...]

b) In einem Leserbrief, der Bezug auf den Zeitungsartikel nimmt, ist Folgendes zu lesen:

Der in Nr. 87 Ihres Blattes enthaltene Artikel betreffend Massenabsterbens von Fischen in der Nahe bei Sobernheim muss sowohl bei der Behörde als bei denjenigen Personen, welche in Betracht kommenden Verhältnisse nicht näher kennen, den Eindruck hervorrufen, als ob durch die Abwässer der Leimfabrik die ganze Fischzucht ruiniert werde. Der Schreiber dieses Artikels geht jedenfalls zu weit bezüglich der von ihm behaupteten Ursache des Absterbens der Fische, indem er besagt, dass die Fische infolge des Kalkwassers erkrankt und eingegangen seien. [...]

Gegen diese Annahme sprechen folgende Tatsachen. 1. Am Einflusse der Abwässer in das Nahebett kann man jeden Tag beobachten, wie eine Reihe großer und kleiner Fische in dem Kalkwasser vergnügt und munter herumschwimmen. 2. Die Abwässer der Leimfabrik haben immer denselben Kalkgehalt, da sie vor dem Einflusse in die Nahe mehrere Klärbehälter und die städtischen Wiesen in verschiedenen Krümmungen durchlaufen. [...]

3. Die Abwässer der Leimfabrik sind durch einen Sachverständigen untersucht und es liegt darüber ein eingehendes, wissenschaftlich begründetes Gutachten vor. Das Gutachten lautet dahin: Der Eintritt des Abwassers der Firma Caesar & Ewald in die Nahe bietet bzw. kann keine Gefahr für die Fischzucht bieten, umsomehr als der in dem Abwasser vorhandene freie Kalk nicht als Ätzkalk, sondern in unlöslichen, absolut unschädlichen kohlensauren Kalk überführt wird. [...]

Wollte man aber auch annehmen, dass durch die Zufuhr der Abwässer ein Teil der Fische einginge, so steht die Stadt Sobernheim vor der Frage, ob sie unter alle Umständen die Fischzucht hochhalte und der Industrie die Wege verlegen will, oder ob es ratsamer ist, einen Teil der Fische zugrunde gehen zu lassen und der Industrie die Wege zu bahnen. Bei Beantwortung dieser Frage müssen folgende Tatsachen in Betracht gezogen werden: Die Fischereipacht bringt der Stadt jährlich zirka 200 Mark ein. Die Firma Caesar & Ewald zahlt jährlich, abgesehen von sonstigen Ausgaben, allein an Arbeiterlöhnen durchschnittlich 35 000 Mark. Die Firma muss den Betrieb einstellen, wenn sie ihre Abwässer nicht mehr los wird. Wollen wir also nur eine Bevölkerung haben, die Landwirtschaft treibt und möglichst dafür sorgen, dass die Spaziergänger an dem klaren Spiegel der Nahe sich erfreuen können, so müssen wir die Industrie lahmlegen. Wollen wir aber, was tatsächlich der Fall ist, der ärmeren Bevölkerung Unterhalt verschaffen, dieselbe vor dem Auswandern schützen, und damit den Verkehr und die Geschäfte heben, so ist es nicht zu umgehen, auf die Industrie Rücksicht und die Unannehmlichkeiten, welche sie mit sich bringt, mit in den Kauf zu nehmen.

Zit. nach: Jens Flemming/Klaus Saul/Peter-Christian Witt (Hg.), Quellen zur Alltagsgeschichte der Deutschen 1871–1914, Darmstadt: Wissenschaftliche Buchgesellschaft 1997, S. 56 ff.

Carl Zeiss und Jena – Ein Unternehmer in Thüringen

Denkmal für Carl Zeiss
(11. September 1816 in Weimar – 3. Dezember 1888 in Jena), Foto, Jena, 2021

2017 wurde in der Universitätsstadt Jena ein durch Spenden finanziertes Denkmal für Carl Zeiss eingeweiht. Viele Einwohnerinnen und Einwohner der Stadt hatten ein solches Denkmal lange vermisst: War doch Carl Zeiss ein Mann, der Jena wie kaum ein anderer geprägt und maßgeblich dazu beigetragen hat, dass aus einem verträumten Universitätsstädtchen eine Stadt mit Weltgeltung wurde. Sein Wirken ist bis zum heutigen Tag im Stadtbild zu erkennen; selbst das zentrale Hochhaus verdankt ihm indirekt sein Aussehen.

Diese Entwicklung war keineswegs vorhersehbar: Zwar konnte Carl Zeiss sein seit 1846 bestehendes Unternehmen zunehmend erweitern, aber die Qualität der produzierten Linsen und Mikroskope stellte den ehrgeizigen Unternehmer lange Zeit nicht zufrieden. Die Zusammenarbeit mit Ernst Abbe ab 1866 eröffnete dann aber neue Herstellungsmethoden auf präziser mathematischer Grundlage. Als einer der ersten deutschen Unternehmer erkannte Carl Zeiss die Notwendigkeit einer Verbindung von Wissenschaft und Unternehmertum. In der Folgezeit konnte die Produktion von Mikroskopen deutlich gesteigert werden. Wurden in den Jahren 1847 bis 1869 insgesamt 1308 Mikroskope verkauft, so waren es zwischen 1870 bis 1889 schon 13 228. Dennoch stieß die Firma bald wieder an Qualitätsgrenzen – bessere Mikroskope erforderten Glas von höchster Präzision. Wieder suchte Carl Zeiss lange nach einer Lösung für dieses Problems, bis die wissenschaftlichen Dispute zwischen Ernst Abbe und Otto Schott dazu führten, dass der Unternehmer Schott in Jena ein Baugrundstück für eine Glasfirma erwarb. Finanziert wurde dieser Kauf von Carl Zeiss.
Die Verbindung von Wissenschaft und unternehmerischem Geschick bildete die Grundlage des Erfolges von Carl Zeiss.

Die Arbeitskräftesituation stellte die Firma dabei beständig vor neue Herausforderungen. Zeiss hatte hohe Ansprüche an seine Mitarbeiter; Fleiß, Engagement und qualitätsgerechtes Arbeiten bildeten für ihn eine Einheit. Nicht selten mussten Mitarbeiter die Firma wieder verlassen, wenn sie diesem Credo nicht folgen wollten oder konnten. Trotz oder vielleicht auch aufgrund dieser Ansprüche zog das Unternehmen die Menschen der Umgebung an. Waren Ende der 1880er-Jahre 360 Menschen bei Zeiss beschäftigt, so vergrößerte sich diese Zahl bis 1914 auf über 5200. Die besonderen Sozialstandards der Firma trugen zu ihrem Erfolg mit bei: Bereits seit 1875 existierte eine betriebliche Krankenkasse. Mitarbeiter, die vor ihrem 40 Lebensjahr in das Unternehmen eintraten, hatten schon nach fünf Jahren einen Anspruch auf Invaliden- und Alterspension erworben. Diese Regelungen schufen eine Verbindung zwischen den Arbeitern und dem Unternehmen, welche auch eine besondere Beziehung zwischen dem Unternehmen und der Stadt entstehen ließ. Bald beeinflusste die Firma „Carl Zeiss" das öffentliche Leben Jenas entscheidend. Die Aussage „Ich bin Zeissianer" stand über viele Jahrzehnte hinweg für Genauigkeit, Fleiß und auch Wohlstand. Durch die von Ernst Abbe 1889 gegründete „Carl-Zeiss-Stiftung", die alle Unternehmensanteile hielt, wurde sowohl die langfristige Entwicklung der Firma gesichert als auch die soziale Absicherung aller Beschäftigten des Unternehmens gewährleistet.

Die Zeisswerke in Jena um 1910

Im Laufe der Zeit erweiterte die Firma schrittweise ihre Produktionsstätten, die für jeden, der nach Jena kam, deutlich sichtbar waren. Auch heute noch werden Jena und Zeiss vielfach als eine Einheit wahrgenommen.

Training

Ein Lernplakat erstellen

Lernplakate dienen dazu, Ergebnisse, die allein oder in Gruppen erarbeitet wurden, vorzustellen und zu präsentieren. Im Geschichtsunterricht geht es dabei meist um historische Sachverhalte und Zusammenhänge, aber auch um die Darstellung von Kontroversen oder politischen Meinungen und Positionen.
Lernplakate stellen immer eine bestimmte Auswahl von Sachverhalten und Positionen ins Zentrum, sie ermöglichen es dem Autor oder der Autorin, eigene Gewichtungen vorzunehmen und eigene Beurteilungen abzugeben. Ein Lernplakat soll nicht nur Interesse wecken. Es geht auch darum, den Betrachter oder die Betrachterin zu ermutigen, sich weitergehend mit der vorgestellten Thematik zu beschäftigen. Deshalb muss es ansprechend und in sich schlüssig gestaltet werden.

Gehe in folgenden Arbeitsschritten vor:

1. Das Lernplakat planen

a) Sammle notwendige Informationen für ein Lernplakat.
b) Überlege dir wichtige Gestaltungselemente z. B. Zeichnungen und Bilder.
c) Stelle die erforderlichen Hilfsmittel (Papier, Stifte, Klebestifte usw.) bereit.
d) Fertige eine Skizze für das Lernplakat an.

2. Das Lernplakat erstellen

a) Platziere das Thema deutlich sichtbar.
b) Ordne die Texte und Bilder inhaltlich sinnvoll an.
c) Beachte, dass du exakte Fachbegriffe verwenden und sachlich und verständlich formulieren musst.
d) Achte bei der Erstellung auf eine gut lesbare Schriftgröße und überlade dein Plakat nicht mit Schrift oder Gestaltungselementen.
e) Verwende bei der Gestaltung des Plakats die passenden Symbole und Zeichen.
f) Gib Quelle und Herkunft der verwendeten Bilder und Texte an.
g) Kennzeichne Zitate.

Aufgaben

1. Carl Zeiss und Jena – Ein Unternehmer in Thüringen

a) Informiere dich im Internet über die Entwicklung des Unternehmens „Carl Zeiss“ bis zum Ersten Weltkrieg und erstelle dazu einen Zeitstrahl.
b) Verfasse einen Kurzsteckbrief über Carl Zeiss, Ernst Abbe oder Otto Schott.
c) Erstelle ein Lernplakat zur Verbindung zwischen dem Unternehmen „Carl Zeiss“ und der Stadt Jena von der Firmengründung bis zum Ende des Ersten Weltkrieges 1918. Nutze hierzu die Hinweise im Trainingskasten auf dieser Seite.

↷ Text auf den Seiten 294–295, Internet

Armut im 19. Jahrhundert: Gesellschaftliche und soziale Folgen der Industrialisierung

WES-115640-803 Hörszene zu den Arbeits- und Lebensbedingungen der Arbeiter

In der Zeit der Industrialisierung lebten die Menschen unter ganz anderen Bedingungen als heute. Wie arbeiteten die Menschen um 1900 und wie wohnten sie? Wodurch war ihr Leben gekennzeichnet?

M 1 Mietskasernen

Ein Bericht von 1908 schildert die Wohnbedingungen von Arbeitern in einer Großstadt:

Wir betreten eine der berüchtigten Mietskasernen, welche im hiesigen Industriegebiet in so großer Anzahl vorhanden sind und noch täglich allerorts wie Pilze aus der Erde hervorschießen, eine natürliche Folge tatsächlichen Wohnungsmangels und das Produkt wahnsinniger Bodenspekulation. Diese Häuser, meist 3 bis 4 Stockwerke hoch, werden mit Vorliebe an neu angelegten Straßen errichtet. Inmitten Haufen von Schutt und Geröll bieten sie schon von Weitem einen öden und trostlosen Anblick. In halbfertigem Zustande werden sie oft bezogen.

Das ganze Haus besteht durchweg aus Abteilungen von 2 bis 3 Zimmern, für je eine Familie bestimmt. Ein pestilenzartiger Geruch strömt uns entgegen, wenn wir die langen, dunklen und feuchten Korridore, die die einzelnen Wohnabteile auf jeder Etage verbinden und in welchen Licht und Luft sehr seltene Erscheinungen sind, betreten. Überall strotzt es von Unrat und Unsauberkeit. Ein Armeleutegeruch in des Wortes verwegenster Bedeutung. Fast 40 bis 50 % aller Arbeiterwohnungen bestehen aus 2 Zimmern, werden bewohnt von Familien, die 6 bis 10 Köpfe stark sind, und zum Überfluss noch 2 bis 3 Kostgänger beherbergen. In gesundheitlicher Beziehung jeder Beschreibung spottend, wie den elenden, krankhaft aussehenden Insassen unschwer anzusehen ist. Und erst die innere Wohnungseinrichtung! Das dürftigste Möblement, ohne jeglichen Sinn für häusliche Zweckmäßigkeit, keine Spur von Heimats- und Familiensinn verratend.

In einem Schlafraume, mit zwei Bettstellen ausgestattet, der nie gelüftet, noch seltener gereinigt wird und dessen Bettzeug daher einem Haufen stinkender Lumpen ähnlich ist, kampieren oft bis 10 Personen, vier Kinder in einem Bette, zwei am Kopf und zwei am Fußende, ohne Rücksicht auf Alter und Geschlecht. [...]

Man mache sich einen Begriff davon, wie das Familienleben unter diesen Umständen gedeihen soll. Vervollständigt wird dieser grauenvolle Zustand erst, wenn neben den Familienmitgliedern einige Kostgänger beherbergt werden, die zusammengeworfen aus aller Herren Länder auf der tiefsten Kulturstufe stehen, und unter welchen sich vielfach allerlei verkommenes Gesindel, rohe Wüstlinge usw. befinden.

Nikolaus Joniak, Das Arbeiterwohnungselend im rheinisch-westfälischen Industriebezirk, Frankfurt/M.: Neuer Frankfurter Verlag 1908, S. 4f.

Aufgaben

1. **Das Leben in Mietskasernen**
   a) Fasse die Grundaussagen der Quellen M1 und M2 über das Leben in den Mietskasernen zusammen.
   b) Der Künstler Heinrich Zille hat sich ausgiebig mit dem damaligen Leben in Mietskasernen befasst. Informiere dich im Internet über den Künstler und sein Werk.
   → M1, M2, Internet

M 2 Arbeiterwohnung

Berlin, 1907

Die Entstehung des Proletariats

Mit der Industrialisierung änderte sich die Gesellschaft in England und – zeitlich versetzt – auch in Deutschland grundlegend. Da viele Menschen in der Landwirtschaft kein Auskommen mehr fanden, zogen sie in die rasch wachsenden Städte und suchten Arbeit in den neuen Fabriken. Hinzu kamen zahlreiche arbeitslose Handwerker, deren Produkte nicht mit der Massenware aus den Fabriken konkurrieren konnten und die nicht länger durch Zünfte geschützt waren. Da all diese Menschen fast keinen Besitz hatten und „von der Hand in den Mund" lebten, wurden sie „Proletarier" genannt. Dieser Begriff ist vom lateinischen „proles" (Nachkommen) abgeleitet. Er bringt zum Ausdruck, dass die Proletarier nichts weiter besaßen als ihre eigene Arbeitskraft und ihre Kinder.

Reiche Fabrikbesitzer

Den Proletariern standen die Kapitalisten gegenüber. Dies waren die Fabrikbesitzer, denen die Produktionsmittel, also die Produktionsstätten und Maschinen gehörten. Mit kaufmännischem Geschick, gegebenenfalls technischen Kenntnissen, Risikobereitschaft und Glück konnten solche Fabrikherren sehr reich werden. So übernahm der Stahlunternehmer Alfred Krupp 1826 in Essen einen kleinen Familienbetrieb mit sieben Arbeitern. Bis zu seinem Tod 60 Jahre später baute er die Firma zu einem Weltunternehmen mit 21 000 Mitarbeitern aus.

M 3 „Villa Hügel"
Wohnhaus der Familie Krupp in Essen, erbaut 1873, heute Museum und Veranstaltungszentrum, aktuelles Foto

Bedrückende Armut

Der zunehmende Wegfall von Arbeitsplätzen in der Landwirtschaft und im Handwerk seit der ersten Hälfte des 19. Jahrhunderts, ein rasanter Bevölkerungsanstieg und die Ausbeutung in den Fabriken führten zu katastrophalen Verhältnissen: Die bedrückende Armut der Arbeiter wurde mit der Industrialisierung zu einem Massenphänomen, das als „Pauperismus" bezeichnet wird.

Schlechte Arbeitsbedingungen und fehlende soziale Absicherung

Da viele Menschen Arbeit suchten, gab es ein Überangebot an Arbeitskräften und eine hohe Arbeitslosigkeit. Das nutzten die Fabrikbesitzer aus. Sie zahlten niedrige Löhne und ließen die Arbeiter extrem lange arbeiten, wobei Arbeitszeiten von bis zu 16 Stunden keine Seltenheit waren. Allein gut ausgebildete Facharbeiter verdienten angemessen, da sie nicht so leicht zu ersetzen waren.

In den meisten Fabriken herrschten unzumutbare Arbeitsbedingungen und nur wenige Arbeitsplätze verfügten über Schutzvorrichtungen – Arbeitsunfälle waren an der Tagesordnung. Ein verletzter oder kranker Arbeiter blieb jedoch ohne finanzielle Unterstützung, denn es gab weder eine Lohnfortzahlung im Krankheitsfall noch eine Kranken- oder Unfallversicherung. Arbeitslosigkeit und Arbeitsunfähigkeit durch Krankheit oder Unfall waren für Arbeiterfamilien daher existenzbedrohend und konnten schnell zu Obdachlosigkeit und völliger Verarmung führen.

M 4 Sorgen der Arbeiterfrauen
Jede neue Schwangerschaft vermehrte die Sorgen der Arbeiterfrauen, Zeichnung von Käthe Kollwitz, 1909.

Frauen- und Kinderarbeit

Meist reichte der Verdienst der Männer nicht für die ganze Familie, sodass Kinder und Frauen mitarbeiten mussten. Sie wurden in der Fabrik oder am Heimarbeitsplatz noch schlechter bezahlt als Männer: Frauen verdienten oft nur die Hälfte. Für sie bedeutete die Arbeit eine gewaltige Mehrbelastung, da sie auch für die Kinder und den Haushalt zuständig waren. Wenn eine Schwangerschaft nicht gänzlich den Arbeitsplatz kostete, wurden die Ausfallzeiten so gering wie möglich gehalten, da der Verdienstausfall existenzbedrohend sein konnte. Mädchen aus armen Schichten suchten häufig eine Anstellung als Dienstmädchen. Meist hatten sie bei der „Herrschaft" eine Schlafstelle und mussten rund um die Uhr zur Verfügung stehen.

Kinder verdienten sogar nur ein Viertel vom Lohn eines ungelernten Arbeiters. Arbeiterkinder konnten wegen der Fabrikarbeit gar nicht oder nur sehr kurz zur Schule gehen. Sie waren damit von Bildung und besseren Arbeitsplätzen von vornherein ausgeschlossen. Zudem schadete die lange und schwere Arbeit ihrer Gesundheit. Schließlich griff der Staat mit Regelungen ein: In Preußen wurde 1839 Fabrikarbeit für Kinder unter neun Jahren untersagt; unter 13-jährige Kinder wurden jedoch erst ab 1891 geschützt.

Elende Wohnverhältnisse

Wegen des akuten Wohnungsmangels drängten sich viele Menschen auf sehr kleinem Raum – sechs Personen in einem Zimmer waren lange Zeit keine Seltenheit. Dabei bewohnte eine Familie mit mehreren Kindern in der Regel eine kleine und meist teure Wohnung mit ein bis zwei Zimmern.

Bis zum Ende des 19. Jahrhunderts gab es in vielen Ballungsgebieten weder fließendes Wasser noch eine Kanalisation. Die Wohnungen waren dunkel, schlecht zu lüften, häufig kalt, feucht oder gar schimmlig. Unter diesen unhygienischen Bedingungen konnten sich gefährliche Krankheiten wie Tuberkulose oder Cholera stark ausbreiten. Um das Familieneinkommen aufzubessern, wurden Teile der engen Wohnungen untervermietet. Oft vermietete man auch ein Bett im Rhythmus der Fabrikschichten stundenweise an mehrere sogenannte Schlafgänger.

M 5 Mietskasernen in Berlin-Wedding
Um 1900 errichtet, Foto, 1929

Kinderarbeit – früher und heute

M 6 Die 12-jährige Spinnereiarbeiterin Addie Card

Foto von Lewis Hine, 1910

Der Fotograf Lewis Hine (1874–1940) widmete sich mit seinen Arbeiten der sozialen Situation in den USA. Er fotografierte insbesondere die auf der Insel Ellis Island vor New York eintreffenden Einwanderer und dokumentierte die Kinderarbeit in den Vereinigten Staaten zu Beginn des 20. Jahrhunderts.

M 7 Kinderarbeit heute:

Die Organisation „Brot für die Welt" führt zur aktuellen Lage aus:

Die Internationale Arbeitsorganisation ILO schätzt, dass aktuell 150 Millionen 5- bis 17-Jährige verbotene Kinderarbeit leisten. Sie beraubt die Mädchen und Jungen ihrer Kindheit und ihrer Entwicklungsmöglichkeiten und verstößt gegen die international gültigen Kinderrechte. Verboten ist Arbeit, für die Kinder zu jung sind, die gefährlich oder ausbeuterisch ist, die die körperliche oder seelische Entwicklung schädigt oder die Kinder vom Schulbesuch abhält. Weltweit leiden mehr als fünf Prozent aller Kinder unter solch schädlichen Arbeitsverhältnissen.
Laut ILO-Schätzungen müssen von den 150 Millionen betroffenen Kindern 73 Millionen unter Bedingungen arbeiten, die als „schlimmste Formen von Kinderarbeit" bewertet werden: Dazu zählen Sklaverei, Prostitution, Kinderpornografie, der Einsatz als Kindersoldat oder Drogenkurier.

https://www.brot-fuer-die-welt.de/themen/kinderarbeit [letzter Zugriff: 09.02.2022].

M 8 Junge in einer Moskitonetzfabrik in Indien

Aktuelles Foto

Aufgaben

1. **Kinderarbeit – früher und heute**
   a) Beschreibe und erläutere die Bilder auf dieser Seite.
   b) Informiere dich über das Thema Kinderarbeit heute. Recherchiere dazu auch auf der Website der UN-Kinderhilfsorganisation Unicef (https://www.unicef.de).
   c) Diskutiere Möglichkeiten, heutige Kinderarbeit weltweit zu bekämpfen.
   → M6–M8, Text auf den Seiten 297–298 (Abschnitt: „Frauen- und Kinderarbeit"), Internet

Gesellschaftliche Missstände – Lösungsversuche der Sozialen Frage

Die untragbaren Zustände in den Arbeitervierteln, die schlechten Arbeitsbedingungen, die fehlenden Absicherungen warfen viele Fragen auf. Vor allem eine: Wie konnte man das Schicksal dieser Menschen verbessern? Alle diese Fragen nennt man zusammenfassend die „Soziale Frage".

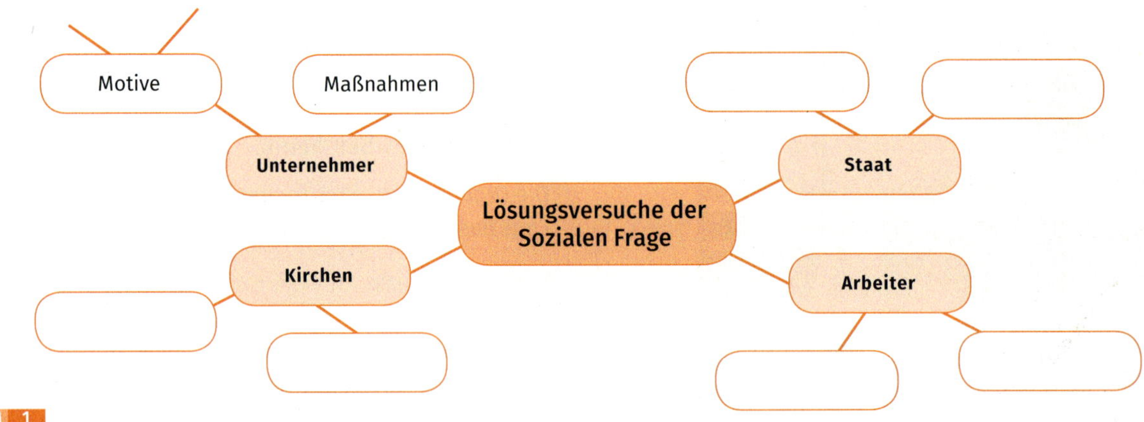

M1

Die „Soziale Frage"

Die Situation der Arbeiter wurde schließlich so verzweifelt, dass in der gesamten Gesellschaft eine Diskussion über Gegenmaßnahmen begann. Die Lösung der Sozialen Frage wurde immer drängender: Wie war das mit der Industrialisierung einhergegangene Massenelend zu beseitigen? Zugleich wurde überlegt, wie die neue Schicht der Arbeiter in die Gesellschaft integriert werden könnte. Da diese Fragen jahrzehntelang öffentlich diskutiert wurden, sind wir über Motive und Ziele sowie über einzelne Maßnahmen gut informiert. Von verschiedenen Seiten kamen Vorschläge und Initiativen: vom Staat, von der Kirche, von den Unternehmern und von der Arbeiterbewegung.

Initiativen der Kirchen

Sowohl in der katholischen als auch in der evangelischen Kirche bemühten sich zunächst einzelne Geistliche um eine Verbesserung der Lage der Arbeiter, wobei Seelsorge und christliche Nächstenliebe die zentralen Motive bildeten. Dabei stellten sich die Kirchen allerdings strikt gegen die sozialistischen Positionen der Arbeiterbewegung, welche die Gesellschaftsordnung grundlegend verändern wollte.

Aufgaben

1. **Lösungsversuche der Sozialen Frage**
Erstelle aus den Informationen des Lehrbuchtextes eine grafische Skizze zu den Lösungsversuchen der Sozialen Frage. Verwende dafür als Grundlage die in M1 angedeutete Mind Map. Zu den Motiven und Maßnahmen der Arbeiter findest du Informationen im nächsten Teilkapitel.
→ M1, Text auf den Seiten 300–302 und 304–306

M 2 Knabenarbeitssaal im Rauhen Haus

Im Rauhen Haus hatten die Jugendlichen die Möglichkeit, einen handwerklichen Beruf zu erlernen, Holzstich von 1855, später koloriert.

Der protestantische Theologe Johann Hinrich Wichern gründete 1833 in Hamburg das „Rauhe Haus", eine soziale Einrichtung, in der arme und verwaiste Jungen untergebracht und ausgebildet wurden. 1848 rief Wichern auf einem evangelischen Kirchentag zur „Inneren Mission" in Deutschland auf, einer Verbindung aus Seelsorge und praktischer Hilfe für Menschen in Armut und Not. So wurden in der Folgezeit von der Kirche viele soziale Einrichtungen gegründet, insbesondere zur Kranken- und Altenfürsorge.

Auf Initiative des katholischen Priesters Adolph Kolping wurden zwischen 1846 und 1865 in verschiedenen Städten zahlreiche Aufenthalts- und Wohnheime für alleinstehende Arbeiter eingerichtet. Die später nach ihrem Gründer benannten „Kolpingwerke" umfassten 1864 bereits 420 Vereine mit 60000 Mitgliedern. Der katholische Mainzer Bischof Wilhelm Emmanuel von Ketteler erhob sogar politische Forderungen: Er trat für höhere Arbeitslöhne, Arbeitszeitverkürzung und das Recht der Arbeiter auf gewerkschaftliche Vereinigung ein und forderte den Staat zu Sozialreformen auf. 1891 kritisierte Papst Leo XIII. in einem Rundschreiben – der nach ihren Anfangsworten „Neue Entwicklungen" benannten Enzyklika „Rerum Novarum" – die Ausbeutung der Arbeiter. Zwar lehnte er sozialistische Forderungen nach einer Abschaffung des Privateigentums an Produktionsmitteln ab, jedoch sprach er sich dafür aus, dass Staat und Unternehmer die Lage der Arbeiter verbessern müssten.

Die Aufrufe und Maßnahmen der Kirchen zur Linderung des Elends wurden vor allem im kirchlichen Umfeld wirksam, sollten aber auch führende Politiker und Industrielle zu Taten ermutigen.

M 3 Wilhelm Emmanuel Freiherr von Ketteler (1811–1877)

Erzbischof von Mainz, Holzstich nach einer Zeichnung von Fritz Kriehuber, 1871

Maßnahmen der Unternehmer

Die Unternehmer sahen sich selbst als „Herren im Haus", da über einen langen Zeitraum hinweg keine staatliche Regulierung ihr Schalten und Walten in den Fabriken eingeschränkt hatte. Der Großindustrielle Emil Kirdorf (1847–1938) fasste dies so zusammen: „Weder Kaiser noch Könige haben in den Betrieben etwas zu sagen. Da bestimmen wir allein!"

M 4 Arbeiterkolonie Kronenberg
Werkssiedlung der Firma Krupp in Essen, Zeichnung (Ausschnitt), 1890

M 5 Hilfe von Unternehmern für ihre Arbeiterinnen und Arbeiter in Auswahl

Andererseits nahmen aber auch manche Unternehmer die Nöte und Bedrängnisse innerhalb der Arbeiterschaft wahr, und die besonders sozial Eingestellten unter ihnen kümmerten sich um ihre Arbeiter mit speziellen Maßnahmen. Einer der ersten, der für seine Arbeiter aus Gründen „der Nützlichkeit und der Nächstenliebe“ sorgte, war der Unternehmer Alfred Krupp (1812–1887): 1835/36 führte er für seine Stahlarbeiter in Essen eine Pensions- und Betriebskrankenkasse ein, ab 1861 ließ er eigene Wohnanlagen bauen, 1868 errichtete er einen Konsumladen und 1872 ein eigenes Krankenhaus. Die Krupp-Großbäckerei produzierte täglich bis zu 24 000 Brote für die Firmenangestellten.

Der selbst aus ärmlichen Verhältnissen stammende Mitbegründer der Carl-Zeiss-Werke in Jena, Ernst Abbe (1840–1905), rief die Carl-Zeiss-Stiftung ins Leben. Deren Statuten sicherten den Arbeitern unter anderem bezahlten Urlaub, Gewinnbeteiligung, Anspruch auf Pension und im Jahr 1900 sogar eine nur achtstündige Arbeitszeit zu.

Dies alles war jedoch freiwillig und hing von der sozialen Einstellung des Unternehmers ab. Und natürlich verfolgten die Fabrikbesitzer damit auch eigennützige Zwecke: Die Leistungsfähigkeit und Motivation der Arbeiter sollten erhalten bleiben und die Firmenbindung sollte neben Arbeitsplatzwechseln vor allem Streiks verhindern.

Staatliche Maßnahmen

All diese Maßnahmen reichten aber letztlich nicht aus, um die soziale Lage der Arbeiter nachhaltig zu verbessern und die Soziale Frage zu beantworten. So wurde der Ruf nach einem Einschreiten des Staates immer lauter. Die in den 1880er-Jahren schließlich eingeführte gesetzliche Kranken-, Unfall- und Rentenversicherung, die als Sozialversicherung in veränderter Form noch heute besteht, erreichte zunächst nur sehr wenige Menschen. Der deutsche Staat wurde damit zwar in Ansätzen zum Sozialstaat, der sich um in Not geratene Bürger kümmerte, jedoch waren diese Maßnahmen noch weit davon entfernt, für die Betroffenen eine gesicherte Lebensgrundlage darzustellen. Hinzu kam, dass auch politisch-taktische Erwägungen eine Rolle spielten: Auf der einen Seite sollte die Integration der Arbeiterschaft in das Kaiserreich gefördert werden („Zuckerbrot“), auf der anderen Seite wurde die Arbeiterbewegung rigoros bekämpft („Peitsche“).

Fürsorgliche Unternehmer? – Textquellen vergleichen

M 6 Alfred Krupp

Alfred Krupp an seine Arbeiter (1877):

Ich habe den Mut gehabt, für die Verbesserung der Lage der Arbeiter Wohnungen zu bauen, ihnen Schulen zu gründen und Einrichtungen zu treffen zur billigen Beschaffung von allem Bedarf. Ich habe mich dadurch in eine Schuldenlast gesetzt, die abgetragen werden muss. Damit dies geschehen kann, muss jeder seine Schuldigkeit tun in Frieden und Eintracht und in Übereinstimmung mit unsern Vorschriften [...].

Genießet, was Euch beschieden ist. Nach getaner Arbeit verbleibt im Kreise der Eurigen, bei den Eltern, bei der Frau und den Kindern und sinnt über Haushalt und Erziehung. Das sei Eure Politik, dabei werdet ihr frohe Stunden erleben. Aber für die große Landespolitik erspart Euch die Aufregung. Höhere Politik treiben erfordert mehr freie Zeit und Einblick in die Verhältnisse, als dem Arbeiter verliehen ist.

Zit. n.: Wilhelm Berdrow (Hg.), Alfred Krupps Briefe 1826–1887, Berlin: Hobbing 1928, S. 346 ff.

M 8 „Der Herr im Haus“

Der Industrielle Carl Ferdinand von Stumm-Halberg berichtet 1878 über sein System der „milden und der strengen Hand“:

Wenn ein Fabrikunternehmen gedeihen soll, so muss es militärisch, nicht parlamentarisch geordnet sein. Hat ein Arbeiter einmal die Autorität des Arbeitgebers über den Haufen geworfen, dann wird die Autorität auf anderen Gebieten, in Staat und Kirche, sehr bald folgen. [...]

Ich könnte eine ganze Reihe von Handlungen von Arbeitern außerhalb des Betriebes nennen, gegen die ich es für die absolute Pflicht eines Arbeitgebers halte, einzuschreiten und sich nicht auf den bequemen Standpunkt zurückzuziehen und zu sagen: das, was der Arbeiter außerhalb des Betriebes macht, ist mir gleichgültig.

Ich tue damit einfach meine Pflicht als Mensch, als Christ und als Haupt der großen Neunkircher Arbeiterfamilie.

Zit. n.: Fritz Hellwig, Carl Ferdinand Freiherr von Stumm-Halberg 1836–1901, Heidelberg/Saarbrücken: Westmark-Verlag 1936, S. 295–300.

M 7 Alfred Krupp (1812–1887)

Der Industrielle schuf mit seinem Stahlkonzern ein Weltunternehmen, dessen soziale Einrichtungen als vorbildlich galten, Gemälde, um 1880.

Aufgaben

1. **Die Soziale Frage**
   Benenne Ursachen, Folgen und Gefahren der Massenarmut im 19. Jahrhundert.
   ↝ Text auf den Seiten 300–302
2. **Die Soziale Frage in schriftlichen Quellen**
   a) Gib die Standpunkte der Unternehmer Krupp (M6) und Stumm-Halberg (M8) wieder.
   b) Vergleiche ihre Auffassungen mit den auf den Seiten 300–302 vorgestellten Initiativen der Kirchen (z. B. von Johann Hinrich Wichern und Adolph Kolping).
   c) Erkläre die Ursachen für die unterschiedlichen Positionen.
   ↝ M6, M8, Text auf den Seiten 300–302

Die Arbeiter organisieren sich

Angesichts der Not fühlten sich verschiedene Menschen aufgerufen, etwas für die Arbeiter zu tun. Diese ergriffen aber auch die Initiative und organisierten sich selbst. Zu welchen Mitteln griffen sie?

M 1 **„Der Streik“**
Gemälde von Robert Koehler, 1886

Aufgaben

1. Soziale Auseinandersetzungen

a) Erkläre den Begriff „Streik“.

b) Unterteile das Bild „Der Streik“ von Robert Koehler (M1) in Bereiche mit Handlungsschwerpunkten und beschreibe die „Geschichte“ der jeweiligen Handlung.

c) Gib mögliche Gründe dafür an, dass das Bild die Entstehung eines Streiks so ausführlich darstellt.

d) Diskutiert mögliche Weiterentwicklungen der dargestellten Szene auf dem Gemälde „Der Streik“ und stellt diese in einem kleinen Rollenspiel nach.

→ M1

Die deutsche Arbeiterbewegung

Im Zuge der Industrialisierung bildete sich aus verschiedenen Gruppen von Werktätigen, die zuvor als Handwerker, Landarbeiter, Bauern, Dienstboten oder ungelernte Tagelöhner tätig waren, eine neue soziale Schicht: die Arbeiterschaft (im Marxismus „Arbeiterklasse"). Die Menschen arbeiteten für geringe Löhne in den neu entstandenen Fabriken und wohnten zumeist in den explosionsartig anwachsenden Städten unter erbärmlichen Verhältnissen.

Bald schon unternahmen die Arbeiter erste Versuche zur Verbesserung ihrer Lage: Sie schlossen sich innerhalb ihrer Fabriken zusammen, um vereint Forderungen durchzusetzen und im Notfall auch zu streiken. Erfolgten derartige Zusammenschlüsse anfangs spontan, räumlich begrenzt und zeitlich befristet, so entwickelten sich mit der Zeit dauerhafte Arbeiterorganisationen, die nicht selten verfolgt wurden. Bereits um 1830 mussten führende Köpfe der deutschen Arbeiterbewegung ins Ausland gehen, wo sie sich zu Geheimbünden zusammenschlossen. Auf deutschem Boden trat die Arbeiterbewegung erstmals zur Zeit der Revolution von 1848/49 offen auf. Das Symbol der „Allgemeinen Deutsche Arbeiterverbrüderung" war der „brüderliche Handschlag".

Ab etwa 1860 wurde die Arbeiterbewegung dann zu einer Massenbewegung: Die Arbeiter schlossen sich in Gewerkschaften zusammen, um gemeinsame soziale und wirtschaftliche Ziele durchzusetzen. Schließlich bildeten sich politische Parteien mit dem Ziel, politischen Einfluss für die Arbeiterschaft zu erringen und die gesellschaftlichen Zustände zu verändern.

M 2 Traditionsbanner der SPD

mit dem Handschlag, dem alten Symbol der Arbeiterverbrüderung, 1863

Gewerkschaften

Die Gewerkschaften waren Zusammenschlüsse von Arbeitern bestimmter Berufsgruppen wie Drucker, Metallarbeiter oder Bergleute. Die Gewerkschaftsmitglieder halfen sich gegenseitig, beispielsweise bei Einkommensverlust aufgrund von Streiks. Gewerkschaftliche Forderungen waren u. a. ein ausreichender Lohn und eine Begrenzung der Arbeitszeit, aber auch mehr Rechte für Arbeitnehmer, eine Verbesserung der Arbeitsbedingungen und ein besserer Schutz vor Arbeitsunfällen.

Im Jahr 1890 schlossen sich die einzelnen freien Gewerkschaften zur Generalkommission der Gewerkschaften Deutschlands zusammen, deren Nachfolgeorganisation heute der DGB (Deutscher Gewerkschaftsbund) ist.

Parteien

Die Forderungen der freien Gewerkschaften wurden von den Arbeiterparteien geteilt. Die Parteien formulierten aber auch weitergehende Vorstellungen im Hinblick auf eine künftige Umgestaltung der Gesellschaftsordnung. An der Spitze des 1863 in Leipzig gegründeten Allgemeinen Deutschen Arbeitervereins (ADAV) stand Ferdinand Lassalle (1825–1864). 1869 riefen August Bebel (1840–1913) und Wilhelm Liebknecht (1826–1900) in Eisenach die Sozialdemokratische Deutsche Arbeiterpartei (SDAP) ins Leben. Die 1875 aus dem Zusammenschluss von ADAV und SDAP hervorgegangene Sozialistische Arbeiterpartei Deutschlands nannte sich ab 1890 Sozialdemokratische Partei Deutschlands (SPD).

M 3 Ferdinand Lassalle (1825–1864)

Gründer der sozialdemokratischen Bewegung, Holzstich, 1863, spätere Kolorierung

Sozialismus und Kommunismus

In der Arbeiterbewegung waren sozialistische und kommunistische Gedanken weit verbreitet: Das Eigentum der Fabrikbesitzer an den Produktionsmitteln – also

M 4 Karl Marx (1818–1883)
Philosoph und Verfasser des „Kommunistischen Manifests“, das mit folgenden Worten beginnt: „Ein Gespenst geht um in Europa – das Gespenst des Kommunismus“, koloriertes Foto, um 1880.

an Fabrikanlagen und Maschinen – sollte, wenn nötig gewaltsam, in gemeinschaftlichen Besitz der arbeitenden Bevölkerung überführt werden. Auf dieser Grundlage sollte in einem längeren Prozess eine gerechte Wirtschafts- und Gesellschaftsordnung errichtet werden – der Sozialismus.

Die wohl einflussreichsten Analytiker der kapitalistischen Produktionsweise und Theoretiker des Sozialismus waren Karl Marx und Friedrich Engels. Sie gingen davon aus, dass die Geschichte der Menschheit vom Klassenkampf bestimmt ist. Eine Klasse ist eine soziale Gruppe mit gemeinsamen wirtschaftlichen und politischen Interessen. Im 19. Jahrhundert waren es für Marx und Engels die Fabrikbesitzer, die die besitzlosen Arbeiter in Elend und Unfreiheit hielten. Die Klasse des besitzenden Bürgertums, die „Bourgeoisie“, stand demnach dem „Proletariat“ im Klassenkampf gegenüber. Marx und Engels nahmen an, dass sich die sozialen und ökonomischen Widersprüche des Kapitalismus zwangsläufig derart zuspitzen würden, dass eine Weltrevolution unvermeidlich sei. Am Ende einer sozialistischen Übergangsphase stünde dann der Kommunismus als klassenlose Gesellschaft, in der Freiheit und Gleichheit aller verwirklicht wären und es nur noch gesellschaftlich verwalteten Besitz gäbe.

Auch wenn einfache Arbeiter von dieser Theorie zunächst nur geringe Kenntnisse hatten, war ihr Einfluss auf die Führungsschicht der Arbeiterbewegung außerordentlich groß. Die Ideen des Sozialismus und Kommunismus verbreiteten sich rasch. Neben der Perspektive auf eine revolutionäre Umgestaltung der Gesellschaft stellten die Sozialdemokraten als „Nahziele“ konkrete Forderungen auf, zum Beispiel:

- allgemeines, gleiches und geheimes Wahlrecht;
- Demokratisierung des Staates, Meinungsfreiheit und Beteiligung des Volkes an der Gesetzgebung;
- Gleichberechtigung von Mann und Frau.

Ziel war die Errichtung eines freien Staats und einer gerechten Gesellschaft, deren Produktionsmittel sich in Gemeineigentum befinden.

M 5 Kunstblatt aus dem Zentralorgan der SPD, 1896

M 6 „Manifest der Kommunistischen Partei“

a) Karl Marx und Friedrich Engels verfassten im Auftrag des „Bundes der Kommunisten“ dessen programmatische Schrift, das „Manifest der Kommunistischen Partei“. Im Februar 1848 wurde es veröffentlicht und verbreitete sich rasch in revolutionären Kreisen. Der Beginn der Schrift lautet:

Ein Gespenst geht um in Europa – das Gespenst des Kommunismus. Alle Mächte des alten Europa haben sich zu einer heiligen Hetzjagd gegen dies Gespenst verbündet, der Papst und der Zar, Metternich und Guizot [französischer Politiker], französische Radikale und deutsche Polizisten. [...]

Der Kommunismus wird bereits von allen europäischen Mächten als eine Macht anerkannt.

Es ist hohe Zeit, dass die Kommunisten ihre Anschauungsweise, ihre Zwecke, ihre Tendenzen vor der ganzen Welt offen darlegen und dem Märchen vom Gespenst des Kommunismus ein Manifest der Partei selbst entgegenstellen. Zu diesem Zweck haben sich Kommunisten der verschiedensten Nationalität in London versammelt und das folgende Manifest entworfen, das in englischer, französischer, deutscher, italienischer, flämischer und dänischer Sprache veröffentlicht wird. [...]

b) Das Manifest endet wie folgt:

[Die] Kommunisten unterstützen überall jede revolutionäre Bewegung gegen die bestehenden gesellschaftlichen und politischen Zustände. In allen diesen Bewegungen heben sie die Eigentumsfrage [...] als die Grundfrage der Bewegung hervor. Die Kommunisten arbeiten endlich überall an der Verbindung und Verständigung der demokratischen Parteien aller Länder.

Die Kommunisten verschmähen es, ihre Ansichten und Absichten zu verheimlichen. Sie erklären es offen, dass ihre Zwecke nur erreicht werden können durch den gewaltsamen Umsturz aller bisherigen Gesellschaftsordnung. Mögen die herrschenden Klassen vor einer kommunistischen Revolution zittern. Die Proletarier haben nichts in ihr zu verlieren als ihre Ketten. Sie haben eine Welt zu gewinnen. Proletarier aller Länder, vereinigt euch!

Karl Marx/Friedrich Engels, Manifest der Kommunistischen Partei, London: Office der „Bildungs-Gesellschaft für Arbeiter“ 1848, S. 3, 23.

M 7 Allgemeiner Deutscher Arbeiter-Verein

In einer Schrift vom 1. März 1863 legte Ferdinand Lassalle die programmatischen Grundsätze des am 23. Mai 1863 in Leipzig gegründeten Allgemeinen Deutschen Arbeiter-Vereins nieder. Auch kritisierte er die Politik der liberalen Fortschrittspartei:

Der Arbeiterstand muss sich als selbstständige politische Partei konstituieren und das allgemeine, gleiche und direkte Wahlrecht zu dem prinzipiellen Losungswort und Banner dieser Partei machen. Die Vertretung des Arbeiterstandes in den gesetzgebenden Körpern Deutschlands – dies ist es allein, was in politischer Hinsicht seine legitimen Interessen befriedigen kann. Eine friedliche und gesetzliche Agitation hierfür mit allen gesetzlichen Mitteln zu eröffnen, das ist und muss in politischer Hinsicht das Programm der Arbeiterpartei sein.

Es erhellt sich von selbst, wie diese Arbeiterpartei sich zur deutschen Fortschrittspartei zu verhalten hat. Sich überall als eine selbstständige und durchaus von ihr getrennte Partei zu fühlen und zu konstituieren, gleichwohl die Fortschrittspartei in solchen Punkten und Fragen zu unterstützen, in welchen das Interesse ein gemeinschaftliches ist, ihr entschieden den Rücken zu kehren und gegen sie aufzutreten, so oft sie sich von demselben entfernt.

Ferdinand Lassalle, Offenes Antwortschreiben; zit. n.: Wolfgang Hardtwig/Helmut Hinze (Hg.), Deutsche Geschichte in Quellen und Darstellung Bd. 7: Vom Deutschen Bund zum Kaiserreich 1815–1871, Stuttgart: Reclam 1997, S. 431f.

Aufgaben

1. **Die Entstehung der Arbeiterbewegung**
   a) Erläutere den Begriff „Arbeiterbewegung“.
   b) Erkläre den Unterschied zwischen Gewerkschaften und Parteien.
   c) Fasse mit eigenen Worten die Ziele von Karl Marx und Friedrich Engels zusammen.
   → Text auf den Seiten 305–306
2. **Kommunismus und Sozialismus**
   a) Erläutere die Formulierung „Ein Gespenst geht um in Europa – das Gespenst des Kommunismus“ (M6).
   b) Fasse das Programm und die Vorstellungen des „Kommunistischen Manifests“ (M6) zusammen.
   c) Erörtere die Ursachen dafür, dass Unternehmer und Politiker den Kommunismus als bedrohlich empfanden.
   d) Vergleiche die Positionen des Allgemeinen Deutschen Arbeiter-Vereins (M7) mit denen des Kommunistischen Manifests (M6).
   → M6, M7

DATEN

Um 1780 und 1830:
Beginn der Industrialisierung in England und Deutschland

1835:
Erste deutsche Eisenbahn

1848:
Kommunistisches Manifest

BEGRIFFE

Industrielle Revolution

Kommunismus

Proletariat

Soziale Frage

Deutscher Zollverein

Sozialdemokratie

Industrialisierung

Bevölkerungsexplosion

Marxismus

Die Industrialisierung

Ab dem Ende des 18. Jahrhunderts vollzog sich eine Entwicklung von weltgeschichtlicher Bedeutung: die Industrialisierung. Die Produktion von Gütern erfolgte nunmehr arbeitsteilig in Fabriken mithilfe von Maschinen, zugleich ergab sich ein tief greifender Wandel im Leben und Denken aller Menschen.

Anfänge der Industrialisierung

Die Industrialisierung begann mit der entscheidenden Weiterentwicklung der bereits zuvor erfundenen Dampfmaschine durch James Watt ab 1769, die ein Zeitalter der Maschinen und Fabriken einleitete. Ausgehend von England als führender Industrienation erfasste die Entwicklung um 1830 auch Mitteleuropa und Deutschland. Während in England die Textilindustrie der Industrialisierung zum Durchbruch verhalf, war in Deutschland der Eisenbahnbau der treibende Faktor. Staatliche Maßnahmen förderten die Entwicklung aller Industriesparten und bildeten eine wichtige Voraussetzung für Deutschlands industriellen Aufschwung.

Industriegebiete entstehen

In Industrieregionen wie dem Ruhrgebiet wurden der Bergbau, die Eisen- und Stahlindustrie sowie der Maschinenbau zu Vorreitern einer neuen Phase industrieller Entwicklung. Hier und in anderen Ballungsgebieten kam es zu einer Verstädterung: Die Industriestädte erlebten einen gewaltigen Bevölkerungszuwachs.

Die Soziale Frage

Besonders in ihrer frühen Phase zeigte sich die Schattenseite der Industriellen Revolution am Elend der Arbeiterklasse. Diese hatte unzumutbare Arbeitsbedingungen, menschenunwürdige Wohnverhältnisse, niedrige Löhne, schwere Frauen- und Kinderarbeit sowie nahezu uneingeschränkte Willkür der Fabrikeigentümer zu ertragen.

Lösungsversuche der Sozialen Frage

Versuche zur Lösung der Sozialen Frage kamen von den Arbeitern selbst, aber auch von der Kirche, einzelnen Unternehmern und vom Staat, der Sozialgesetze einführte. Die Arbeiter bemühten sich im Rahmen von Gewerkschaften und Arbeiterparteien um eine Durchsetzung ihrer Interessen. Revolutionär wirkte die Lehre des Sozialismus bzw. Kommunismus, die Karl Marx und Friedrich Engels 1848 in ihrem „Kommunistischen Manifest“ propagierten. Sie enthielt die Vorstellung einer klassenlosen, gerechten Gesellschaft, die durch einen revolutionären Umsturz der bestehenden Gesellschaftsordnung erreicht werden sollte.

Industrialisierung und Soziale Frage

Hinweis: Die folgende Tabelle dient der Selbsteinschätzung deiner erworbenen Kenntnisse, Fähigkeiten und Kompetenzen. Die Auflistung erhebt nicht den Anspruch, vollständig zu sein. Es handelt sich um eine Auswahl, die ggf. erweitert werden kann. In der rechten Spalte findest du Hinweise, wie du eventuell vorhandene Lücken oder auch Unsicherheiten beseitigen kannst.

Ich kann ...	Ich bin sicher. ☺	Ich bin ziemlich sicher. 😐	Ich bin noch unsicher. 😕	Ich habe große Lücken. ☹	Auf diesen Seiten kannst du in ANNO nachlesen	Empfehlungen zur Übung, Wiederholung und Festigung
... die Merkmale der Industrialisierung herausarbeiten.					278–281 282–283	Erstelle eine Mind Map zum Begriff Industrialisierung.
... die Entwicklung der Industrialisierung in Deuschland von ihren Anfängen bis zum Anfang des 20. Jahrhunderts erläutern.					282–283 284–287 288–289 290–293	Gestalte eine Zeittafel über die Entwicklung der Industrialisierung in Deutschland. Notiere mindestens fünf Daten.
... die Auswirkungen der Industrialisierung auf die Gesellschaft herausarbeiten.					296–298	Erkläre den Begriff Proletarier. Nutze dazu auch ein etymologisches Wörterbuch.
... die Veränderungen im Arbeits- und Lebensumfeld der Menschen charakterisieren.					296–298	Stelle in einer Tabelle oder als Tagesablauf die Arbeits- und Lebensverhältnisse eines Arbeiters, seiner Frau und seiner Kinder dar.
... den Begriff „Soziale Frage“ erläutern.					296–298	Stelle in einer Tabelle die sich verändernden Lebensverhältnisse im Vergleich zum vorindustriellen Zeitalter dar.
... Versuche der Kirchen, der Unternehmer und der Arbeiter erläutern, die sozialen Folgen der Industrialisierung zu lösen.					300–303 304–307	Erstelle ein Schaubild zur Sozialen Frage.
...						

ACHTUNG:

bitte nicht beschreiben!

Du findest eine Kopie dieser Seite zur Bearbeitung unter dem Webcode

WES-115640-804

Ablass. Der reuige Sünder musste für seine Sünden verschiedene Bußen auf sich nehmen, z. B. Gebete, Almosen, Wallfahrten. Erst danach wurde er von seinen Sünden losgesprochen. Nur diese Bußstrafen – und nicht wie oft angenommen die Sünden selbst – konnte man im Spätmittelalter durch einen Ablass verkürzen oder erleichtern. Aus dem Verkauf der päpstlichen Ablassbriefe entwickelte sich für die Kirche eine sprudelnde Einnahmequelle.

Absolutismus (lat. absolutus = losgelöst). Regierungsform, in der ein Monarch die uneingeschränkte und ungeteilte Herrschaftsgewalt (Souveränität) besitzt. Er regiert von den Gesetzen losgelöst und muss sich keinem Menschen, sondern nur Gott gegenüber rechtfertigen. Er sieht seine Macht als gottgegeben (Gottesgnadentum) und fordert unbedingten Gehorsam von allen Untertanen. Der Begriff bezeichnet die Epoche vom 16.–18. Jh., als der A. in Europa vorherrschte. Als Vorbild galt der französische König Ludwig XIV. Um die Macht zu zentralisieren, unterwarf er den politisch selbstständigen Adel und brach das Steuerbewilligungsrecht der Stände. Als Stützen seiner Macht entwickelte er das Stehende Heer, die Beamtenschaft und den Merkantilismus.

Adel. Privilegierter Stand, dessen Macht sich im Mittelalter auf Grundbesitz und kriegerischen Erfolg stützte. Im Frankenreich erhielten Adlige vom König Land (Lehnswesen), wofür sie als bewaffnete Reiter Heeresfolge leisten mussten. Von seinen Bauern verlangte der adlige Grundherr Abgaben und Frondienste, übernahm dafür deren Schutz und sprach Recht. Der Adel entwickelte im Mittelalter besondere Lebensformen und war von Steuern befreit. Zum Adel zählte man durch Geburt (Geburtsadel) oder Dienst im Auftrag des Königs (Dienst- oder Amtsadel). Im 12. Jh. bildete sich der Hochadel heraus, an dessen Spitze die Kurfürsten standen. Zum niederen Adel zählten vor allem Ritter und Ministerialen.

Aufklärung. Eine Bewegung im 18. Jh. in West- und Mitteleuropa gegen den Absolutismus. Ihre zumeist bürgerlichen Vertreter – Schriftsteller, Philosophen und Staatstheoretiker – hielten alle Menschen „von Natur aus" für vernunftbegabt und befähigt, ihr Leben „vernünftig" zu gestalten. Die Zeit war erfüllt von Fortschrittsglauben und Optimismus. Mithilfe von Büchern, Zeitungen und Diskussionen gewannen die Aufklärer die öffentliche Meinung in ihrem Kampf gegen religiösen Fanatismus, gegen Vorurteile und überlieferte politische Machtverhältnisse.

Augsburger Religionsfriede. Reichsgesetz, zwischen König Ferdinand I. und den Reichsständen 1555 ausgehandelt. Er besiegelte die Glaubensspaltung des Reiches, indem er die Lutheraner rechtlich anerkannte. Die Landesfürsten erhielten Konfessionsfreiheit und schrieben nach dem Grundsatz „cuius regio, euis religio" (= wem das Land gehört, der bestimmt die Religion) ihren Untertanen das Bekenntnis vor. Wer damit nicht einverstanden war, musste auswandern.

Bauernbefreiung. Reformen des 18. und 19. Jh., durch welche die Bauern aus der Leibeigenschaft und Erbuntertänigkeit befreit wurden und die Grundherrschaft endete.

Bourgeoisie (frz. bourgeois = Bürger). Im 19. Jh. abwertende Bezeichnung für das Besitz- u. Bildungsbürgertum. Der Marxismus definiert sie als herrschende Klasse der kapitalistischen Gesellschaft im Gegensatz zur Arbeiterklasse.

Bundesstaat. Zusammenschluss selbstständiger Staaten zu einem Gesamtstaat, wobei die Gliedstaaten einen Teil ihrer Hoheitsrechte auf den Gesamtstaat übertragen (z. B. Deutschland, USA, Schweiz). Dieses Gestaltungsprinzip nennt man Föderalismus.

Bürger. Ursprünglich die Bewohner eines Ortes im Schutze einer Burg. Später die freien Einwohner der mittelalterlichen Städte. Sie erkämpften sich von ihren adligen Stadtherren zahlreiche Rechte, sodass manche Städte schließlich nur noch dem Kaiser untertan waren (Reichsstädte). Die Macht besaßen zunächst die reichen Kaufmannsfamilien (Patrizier), später auch die Zünfte der Handwerker.

Bürgertum. Ein vielschichtiger Begriff, der sowohl den Dritten Stand in der Ständegesellschaft des Absolutismus als auch die mittleren Schichten im Zeitalter der Industrialisierung bezeichnet. Der Begriff B. wird eingegrenzt, indem man z. B. vom Groß- und Kleinbürgertum oder vom Bildungs- und Besitzbürgertum spricht. Im Marxismus wird das B. als Bourgeoisie bezeichnet, die das Proletariat ausbeutet. Heute spricht man eher von sozialen Schichten.

Calvinismus. Bezeichnet die Lehre des Reformators Johann Calvin (1509–1564). Grundlage ist die Prädestinationslehre, nach der Gott von vornherein den Menschen entweder zum ewigen Heil oder zur ewigen Verdammnis bestimmt hat. Da man Gottes Gnade am äußerlichen Erfolg der Arbeit zu erkennen glaubte, wirkte der C. wirtschaftlich sehr anspornend. Calvin führte eine strenge Kirchenzucht ein, der auch das Privatleben unterlag. Die Gemeinde, die alle Ämter selbst besetzte, sollte sich im Gottesdienst auf Predigt und Gott konzentrieren. Deshalb wurde jeglicher Schmuck aus reformierten Kirchen entfernt. Calvins Lehre verbreitete sich hauptsächlich in Westeuropa.

Code civil. Von Napoleon geschaffenes bürgerliches Zivilgesetzbuch (1804), das die Grundgedanken der Französischen Revolution (persönliche Freiheit, Gleichheit vor dem Gesetz, Trennung von Staat und Kirche) verankerte. Der Code civil (auch: Code Napoleon) beeinflusste die europäische Rechtsprechung erheblich.

Deutscher Bund. 1815 auf dem Wiener Kongress gegründeter loser Staatenbund, dem 34 souveräne Fürsten, 4 Freie Städte sowie 3 ausländische Staaten angehörten. Einziges Organ war der Bundestag (Bundesversammlung) in Frankfurt/M., wo die Gesandten unter Vorsitz Österreichs tagten. Er zerbrach 1866 am preußisch-österreichischen Dualismus.

Deutscher Zollverein. 1834 unter Preußens Führung gegründete Vereinigung 18 deutscher Staaten, der nach und nach alle Staaten Deutschlands (außer Österreich) beitraten. Ziel war die Schaffung eines einheitlichen deutschen Wirtschaftsraums ohne Binnenzölle.

Deutsches Kaiserreich. Das mittelalterliche Kaiserreich, das ab dem 16. Jahrhundert als Heiliges Römisches Reich Deutscher Nation bezeichnet wurde, erlosch im Jahr 1806 nach einer mehr als 800-jährigen Geschichte. Das D. K. wurde nach dem Krieg gegen Frankreich 1871 im Spiegelsaal des Schlosses von Versailles ausgerufen. Nur 47 Jahre bis zum Ende des Ersten Weltkrieges hatte dieses sog. Zweite Reich Bestand. Der Staat Adolf Hitlers wurde später als Drittes Reich bezeichnet.

Emanzipation. In der Aufklärung wurzelnde Bewegung, welche die rechtliche und gesellschaftliche Gleichstellung aller Bürger anstrebte. Dazu zählen Bauernbefreiung, Judenemanzipation oder Frauenemanzipation (Frauenrechtsbewegung).

Frondienst (althochdt. frô = Herr). Der hörige oder leibeigene Bauer musste für seinen Grundherrn unbezahlte Arbeit leisten. Je nach seiner rechtlichen Stellung waren diese Arbeiten nach Anzahl der Tage, Zeit, Ort und Art festgelegt. Zu den Frondiensten zählten besonders Bodenbestellung, Fuhrdienste sowie Burg-, Haus- und Straßenbau.

Frühkapitalismus. Mit dem Aufkommen der Geldwirtschaft entstand auch eine neue Wirtschaftsgesinnung, die die Zunftordnung sprengte. Einzelne Unternehmerfamilien wie die Medici in Florenz oder die Fugger in Augsburg waren in verschiedenen Bereichen europaweit aktiv: in Handel, Geldverleih, Bergbau, Verlagswesen. Nur sie besaßen die erforderlichen Mittel, um Produktion und Handel im großen Stil durchzuführen. Und sie waren bereit, ihr Geld zur Erhöhung des Gewinns stets erneut im Unternehmen anzulegen.

Gegenreformation. Die innere Erneuerung der katholischen Kirche, beschlossen auf dem Konzil zu Trient (1545–1563). Gleichzeitig der – oft gewaltsame – Versuch der Reichsfürsten (Reichsstände), protestantisch gewordene Gebiete zur katholischen Lehre zurückzuführen. Eine wichtige Rolle spielte dabei der Jesuitenorden (Jesuiten). Die religiösen und damit verbundenen politischen Spannungen führten zum Dreißigjährigen Krieg (1618–1648).

Generalstände. Versammlung von Vertretern der drei Stände (Geistlichkeit, Adel, Bürger und Bauern) in Frankreich mit dem Recht der Steuerbewilligung.

Gewaltenteilung. Teilung der Staatsgewalt in eine gesetzgebende (legislative), gesetzesvollziehende (exekutive) und rechtsprechende (judikative) Gewalt. Sie entspringt der Aufklärung und soll einen Missbrauch staatlicher Macht verhindern. Dem Prinzip der Gewaltenteilung entsprechen die voneinander unabhängigen Verfassungsorgane Parlament, Regierung und Gerichte.

Gewerbefreiheit. In vorindustrieller Zeit unterlag das Gewerbe einer Preis- und Produktionskontrolle durch die Zünfte. Dieser Zunftzwang wurde im 19. Jh. aufgehoben und die Gewerbefreiheit eingeführt. Jeder konnte nunmehr einen Gewerbebetrieb mit beliebigen Produkten eröffnen.

Gewerkschaften. Zusammenschlüsse von Arbeitnehmern zur Wahrung ihrer wirtschaftlichen Interessen. In England organisierten sich Arbeiter erstmals Ende des 18. Jh. (Trade Unions), in Deutschland entstanden seit 1848 zahlreiche lokale Arbeiterverbände. Nach 1890 (Aufhebung des Sozialistengesetzes) entwickelten sich die Gewerkschaften zu breiten Massenorganisationen.

Großdeutsch. In der Frankfurter Nationalversammlung 1848/49 bildeten sich zwei Richtungen hinsichtlich Österreichs Zugehörigkeit zu einem deutschen Nationalstaat. Während die eine Gruppe die Einbeziehung Österreichs befürwortete (großdeutsche Lösung), lehnte die andere dies ab (kleindeutsche Lösung).

Grundherrschaft. Herrschaft über das Land und die darauf lebenden Menschen. Adelige, auch Klöster, gaben an meist unfreie Bauern (Hörige, Leibeigenschaft) Land zur Bewirtschaftung und gewährten den Bauern Schutz. Dafür leisteten diese Abgaben und Frondienste. Der Grundherr verfügte über die niedere Gerichtsbarkeit und verurteilte leichtere Vergehen; damit war er ein Teil der Obrigkeit. Die Grundherrschaft formte die europäische Wirtschaft und Gesellschaft über Jahrhunderte, in Deutschland bis zum Beginn des 19. Jh.

Heilige Allianz. 1815 veröffentlichte Erklärung der Monarchen von Russland, Österreich und Preußen, der sich später zahlreiche europäische Fürsten anschlossen. Ziel der Allianz sollte eine Politik sein, welche die Prinzipien der christlichen Religion und des Friedens verfolgte. Tatsächlich diente sie der Unterdrückung nationaler und liberaler Bewegungen und wurde – obwohl politisch weitgehend folgenlos – zum Symbol der Reaktion.

Hugenotten. Bezeichnung der französischen – meist – calvinistischen Protestanten. In Frankreich hatte sich die Reformation bis in hohe Adelsfamilien durchgesetzt und zu blutigen Machtkämpfen geführt. Nach der Ermordung der hugenottischen Führer in der „Bartholomäusnacht" 1572 und weiteren Auseinandersetzungen erließ der König Heinrich IV. 1598 das „Edikt von Nantes". Darin gewährte er den Hugenotten Gewissensfreiheit und politische Gleichberechtigung. Die Aufhebung des Edikts durch Ludwig XIV. im Jahre 1685 führte viele Hugenotten auf ihrer Flucht nach Brandenburg.

Humanismus (lat. humanus = menschlich). Künstler und Gelehrte, Fürsten und Päpste sammelten antike Handschriften und Kunstwerke und machten sie anderen zugänglich. Sie nannten sich Humanisten, denn sie waren überzeugt, dass die Menschen durch das Studium der klassischen Vorbilder zu vervollkommnen wären.

Imperialismus. Das Streben eines Staates, seine Herrschaft auf andere Länder und Völker auszudehnen. Als Machtmittel dienen Eroberungen oder wirtschaftliche Beherrschung aufgrund ökonomischer Überlegenheit. Als Epoche des Imperialismus gilt besonders die Zeit 1880–1914, in der die Großmächte ihre Kolonialreiche ausbauten und die Welt in Einflusssphären aufteilten.

Industrielle Revolution. Einschneidender wirtschaftlicher und gesellschaftlicher Umwälzungsprozess, ausgelöst durch die um 1760 in England einsetzende Industrialisierung. Sie erreichte um 1840 Deutschland und breitete sich später weltweit aus. Zu ihren Voraussetzungen zählte vor allem der Einsatz von Maschinen, was neue industrielle Produktionsweisen nach sich zog (Massenfabrikation, Arbeitsteilung, Fabriken). Besonders in ihrer Anfangsphase war sie mit sozialer Verelendung verbunden, zugleich entstanden neue Klassengegensätze aufgrund sozialer Probleme der Arbeiterschaft (Soziale Frage).

Inquisition (lat. inquirere = untersuchen). Mittelalterliches Rechtsverfahren, bei dem Anklage, Untersuchung und Urteilsspruch in einer Hand lagen. Papst Gregor IX. gründete 1232 die päpstliche Inquisition und beauftragte den Dominikanerorden, Ketzer aufzuspüren, zu bekehren oder zu bekämpfen. Das Geständnis wurde durch Anwendung der Folter erzwungen, das Opfer danach der weltlichen Macht zum Tod auf dem Scheiterhaufen übergeben.

Islam (arab. = Unterwerfung unter Gott). Eine der großen Weltreligionen, die der Prophet Mohammed im 7. Jh. begründete. Seine Anhänger, die Muslime, bekennen sich zu einem einzigen Gott (Allah) und betrachten den Koran, das heilige Buch, als Glaubens-

und Lebensgrundlage. Die Ausdehnung des islamischen Herrschaftsbereichs führte zur Verbreitung der Religion in Asien, Afrika und Europa.

Jakobiner. Die Mitglieder eines politischen Klubs während der Französischen Revolution, benannt nach ihrem Tagungsort, dem Pariser Kloster St. Jakob. Nach Abspaltung der Girondisten Bezeichnung allein der radikalen Republikaner.

Jesuiten. Die wichtigste Kraft der katholischen Kirche gegen die Reformation wurde der Jesuitenorden (Societas Jesu = Gesellschaft Jesu, abgek. SJ). Gegründet hat ihn der spanische Adlige Ignatius von Loyola (1491–1556). Die Jesuiten übten als Erzieher und Beichtväter an Fürstenhöfen sowie durch die Einrichtung vieler Schulen und Hochschulen großen Einfluss aus. Das Volk gewannen sie durch Predigten und karitative Tätigkeiten. Sie erhielten vom Papst den Auftrag der weltweiten Mission.

Judentum. Juden sind Angehörige des jüdischen Volkes und der jüdischen Religion. In ihrer Frühzeit durchzogen sie als Nomadenstämme Vorderasien und siedelten ab etwa 1250 v. Chr. in Palästina. Dort gründeten sie um 1000 v. Chr. ein Reich mit der Hauptstadt Jerusalem. Es zerfiel später in die Staaten Juda und Israel. Die Eroberung Jerusalems durch die Römer 70 n. Chr. zerstörte den jüdischen Staat. Es kam zur Zerstreuung der Juden in alle Länder.

Karlsbader Beschlüsse. Die auf den Karlsbader Ministerkonferenzen 1819 beschlossenen Maßnahmen gegen nationale und liberale Bewegungen. Anlass war die Ermordung des Dichters August von Kotzebue. An den Beschlüssen, die auf Initiative Metternichs zustande kamen, wirkten Österreich, Preußen sowie acht weitere deutsche Staaten mit.

Ketzer. Menschen, die der amtlichen Kirchenlehre widersprachen. Die Inquisition verfolgte sie. Der Begriff leitet sich von den Katharern ab, die im 12. Jh. besonders in Südfrankreich die Lehre der römischen Kirche und deren Machtapparat (Hierarchie) bekämpften.

Kirchenbann. Der Bann ist das Recht des Herrschers, etwas unter Anordnung von Strafe zu gebieten oder zu verbieten. Der Kirchenbann ist die vom Papst verhängte Kirchenstrafe gegen die Ketzerei (Ketzer) und schwere Sünden. Er bedeutet Ausschluss von den Sakramenten (Exkommunikation) und damit Ausschluss aus der Gemeinschaft der Gläubigen. Der Bann kann durch Buße des reuigen Sünders aufgehoben werden. Der Kirchenbann war ein wichtiges Mittel im politischen Kampf des Papstes gegen die weltliche Macht.

Kleindeutsch (s. Großdeutsch)

Kolonie. Ein abhängiges Gebiet in Übersee. Mit den Entdeckungen und Eroberungen der Portugiesen und Spanier begann das Kolonialzeitalter. Europäische Staaten besetzten dank ihrer überlegenen Waffen überseeische Gebiete, unterwarfen die dortige Bevölkerung, besiedelten das Gebiet und beuteten es wirtschaftlich aus. Je nach Schwerpunkt unterscheidet man Wirtschaftskolonien, Siedlungskolonien, Militärkolonien und Strafkolonien.

Kommunismus. Von Marx und Engels begründete Ideologie, die im „Kommunistischen Manifest" 1848 zusammengefasst wurde. Er enthält die Vorstellung einer klassenlosen Gesellschaft, in der das Privateigentum an Produktionsmitteln abgeschafft und in Gemeineigentum überführt worden ist. Der Begriff wird oft auch für die sozialistische Gesellschaft gebraucht, die erstmals durch die Oktoberrevolution 1917 in der Sowjetunion errichtet wurde und durch die Diktatur der Kommunistischen Partei gekennzeichnet war.

Konfession (lat. = Bekenntnis). Eine K. umfasst alle Menschen, die das gleiche Glaubensbekenntnis ablegen und damit zur eigentlichen Glaubensgemeinschaft gehören. Katholiken und Protestanten bilden die beiden großen Konfessionen in Deutschland.

Konservatismus. Geistige und politische Haltung, die auf Bewahrung überlieferter Werte abzielt. Reformen werden nicht abgelehnt, wohl aber Neuerungen, die auf unüberprüfbaren Theorien oder Ideologien beruhen. Er entstand in der Auseinandersetzung mit den Ideen der Französischen Revolution und wurde im 19. Jh. zum Verbündeten der Restauration gegen den Liberalismus.

Konstitutionelle Monarchie. Regierungsform, in der die Gewalt des Monarchen an eine Verfassung (Konstitution) gebunden ist, die eine Mitwirkung der Volksvertretung bei der Gesetzgebung vorsieht.

Kontinentalsperre. Von Napoleon 1806 gegen Großbritannien verhängte Wirtschaftsblockade, die den europäischen Kontinent abriegelte.

Konzil (lat. concilium = Zusammenkunft). Die Versammlung hoher kirchlicher Würdenträger zur Beratung und Entscheidung wichtiger Angelegenheiten von Glauben und Kirche. Ein Konzil betrifft die Gesamtkirche, Kirchenversammlungen für ein begrenztes Gebiet sind Synoden.

Koran. Das heilige Buch des Islam, das die von Mohammed verkündeten Offenbarungen Allahs enthält. Er ist in 114 Kapitel (Suren) gegliedert, die Weissagungen, Belehrungen, Predigten und Prophetenerzählungen enthalten. Der Koran ist für die islamische Welt zugleich Gesetzbuch und religiöses Lehrwerk.

Kreuzzüge. Kriegszüge der abendländischen Christenheit zwischen 1096 und 1291 zur Befreiung des Heiligen Landes von der Herrschaft des Islam. Die Kreuzritter haben ihr Ziel nicht erreicht. Der Kontakt mit der islamischen Welt brachte aber neue Kenntnisse und Gedanken nach Europa. Der Begriff umfasst auch die Kriege, zu denen die Kirche im Mittelalter gegen Heiden oder Ketzer aufrief.

Kurfürst (althochdt. kuri = Wahl). Ein Fürst, der das Recht hat, den Herrscher zu wählen. Allmählich erlangte im Deutschen Reich eine Gruppe von sieben Fürsten dieses Privileg und bildete so die Spitze des Hochadels. Es waren die Erzbischöfe von Mainz, Köln und Trier, der Pfalzgraf bei Rhein, der Herzog von Sachsen, der Markgraf von Brandenburg und der König von Böhmen. Die Goldene Bulle von 1356 bestimmte endgültig allein diese Kurfürsten zur Königswahl und legte ein Mehrheitswahlrecht fest. Weiterhin bestimmte sie die Unteilbarkeit der Kurländer sowie das Erstgeburtsrecht bei der Erbfolge.

Landesherr. Inhaber der obersten Gewalt in einem fest umrissenen Gebiet (Territorium). Ursprünglich waren im Mittelalter die Besitzrechte des Adels zersplittert und seine Besitzungen weit zerstreut. Seit dem 12. Jh. versuchte der Adel jedoch, Besitzungen und Herrschaftsrechte zusammenzufassen, andere Herren zu verdrängen oder zu unterwerfen und ein geschlossenes Territorium aufzubauen. In diesem Territorium unterstanden nun alle Einwohner allein der Gewalt des Landesherrn (z. B.Herzog, Graf), der seine Regierung durch eine einheitliche Verwaltungs- und Gerichtsorganisation wirksam verstärkte. Die Bildung der Landesherrschaften führte allerdings zur Schwächung des Königtums.

Landeskirche. Luther selbst setzte nach den Bauernkriegen die Fürsten als „Notbischöfe" zur Leitung der Kirche ein. Die Ämterbesetzung erfolgte nicht durch die Gemeindemitglieder, sondern wurde wieder von der Obrigkeit bestimmt. Die protestantischen Landesherren erweiterten dadurch ihre Macht.

Lehnswesen. Es entstand im 8. Jh. im Frankenreich und bildete die Grundlage der politisch-gesellschaftlichen Ordnung des Mittelalters. Der König (Lehnsherr) verlieh seinen Gefolgsmännern Land und Leute als Lehen. Dafür schuldete der Lehnsmann (Vasall) seinem Lehnsherrn lebenslange Treue, Gefolgschaft und Waffendienst. Mächtige Lehnsleute verliehen Grundbesitz an Untervasallen weiter. Da Lehen frühzeitig erblich wurden, erlangten die Lehnsleute eine starke Machtposition gegenüber dem König. Das führte in Deutschland zu einer Schwächung der zentralen Staatsgewalt.

Leibeigenschaft. Eine Form persönlicher Abhängigkeit. Der Leibeigene war unfrei, aber kein privatrechtliches Eigentum wie der Sklave. Er gehörte zum Gesinde eines Herrenhofes, musste seinem Leibherrn eine jährliche Kopfsteuer zahlen und Frondienste leisten. Auch sein Privatleben war unfrei: Er durfte nicht ohne Genehmigung heiraten und nach seinem Tod hatten die Erben dem Leibherrn besondere Abgaben zu zahlen.

Liberalismus. In der Aufklärung wurzelnde politische Bewegung, die im 19. Jh. Bedeutung erlangte. Im Zentrum steht das Recht des Einzelnen auf freie Entfaltung gegenüber staatlicher Bevormundung. Zu seinen Forderungen zählen Glaubens- und Meinungsfreiheit, Sicherung der bürgerlichen Grundrechte sowie Beteiligung an politischen Entscheidungen. Der wirtschaftliche Liberalismus fordert einen freien Wettbewerb ohne staatliche Eingriffe und Zollschranken.

Manufaktur (lat. manu facere = mit der Hand machen). Ein Betrieb, in dem vorwiegend Handarbeit geleistet wurde. Die Arbeit fand allerdings im Gegensatz zum traditionellen Handwerksbetrieb in großen Produktionsräumen mit vielen Arbeitern statt. Zur Steigerung der Produktion teilte man die Herstellung z. B. eines Gewehrs in Einzelschritte auf (Arbeitsteilung). Im Zeitalter des Absolutismus gründeten viele Landesherren Manufakturen, um den Bedarf an Waffen und Uniformen zu decken oder durch andere Produkte Handel und Wirtschaft zu beleben.

Marxismus. Bezeichnung für die von Karl Marx und Friedrich Engels im 19. Jh. begründete Theorie des wissenschaftlichen Sozialismus. Zentrale Grundlage ist der „Historische Materialismus", der in der Notwendigkeit einer sozialistischen Gesellschaftsordnung mündet, die das Ergebnis der sozialen und wirtschaftlichen Entwicklung ist (Klassenkampf, Kommunismus). Weiterhin die „Kritik der politischen Ökonomie", in der Marx die kapitalistischen Produktionsweisen und ihre Auswirkungen auf die gesellschaftlichen Verhältnisse untersucht (Kapitalismus).

Mediatisierung. Beseitigung der Selbstständigkeit kleinerer weltlicher Reichsstände (z. B. Grafschaften, Reichsritter) und ihre Unterwerfung unter die Landeshoheit anderer Territorien. Sie erfolgte seit 1803 (Reichsdeputationshauptschluss) zur Entschädigung jener Fürsten, deren linksrheinische Gebiete an Frankreich gefallen waren.

Menschenrechte. In der Aufklärung entstandene Überzeugung, wonach jeder Mensch unantastbare Rechte besitzt, die der Staat achten und schützen muss. Hierzu zählen das Recht auf Gleichheit, Unversehrtheit, Eigentum, Meinungs- und Glaubensfreiheit, Widerstand gegen Unterdrückung. Diese Rechte wurden erstmals in die amerikanische Unabhängigkeitserklärung (1776) und die französische Verfassung von 1791 aufgenommen und sind seitdem Bestandteil vieler Verfassungen.

Merkantilismus (lat. mercator = Kaufmann). Die staatlich gelenkte Wirtschaftsform des Absolutismus. Um die Macht des Staates zu vergrößern und die Mittel für das Stehende Heer, die Beamten und den höfischen Prunk aufzubringen, musste durch intensiven Handel möglichst viel Geld ins Land kommen und möglichst wenig das Land verlassen. Die Regierung erhöhte daher die Ausfuhr von Fertigwaren und erschwerte durch hohe Zölle die Einfuhr ausländischer Produkte. Durch eigene Kolonien kam man an billige Rohstoffe. Die Regierung förderte Unternehmer und qualifizierte Arbeiter, die in den neuen Manufakturen Exportwaren produzierten. Im Inland beseitigte der Staat Handels- und Gewerbeschranken durch Ausbau der Verkehrswege (insbesondere Kanäle), durch einheitliche Währung, Maße und Gewichte sowie durch Beseitigung von Zöllen und Zunftordnungen.

Nation. Als Merkmal einer Nation gelten gemeinsame Abstammung, Sprache, Kultur und Geschichte sowie das Zusammengehörigkeitsgefühl der in einem Gebiet zusammenlebenden Menschen. Die Begriffe „Nation" und „Volk" sind nicht eindeutig voneinander abzugrenzen und werden häufig synonym gebraucht. Ein Nationalgefühl entwickelte sich bereits im Mittelalter, vor allem in den westeuropäischen Staaten (England, Frankreich, Spanien). Im 19. Jh. verstärkte sich diese Tendenz, besonders bei jenen Völkern, die keine politische Unabhängigkeit erlangt hatten (z. B. Polen, Südslawen, Griechen) oder aufgrund ihrer Geschichte in zahlreiche Einzelstaaten zersplittert waren (z. B. Deutschland, Italien). Sie erhoben die Forderung nach einem Nationalstaat, der ein politisch geeintes Volk umfassen sollte.

Nationalismus. Meist negativ besetzter Begriff für ein übersteigertes Nationalgefühl und die Überbewertung der eigenen Nation.

Orden (lat. ordo = Ordnung, Stand). Religiöse Gemeinschaft von Mönchen oder Nonnen, die nach einer gemeinsamen Lebensordnung (Regel) leben. Im Lauf der Jahrhunderte haben sich verschiedene Orden mit unterschiedlichen Zielen und Aufgaben gebildet (z. B. Benediktiner, Zisterzienser, Franziskaner, Dominikaner).

Ostrom. 330 nach Chr. beendete Kaiser Konstantin I. den Ausbau von Byzanz und machte es als Konstantinopel zur zweiten Hauptstadt des Römischen Reichs. Damit verlagerte er das Schwergewicht stärker nach Osten und 395 kam es zur endgültigen Trennung beider Reichshälften. Es entstand ein griechisch geprägtes Oströmisches Reich und ein lateinisches Westrom. Nach dem Untergang Westroms im Jahr 476 bestand die östliche Reichshälfte fort und erlebte unter Kaiser Justinian I. (527–565) eine Blüte. Erst die Osmanen bereiteten dem Byzantinischen Reich, wie der Staat später hieß, mit der Eroberung Konstantinopels im Jahr 1453 das Ende.

Papst (lat. papa = Vater). Die Bischöfe von Rom betrachteten sich als Nachfolger des Apostel Petrus und beanspruchten daher schon früh die Vorrangstellung in der Gesamtkirche. Dieser Anspruch wurde auf dem Konzil von Nicäa, das Kaiser Konstantin 325 einberufen hatte, von den Bischöfen des lateinischen Westens anerkannt. Die Bischöfe des griechischen Ostens erkannten den Vorrang (Primat) Roms jedoch nicht an, was später zur Abspaltung der Orthodoxen Kirche führte. Den Ehrentitel „papa", der ursprünglich allen Bischöfen zustand, führte seit dem 5. Jh. allein der römische Bischof.

Parlament. In demokratischen Staaten die aus freien Wahlen hervorgegangene Volksvertretung. Sie entscheidet als oberstes Staatsorgan über die Gesetze und kontrolliert die Regierung (Gewaltenteilung).

Partei. Organisierter Zusammenschluss politisch gleichgesinnter Bürger, die Einfluss auf die Gestaltung des Staats nehmen wollen. Die modernen Parteien entwickelten sich Anfang des 19. Jh. aus lockeren Vereinigungen angesehener Persönlichkeiten (Honoratioren-Parteien). Getragen von der Arbeiterbewegung bildeten die sozialistischen Parteien erstmals den Typ der Massenpartei, dem später häufig auch katholisch-konfessionelle Parteien (Zentrum) entsprachen. Mit der Durchsetzung des Parlamentarismus erhielten die Parteien im 20. Jh. staatstragende Bedeutung.

Patrizier. Die Angehörigen der Oberschicht einer mittelalterlichen Stadt. Sie sahen sich in der Nachfolge der römischen Adelsgeschlechter, die allein zur Regierung und Verwaltung der Republik berechtigt waren. Zu den Patriziern zählten reiche Kaufleute, Dienstleute des Stadtherrn und Adlige, die sich in der Stadt niedergelassen hatten. Konnte sich eine Stadt von ihrem Stadtherrn unabhängig machen, so übernahmen diese gesellschaftlichen Gruppen die politische Führung. Sie allein waren ratsfähig, d. h. nur sie besetzten die städtischen Ämter. Seit dem 13. Jh. kämpften in vielen Städten die Zünfte gegen die Vorherrschaft des Patriziats und erlangten politische Mitsprache.

Proletariat. Im antiken Rom die unterste Bevölkerungsschicht ohne Besitz. Im 19. Jh. ein durch den Marxismus geprägter Begriff für die im Kapitalismus entstandene Klasse der abhängigen Lohnarbeiter. Nach Marx hat der Proletarier allein seine Arbeitskraft zu verkaufen und ist daher von der Bourgeoisie abhängig, die die Produktionsmittel besitzt und ihn ausbeutet. Erst der Klassenkampf und die „Proletarische Revolution" können die Unterdrückung beenden.

Protestanten. Bezeichnung für alle Christen, die nicht zur römisch-katholischen Kirche oder zur orthodoxen Ostkirche gehören. Nach einem Reichstagsbeschluss von 1529 sollten alle kirchlichen Reformen verboten werden und die Anhänger Luthers der Reichsacht verfallen. Dagegen protestierten die reformierten Fürsten und Städte aus Gewissensgründen. Von dieser „Protestation" leitet sich der Begriff her. Die von Luther gebrauchte Bezeichnung „evangelisch" setzte sich nur langsam durch.

Reconquista (span.= Wiedereroberung). Die Araber hatten nach ihrem Sieg im Jahre 711 über die Westgoten die Iberische Halbinsel erobert. Nur im Norden konnten sich noch kleinere christliche Herrschaftsgebiete halten. Von dort aus begann der Jahrhunderte dauernde Kampf gegen die Muslime (auch Mauren oder Sarazenen genannt). 1492 fiel Granada, der letzte maurische Stützpunkt auf spanischem Boden. Die Mauren wurden aus Spanien vertrieben oder durch Zwang christianisiert.

Reformation. Der religiöse Umbruch Europas im 16. Jh., der zur Auflösung der kirchlichen Einheit des Abendlandes führte. Zu seinen Ursachen zählten kirchliche Missstände wie der Lebenswandel vieler Geistlicher, Simonie und Ablasshandel. Eingeleitet wurde die Reformation durch die Thesen Martin Luthers (1517), und sie erfasste gegen den Widerstand der römischen Kirche sehr rasch breite Bevölkerungsschichten. Da sich auch viele Reichsstände der Reformation anschlossen, wurde die Reformbewegung zu einem politischen Machtfaktor. Die Reformation setze sich vor allem in Mittel- und Nordeuropa durch. Der römischen Kirche gelang es, durch die Reformen des Konzils von Trient (1545–1563) sowie durch die Tätigkeit der Jesuiten erneut an Boden zu gewinnen (Gegenreformation).

Reichsacht (althochdt. acht = Verfolgung). Im Falle eines schweren Verbrechens konnte der Herrscher den Täter ächten. Der Geächtete wurde damit aus der Gemeinschaft ausgestoßen, verlor sein Eigentum und jeden Rechtschutz – er war „vogelfrei". Wer ihm half, verfiel selbst der Acht. Wenn der Geächtete Gehorsam gegen Kaiser und Reich versprach, konnte er durch ein kaiserliches Gericht aus der Acht gelöst werden. Oft wurde die Reichsacht zusammen mit dem Kirchenbann ausgesprochen.

Reichsdeputationshauptschluss. Beschluss eines Reichstagsausschusses von 1803, durch den jene weltlichen Fürsten entschädigt wurden, die von der Abtretung des linken Rheinufers an Frankreich betroffen waren. Dadurch wurden fast alle geistlichen Gebiete des Reichs säkularisiert, zahlreiche weltliche Reichsfürsten, Reichsstädte und alle Reichsritter mediatisiert.

Renaissance (franz. Wiedergeburt). Im 15. Jh. wandten sich viele Menschen in den norditalienischen Städten der römisch-griechischen Vergangenheit zu. Dort suchten sie die Vorbilder für ihr Leben und trennten sich von der kirchlich-religiösen Bevormundung des Mittelalters, das ihnen finster und barbarisch erschien. Der einzelne Mensch rückte in den Mittelpunkt des Interesses, er sollte seine Fähigkeiten entfalten und durch eigenständiges Denken und Beobachten die Natur erkennen. Maler, Bildhauer, Dichter, Philosophen, Wissenschaftler und Forscher verbreiteten diese neuen Gedanken in Europa. Unterstützung fanden sie bei Fürsten und auch bei Päpsten.

Restauration. Bemühungen, frühere Zustände wiederherzustellen. Der Begriff wird auf die Epoche zwischen 1815 und 1848 angewandt und umfasst die Bestrebungen der Politik, den vor der Französischen Revolution geltenden Ordnungsprinzipien erneut Geltung zu verschaffen.

Revolution. Umsturz der bestehenden Ordnung, der zu tief greifenden politischen und gesellschaftlichen Veränderungen führt. Sie wird von breiten Bevölkerungsschichten getragen, im Gegensatz zum Staatsstreich oder Putsch, wo nur eine neue Führungsgruppe die Macht an sich reißt. Typische Beispiele sind die Französische Revolution 1789 und die Russische Revolution 1917.

Rheinbund. 1806 erklärten 16 Reichsfürsten ihren Austritt aus dem Reich und gründeten unter dem Schutz Napoleons den Rheinbund. Der Habsburger Franz II. legte daraufhin die römisch-deutsche Kaiserwürde nieder und nannte sich künftig Kaiser von Österreich. Nach Napoleons verlorenem Russlandfeldzug löste sich der Rheinbund rasch auf.

Säkularisation. Überführung von Kirchengut in weltlichen Besitz. Zu einer umfassenden S. kam es in Frankreich durch die Französische Revolution, vor allem aber in Deutschland aufgrund des Reichsdeputationshauptschlusses 1803.

Soziale Frage. Bezeichnung für die ungelösten sozialen Probleme der Arbeiter im 19. Jh., die aufgrund der Industrialisierung (Industrielle Revolution) entstanden waren. Hierzu zählten: Verelendung aufgrund niedriger Löhne und hoher Arbeitslosigkeit, extrem lange Arbeitszeiten und unzumutbare Arbeitsbedingungen, menschenunwürdige Wohnverhältnisse, schwere Frauen- und Kinderarbeit. Hinzu kam die fehlende Absicherung bei Krankheit, Arbeitsunfällen, Invalidität und im Alter. Versuche zur Lösung der Sozialen Frage kamen von einzelnen Unternehmern, der Kirche, vor allem jedoch durch die vom Staat seit 1883 eingeleitete Sozialgesetzgebung. Die Arbeiter selbst bemühten sich im Rahmen von Gewerkschaften und Arbeiterparteien um eine Durchsetzung ihrer Interessen und schufen verschiedene Selbsthilfeorganisationen.

Sozialismus. Im 19. Jh. entstandene politische Bewegung, die bestehende gesellschaftliche Verhältnisse mit dem Ziel sozialer Gleichheit und Gerechtigkeit verändern will. Im Marxismus ist er das Übergangsstadium vom Kapitalismus zum Kommunismus. Seit Ende des 19. Jh. bildeten sich gemäßigte und radikale sozialistische Richtungen, deren Ziele von einer Reform der kapitalistischen Wirtschaftsweise bis zum Umsturz der auf ihr bestehenden Gesellschaftsordnung reichen (Klassenkampf).

Stand, Stände. Die europäische Gesellschaft war bis zur Französischen Revolution (1789) unterteilt in Gruppen mit verschiedenen Rechten. Jeder Mensch wurde in seinen gesellschaftlichen Stand hineingeboren. Diese strenge und verbindliche Rangordnung galt als gottgegeben. Die Geistlichen bildeten den ersten Stand (Lehrstand), die Adligen den zweiten (Wehrstand). Die große Masse der Bauern bildete den dritten Stand (Nährstand), zu dem später auch die Bürger zählten. Außerhalb der Ständegesellschaft blieben sozial Verachtete (z. B. Henker, Spielleute, Dirnen) sowie die Juden.

Terror (lat. = Schrecken). Gewalttätige Form des politischen Machtkampfs, um jeden Widerstand durch Furcht zu ersticken. Er kann durch den Staat ausgeübt werden (Staatsterrorismus) oder von extremen Organisationen zum Sturz der Staats- oder Gesellschaftsordnung. Typische Beispiele sind die Schreckensherrschaft der Jakobiner während der Französischen Revolution 1793–94 oder der Terror unter den Herrschaftssystemen des Faschismus, Nationalsozialismus und Kommunismus.

Verfassung (Konstitution). Die politische Grundordnung eines Staates, die alle Regelungen über die Staatsform, die Herrschaftsausübung und die Bildung und Aufgaben der Staatsorgane enthält. Eine demokratische Verfassung wird durch eine verfassunggebende Versammlung (Nationalversammlung) entworfen und direkt dem Volk oder aber seinen gewählten Vertretern (Parlament) zur Abstimmung vorgelegt. Sie enthält das Prinzip der Gewaltenteilung und das Mitbestimmungsrecht des Volkes.

Volkssouveränität. Im Gegensatz zur Souveränität des Monarchen sieht die V. die oberste Gewalt im Volk verankert. Aufgrund dessen gilt die Wahl der Regierenden durch das Volk als Ausdruck der V. Neben der Gewaltenteilung kennzeichnet die V. den modernen demokratischen Staat. Der große Theoretiker der V. in der Neuzeit war J. J. Rousseau. Er legte in seinem Werk über den „Gesellschaftsvertrag" ihre Grundlagen dar.

Vormärz. Die Zeit vom Wiener Kongress 1815 bis zur deutschen Revolution vom März 1848. Kennzeichnend für diese Epoche sind äußerer Friede und innenpolitische Ruhe, erzwungen durch die Beschränkung von Bürgerrechten (Karlsbader Beschlüsse). Dennoch entwickelte sich im Vormärz eine liberale, demokratische und nationale Bewegung, getragen von einem Bürgertum, das schließlich politische Mitsprache beanspruchte.

Westfälischer Frieden. Bezeichnung für die 1648 in Münster und Osnabrück geschlossenen Friedensverträge, die den Dreißigjährigen Krieg beendeten. Die Friedensbestimmungen lockerten die Reichseinheit, da die Fürsten volle Landeshoheit erhielten und Bündnisse mit auswärtigen Mächten abschließen durften. Auch territorial erlitt das Reich schwere Einbußen. Schweden erhielt Vorpommern, das Erzbistum Bremen und das Bistum Verden als Reichslehen, Frankreich wurde im Besitz von Metz, Toul und Verdun bestätigt, die Niederlande und die Schweiz schieden endgültig aus dem Reichsverband aus. Auf konfessionellem Gebiet wurde der Augsburger Religionsfrieden von 1555 bestätigt und auf den Calvinismus als dritte Konfession ausgedehnt.

Wiener Kongress. Konferenz europäischer Fürsten und Staatsmänner, um die politische Neuordnung Europas nach Napoleons Sturz zu beraten (1814/15). Den Vorsitz führte der österreichische Außenminister Fürst Metternich, der den Kongress in weiten Teilen prägte. Die Teilnehmer des Wiener Kongresses verfolgten die Prinzipien der Restauration und Legitimität.

Wohlfahrtsausschuss. Regierungsorgan des französischen Konvents und Terrorinstrument der jakobinischen Diktatur. Der Ausschuss bestand aus zwölf Exekutivkommissaren, führendes Mitglied war Robespierre.

Zunft. In den mittelalterlichen Städten schlossen sich die Handwerker des gleichen Berufs zu einer Zunft zusammen, um sich gegenseitig im Alter oder bei Krankheit zu unterstützen. Später musste jeder Handwerksmeister einer Zunft beitreten, die – im Einverständnis mit der städtischen Obrigkeit – das Wirtschaftsleben lenkte und kontrollierte, um ein angemessenes und gerechtes Auskommen aller zu sichern. Sie regelte Qualitätsmerkmale und Preise, Ausbildung und Arbeitszeiten, Höchstzahl von Lehrlingen und Gesellen, Herstellungsmengen und Produktionsmethoden. Jeder Verstoß wurde hart bestraft. Aus Angst vor Konkurrenz durften die Handwerker nicht auf Vorrat arbeiten, sondern nur auf Bestellung. Diese strengen Regeln hemmten technische Neuerungen und die freie Entfaltung tüchtiger Handwerker. Seit dem 13. Jh. kämpften die Zünfte gegen die Stadtherrschaft der Patrizier.

akg-images GmbH, Berlin: 3.2, 4.2, 4.4, 5.1, 5.2, 7.1, 7.2, 13.1, 18.1, 21.2, 23.1, 23.3, 23.4, 23.6, 23.7, 27.1, 28.1, 29.1, 29.2, 33.2, 38.1, 43.4, 44.1, 51.1, 52.1, 63.1, 64.1, 66.2, 67.1, 70.3, 71.2, 74.1, 83.1, 86.1, 91.1, 95.1, 102.1, 103.1, 108.1, 112.4, 113.3, 114.1, 115.1, 124.1, 135.1, 135.2, 139.1, 140.2, 142.1, 142.2, 146.1, 148.1, 154.1, 156.1, 158.1, 168.1, 172.2, 174.2, 178.1, 178.1, 178.2, 181.1, 183.1, 185.1, 186.1, 188.1, 192.1, 194.2, 194.3, 200.1, 201.1, 204.2, 206.1, 212.1, 213.1, 213.3, 213.4, 215.1, 216.1, 219.1, 220.1, 221.1, 223.1, 225.1, 232.1, 232.2, 240.1, 240.2, 242.1, 244.1, 247.2, 249.1, 257.1, 262.1, 263.1, 265.1, 268.1, 276.1, 279.2, 283.1, 291.1, 299.1, 301.1, 302.1, 305.2, 306.1; Album/Oronos 98.2; Album/Oronoz 91.4, 98.1; Album/Prisma 107.1, 284.1; Bildarchiv Monheim 25.1, 36.1, 56.1; Bildarchiv Steffens/© Banco de México Diego Rivera Frieda Kahlo Museums Trust/ VG Bild-Kunst, Bonn 2022 126.1; bilwisseditίon 23.2, 23.5, 60.3; British Library 42.2, 48.3, 65.1, 71.3; Cameraphoto 113.1, 116.1; De Agostini Picture Library 93.2; Deville, Marc 158.2; Forman, Werner 15.1, 15.2; Heine, Heiner 6.3; Heritage Images/Fine Art Images 117.2; Hiegel, Jacqueline 216.2; historic-maps 42.3; Hoppe, Dieter E. 272.1; Konzernarchiv Henkel AG & Co. KGaA 291.2; Lessing, Erich 113.2, 152.1, 164.1, 168.2, 179.2, 184.1, 195.1; Lichte, H. 296.1; Mermet, Gilles 11.1; Nou, J.-L. 103.2; Raible, Jürgen 109.1; Science Source 171.2; VISIOARS 199.1, 204.1. |Alamy Stock Photo (RMB), Abingdon/ Oxfordshire: Christophel, Josse Titel; Granger Historical Picture Archive 257.2; Granger, NYC 165.1; Gunter Kirsch 83.2; Horree, Peter 303.1; Kruger, Torsten 153.1; Pavone, Sean 92.1; Prisma Archivo Titel; PRISMA ARCHIVO 304.1; The History Collection 295.1; The Picture Art Collection 170.1; Universal Images Group North America LLC 241.2; World History Archive 77.1. |Archiv der sozialen Demokratie, Friedrich-Ebert-Stiftung e.V., Bonn: Gemeinfrei / Archiv der sozialen Demokratie, Friedrich-Ebert-Stiftung e.V. , 6/FAHNE0075 305.1. |Artothek, Fürth: Blauel, Joachim 161.1. |Askani, Bernhard Dr., Schwetzingen: 24.1, 49.1. |Bayerische Staatsbibliothek München, München: Clm. 210, fol. 91 verso 46.1. |bpk-Bildagentur, Berlin: 72.2, 122.1, 132.2, 144.1, 150.1, 171.1, 173.1, 180.1, 192.3, 193.1, 218.1, 226.1, 227.1, 227.2, 243.1, 245.1, 247.1, 252.1, 254.1, 255.1, 264.1, 270.1, 279.1, 280.1, 280.2, 297.2; Braun, Lutz 125.1, 167.1, 258.1; Deutsches Historisches Museum 277.2; Deutsches Historisches Museum/Psille, Arne 78.1; Faillet, F. 33.1; H. Buresch/Eduard Thöny Nachlass München 250.2; Katz, D. 230.1; Katz, Dietmar 229.1, 250.1, 253.1; Münzkabinett, SMB/Lübke, Lutz-Jürgen 18.2; Saturia Linke 84.1; SBB/Schacht, Ruth 121.3; Scala 43.2, 91.3, 102.2; SMB/Kunstbibliothek/Petersen, K. 128.1, 212.2; Staatliche Kunstsammlungen Dresden 134.1. |Bridgeman Images, Berlin: Ägyptisches Museum, Kairo/Boltin Picture Library 20.1; Biblioteca Estense, Modena 3.3, 106.1, 106.2, 106.3; Bibliotheque de L'Arsenal, Paris/© Photo Josse 192.2; Bibliotheque Nationale, Paris, France 7.3, 102.3; Chateau de Versailles, France 113.4, 160.2; Fogg Art Museum, Harvard University Art Museum, Nachlass G.L. Winthrop 182.1; Girandon/Chateau de Versailles, France 163.1; Giraudon, Bibliotheque de l'Ecole des Beaux-Arts 79.1; Giraudon, British Library, London, UK 55.1; Musee de la Ville de Paris 4.3, 179.1; Musee de la Ville de Paris, Musee Carnavalet, Paris, France 194.1; Ricciarini, Luisa 112.2; THE BRIDGEMAN ART LIBRARY/Biblioteca Estense, Modena, Emilia-Romagna, Italy 79.4; Vatikanische Museen und Gallerien 32.1; Wallraf-Richartz-Museum, Köln 117.1. |Bundesministerium der Finanzen/Referat Postwertzeichen, Berlin: Gestaltung: Prof. Dieter Ziegenfeuter, „800. Geburtstag Elisabeth von Thüringen", Motiv: Kölnisch, Ende 14. Jahrhundert: Elisabeth pflegt Kranke, WRM 36, © Rheinisches Bildarchiv Köln 70.1. |DB Museum Fotosammlung, Nürnberg: 285.1. |epd-bild, Frankfurt/M.: Falk Orth 70.2. |Europäische Zentralbank, Frankfurt am Main: 190.1. |fotolia.com, New York: ayazad 94.2; blickwinkel2511 160.1; Digishooter 112.1; Edler von Rabenstein 60.2; l-pics 140.1; LianeM 73.2; Sabel, Joerg 153.2. |Getty Images, München: Archive Photos/ Buyenlarge 290.1; Photo 12 155.1. |Glocken-StadtMuseum Apolda, Apolda: 292.1. |Hansestadt Lübeck, Lübeck: Bereich Archäologie und Denkmalpflege der Hansestadt Lübeck 48.1, 48.2. |Hessisches Staatsarchiv Marburg, Marburg: (HStAM) Best Urk. 75, Nr. 65 26.1. |Historisches Archiv MAN, Augsburg: MAN-Museum und Historisches Archiv 241.4, 264.2. |Imago, Berlin: Schöning 3.1, 22.1. |Interfoto, München: Mary Evans 30.1; © Olaf Gulbransson / VG Bild-Kunst, Bonn 2022 256.1. |iStockphoto.com, Calgary: luxxtek 58.4; mbongorus 129.1; meseberg 58.1. |Kesper, Ingrid, Salzkotten: 21.1. |laif, Köln: Matthias Jung 17.1. |Landesarchiv Baden-Württemberg, Stuttgart: Abt. Hauptstaatsarchiv Stuttgart H 51 U 589 Schmuckkassette 7.4, 37.1. |Landesarchiv Sachsen-Anhalt, Magdeburg: U 1 Erzstift Magdeburg, I Nr. 23 / Kunze, Hans-Wulf 26.2. |Langner & Partner Werbeagentur GmbH, Hemmingen: 79.2, 79.3. |LIO Design GmbH, Braunschweig: LAYOUTELEMENT 60.1, 71.1, 73.1, 81.1, 119.1, 121.1, 172.1, 174.1. |Lookphotos, München: Werner, Florian 62.1. |mauritius images GmbH, Mittenwald: Rossenbach 246.1. |NetzNutz GmbH, Mahlow: Luftbilder. aero 69.1. |Pfannenschmidt, Dirk, Hannover: 57.1, 202.1. |Picture-Alliance GmbH, Frankfurt a.M.: akg 213.2; akg-images 12.1, 34.1, 138.1, 148.2, 224.1, 273.1, 301.2; akg-images/British Library 121.2; akg-images/Lessing, E. 39.1; Becker, Marius 6.2; dpa-Zentralbild/ euroluftbild.de 94.1; dpa/Ernszt, Peter 43.1; dpa/Kumm, Wolfgang 91.2; dpa/Wieseler, Heinz 120.1; Fine Art Images/Heritage Images 208.1; Godong 90.3; imageBROKER/ Goerlich, Stephan 66.1; imageBROKER/hwo 42.1; imageBROKER/Krüger, Olaf 299.2; Rose, Klaus 90.2; SIPA/Chamussy, L. 197.1; Sueddeutsche Zeitung Photo 306.2; UPI/Landov/ Mohamad, Ismael 90.1; ZB/Bachmann, Nestor 261.1; ZB/euroluftbild/Blossey, Hans 6.1. |Seipelt, Andrea, Vechelde: 76.1. |Shutterstock.com, New York: Jule_Berlin 277.1. |Spangenberg, Frithjof, Konstanz: 68.1, 123.1, 278.1. |Staatliche Münzsammlung, München: 205.1. |Stadtkonservator/Amt für Denkmalschutz und Denkmalpflege, Köln: 80.1. |stock.adobe.com, Dublin: Arhelger, Tobias 17.2; MaciejBledowski 72.1; PaulPaladin 225.2; Rusch, Winfried 97.1; TA-Photographie 43.3; tonefotografia 277.3; World travel images 173.2. |Tonn, Dieter, Bovenden-Lenglern: 15.3, 40.1, 40.2, 40.3, 40.4, 40.5, 40.6, 58.2, 58.3, 61.1, 87.1, 87.2, 87.3, 87.4, 87.5, 87.6, 110.1, 110.2, 110.3, 110.4, 133.1, 133.2, 175.1, 175.2, 175.3, 175.4, 210.1, 210.2, 210.3, 210.4, 238.1, 238.2, 238.3, 238.4, 274.1, 274.2, 274.3, 308.1, 308.2, 308.3, 308.4, 308.5. |ullstein bild, Berlin: 266.2, 276.2, 298.1; Archiv Gerstenberg 198.1, 233.1, 234.1; CARO/Muhs 237.1; Granger Collection,NYC 127.1; Haeckel Archiv 241.3; Heritage Images/Fine Art Images 179.3, 207.1; Heritage Images/ TopFoto 4.1, 112.3, 132.1; Ihlow 93.1; Imagebroker.net 228.1; Süddeutsche Zeitung/ Scherl 266.1; Titzenthaler, W. 241.1, 265.2; Werner OTTO 297.1.